黄光雄 蔡清田◎著
崔允漷◎校订

核心素养

课程发展与设计新论

CORE COMPETENCIES

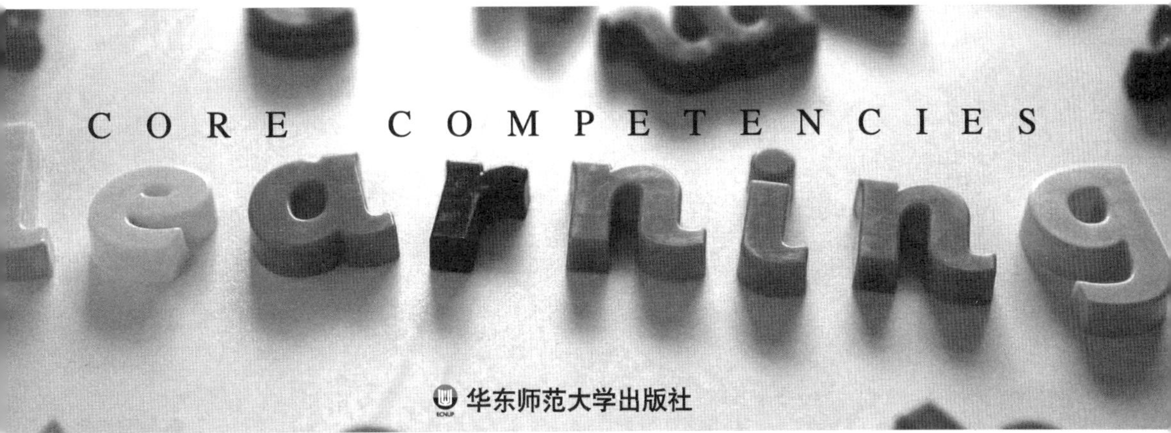

华东师范大学出版社
·上海·

图书在版编目(CIP)数据

核心素养：课程发展与设计新论/黄光雄，蔡清田著. —上海：华东师范大学出版社，2017
ISBN 978-7-5675-6417-6

Ⅰ.①核… Ⅱ.①黄…②蔡… Ⅲ.①课程设计—教学研究 Ⅳ.①G423

中国版本图书馆 CIP 数据核字(2017)第 064901 号

核心素养：课程发展与设计新论

著　　者　黄光雄　蔡清田
校　　订　崔允漷
策划编辑　王冰如
审读编辑　王冰如
责任校对　时东明
装帧设计　崔　楚

出版发行　华东师范大学出版社
社　　址　上海市中山北路 3663 号　邮编 200062
网　　址　www.ecnupress.com.cn
电　　话　021-60821666　行政传真 021-62572105
客服电话　021-62865537　门市(邮购)电话 021-62869887
地　　址　上海市中山北路 3663 号华东师范大学校内先锋路口
网　　店　http://hdsdcbs.tmall.com

印 刷 者　浙江临安市曙光印务有限公司
开　　本　787 毫米×1092 毫米　1/16
印　　张　24.25
字　　数　393 千字
版　　次　2017 年 6 月第 1 版
印　　次　2023 年 6 月第 12 次
书　　号　ISBN 978-7-5675-6417-6/G·10325
定　　价　52.00 元

出 版 人　王　焰

(如发现本版图书有印订质量问题，请寄回本社客服中心调换或电话 021-62865537 联系)

目 录

推荐序

世纪之交，世界各国纷纷确立了人才优先发展战略。为培养符合新时代要求的人才，各国政府不约而同地推行了新一轮的课程改革。各国改革的重点与热点因国情的不同而有所差异。但这些改革却有一个共同的关注点——提高国民核心素养。不难理解，在这个问题上取得突破意味着在人力资源强国这场竞争中占据优势。

蒙各国统治阶层青睐，“提高国民核心素养”这一议题不仅挑起了教育界的研究兴趣，还获得了国际组织的重视。联合国教科文组织（United Nations Educational, Scientific Cultural Organization, UNESCO）最近召开的9次大会中有5次涉足这一领域；14份主要报告和宣言中有8份聚焦这一主题；91份建议书中有29份讨论这一话题。经济合作与发展组织（Organization for Economic Cooperation and Development, OECD）1992年以来发布的21份《教育概览：OECD指标》中有5份关注课程、教学、评价与核心素养。据统计，国际最大型的教育研究资料库ERIC以教育为主题的1 000 689篇学术论文中有730 694篇属于课程与教学领域（占总量的73.0%），其中以“核心素养”为主题的文章篇数为627 292（占教育类论文总量的62.6%，占课程与教学领域论文的85.8%）。以“21st century skills”、“literacy”、“key competence”为关键词，分析2004—2013年10年间ERIC、ScienceDirect、PsycINFO、JSTOR Journals、PsycArticles、Oxford Scholarship online、PsycCritiques以及NewsBank等数据库上发表的关于“核心素养”的政府报告和学术期刊论文后发现：2013年学术期刊论文总量（94 374篇）比2004年（49 795篇）翻了一番，2013年政府年度报告总量（4 450份）亦比2004年（2 285份）翻了一番。

值此核心素养研究日益受到重视的背景下，本人极力推荐台湾课程学者黄光雄教授和蔡清田教授的力作《核心素养：课程发展与设计新论》。这是华人社会中系统地论述指向核心素养的课程发展的第一部著作。该书以核心素养为魂灵，以台湾地区的课程实例为血肉，从课程设计起笔，写罢课程发展再写课程的实施、领导和评价，最后展望课程的未来发展，为读者呈现了一卷指向核心素养的课程发展图景。紧扣前沿的话题，高瞻远瞩的立意，加之旁征博引的学理观点、完整清晰的篇章布局与深入浅出的语言表达，使得该书颇具可读性、引领性。既值得课程学术研究者收藏，又可用以课程专业的学习教材，还可作为一线教育者（校长、教师和课程研发人员）的实战指南。

十分有幸地，鄙人近年来一直参与国家普通高中课程方案与课程标准的修订，目前正在从事“指向核心素养的普通高中课程发展”研究。工作中遇到问题时，总翻阅此书，并常有所得。作为课程概念，核心素养的意义既在于作为课程的“大观念”（big idea）统领课程发展，也在于作为目标范畴被转换（或具体化）为课程、教学与评价的目标。此书充分论证了核心素养是如何统领课程的，而对后者的论述有所欠缺。但这一过程对于实践者而言却相当重要：没有这样的转换，核心素养极有可能会成为空中楼阁。因此，十分期待两位课程大家在后续的研究中能够弥补此不足。

《核心素养：课程发展与设计新论》系台湾五南图书出版公司《课程发展与设计新论》一书的简体字版本。为适应大陆读者的阅读习惯、符合大陆出版物的相关规定，本人经作者同意删除了一些内容，并对部分术语、外国人名、文献名等内容作了技术上的处理。在引进版权及繁简体转换过程中，本人得到了许多人的支持，在此一并致谢！

自序

为因应指向核心素养的课程发展之国际潮流，以及课程改革方兴未艾的课程发展理论与实务之需，并展望未来迈向课程学之建立，特出版《核心素养：课程发展与设计新论》。

本书共十章。第一章“课程结构与课程意义”，首先指出核心素养对于课程改革的意义，进而指出课程结构及其意义，说明课程的丰富面貌，并进一步分析“课程即学科”、“课程即经验”、“课程即计划”、“课程即目标”、“课程即研究假设”等五种课程现象。第二章“课程设计与课程研究”，阐述指向核心素养的课程设计与研究发展意涵，说明课程设计的意义，进而指出教育的三类研究、课程研究的意义、课程的三种研究、课程模式与理论，以及透过课程研究，落实学校本位课程发展的理念。第三章“课程设计理论取向的意识形态”，说明课程理论取向的意识形态，进而指出精粹主义理论取向、经验主义理论取向、社会主义理论取向、科技主义理论取向与专业主义理论取向等课程设计的意识形态。第四章“课程设计的模式”，说明课程设计的目标模式、过程模式、情境模式，进而指出课程设计模式的多样化。第五章“课程选择”，说明课程选择的重要性，进而指出课程选择的标准与课程选择的原则。第六章“课程组织与课程统整”，说明课程组织的标准，进而指出课程组织的要素、课程组织的原则、课程组织的类型与结构。第七章“课程发展”，说明课程发展的意义，进而指出课程发展的路径、教师教学本位的课程发展、国家政策本位的课程发展与行动研究本位的课程发展。第八章“课程实施与课程领导”，说明课程实施的意义，探讨课程实施与教师角色、课程实施的研究观点、课程实施的探究主题与配套措施及课程领导行动策略的相关议题。第九章“课程评价”，说明课程评价的基本概念，指出课程评价的步骤与标准、评价的类型、评价的模式与课程评价的价值取向。第十章“课程研究的回顾与展望——迈向课程学的建立”，包括课程研究的回顾与展望，以及课程研究的再研究——迈向课程学的建立。

本书旨在作为学校教师与课程研究发展人员进行课程发展与设计之参考，亦可作为关心教育改革人士进行课程研究与推动课程改革之参考。

在本书出版之际，本人要特别感谢五南图书出版公司发行人杨荣川先生与陈念祖副总编辑，慨允本书在上海华东师范大学出版社出版简体版！好友崔允漷教授、彭呈军社长、王冰如编辑，以及董泽华、温雪、李静、刘丽丽、岑俐等研究生为此书的出版贡献了心力，在此一并致谢！

黄光雄与蔡清田
谨识于台湾中正大学教育学院
2017 年 4 月 12 日

第一章

课程结构与课程意义

本章旨在说明课程的结构以及课程的各种意义，作者首先因应台湾“十二年国民基本教育课程改革”阐述有关素养（蔡清田，2011）、核心素养（蔡清田，2012）、国民核心素养（蔡清田，2014）的意义，进而说明课程结构包括显性课程（explicit curriculum）、潜在课程（hidden curriculum）与悬缺课程（null curriculum）等三种类型，进而指出教育人员经常接触的“课程即学科”、“课程即经验”、“课程即计划”、“课程即目标”与“课程即研究假设”等五种课程现象的意义、功能与限制（蔡清田，2008）。

第一节
核心素养的意义

台湾"十二年国民基本教育"之课程发展与设计，基于全人教育的精神，以"自发"(taking the initiative)、"互动"(engaging the public)与"共好"(seeking the common good)为基本理念，以"成就每一个孩子——适性扬才、终身学习"为愿景，强调学生是自发主动的学习者，学校教育应善诱学生的学习动机，透过适性教育提升学生学习的渴望与创新的勇气，激发学生生命的喜悦与生活的自信，引导学生妥善开展与自我、与他人、与社会、与自然的互动能力，协助学生应用及实践所学、体验生命意义，成为具有社会适应力与应变力的终身学习者，善尽社会成员之责任并展现共生智慧，期使个体与群体的生活和生命更为美好，愿意致力社会、自然与文化的永续发展，共同谋求彼此的互惠与共好。在前述基本理念引导下，台湾教育事务主管部门制订了《十二年国民基本教育课程纲要总纲》(2014)，明订"启发生命潜能"、"陶养生活知能"、"促进生涯发展"、"涵育公民责任"四项总体课程目标，以协助学生学习与发展。上述课程目标应结合"核心素养"(core competencies)加以发展与设计，并考虑各学习阶段特性予以达成，以期落实"十二年国民基本教育""自发、互动共好"的课程理念，以臻全人教育之理想。

一、素养

素养(competence)是一种构念，也是一种根据学理建构的理论构念(蔡清田，2014)。素养是指个人为了健全发展，并发展成为一个健全个体，必须透过教育而学习获得因应社会之复杂生活情境需求所不可欠缺的知识、能力与态度(陈伯璋等，2007)，特别是个人经过学校教育课程设计而学习获得的"优质教养"之综合状态可简称为"素养”(蔡清田,2011)。简言之,“素养”就是透过教育情境获得学以致用的知识、能力与态度而展现出“优质教养”,强调非先天遗传的后天“教育”与人为“学习”之功能(蔡清田等,2011),一方面可协助个体获得优质生活,另一方面可协助人类因应当前信息社会及未来优质社会的各种社会生活场域之挑战(蔡清田,2012)。

二、核心素养

核心素养是“核心的”素养(蔡清田,2012),不仅是“共同的”素养,更是关键的、必要的、重要的素养,具有关键性、必要性、重要性的核心价值,是经过社会贤达精心挑选,可透过课程设计专业将学科知识与基本能力取得均衡并加以精密组织及安排先后顺序,而且是可学习、可教学、可评量的关键必要素养。核心素养具有关键性、必要性、重要性的结构,可以促成各学习领域学科课程发展的统整性与连贯性,进而建构各教育阶段课程的连贯体系(蔡清田等,2012),不仅可提升教师课程设计与教学实施的效能及学生学习的效能,还可进一步发挥国民教育的学校功能,进而彰显个人发展与社会发展的功能(Rychen & Salganik, 2003)。因此,“核心素养”被誉为是课程发展与设计的关键 DNA(蔡清田,2012)。简言之,每一个人终其一生一定需要许许多多的素养,以因应各种社会生活之所需,这些是一般普罗大众生活必须具备的素养,如学会听说读写等语文沟通、解决问题等等日常生活所需的素养,而且这些所有社会成员都应该共同具备的素养,并非无所不包,而是可以再区分为比较关键的、必要的、重要的,被认为是最根本、不能被取代且居于最核心地位的“核心素养”,以及由“核心素养”所延伸出来的其他相关的周边外围素养。这些社会成员都应共同具备的关键的、必要的、重要的,被认为是最根本、不能被取代、量少质精的关键少数且居于最核心地位的素养,叫做“核心素养”(蔡清田,2011)。

三、国民核心素养

国民核心素养(national core competencies)系指每一个国民都须具备的核心素养(蔡清田,2014)。国民必须具备的核心而关键必要的核心素养,不仅是共同的素养,更是关键的、必要的、重要的素养,具有关键性、必要性、重要性的核心价值,不仅可以有助于满足个人“优质生活”需求，协助国民获得个人成功的人生，以营造“成功的个人生活”，更可以有助于建立功能健全的社会，达成优质社会的发展愿景，以建构“功能健全的社会”(蔡清田，2012)。

台湾教育事务主管部门高级中等以下学校课程审议委员会第二次审议大会于2014年10月27日审议通过《十二年国民基本教育课程纲要总纲》，其特色之一是在传统学科课程设计外，纳入核心素养的课程设计理念。学科课程设计是以领域/学科为课程设计导向，重视领域/学科的“学科知识”；核心素养的课程设计则是强调跨领域/学科与跨教育阶段的全方位的国民核心素养之培养。本书针对国民核心素养进行阐述，以培养国民应具备的核心素养。国民核心素养是统整的知识、能力与态度，能积极响应个人及社会的生活情境需求，使国民个人得以过着积极与负责任的社会生活，面对现在与未来的社会生活挑战(蔡清田，2012)。素养不只是能力，更是一种广义的新能力与新知能，包含了知识、能力与态度之统整，要能内化并强调知行合一，不仅透过学习学会认知、技能与情意，并能学以致用且愿意在生活情境中实践(蔡清田，2011)。

国民核心素养兼重个人发展与社会发展的双重功能(蔡清田，2011)，不只可以展现优质的国民个人基本知能或基本素养，更可展现优质社会文化的核心素养之特质，进而强化国家的竞争力。国民核心素养乃是国民个人实现优质生活需求继而参与优质社会生活所不可或缺且必须具备的核心素养(蔡清田，2012)，国民核心素养可涵括通称为“国民基本知能”或“国民基本素养”(蔡清田，2012)，而且具有课程发展与设计的意义(蔡清田，2014)。“十二年国民基本教育”之核心素养强调培养以人为本的终身学习者，包括自主行动、沟通互动、社会参与三大面向，以及“身心素质与自我精进”、“系统思考与解决问题”、“规划执行与创新应变”、“符号运用与沟通表达”、“科技信息与媒体素养”、“艺术涵养与美感素养”、“道德实践与公民意识”、“人际关系与团队合作”、“多元文化与国际理解”九大项目。学生能够依三面九项所欲培养的素养，解决生活情境中所面临的问题，并能因应生活情境之快速变迁而与时俱进，成为一位终身学习者。以下兹以“国民核心素养的滚动圆轮意象”，来显示国民核心素养的重要内涵，如图1.1所示。

《十二年国民基本教育课程纲要总纲》中的“国民核心素养”整合了核心素养的理

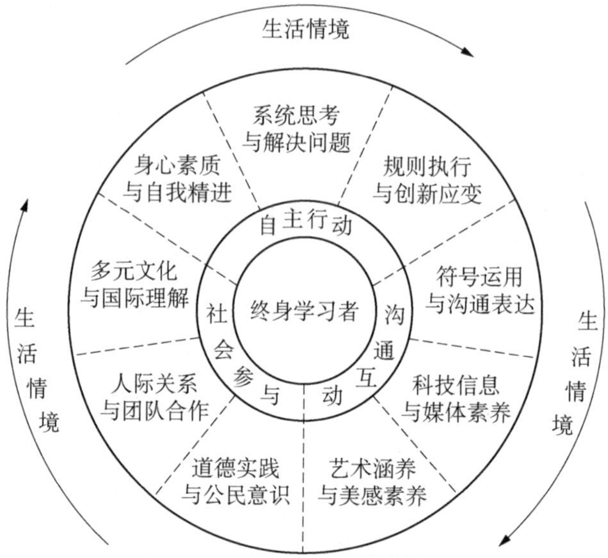

图 1.1 国民核心素养的滚动圆轮意象

论依据——台湾本土研究与国际全球研究的双重视野，是经过社会贤达精心挑选出来(蔡清田等人，2012)，可争取在地认同与国际理解，具有自主行动、沟通互动、社会参与等三维面向，并展现出国民核心素养具有终身学习者的三面九项之多样学习面向，可建构以国民为终身学习者的主体，并建立严谨结构而巧妙精美的课程连贯体系，特别是自主行动、沟通互动、社会参与三维面向之下的"身心素质与自我精进"、"系统思考与解决问题"、"规划执行与创新应变"、"符号运用与沟通表达"、"科技信息与媒体素养"、"艺术涵养与美感素养"、"道德实践与公民意识"、"人际关系与团队合作"、"多元文化与国际理解"等多样形态范畴的丰富内涵；更展现出国民核心素养在终身学习者在小学、初中、高中职等教育阶段中的垂直连贯性，进一步彰显了国民核心素养的多样性与多层次性的严谨结构与精致巧妙的课程连贯体系，不仅可以展现国民核心素养垂直连贯之姿，更可以融入国民生活情境并跨越各种社会领域及学习领域/学科之中，不仅有助于国民个人获得成功的人生，更可以有助于建立功能健全的社会。这一方面说明了国民核心素养可以透过课程设计加以选择组织及安排先后顺序，另一方面诠释了国民教育与生活情境之间的动态发展及其所交织而成的课程连贯体系，说明了国民核心素养可加以组织安排幼儿园教育阶段、初等教育阶段、中等教育阶段前期、中等教育阶段后期等各关键教育阶段的先后顺序(蔡清田,2014),以此确定国民在12岁、15岁、18岁等各教育阶段所学习获得的内容与程度水平。换言之,国民核心素养依照个体身心发展阶段各有其具体内涵,依序分为小学、初中及高级中等教育等三个教育阶段,使学生在自主行动、沟通互动与社会参与等三大面向循序渐进,进而成为能具备在各面向均衡发展的现代国民。参见表1.1台湾"十二年国民基本教育"各教育阶段国民核心素养具体内涵。

表1.1 台湾"十二年国民基本教育"各教育阶段国民核心素养

一个核心	三个面向	九个项目	项目说明	国民核心素养具体内涵		
				小学教育	初中教育	高级中等学校教育
终身学习者	A自主行动	A1 身心素质与自我精进	具备身心健全发展的素质,拥有合宜的人性观与自我观,同时透过选择、分析与运用新知,有效规划生涯发展,探寻生命意义,并不断自我精进,追求至善。	E-A1 具备良好的生活习惯,促进身心健全发展,并认识个人特质,发展生命潜能。	J-A1 具备良好的身心发展知能与态度,并展现自我潜能,探索人性、自我价值与生命意义,积极实践。	U-A1 提升各项身心健全发展素质,发展个人潜能,探索自我观,肯定自我价值,有效规划生涯,并透过自我精进与超越,追求至善与幸福的人生。
		A2 系统思考与解决问题	具备问题理解、思辨分析、推理批判的系统思考与后设思考素养,并能行动与反思,以有效处理及解决生活、生命问题。	E-A2 具备探索问题的思考能力,并透过体验与实践处理生活问题。	J-A2 具备理解情境全貌,并作独立思考与分析的知能,运用适当的策略处理解决生活及生命议题。	U-A2 具备系统思考、分析与探索的素养,深化后设思考,并积极面对挑战,以解决人生的各种问题。

续　表

一个核心	三个面向	九个项目	项目说明	国民核心素养具体内涵		
				小学教育	初中教育	高级中等学校教育
		A3　规划执行与创新应变	具备规划及执行计划的能力，并试探与发展多元专业知能、充实生活经验，发挥创新精神，以因应社会变迁、增进个人的弹性适应力。	E－A3　具备拟定计划与实作的能力，并以创新的思考方式，因应日常生活情境。	J－A3　具备善用资源以拟定计划，有效执行，并发挥主动学习与创新求变的素养。	U－A3　具备规划、实践与检讨反省的素养，并以创新的态度与作为，因应新的情境或问题。
	B沟通互动	B1　符号运用与沟通表达	具备理解及使用语言、文字、数理、肢体及艺术等各种符号进行表达、沟通及互动的知能，能了解他人，并将同理心应用在日常生活及工作中。	E－B1　具备听、说、读、写、作等基本语文素养，并具有生活所需的基础数理、肢体及艺术等符号知能，能将同理心应用在生活与人际沟通中。	J－B1　具备运用各类符号表情达意的素养，能以同理心与人沟通互动，能理解数理、美学等基本概念并应用于日常生活中。	U－B1　具备运用各类符号表达的能力，以进行经验、思想、价值观与情意之表达，能以同理心与他人沟通并解决问题。
		B2　科技信息与媒体素养	具备善用科技、信息与各类媒体之能力，培养相关伦理及媒体识读的素养，并能分析、思辨、批判人与科技、信息及媒体之关系。	E－B2　具备科技与信息应用的基本素养，并理解各类媒体内容的意义与影响。	J－B2　具备善用科技、信息与媒体以增进学习的素养，并察觉、思辨人与科技、信息、媒体的互动关系。	U－B2　具备适当运用科技、信息与媒体之素养，进行各类媒体识读与批判，并能反思科技、信息与媒体伦理的议题。

续 表

一个核心	三个面向	九个项目	项目说明	国民核心素养具体内涵		
				小学教育	初中教育	高级中等学校教育
		B3 艺术涵养与美感素养	具备艺术感知、创作与鉴赏能力，体会艺术文化之美，透过生活美学的省思，丰富美感体验，培养对美善的人事物进行赏析、建构与分享的态度与能力。	E-B3 具备艺术创作与欣赏的基本素养，促进多元感官的发展，培养生活环境中的美感体验。	J-B3 具备艺术展演的一般知能及表现能力，欣赏各种艺术的风格和价值，并了解美感的特质、认知与表现方式，增进生活的丰富性与美感体验。	U-B3 具备艺术感知、欣赏、创作与鉴赏的能力，体会艺术创作与社会、历史、文化之间的互动关系，透过生活美学的涵养，对美善的人事物进行赏析、建构与分享。
	C 社会参与	C1 道德实践与公民意识	具备道德实践的素养，从个人小我到社会公民，循序渐进，养成社会责任感及公民意识，主动关注公共议题并积极参与社会活动，关怀自然生态与人类永续发展，而展现知善、乐善与行善的品德。	E-C1 具备个人生活道德的知识与是非判断的能力，理解并遵守社会道德规范，培养公民意识，关怀生态环境。	J-C1 培养道德思辨与实践能力，具备民主素养、法治观念与环保意识，并主动参与公益团体活动，关怀生命伦理议题与生态环境。	U-C1 具备对道德课题与公共议题的思考与对话素养，培养良好品德、公民意识与社会责任，主动参与环境保护与社会公共事务。
		C2 人际关系与团队合作	具备友善的人际情怀及与他人建立良好的互动关系，并发展与人沟通协调、包容异己、社会参与及服务等团队合作的素养。	E-C2 具备理解他人感受、乐于与人互动，并与团队成员合作的素养。	J-C2 具备利他与合群的知能与态度，并培育相互合作及与人和谐互动的素养。	U-C2 发展适切的人际互动关系，并展现包容异己、沟通协调及团队合作的精神与行动。

续　表

一个核心	三个面向	九个项目	项目说明	国民核心素养具体内涵		
				小学教育	初中教育	高级中等学校教育
		C3　多元文化与国际理解	具备自我文化认同的信念，并尊重与欣赏多元文化，积极关心全球议题及国际情势，且能顺应时代脉动与社会需要，发展国际理解、多元文化价值观与世界和平的胸怀。	E-C3　具备理解与关心本土与国际事务的素养，并认识与包容文化的多元性。	J-C3　具备敏察和接纳多元文化的涵养，关心本土与国际事务，并尊重与欣赏差异。	U-C3　在坚定自我文化价值的同时，又能尊重欣赏多元文化，具备国际化视野，并主动关心全球议题或国际情势，具备国际移动力。

《十二年国民基本教育课程纲要总纲》明确指出，跨领域与跨教育阶段的九项“核心素养”是可分教育阶段、跨领域/学科、分领域/学科学习的，且各领域/学科都可依其独特性、理念与目标，发展出各“领域/学科核心素养”，而能促进“国民核心素养”（蔡清田等，2013）。领域/学科核心素养系指各教育阶段核心素养结合各领域/学科理念与目标后，在各领域/学科内的具体展现。换言之，领域/学科核心素养是指在各教育阶段中的不同领域/学科以其学科语言来呈现此教育阶段与之呼应的该领域/学科核心素养的具体内涵。因此，各领域/学科核心素养可考虑其领域/学科的独特性或高级中等教育阶段学校类型的差异性而加以发展，不必涵盖核心素养或各教育阶段核心素养的所有面向，具有课程发展与设计的弹性空间。

第二节
课程结构与意义

课程具有何种结构，特别是课程的意义是什么？对此问题之回答众说纷纭，有如苏东坡的《题西林壁》所云："横看成岭侧成峰，远近高低各不同。不识庐山真面目，只缘身在此山中。"这种千变万化的景象，不仅让教育相关人员叹为观止，更显露出课程现象的动态性与意义的多样性(蔡清田，2007)。例如，部分家长与社会人士往往习惯于认为课程便是学校教学"学科"(Willis, Schubert, Bullough, Kridel, & Holton, 1994)；部分学校教师习惯于接受课程是出版社编辑出版的教科书(Glatthorn, 1987)；部分课程学者认为课程是指教材大纲，亦即，逐条罗列教材内容的纲要(Bruner, 1967)；也有部分教育行政人员强调课程是一系列的教学目标(Bobbitt, 1918; Tyler, 1949)；还有教育行政人员主张课程是一种学校教学计划(黄政杰，1991)；更有部分课程学者认为课程应该是指学生学习经验(Schubert, 1986; Skilbeck, 1984)；甚至有学者从教师的专业角度来分析课程的教育意义，将课程视为有待教师在课堂情境当中加以实地检验的一套教学过程的"研究假设"(蔡清田，2001)。

可见，课程存在许多层次，每一个层次的课程都是特殊决定过程所造成的结果(黄光雄、蔡清田，1999)。这种情形就如同戴格诺特(Daignault, 1995: 483)所探讨的课程理念与教学实务之间的"缺口"与"落差"之现象，流露出课程现象的动态性与意义的多样性，具有"诺曼底"的游牧性质(Pinar, Reynold, Slattery, & Taubman, 1995: 483)，也是变动不居的、未完成的、有待补充的(Cherryhomes, 2002)。但是，课程概念的意义分歧混淆，造成课程意义的分殊与多样化，不仅令学校教育人员莫衷一是，更因不同人士的不同课程观点，极易形成迥异的立场，造成学校教育人员、家长与关心教育的社会大众与相关人员的困扰(蔡清田，2008)，因此，本节旨在针对课程的结构与意义加以说明。

一、课程的结构

就课程结构而言，台湾《十二年国民基本教育课程纲要总纲》指出“十二年国民基本教育”课程类型区分为两大类：“部定”课程与校订课程，如表 1.2 所示。

表 1.2 “十二年国民基本教育”各教育阶段课程类型

<table>
<tr><th colspan="2">课程类型
教育阶段</th><th>“部定”课程</th><th>校订课程</th></tr>
<tr><td colspan="2">小学</td><td rowspan="2">领域学习课程</td><td rowspan="2">弹性学习课程</td></tr>
<tr><td colspan="2">中学</td></tr>
<tr><td rowspan="4">高级中等学校</td><td>普通型高级中等学校</td><td rowspan="4">一般学科
专业学科
实习学科</td><td rowspan="4">校订必修课程
选修课程
团体活动时间
弹性学习时间</td></tr>
<tr><td>技术型高级中等学校</td></tr>
<tr><td>综合型高级中等学校</td></tr>
<tr><td>单科型高级中等学校</td></tr>
</table>

依据《十二年国民基本教育课程纲要总纲》的说明，“部定”课程由台湾教育事务主管部门统一规划，以养成学生的基本学力，并奠定适性发展的基础。在小学及初中为培养学生基本知能与均衡发展的“领域学习课程”，在高级中等学校为“部定”必修课程，包含达成各领域基础学习的“一般学科”，以及让学生获得职业性向发展的“专业学科”及“实习学科”。校订课程则是由学校安排，以形塑学校教育愿景及强化学生适性发展。在小学及初中为“弹性学习课程”，包含跨领域统整性主题/专题/议题探究课程，社团活动与技艺课程，特殊需求领域课程，以及服务学习、户外教育、自治活动、班级辅导、学生自主学习、领域补救教学等其他类课程。在高级中等学校则为校订必修课程、选修课程、团体活动时间（包括班级活动、社团活动、学生自治活动、学生服务学习活动、周会或讲座等）及弹性学习时间，包含学生自主学习、选手培训、充实（增广）/补强性课程及学校特色活动。其中，部分选修课程纲要由领域课程纲要研修小组研订，作为学校开设课程的参考依据。上述课程结构，整体而言，依据课程学理可区分为显性课程、潜在课程与悬缺课程或空无课程等三种类型。兹详述如下：

(一) 显性课程

显性课程系指学校及教师依据政府所公布的课程纲要或课程标准等课程计划，例如，台湾教育事务主管部门 2014 年公布《十二年国民基本教育课程纲要总纲》、《十二年国民基本教育课程发展指引》及 2008 年公布的《普通高级中学课程纲要》、《职业学校群科课程纲要》、《国民中小学九年一贯课程纲要》所规划设计和提供的学科知识、基本能力、核心素养。通常显性课程同时包括看得到的正式课程(formal curriculum)以及正式课程之外的非正式课程(informal curriculum)。正式课程是指官方有意计划和教导的领域/学科，例如台湾《十二年国民基本教育课程纲要总纲》指出，“十二年国民基本教育”各教育阶段共同课程之领域课程架构如下表 1.3。这些是教育事务主管部门与学校所规划而明列于学科表的语文、数学、社会、自然科学、艺术、综合活动、科技、健康与体育等等学习领域/学科，以及正式课程之外的非正式课程如学校所规划的运动会、教学参观、新生训练、成人礼、颁奖等等学习活动。近年来台湾的教育改革中，课程革新占有举足轻重的地位，自然是有其道理的。课程是政府或学校的规划，经由教师提供给学生的经验和知识。经验是个体和情境互动所得的东西，而大部分的知识大都是根据经验而来的，经过科学的程序而获得的这类经验与知识，通常称为官方课程(official curriculum)或正式课程。特别是显性课程中的正式课程大致表现在课程纲要、课程标准、课程指引、课程大纲、教科用书或上课时间表(课程表)当中。教师、家长及学生都清楚理解，他们知道学了这些课程，学生会获得什么学科知识、基本能力、核心素养。

表 1.3 “十二年国民基本教育”各教育阶段共同课程之领域课程架构

<table>
<tr><td colspan="2" rowspan="3">教育 阶段
阶段 年级 领域</td><td colspan="6">小学</td><td colspan="3">初中</td><td colspan="3">高级中等学校</td></tr>
<tr><td colspan="2">第一学习阶段</td><td colspan="2">第二学习阶段</td><td colspan="2">第三学习阶段</td><td colspan="3">第四学习阶段</td><td colspan="3">第五学习阶段(一般学科)</td></tr>
<tr><td>一</td><td>二</td><td>三</td><td>四</td><td>五</td><td>六</td><td>七</td><td>八</td><td>九</td><td>十</td><td>十一</td><td>十二</td></tr>
<tr><td rowspan="2">“部定”课程</td><td rowspan="2">语文</td><td colspan="2">语文</td><td colspan="2">语文</td><td colspan="2">语文</td><td colspan="3">语文</td><td colspan="3">语文</td></tr>
<tr><td colspan="2">本土语文/新住民语文</td><td colspan="2">本土语文/新住民语文</td><td colspan="2">本土语文/新住民语文</td><td colspan="3"></td><td colspan="3"></td></tr>
</table>

续 表

阶段 年级 领域 \ 教育阶段		小学			初中	高级中等学校
		第一学习阶段	第二学习阶段	第三学习阶段	第四学习阶段	第五学习阶段（一般学科）
		一 二	三 四	五 六	七 八 九	十 十一 十二
			英语	英语	英语	英语
						第二外国语（选修）
	数学	数学	数学	数学	数学	数学
	社会	生活课程	社会	社会	社会	社会
	自然科学		自然科学	自然科学	自然科学	自然科学
	艺术		艺术	艺术	艺术	艺术
	综合活动		综合活动	综合活动	综合活动	综合活动
	科技				科技	科技
	健康与体育	健康与体育	健康与体育	健康与体育	健康与体育	健康与体育
						全民安全教育
校订课程	弹性学习 必修/选修/团体活动	弹性学习课程				校订必修课程 选修课程 团体活动时间 弹性学习时间

由此可见，课程是学校教育的主要内容，影响学校教育的成效甚巨（蔡清田，2008）。

（二）潜在课程

除了显性课程之外，还有一种课程称为潜在课程，是指学校的物质、社会及认知等环境所形成的非预期的学生学习结果；换言之，潜在课程乃指不明显、不易察觉的课程，是学生可能经由学校环境当中人事物的互动过程而学习的内容或经验（黄光雄,1996)。这个课程的新领域,从1970年代在美国得到课程学者的关注,学者不同,所给的名称也不同,诸如hidden curriculum、latent curriculum、unstudied curriculum、untaught curriculum、unwritten curriculum等。简单地说,潜在课程是正式课程、官方课程之外,学生在学校所学的东西。这些东西除了认知领域,更包含情意领域。潜在课程学习的结果大都是情意领域的,比如态度、价值观、人生观等等。学生所学的态度并非全是正面的、积极的,反而常有负面的、消极的;再者,潜在课程的影响常非教师的意图,而学生多是不知不觉的,最麻烦的是这种影响特别深刻且久远,因此更值得注意和关心。教育工作者研究潜在课程,大致从三种环境下手:物质环境、社会环境及认知环境。以下就从这三种环境来说明其所产生的潜在课程(黄光雄,1996)。

1. 物质环境

物质环境的教育效果称为"境教",指的是校园的规划、校舍的设计及教室的安排等等。

(1) 校园规划

牛津大学及剑桥大学是两所世界知名的学府,两所大学都有小河贯穿其间,特别是剑桥大学。学校建筑物古色古香,即使新盖的建筑物,其颜色也是与周围环境一致的,比如牛津大学的新旧建筑物都是土黄色的。每个学院都碧草如茵,看起来十分舒适。建筑物的旁边植有美丽的花卉,四季开花争艳。有些学院,例如剑桥大学的一所学院,里面雕有英国伟大人物的石像,像是培根(Francis Bacon)、牛顿(Issac Newton)等等,倍增人文气息。这两所大学培养了无数各行各业的杰出人才,徜徉其间,会有很深的感受。有人说,在牛津和剑桥住上几年,即使没有得到博士学位,气质也会变得高雅许多。

(2) 校舍设计

英国大英博物馆中的图书馆在未新建以前,设在大英博物馆的中央。图书馆有几百年的历史,藏书数以千万计,内部设计古朴典雅,阅览桌呈放射状编排。许多世界著名人物,如马克思、孙中山等等,都曾在此处研究过。身处其中,坐拥书城,也顿觉自己在享受浓郁的人文氛围。美国学者艾斯纳(E. Eisner)很关心美国的教室,他发现美国的小学有几个特征,千篇一律,比如:不考虑美观;不关心隐私;不讲究舒适;重视坚固耐用,敲不破、摔不坏。他说了一个笑话:"连味道都差不多!"想想看,一个学生,在这种环境里待上六年、八年,甚至十二年,耳濡目染,长期接触之后,可能产生什么心态,会塑造何种人格特质？这实在值得深入研究！价值观念孕育了教室，孕育了校园规划，这些教室和校园又孕育了成千上万学生的价值观念。他说："我们创造了教室，教室创造了我们的学生。"于是价值观念就间接地影响了学生。如果一个校长能完全决定学校的建筑和规划，校长的价值观念就可以透过校园而塑造学生的价值观念。换句话说，学生已经和校长有了相近的价值观念。校园的规划不仅是重视美观、达到美育的功能而已，事实上，它有"潜在课程"的价值存在，具有陶冶性情的作用，我们不得不重视。

美国学者科斯特洛(Carrie Yang Costello)比较了一所大学的两个学院，即法学院和社会工作学院，研究它们如何透过校舍的规划和运作，借由社会化再制种族、阶级和性别的不平等。亦即，再制了"法学是属于男性的职业，而社会工作是女性的工作"这样的刻板认识。法学院毕业生服务的对象往往是富裕的男性白人，而社会工作学院毕业生工作的对象常是贫穷的有色人种的女性及儿童。该校法学院的长廊设有捐款榜，捐款者大都是男性白人，这提醒学生法律在传统上是男性白人的天下，并激励学生自许，有朝一日也向这些捐款的杰出校友看齐。而社会工作学院的长廊墙上，没有悬挂捐款校友的名牌。法学院的长廊挂有退休教授及杰出校友的画像，这些画像基本是男性白人，象征着这一事业乃是男性白人的世界。社会工作学院的公共场所展示的艺术品常是女人、儿童及有色人种，比如，在学生交谊中心挂着以"世界的儿童"为主题的照片，这说明女性、儿童及有色人种等是社会工作者服务的对象。另外，法学院和社会工作学院的交谊中心也潜在地传递着一些信息。法学院的交谊中心是布置优雅的咖啡馆，学生品味可从菜单上看出：研磨咖啡和高级餐点。而社会工作学院的交谊中心只摆了几张简陋的家具和几部自动贩卖机。两相比较，前者显得高雅，后者显得寒酸。

总之，学生不论身处学校何处，潜在课程的影响，却无所不在。整个学院点点滴滴的个别影响可能不算什么，但汇合起来的整体影响，却是难以估计的。

(3) 教室安排

教室桌椅的编排也透露潜在课程的信息。科斯特洛研究的法学院演讲厅，教授的位置在讲台上，学生的位置则在他前面的拱形座位上。教授可以俯视每个学生，而学生的视线则锁定在前方。教授高高在上的位置，传达了其社会优越性，建构了师生的权力阶层。法学院演讲厅的设计灌输给法学院的学生以纪律、阶层关系及对于权力和威权的尊敬。社会工作学院教室桌椅的安排乃是圆形的，也可以因应小组或全班讨论的需要，作各式各样的编排。教授没有高高在上的座位，这让学生有不同的感受。

美国学者盖泽尔斯(J. W. Getzels)在1974年一篇文章中，探讨了美国教室在不同年代有其不同的桌椅编排方式。比如，20世纪初叶是长方形的；30年代是正方形的，但是学生的椅子可移动成不同的形态；50年代也是正方形的，不过桌子可以排成圆形的；到了70年代，教室大了四倍，没有教师和学生的桌子，而是一种开放式的教室，教室里放了零星杂物，像是儿童的游戏间或放满儿童随身用品的仓库。盖泽尔斯认为，不同的座位编排有其不同的教育信念，例如，长方形教室认为学生是心中空无一物的学习者，正方形认为学生是积极的学习者，圆形认为学生是社会的学习者，而开放式则认为学生是寻求学习刺激的学习者。

事实上，盖泽尔斯的研究，就潜在课程而言，至少有两个意义：第一是对于师生关系观念的改变。例如现在的课堂，老师站在讲台上，面对四五十个学生，老师高高在上很有权威，和学生之间有一道鸿沟，学生与学生之间也无法面对面沟通。但是一旦教室课桌椅的编排改成圆形以后，老师坐在其中一个位置上，与学生平起平坐，师生的对话、同学的沟通就会变得畅通无阻，也就是从单向的沟通变成双向的、多向的沟通。而且师生的地位也会变得很民主，两者之间的交流是一种对话，而非教训。于是教室布置的改变，就把师生关系也转变了。第二是学生学习观念的改变。像目前课堂的布置，显示学生是一个被动的、消极的听讲角色，好像学生的脑袋里都空空的，需要老师去"灌输"。如果是在圆形的、开放式的教室中，那你就会发现，学生才是学习的主角，而非学习的局外人。老师要协助学生学习，而不是代替学生学习。过去的初中，全校才一部显微镜，结果只有老师会操作，真正要学习的学生，却没有显微镜可以用。老师代替得愈多，学生就学得愈少了。

美国著名大学如哈佛大学等校，其正式课程与其他大学大同小异。这些大学之所以被称为名校，除了杰出的教授和丰富的藏书之外，更重要的是普遍存在于这些名校的学校文化，而这种学校文化是许多因素所形成的，其中当然包括"物质环境"。师生长期默默欣赏这种学校文化，不知不觉受到潜在课程的影响，而有以致之。

2. 社会环境

社会环境指的是学校的制度、措施及仪式等。

(1) 杰克逊的研究

杰克逊(P. Jackson)在1968年写了一本书,叫做《课堂生活》(*Life in the Classroom*)。这本书在那时的影响不大,地位不高。但是到1970年代以后,潜在课程变成课程研究的热门主题,这本书一夜之间成为潜在课程研究专家必读的一本书。他研究美国的小学,观察到美国的小学有三样事实:第一是学生多、校地小、资源少。第二是评价泛滥,学校时时处处不是在评价别人,就是要接受评价。第三是权力的不平等,老师和学生之间亦然。

杰克逊提到的学生多、校地小、资源少的事实,可能影响什么呢?因为学生多,相对的资源有限,设备少,像饮水机、厕所有限,可是学生人数太多,大家就要排队、等待,可惜等待并非完全有效,有的人怎么也等不到。等不到的人的"期待"就被削弱了,潜在的影响是耐心和忍耐。

其次是评价,比如学生考试、打操行分数和教职员工的考绩等。老师评价学生,老师也在被别人评价,相互评价、自我评价。本来,杰克逊认为,学校是追求知识的地方,而学生被评价、被惩罚,常常不是因为功课不好,而是行为态度不合老师的期望。迟到、制造噪音、不听教师指导或排队推挤等等,都会被惩罚。由于时时处处都在受评价,因此学生就学会趋奖,往可能受到奖赏的一方追求;或是逃避,尽量避免受到处罚,把不好的藏起来,把好的表露出来。例如,考了100分就拿回家表功邀奖,考了30分就把考卷丢进垃圾桶,装作没考试,这样就会产生顺从和作假以及冷漠的态度。为什么说冷漠呢?因为他每次考10分,就会挨骂挨打,好不容易考了30分,照样要挨打,因为还是不及格。可是从来没有人关心过他从10分进步到30分的努力过程。这不免会造成他冷漠,以及无动于衷的心理。

最后来谈"权力的不公平"。杰克逊认为老师和学生之间相互比较,老师的权力比较大。他举了两个例子,在我们看来,也许不伦不类,可是因为发生在美国,也就不足为奇了。他说,老师可以支配学生的注意力和学习,所以不公平;另外就是老师比学生自由得多,所以也不公平。因为老师有事,可以请另一个老师"代课",可是学生有事不能到校,却不能请另一个同学"代坐"在位子上听课,这就是老师、学生权力不平衡的例子。既然老师的权力那么大,学生方面自然就学会了"奉承",老师喜欢什么,就一直表现。另一方面,学生学会隐藏令教师不悦的言行,老师不喜欢的就尽量隐藏,结果呢?

就是培养出“听话”的学生。另外，学生也学会小小的“欺骗”以得到好处。

(2) 艾斯纳的观察

艾斯纳在其 1994 年的《教育想象》(*Educational Imagination*)一书中提了一些潜在课程的例子。第一是服从行为的培养。学校采取了很多措施希望学生“听话”，希望学生有“服从行为”。从这儿我们就可以发现不仅是台湾，连美国也一样，总是希望学生能听话。而最值得玩味的是，学生会研究老师的喜好，然后投其所好，互相达到师生皆欢的地步。学生为了求取高分，或得到老师特别的关怀，自然会“研究老师”。学生会知道老师喜欢出哪些题目，知道如何作答，知道老师的脾气，然后再投其所好。老师不喜欢我迟到，我就准时上课。老师希望一道问答题要答八张答案纸，我就写八张以上。如此一来，老师高兴，学生也满心欢喜，这就是听话、顺从的行为。也就是“研究”老师的“成果”。

老师的一切行为态度、一切措施，都在培养学生听话，学校是培养听话的地方，不鼓励批判思考和创造力。所以，学生毕业后，投入社会，在机关、学校、公司服务，就试探老板的好恶，不敢做主，凡事固步自封，一点创意也没有。如果一个校长愿意鼓励老师有创造力，老师也期望学生有创造力，学校里一定能营造出一个良好的环境，将创造力作为重要的期望。这样的学校氛围必是生气蓬勃的，将来学生走出校门后，因其有创造力，会对社会更有贡献，因为他的潜力能够充分发挥。

第二是竞争的措施。竞争在学习上是很重要的，有比赛，有竞争，才能使学生尽力而为、全力以赴。公家机关按年资计酬或升级的方式，和私人机构看业绩给薪水的方式，会使得同一个人有两种不同的工作效率。有竞争才会使潜力得以完全发挥。当年在罗马世运上，美国十项全能选手约翰逊和杨传广同一组跑一千五百米，希望能和杨传广竞争，否则约翰逊分在别组，就是他得到分组的第一名，速度也会比较慢。所以学校制订了很多比赛的项目，比如整洁比赛、秩序比赛、合唱比赛……连公家机关也有各种比赛的方式，因为这样才能激发潜能。不可否认，这是一种很好的方式，但是，它还可能会产生什么样的结果呢？根据研究发现，那会培养一些勾心斗角、斤斤计较，必须将自己的成功建立在他人失败上的心态。如果在一个班级中，也会使班级的气氛不良。为什么呢？像以前大学中有些教授采用所谓的“常态分配”评分方式，全班素质无论多好，总有人必须补考、重修。因此，同学之间就会互相计较，有心地去排挤别人，使自己成功，这种竞争发挥了负面作用。当然，要如何防止竞争之后的负面影响，就值得大家去思考和研究了。

第三是奖赏的应用。对于表现好的，达到教师期望的，或教师希望借由鼓励的方式改变学生行为的，都可以应用奖赏的方式。当然奖赏可以是口头上的鼓励，也可以是物质上的奖励。不过，选择奖品也是一种学问。如果无心去思考，只想有奖品就好，结果造成一个小学生领的全部是笔记簿，初中生是版本相同的字典，如此，在学生嫌多的情况下，哪有鼓励的作用？鼓励要渐进，以及持续不断地进行。例如，蔡老师在班上上课，有三位学生特别多话，喜欢跑来跑去。于是，蔡老师在下课之后，请他们到办公室来。蔡老师说："你们三位都很聪明，老师问的问题，你们也都能够回答，老师很喜欢你们。但是，你们上课偶尔喜欢讲话，随便走动，这样不太好，老师不喜欢这样。"接着蔡老师又说："老师这里有几种奖品，你们自己挑选看看，喜欢哪一样？如果你们以后上课，不再那么爱说话、走动，老师就把奖品送给你们。"果然，有了效果了，那三位学生渐渐改掉了这个坏习惯。后来，蔡老师又用同样的方式，渐进地鼓励，使他们上课再也不随意走动，或吵闹别人。

虽然他们的行为改变了，可是却出现了一个问题，那就是其他同学也许认为，上课要吵要闹，要随意走动，才会受到老师的注意，才有机会让老师鼓励。如果这样，这又是负面效果了。学生的辅导、学生的指导，绝对不是一种有公式可循的技术，那还是一种艺术，应用之妙，要老师因时、因地、因人而有所不同。不过这种奖赏是一种外部强化，不是内在强化。因此，一旦不再继续提供奖赏，学生的不良行为可能故态复萌。如何由外部强化转为内在强化，是教师要研究的课题。

另外，作息时间表也很重要。作息时间的潜在影响很深，以嘉义市嘉北小学为例。该校空间小、学生多，你常能看见一大堆学生闹哄哄地在玩、跳、追逐，可是钟声一响，"当"一声，全校立刻恢复平静，这就是作息时间的功能。这种情况，可能产生两个潜在的影响，一是非遵守时间不可，二是认知的弹性。在音乐教室中，上课学习一首歌，因为下课钟声响了，即使仍有一段没教唱完，也必须下课，因为别的班级准备进教室上课。在美劳教室中，素描还有一根香蕉没画好，听见钟声响了，你也必须下课，遵守时间，因为别班要上课。这种情况，会不会产生认知学习的障碍呢？不会！因为有认知的弹性，没上完的，下节再上，下周再上，照样可以上完。另外，作息时间表也教导学生凡事不用投入太深，因为所学东西涉入太深，时间一到，马上停止学习，学生容易招致挫折。这就是作息时间表的影响，绝对不仅仅是代表上课下课而已。

课程表不仅是规定何时上何种学科，它对于学生有更深层的意义。时数较多、排在上午及升学主科，诸如英语、数学等学科，就比时数较少、排在下午及升学不考的学科，诸如音乐、美术等学科，重要得多，其任课教师在学校的地位也高得多。通常认为，上午学生头脑清醒，所以要上严肃的知性学科，而下午学生头脑较不清醒，所以可上休闲性质的软性学科。学生和家长重视主科，连带的也较重视并尊敬这些学科的任课教师。

最后，谈谈“仪式”的潜在影响。所谓仪式指的是学校举行的周会、开学典礼、毕业典礼及升（降）旗典礼等等。这种仪式都有其设计的目的，以升（降）旗典礼为例，台湾学校实施升（降）旗典礼数十年，其目的当然在培养所谓“爱国情操”。但是实施方式，几乎数十年如一日，千篇一律，变成例行公事。有没有培养了学生的所谓“爱国情操”，没有经过研究，不得而知。但是部分的事实是学生因为多年的早晨日晒，可能身体会健康些。而设计者最不想要的结果，应该是令学生讨厌了升旗，如果这是事实，则这也是升旗典礼所产生的负面潜在课程。

3. 认知环境

认知环境将分成三项说明：一是师生在课堂中的互动，二是教科书对学生的影响，三是教学方法对学生潜在的间接影响。

（1）师生在课堂中的互动的影响

台湾教育杂志《师友月刊》登过一篇文章，文章的大意是这样的：有一个小女生，她喜欢画画，做点小玩意儿，并且常得到父母亲的鼓励。后来小女生入学读一年级了，上美劳课的时候，老师发了一张图画纸。小女生拿到纸以后，立刻就画起来了，老师很快地阻止她说：“等到老师教你画什么，你再画……”要做劳作时也一样，小女生迫不及待地就动手了，老师又上前阻止说：“你又不听话了，等老师教你了，你再动手，会做得更好喔……”那么几次以后，小女生听话了，“一个口令一个动作”，老师教她才做，老师指示什么，她才做什么。

过了一个学期以后，小女生因为搬家而转到新学校。新学校的老师很尊重小朋友的创造力，当把图画纸发给小朋友以后，全班同学都高兴地画起来了，唯有那小女生没动笔，老师觉得很奇怪，就问她："你为什么不画呢?"小女生回答说："老师，你没说要画什么，我不敢画。"上劳作课时也一样，大家都兴高采烈地在动手做了，只有小女生呆呆地坐在椅子上，老师去问她，她回答说："老师，你还没教我做呀……"第一位老师非常负责尽职，一再地教导小朋友怎么做、怎么画。第二位老师非常重视小朋友的艺术创作，重视小朋友的创造能力。小女生在第一个学校，遇到那么尽责的老师，教她好多画画的技巧，也许小女生全都忘光了，但是她没有忘掉"等待、被动、消极"的人格特质。第一位老师如果知道小女生学到了"不该学的"，一定会很伤心。这就是师生互动当中受到负面情意的影响。

再来谈谈皮格马利翁效应(Pygmalion effect)。这个研究是美国的两位心理学家罗森塔尔(Robert Rosenthal)和雅克布森(Lenore Jacobson)在1968年所做的实验(Rosenthal and Jacobson, 1968)。他们在小学的中年级做了些智力测验，等测验完以后，交给任课老师约五分之一的名单，并且告诉老师说："这几位学生的资质特别杰出。"老师接过名单以后，看看名单中所列的名字。因为老师也是新接这一班，对学生原有的程度也不知道。经过一学期以后，这几位名单上有名的学生脱颖而出，比其他同学表现优异。这时候，这两位心理学家才说："我给你的名单是随意的，不是真的依据测验成绩。"没想到这几位学生真的脱颖而出，为什么?

这两位心理学家观察到，自从这几位学生的名字进入资质优异的行列以后，老师在教学时的态度有了几项重要的转变。举例来说吧，老师经常走到这几位学生座位旁，拍拍他们的肩，摸摸他们的头；老师对这几位学生讲话和蔼可亲、面带微笑；上课中，老师常用关爱的眼神看这些学生；学生答对老师的问题时，就强化鼓励，答错时，也不时地提供答案的线索，增加学生答对的机会；给这些学生的作业分量较重，要求也特别高。诸如此类的，在老师的殷切期望、高度关怀和严格要求之下，学生全力以赴，生怕令老师失望，因而得到好的成绩。老师的期望、鼓励，并不在任何学科的单元当中，但学生体会到了之后，效果就呈现了出来，这就是认知的提升，潜在的影响。

(2) 教科书对学生的影响

常识的观点认为学校的知识是价值中立的，但是这种想法过于乐观。学者认为教科书里隐藏着性别主义、种族主义、阶级主义，以及政治与宗教的意识形态。教科书作者希望透过教科书以再制既得利益者的权益。

几十年前《中国时报》曾报道教科书有性别上的差别待遇，并以二年级的课本上有一课“爸爸早起看书报”、“妈妈早起忙打扫”为例，认为经此长期的社会化之后，会造成一些男尊女卑刻板的不良影响。此外，美国学者也认为美国的教科书十分清楚的是男性的历史（his-tory），而不是女性的历史（her-story）。早期美国的教科书中也可以发现，当老妈子和长工的都是黑人，穿美丽洋装和笔挺西装的都是白人。经过这样长期的灌输，也会有种族上的不平等影响。

像我们念英文，绝对不是单纯的看课本上有哪些文字，念哪些东西，而是整个意识形态或价值观也会受到英文中所藏的英美社会意识形态或价值观的影响。美国学者阿普尔（M. Apple）的研究表明 1980 年全美国买书的钱共有 6 亿美元，其中的四分之一用于购买中小学的教科书。而学生在学校中，约 90%的时间投注在教科书里，在家里也约有 80%的时间和教科书为伍，可见教科书影响之大。如果教科书被有心人或既得利益的团体应用，再制现存社会中的性别、种族、贫富的不平等，那真是太可怕了。美国既得利益的团体透过教科书向小学生灌输，现在的社会是公平的，是和谐的。其实美国社会隐藏了很多的冲突和不公平，这也是美国学者研究发现的。所以说，教科书的功能是很了不起的，如果能妥善运用，所能表现的影响力是很大的。

英国哲学家罗素（Bertrand Russell）在 1917 年发表的《社会重建的原理》（*Principles of Social Reconstruction*）一书中提到，一个国家想增进国家的自尊，并且意识到，不借由偏见的历史，无法达到其目的。心智上毫无防卫能力的儿童，极易被学校教以曲解的、偏见的历史观念。不同国家的儿童都被教以充满着虚妄的、自我夸耀的历史观点，无形中鼓励了国家之间的斗争，并使得偏执的民族主义得以猖獗。

(3) 教学方法对学生的影响

透过教学方法，教师在传授知识，但是没想到，教学过程已经影响了其他非知识的部分，那就是“情意”的层面。例如，小组讨论是以小团体的方式互相激发思考、交换经验，以达到认知的教育目标，但是可能产生“尊重对方人格”、“服从多数人的决定”这些民主的态度，这就是认知以外的情意、态度表现。

利用小组讨论活动也可以消除种族的偏见。为什么呢？例如在美国，他们进行小组讨论的时候常安排各色人种在一起，一组中有白种人、黄种人、黑种人……，一眼望去，如同小型的联合国。在讨论的过程当中，大家的意见都可能被采纳，也可能被否决，可是种族平等的观念就有可能通过较长时间的相处和团体活动得到渗透，使得同一组的各色人种能团结起来，和谐相处。

4. 潜在课程的特征

(1) 是间接的，而不是直接的

例如钟声响了，直接告诉我们的是上课或下课，可是我们间接地学到了遵守时间的原则。又如我的老师教我“世界上最小的鸟是蜂鸟”，这是直接的。但他那一份教学的热忱和态度，使我想要认同他。这并不是他“教”的范围，却间接地影响了我，希望以后也能像他一样当老师。

(2) 常是情意的，而较少认知的

美国教育家布卢姆(B. Bloom)把学习的目标分作三大类：认知、技能、情意。潜在课程的影响就在情意方面，学生的人格、态度较易受到潜在课程的影响。例如，“爱国情操油然而生”、“认同老师而终身从事教育工作”，这都是情意的。

(3) 有正面的，也有负面的

例如比赛或竞争的措施，正面的，学生学会了发挥个人潜力、团队精神；负面的，则学会奉承、勾心斗角，或是“把自己的成功建立在别人的失败上”。

(4) 只是一种可能性，不是绝对性

潜在课程对学生的影响仅是可能性，而非必然的。升旗典礼这类仪式的设计和培养爱国情操之间，仅有一种“可能”，但也可能会让学生“讨厌”这个仪式。潜在课程是一种潜在的可能性，可能这样，也可能那样，而没有绝对的、必然的后果。

(5) 比显性课程的影响更为深远

比如小学时，教师所教的知识很快就忘得一干二净，但是其对价值观、人生观的影响却常是终生的，不但深刻，而且久远。潜在课程有的部分是由学校的物质环境，诸如校园规划、校舍设计及教室安排产生的；有的部分是由学校的社会环境，诸如制度、措施、仪式产生的；有的部分是由学校的认知环境，诸如师生互动、教科书及教学方法产生的。我们在学校服务，应该尽其可能，产生正面的潜在课程，并且削减带来负面影响的潜在课程，使潜在课程变得有助于教育目标的达成。

（三）悬缺课程

“悬缺课程”或“空无课程”是指学校应教但却没有教的学习内容，例如，开放心胸、包容异己、热爱艺术、环保意识、民主素养、批判反省、爱心耐心、处理冲突之知能等。因此，进行课程设计时，宜同时考虑显性课程和潜在课程，从而更好地达到学校的目标。美国课程专家艾斯纳在其出版的《教育想象》一书中，首度提出“悬缺课程”（the null curriculum）的概念。随后若干课程专家也在其著作中提及，并加以讨论。在此拟简要介绍其概念（黄光雄，1996）。

悬缺课程，简言之，系指学校理应教导而却未教导的东西，诸如学校未能提供给学生学习的选择机会、看法、概念及技能等等。艾斯纳认为，学校所重视的课程固然重要，学校所忽略的课程也同样值得关注。“不知”不单是一种中性的真空；“不知”对于我们所能考虑的选择种类、所能探讨的途径，对于我们检视问题所采的观点等等，具有重要的影响。

悬缺课程的探讨约可分为三个层面：一是学校教育忽略的心智慧力；二是学校课程遗漏的学科或教材；三是学校教育疏忽的情意陶冶。

就心智慧力而言，当前学校教育侧重的是逻辑分析及演绎推理的过程，亦即，使用文字或数字，借着逻辑程序从事思考，诸如数学的运算、自然科学及严格社会科学的探究等等。相对的，其忽略了培养隐喻的，即想象的思考方式。这种认知过程的形态，不以文字或数字为中介，不遵守规则，是非逻辑性的、超越逻辑能够应用的范围。诸如“人比黄花瘦”、“断肠人在天涯”等等，没有一句是合乎逻辑的陈述。基于此，隐喻及想象思考构成了学校的悬缺课程。

就学科或教材而言，可用层阶的方式来表达，即这部分的悬缺课程，大可大到整个学科的忽略，小可小到部分教材的遗漏。艾斯纳认为经济学、法学、人类学、大众传播学及民族艺术等学科是美国中小学校的悬缺课程。弗林德斯（D. J. Flinders）、诺丁斯（N. Noddings）及桑顿（S. J. Thornton）等人认为历史科的科学史部分、生物科的演化部分、美国史的新政无法解决就业问题的部分等等，均可视为学科内容的悬缺课程。

就情意领域而言，这一层面包括价值观、态度及情感等等。通常认为认知是与情意对立的，而情意又是与技能对立的。目前学校教育着重的是认知过程的发展，而对情意的层面不是忽略，就是无能为力。以情感的陶冶为例，通常可借由音乐、美术、雕塑、舞蹈等听觉艺术及视觉艺术加以培养，但常因主观及客观因素而受到相当程度的忽视。事实上，许多重要的创造性思考形态是依听觉的及视觉的方式而运作的。因此，情意领域成为学校课程的悬缺课程。

悬缺课程以“空白”(the nullness)为研究对象，相当别致，学界认为难以成为一种研究的概念。悬缺课程事实上是一种相对的、动态的理念，亦即，各国、各校之间，有其彼此不同的悬缺课程。各国依其教育理想而规划课程，为充分实现该理想，自当审慎检视规划的课程是否有所遗漏。各国教育理念互异，构成的悬缺课程也不尽相同。另外，各校因校长及教师的不同，所强调及所忽略的心智慧力种类也迥异，因此也造成各校间互异的悬缺课程(黄光雄，1996)。总之，悬缺课程至少具有“警告”的作用，时时处处提醒我们，学校教育要五育均衡发展，不要有所偏颇而形成悬缺课程，以致无法达成学校教育的目标。

二、课程的意义

近年来课程研究的方向有些改变，过去课程的界说偏向于强调教学计划的内容，而现在课程专家则以整个学习情境定义课程(蔡清田，2008)。课程，可说是学生学习的学科及有关的设计，或者是一系列学习目标，或者是学习的一切计划，不过这些都是可预期的、事先预定的，与学生的实际经验可能不尽相同。然而，学生实际学习经验也是课程的一部分。课程不仅是学科材料或学生将要学习的材料，也是学校教育年轻人的所有经验。课程一般被界定为所有学校所计划和指导的学习，不管学习是在教室、运动场或其他学生生活的场合发生(黄政杰，1985：33；Tyler，1949)。因此，课程是教师为达到教育目的，所计划并指导学生的所有学习经验。课程定义相当富有弹性，其最低限度可以代表学生学习学科的纲要，其最大范围可以涵盖教育机构的计划、教学、学习中所发生的任何事情，甚至最广义的课程，可以同时涵盖教育目的、教育方法及其环境互动之下的学生学习经验(黄光雄，蔡清田，1999)。

一般而言，课程的定义大致可分为两大派别：其一为课程是学科或学科的总和；其二为课程是指学生在学校内所获得的经验，这种课程的意义又可分为是否在学校计划预期当中的两种观点，亦即，“预期的学习经验”与“未预期的学习经验”。第一种派别的课程意义，以学科或学科的总和为课程的定义较为狭隘；第二种派别的课程意义，以学生的学习经验为课程的定义则较为广泛。若依课程定义抽象程度和以学生为中心的程度来分析，第一种派别以学科或学科为课程的定义较为具体，且以学校教师为中心；第二种派别以学生经验为课程的定义较为抽象，且主要以学生为中心（Beane, Toepfer, & Alessi, 1986: 34）。

课程亦存在许多层次，每一个层次的课程都是特殊决定过程造成的结果。美国课程学者古德莱德（Goodlad, 1979）便认为有五种不同的课程在不同的层次运作。第一个层次是理想的课程（ideal curriculum），例如政府、基金会和特定利益团体成立委员会，探讨课程问题，提出的课程革新方向都是属于“理想的课程”。第二个层次是正式的课程（formal curriculum），指由州政府或地方教育董事会所核准的课程方案，可能是各种理想的课程之综合或修正，也可能包含其他课程政策、标准、学科表、教科书等等，皆属于“正式的课程”。第三个层次是领悟的课程（perceived curriculum），指学校教师对于正式的课程加以解释后所认定的课程。第四个层次是运作的课程（operational curriculum），指教师在班级教学时实际执行的课程。第五个层次是经验的课程（experienced curriculum），指学生实际学习或经验的课程。

除上述的课程意义分类之外，就格拉特霍恩（Glatthorn, 1987: 1）的观点来看，课程可依据教学实施程度而分成六种不同的类别，即建议的课程（the recommended curriculum）、书面的课程（the written curriculum）、支持的课程（the supported curriculum）、被教的课程（the taught curriculum）、施测的课程（the tested curriculum）以及习得的课程（the learned curriculum）。建议的课程系指学者所构想推荐的课程，类似于古德莱德的“理想的课程”；书面的课程系指政府公布的课程纲要内容与根据课程纲要所编辑出版的教科用书，类似于古德莱德的“正式的课程”；支持的课程则是指受到学校教师所支持的课程内容与方法，类似于古德莱德的“领悟的课程”；被教的课程系指教师所教导的课程内容，类似于古德拉的“运作的课程”；施测的课程系指透过测验考试等评价的课程内容；习得的课程系指学生所学习经验到的课程，类似于古德莱德的“经验的课程”。上述六类课程涵盖的层面，包括课程政策、课程目标、学习方案、学习领域、学习学科、学习单元及教材等（蔡清田，2008）。

三、课程意义的丰富面貌

值得注意的是，台湾的黄政杰(1985：7)以及香港的李子建与黄显华(1996)，皆曾经从学科、经验、目标和计划四个向度来界定课程，代表课程发展中不同时期的概念与分类的观点，其立论颇能统合综括课程界各家论点，兹分述如下：

课程是“学科或教材”的观点，认为课程可以是一个学科、几个学科、所有学科或各学科中的教材。

课程是“经验”的观点，强调以学生为学习中心，重视学生的学习环境，认为课程是学生在学校情境交互作用之下所获得的一切学习经验。

课程是“目标”的观点，认为课程是一连串预定的且有组织的目标。

课程是“计划”的观点，重视计划的内容和计划的程序，其中包括目标、内容、活动、评价等因素。

然而，上述的四种课程定义的研究取向，缺乏从一种教师的专业角度来分析课程的教育意义。换言之，上述四种课程意义的分类，未能从学校教师的教育专业文化的观点，将课程视为有待教师在课堂情境当中加以实地检验的一套教学过程的“研究假设”。因此，课程的综合定义应该至少包括了学科、经验、计划、目标与研究假设等五种的课程意义。以下将分为五节对五种不同的课程意义加以阐述评论，以供课程研究发展人员与学校教师之参考。

第三节
课程即学科

本节旨在说明“课程即学科”的意义，并指出这种课程意义的教育功能与可能的教学限制。

一、"课程即学科"的意义

将"课程"视为一种学习领域、学习学科、教材或教科书，是学校教师、学生家长及社会大众所熟知的一种课程定义，"课程即学科"也是最传统、最普遍的课程定义方式之一。学科通常是指学校教学的学科内容，也是学校教育人员与一般社会大众理解的课程。例如，台湾教育事务主管部门 2003 年发布的《国民中小学九年一贯课程纲要》，因应多元智能理论，提出语文、社会、自然与生活科技、数学、健康与体育、艺术与人文、综合活动等七大学习领域，也是一种学科取向的课程意义。

在这种传统的课程定义之下，往往"课程"的范围是指学习领域的学科知识结构、知识内容或学科教材纲要。特别是一般人往往将教师准备于课堂中教学的学科单元主题与内容纲要视为"课程"的同义词，或将学校开授的学科表或学生的功课表视为"课程"的全部，甚至将教科书当成唯一的"课程"。这种"课程即学科"的课程意义之基本假设，主张课程设计人员或学校教师可以选取每一个学科的精粹作为学习内容，而且最好的学习内容与最重要的学科观念，出现在人类的伟大著作当中。

美国的学校课程，其学习内容起源于西方古老欧洲的中等学校之教学学科。例如，1893 年美国全国教育协会(National Education Association, NEA)发布的《中等学校教育十人委员会报告书》(*Report of the Committee of Ten on Secondary School Studies*)，建议将拉丁文、希腊文、英文、当代语言、数学、物理、化学与天文学、自然历史、历史、人民政府、政治经济、地理等具有西方教育传统学术地位的学科，作为中等学校教育课程的主要学科。此课程建议，成为美国几十年来界定中等学校学术课程的主要参考依据(Willis, Schubert, Bullough, Kridel, & Holton, 1994: 85)。

在"课程即学科"的课程观点定义之下，学科可以用来训练学生的心理官能、心灵或是合乎两者的要求。因此，几何学被认为可以训练学生的逻辑官能，拉丁文被认为可以训练学生的想象官能，古典语文的学习被认为可以产生普遍的心理训练。这种课程观点认为学科知识是主要学习的内容。这是学校活动与教育过程认定的与特定的目的，而且学习活动是达成这个学科教育目的的精确方法。就学科教育目标而言，学校教育的使命在于教导学生追求学科知识真理与智能，以传承并捍卫巩固学科知识。

例如，英语、科学或艺术，这样的学科并不是一个单一独立的知识。通常一个学科被称为一门学科，是因为学者就其所研究领域的知识，进行持续不断的研究发展与扩散，以进一步了解其研究领域的现象。学科的研究不是偶发的，学科专家要求自己遵守专业程序，以确保对研究的问题、问题的相关信息及研究结果的意义能获得共识。随着岁月的增长，每一门学科都累积了许多学科资料、概念、原则、搜集与解释资料的技能，以及此学科的有关范围与限制。这一大堆的材料是远超过任何一位学者所能理解的，当然，不是任何一个教学内容或教学方案所能完全涵盖的，更不是任何一位个别学生学习经验的建构。

学科内容与学习，起先都是源自日常生活活动经验与教育过程受到其他因素作用影响所产生的因应。当生活活动受阻时，学科内容的知识，就会因应生活活动需要而产生。这种需要的行为，一旦被发现，就是课程设计人员与学校教师所需的学科知识内容。这些学科学习内容，有助于非学科专家了解语言、科学、社会系统的研究，也有助于非学科专家解决其日常生活中所遭遇的问题，而且，这些内容也是该学科的学者所选择的，将来成为该领域学者或专家所必须具备的入门基础。

二、“课程即学科”的功能

学校教学学科的功能在于促使教师教学与学生学习活动得以继续进行，促使学生于最值得学习的学科知识内容上获得智能的成长。因此，“学科知识就是力量”。其所关心的教育问题主要包括：课程内容应该如何形成与陈述？在教育过程中学科内容的地位与功能是什么？哪一部分的学科教育应该被分类为通识学科，哪些部分应该是专门学科或职业学科，或是纯粹的选修学科？什么范围的通识学科才能与职业学科均衡，什么范围的职业学科才能成就圆满的通识学科？可见，就课程意义而言，“课程即学科”强调学科知识，而使教学内容具体化的教科用书与器物用品也经常被当作课程，这是一种偏向学科本位的课程理论取向，而且与精粹主义的课程设计意识形态关系相当密切，作者将于本书第三章“课程设计理论取向的意识形态”当中加以详细说明与评述。

其优点是，这种课程定义方式可以将学科之间、学习领域之间作清楚的区分，例如语文课程、数理课程、社会课程、艺能课程等等。其课程评价，强调课程必须忠实反映学科知识本质。评价的层面可能包括学科知识内容以及课程材料，而且对于学生的评价，主要旨在了解学生的学科知识。因此，教育行政部门在规划、监督与管理课程方面也较方便与明确，有一致而标准的规范。而且由于学科之间有明确的划分，学习内容的选择与组织也比较容易进行系统的安排与设计，例如，课程应包含多少学科？每一门学科占多少学分或时数？学科之间的顺序与统整应如何安排等等皆比较容易进行设计。因此，规划学生进行的学习内容较为系统与具体，也较合乎知识结构。

三、“课程即学科”的限制

“课程即学科”的课程定义将学科、学习内容或学科知识内容视为其同义词，是狭隘不恰当的观念，因此，许多批评者大多认为这种“课程即学科”的课程定义仍有不足之处（黄显华，李子建，1996：9；Schubert，1986：26；Tanner & Tanner，1995：32）：

1. 这种“课程即学科”的定义，忽略了学生对于学习活动的主观性认知、创造力、思考能力、智能发展等。另外，也较不鼓励学生主动地建构知识和参与学习活动，容易使学生处于一种被动地接收信息的学习角色。

2. 若将“课程”的定义局限于学科内容与教材原料和成果，忽略了教学过程的动态因素，教学过程也容易因此成为以教师为中心的学科内容之单向灌输，导致教师普遍重指定的教学内容而轻教学与学习过程的偏颇心态。

3. 将课程内容与教学过程两者截然分开是不恰当的。这种定义容易使课程沦为学科本位、教材本位，忽略涉及课程设计的工作，如教学策略、顺序程序、引起动机的方法、内容的诠释等，容易忽略学生在学习活动中所获得的实际经验、师生互动以及潜在课程的影响等等，甚至漠视师生情意创作力表现和教师个人成长等。

4. 这种“课程即学科”的课程定义，未能包括活动课程和学校生活的经验，只注意学科内容的知识权威性，而忽视如何顾及学生的个别差异。因此，课程的改革难以完全落实，较少注意课程实施的实际情况和教育改革的动态，以致教学环境如学校组织、教师态度、社区观点等未能充分改变，以配合课程改革的运作。因此，课程改革容易流于学科之间上下左右变动、上课时数调整、教材内容粗略增删而已。

第四节
课程即经验

本节旨在说明“课程即经验”的意义，并指出这种课程意义的教育功能与可能的教学限制。

一、“课程即经验”的意义

“课程即经验”倾向于将课程视为一种“学习经验”，是学习者、学习内容与教学环境之间的交互作用，以及交互作用之后所产生的经验过程与实际结果，亦即，课程是指学生从实际学校生活所获得的学习经验。

这种“课程即经验”的观点，重视的是学习者个别的学习经验及其所产生的学习过程与学习成果。其课程的基本假设是以学生为学习的中心，主张学校课程应该适应个别学生，而非学生适应学校课程，强调学生个人的学习经验之意义理解，以学生兴趣、需求等，作为学校教育课程设计之依据。这种课程观点强调学生的学习动机是内发的而非外塑的，主张学校课程应该符合学生认知、技能及情意的发展阶段。因此，学校课程若能依此提供学生学习的活动经验，才能进一步促使学生在学习活动的经验中进行学习和获得健康成长。

这种“课程即经验”的课程观点，注重学生的学习过程，特别强调学生在学习过程中的认知、技能、情意等方面之发展，重视学习活动对学生个人的教育意义。其所关心或质疑的课程设计问题便是：课程是事先规定的吗？学生可以从学习活动中学到什么？学生自己认为自己的学习如何？以及如何可以获得更佳的学习？

二、“课程即经验”的功能

“课程即经验”的定义较为宽广，重视正式课程、非正式课程与潜在课程，以及其他经过指导或未经过指导的学生学习经验，使得这种定义成为一种比较多元的学习经验，有利于学习者的均衡发展。这种“课程”观点强调学习者的个别差异，尊重学习者个人的主体性，重视学习者平等参与学习活动的机会，兼重教育目标与学习过程，具有经验主义的色彩，而且与经验主义理论取向的课程设计意识形态关系密切，作者将特别在本书第三章加以说明及论述。

三、“课程即经验”的限制

以学习经验作为课程的定义，虽然视课程教学与学习为不可分割的过程，但是由于每个学生都可能有不同的经验与经验的课程，因此，这种观点暗示着学校教育情境当中存在着许多不同的“课程”，同时，这种课程的模糊定义观点，也容易使课程的意义引起混淆不清。特别是如果课程是学校生活中的学生学习经验，则任何一位课程研究人员或是学校教师皆无法掌握课程全貌，更难以完全理解其真相。就算课程研究人员进行九年的长期观察研究，也无法精确预测或控制一位学生在“十二年国民基本教育”过程中所经历的学校生活经验。因此“课程即经验”的课程定义不免遭受下列的批评（Schubert，1986：31）：

1. “课程即经验”的定义，重视学生兴趣与需求，但是未必能对个别学习者有充分的教育指导，且较少注意社会的需求，容易忽略社会文化对课程的影响，低估课程与社会之间的互动关系。

2. “课程即经验”的定义，不能明确地区分正规学习活动的正式课程与课外活动的非正式课程。因此，对于潜在课程、非正式课程与非指导性的课程，难以明确地界定与掌握。由于这种学生学习经验的课程定义范围太广阔，给课程研究带来高度的教育挑战。

3. “课程即经验”定义的学习成果，难有具体的客观评价标准，因此，也难以对学习者进行完整而正确的评价工作，教师与学生容易趋易避难，流于糖衣般的软式教育。而且，因为学生学习经验会包括一些可欲与不可欲的各种学习经验，也包括一些与教育有关和无关的不同生活经验，因此，学校教师是否应该为每一位学生的每一种学习经验的结果负责任，这仍然是有待教育界深入探讨分析的问题。

4. “课程即经验”的定义，虽重视学习者个别的学习经验，但在现实学习环境中，却难以完整而周全地安排以顺应个别学习者的需求及个人整体的全人格发展，因而在实践方面产生困难。例如，在台湾地区目前存在的大班教学实际情境当中，学校班级学生人数皆在三十名以上，一位教师如何在有限的时间与资源条件之下，与一班三十人的学生进行个别对话与指导，进而规划促进学生个人发展的课程，这是目前台湾学校教师在现行的教育制度之下，亟须克服的困难。

第五节 课程即计划

本节旨在说明“课程即计划”的意义，并指出这种课程意义的教育功能与可能的教学限制。

一、“课程即计划”的意义

所谓“课程即计划”，是从事前规划的角度来探究课程设计与课程发展的工作，并将课程视为一种教学计划。这种定义认为课程是一种学习者的学习计划，可以是政府官方规划的“正式课程”，学校课程发展委员会审核通过的“学校整体课程计划”或各处室与各年级学习领域“课程计划”，也可以是教师规划设计的“教学计划”，或学生的“学习计划”。换言之，课程计划就是指课程规划人员根据社会文化价值、学科知识与学生兴趣，对课程目标、内容、方法、活动与评价等因素所作的一系列选择、组织、安排之规划。

“课程即计划”的要素，主要包括了课程目标、课程内容、课程方法与活动，以及课程评价的工具和程序。由于课程计划，强调计划的内容要素和规划的程序，因此，对于课程发展和设计工作有促进其精致化的效用，而且课程计划强调了课程设计人员的责任，希望他们能够深思熟虑，仔细选择组织安排课程的各种要素，提供学生优良的学习机会，以帮助学生获得继续性、程序性及统整性的学习经验。

“课程即计划”的课程观点所关心的主要课程问题是：课程如何能够使未来的成人做好参与社会生活的准备？学校应该被视为改善社会的正义机构吗？学校应该基于何种逻辑前提设证或研究假设来进行课程规划？课程应该帮助学生接受既存的社会秩序还是加以克服与超越？学生应该接受社会还是质疑社会机构之合理性？学生应该仅仅适应当代社会机构还是应该接受教育并激发改善社会之意愿？

“课程即计划”的课程观念，强调“事前规划”与“预先计划”的观点，主张课程是预期的，而且其程序是可以事前加以规划的，其中包含了学习目标、内容、活动以及评价的工具和程序等周密的思考，作为教育工作的准则，以便于控制掌握学习结果。换言之，该定义以课程为计划，特别是将课程视同在教学之前出现的事前课程计划或规划工作。例如，舒伯特(Schubert，1986：28)就认为以课程为计划的定义，蕴含着“规划活动”(planned activities)的课程计划之意义，这种课程观点与社会主义取向的课程意识形态有着密切的关联，作者将在本书第三章作更为详细的说明与评述。

“课程即计划”的层次与范围，可能包括全国性、县市性、全校性、个别教师为个别班级所拟订的课堂层面的课程等等各项课程计划(黄政杰，1991，71)。换言之，“课程即计划”的层次，可以是全国性的、地区性的，也可以是学校性的，或是班级课堂层面的。因此，课程计划者，可以是学科专家、教育行政人员、课程专家，也可以是学校行政人员或是班级课堂内之任课教师。

二、“课程即计划”的功能

“课程即计划”的观点，强调课程是一套事先规划设计安排的学习计划，或者可说是教学实施程序。这种学习计划对学习者的学习目标、内容、评价等，均以整体呈现的方式提供学习者学习的机会，具有结构完整与精致的优点。这一观点主张课程是可以事前加以预期控制的，因此便于作层级的规划，如中央政府规划的全国课程、地方县市政府计划的课程、学校发展的课程或个别教学者在课堂中设计的课程等等，具有层级清楚、可事先规划设计等优点。总之，“课程即计划”的定义，乃透过计划来界定课程的意义及其内涵，强调事前预先规划的观点，认为课程是可以预期的，也是可以事前加以规划的。因此，课程设计人员可以经过周密的计划，规划优良的学习内容与方法，达成预期的学习结果，此为课程计划之优点。

三、“课程即计划”的限制

然而，这种“课程即计划”的课程定义，容易遭受下列的批评：

1. “课程即计划”的定义，重视课程设计的事前预先规划活动，因此，课程计划往往只重视正式的、理想的或书面的课程规划，甚至是官方的命令与规定，重视社会文化价值之传递，并强调社会道德文化标准的建立，偏向社会主义理论取向的观点，难免有时会忽略课程背后的课程目标之合理性与意识形态的正当性。

2. “课程即计划”的观点，强调计划付诸行动的实施过程有其规划的实施程序，主张计划与执行是隶属于不同层次的课程决定，课程实施不同于课程设计，因此“课程即计划”的课程观点主张教学不同于课程。但是，就学校教师而言，在实际教学过程当中，课程和教学往往是一体的两面，因此，课程设计人员难以单方面从事前规划的课程计划来了解学校教师实际教学的复杂过程，更难预测千变万化的教学结果。

3. “课程即计划”的观点，往往要求学校教师和学生必须依预定的课程计划进行课程实施工作，否则事前规划的努力便是徒劳无功，因此“课程即计划”的课程观点容易形成教育监督管理与控制的手段(Tanner & Tanner，1988：23)。甚至，课程设计人员经常误认为教师的教学过程必定忠实地进行课程实施，忽略课程实施及师生与课程互动之复杂过程与教学结果，不易探讨学校教师的“领悟的课程”或课堂内实际的“运作的课程”，此为“课程即计划”的限制之一。

4. “课程即计划”的定义，缺乏教学上的弹性，容易忽略学习者个别的学习经验差异与不同的学习兴趣与需求，特别是这种重视“预先规划活动”的定义，忽略学习的复杂过程或学生的“经验的课程”，亦容易忽视教学活动背后的课程目的，或忽略不易事前预测的复杂学习结果。例如，有意忽略学习活动过程对学生个人意义的影响及学生获得的学习经验。因此，极可能忽略了潜在课程之发现处理与悬缺课程之探究。

5. 这种“课程即计划”的定义，往往诉诸由上而下的政府施政理想与教育行政计划，强调官方一致的课程行政命令规定，未能充分显示发展设计的动态过程，且未能兼顾在课堂教学情境当中可能随时出现的教师教学创意，忽略课堂教学的实况，漠视教师在课堂随机应变出现的变通计划或另类思考（Portelli，1987：361）。

第六节
课程即目标

本节旨在说明“课程即目标”的意义，并指出这种课程意义的教育功能与可能的教学限制。

一、“课程即目标”的意义

“课程即目标”的定义，将课程视为一种一系列目标的组合，不论是教育目的、宗旨、一般目标、具体目标、行为目标或表现目标等等，皆由学生行为的改变呈现其教育效果。例如，美国课程学者博比特(F. Bobbitt)的课程思想强调课程是为将来生活做准备。其主张的课程意义，系指一连串使年轻学生做好准备，将来能履行成人事务的活动和经验；而且，课程目标是评价学生学习结果的标准，亦即，课程的目标乃是指预期学生所要表现的行为，其教育方法强调实作与实际参与活动以获取经验。例如，博比特将人生经验分成十个领域：语言活动、健康活动、公民活动、社交活动、心智活动、休闲活动、宗教活动、亲职活动、非职业性的实用活动与职业活动。课程设计者主要关心的议题包括下述两个问题：第一个是课程设计人员应采取何种途径以拟订教育目标的价值？第二个是课程设计人员应透过何种方式表达陈述课程目标？

"课程即目标"的观点往往将课程视同工厂中的生产线，因此，目标的拟定必须具体明确而清楚。例如，美国课程界学者泰勒(Ralph Tyler)便主张以行为及内容的双向分析表来协助课程设计人员，叙写具体的课程目标(Tyler, 1949)，以便于教育控制与行政管理。这种课程目标的观点，偏于科技主义理论取向的课程设计意识形态，作者将于本书第三章加以说明与评述。

在课程选择方面，"课程即目标"的观点，重视课程目标的引导作用，依据目标选择材料，以社会需求为主，其次顾及学生兴趣、能力及合适的学科知识。在课程组织方面，课程要素一方面包括实质上的活动或经验，另一方面则注重形式上顺序的逻辑安排，强调目标与手段的连锁，由最终目标分析其先备条件，转化为阶段目标，再安排学习阶层。在课程评价方面，初步的评价在诊断学生的先备能力，最后的评价在判断目标的达成程度。

学校是社会或政府的代理人，因此部分主张"课程即目标"的课程设计人员便认为课程目标应由社会或政府决定，学校只负责如何使课程产品符合规格的科学技术工作。因此，"课程即目标"的课程定义通常是指以政府立场或官方定义的课程目标，或政府官方预期的"正式的课程"的学习结果。例如 1989 年，美国总统乔治·布什(George Bush)邀请各州州长召集全国教育会议，并提出六大国家教育目标，以引导美国全国学校教育(DOE, 1991: 3)。美国"国家教育目标"如下：

- 在公元 2000 年以前，所有的美国儿童都将做好就学准备。
- 在公元 2000 年以前，高中生毕业率将增加到至少 90%。

● 在公元2000年以前，四、八、十二年级的美国学生，都能证明有能力面对英语、数学、科学、历史及地理等方面问题的检验；而且在美国的每一所学校，都将使全体学生学习充分运用其心智，准备好做一个负责的公民，能继续学习，并在现代经济社会中，成为一个有工作生产力的从业人员。

● 在公元2000年以前，美国学生的科学与数学成就，将领先全世界。

● 在公元2000年以前，每一个美国成年人都能够具备读写能力，并且有能力在全球经济中参与竞争，获得成为负责任的公民所需的知识及技能。

● 在公元2000年以前，每一所美国学校都将免于毒品与暴力的侵害，并能提供有助于学习的纪律环境。

1993年美国总统克林顿(Bill Clinton)，也签署了《目标2000：美国教育法案》(Goal 2000：Educate America Act)，除了保留乔治·布什政府的六项国家教育目标之外，又增加两项新目标(高新建，1997)：

● 全美国的教育人员，都将继续接受改善其教育专业技能所需要的课程方案，并且有机会学得教导并装备下一世纪所有美国学生所需要的知识与技能。

● 全美国的每一所学校，都将增进学生家长投入参与提升学生的社会、情意与学术成长之伙伴关系。

二、"课程即目标"的功能

上述这些由政府明确制订的教育目标实例指出，"课程即目标"的课程观点由于便于教育绩效管理与行政运作控制，往往受到政府的青睐。因此，政府经常主张教育应有明确的目标为引导，学校课程要有目标导向，以设计学习方法与教学内容，并达成预定的教育政策与教育理想。

教育目标是课程设计最终成品的模型，课程目标明确化，可以形成详细的具体目标或行为目标，因此，透过建立课程目标，便可精确预测、控制各种课程设计的现象。所以，课程目标可以判断整个课程方案达成目标的程度，作为课程修订的参考依据。整体课程有其预定的教育目标，可以引导课程评价的进行，因此，"课程即目标"具有统一教育目标，而且容易进行课程评价。这种课程意义，重视课程目标的明确性与可观察性，采取可观察或可测量的形式的课程评价，指出学生学习的终点，以引导教学活动之进行，所以相当强调绩效与科技主义取向。

这种教育科技主义的观念，合乎西方社会控制人类的世界观，应用精确的科学与技术力量于学校教育的课程设计过程与结果，消除人类不切实际的幻想与美梦，提倡以科学替代人类不确定的艺术。并利用工厂生产之譬喻，将课程视同制造产品的生产输送线，并以教学为课程技术的运用问题，重视质量管理的步骤，以合乎教育绩效之必要性，如契约教学（contract teaching）、编序教学（programmed teaching）、精确教学（precision teaching），强调具体目标之说明，以促进教育效率，促成教室的例行措施之标准化。其主要的特色包括：

1. 教师必须在教学进行之前，对自己的教学学科加以明确规划，列出可以测量的具体目标。

2. 学生在学年、学期或学习阶段一开始，必须先接受事前测验，以确定学生的起点行为。

3. 学校教师必须就每位学生或每一群学生，明白地列出有待学生必须完成的工作单元。

4. 课程有其学习的先后顺序性或阶层性。

5. 教师与学生均应记录其教学与学习的预期进度及进步情形。

三、"课程即目标"的限制

"课程即目标"的定义是将课程的实施建基于行为科学之上，而且将学校视同工厂、教育视同生产，在学校工厂内，教师如工人，学生是原料，课程是加工生产线。就其缺点而言，设定目标虽然便于管理和控制，但是"课程即目标"的观点容易忽略人类行为的复杂性及社会的交互作用，且忽略教师在此课程设计与发展的过程当中扮演的主动角色。这种目标导向的课程容易忽略学习者的个别经验。这种课程定义与"课程即计划"的观点有些许的雷同，因此，课程往往被定位为一组有意图的预定学习结果与标准，导致容易过度重视预期的学习结果，而漠视非正式的学习以及学习的方法与活动，甚至忽略了教学内容与过程。

第七节
课程即研究假设

本节旨在说明“课程即研究假设”的意义，并指出这种课程意义的教育功能与可能的教学限制。

一、“课程即研究假设”的意义

依学校教师的教育专业观点，课程应该是一套教学内容与教学方法的建议说明，以说明其在何种逻辑前提之下具有教育价值，以及在何种条件之下，这套课程可以在课堂中实际进行教学。换言之，为了验证套课程是否具有教育价值，是否在课堂实际情境中具有教学的可行性，可以将课程视为有待教师在课堂情境脉络的教学过程中加以检验的一套“研究假设”(Stenhouse, 1975: 161)。

“课程即研究假设”(curriculum as hypothesis)的基本假定是：外来的课程计划人员可以从课堂情境之外提供课程法则，并要求教师遵循其课程指示，但是并无法完全保证学生能够有效进行学习。课程计划人员必须告诉教师，课程是一种在课堂情境中有待检验的研究假设。因为个别学生是不同的，而且个别的课堂情境也是相异的，因此，每一位教师都必须根据个别课堂情境中的实际经验，去接受、修正或拒绝任何普遍性的规则或原理(蔡清田，1995)。因此，学校教师必须从事课程探究以获得教育理解。课程对课堂情境的教学有着不同的影响；换言之，教师必须考虑其所处之个别课堂情境与可能的课程教学效应，而且，研究假设有待教师在实际课堂情境当中，加以实地检验或修正。这种“课程即研究假设”的课程观点与学校教师的教育专业关系相当密切，作者将在本书第三章“课程设计理论取向的意识形态”当中，加以详细的阐述与评论。

从课程研究发展的角度而言，所有的课程皆是有关知识、教学与学习本质的“研究假设”。教育知识本身，不是可以事前明确界定或规定的课程目标，而且，概念本身并不是单一绝对的知识结构，教学的目的不是要学生寻求统一的标准答案，而是教导学生在探究过程当中进行没有标准答案的讨论与学习，引导学生进入多元社会文化的对话中，经由讨论探究的方式而学习了解各种不同意见。因此，学校的课程应促进学生认知过程的发展，引导学生学习如何学习，提供学生发展心智慧力成长的机会(Stenhouse, 1975)。这种课程一方面是教育学者表达教育理念之媒介，另一方面也是教师在课堂情境中进行教学实验的“研究假设”(Stenhouse, 1985: 65)。

由此观之，课程的意义，不只是代表一套材料包(material package)或预定的教学大纲(syllabus)，而是在课堂情境中将一种教育理念与教育价值转化为教育过程当中的教学实务，而且课程也是有关教学过程的一种“研究假设”的具体规范说明。具体而言，“研究假设”特别是指由课程计划人员所发展出来并送到实验学校，以便实验教师在课堂情境中加以实地检验的暂时假设之教学方法策略与教学内容，它们可能被称为“指引纲领”或是“假设策略”，也是有待教师去搜集资料的“待答问题”。课程计划人员所提供给教师参考的课程教材，是一种提供教师与学生进行教学与学习的“探究证据”(evidence for investigation)。“探究证据”是指课程计划人员所提供而有待探究的散文、诗词、照片、图画片等各种教学材料与媒体，“探究证据”这个字眼说明了课程计划人员所提供的教学材料与媒体，是有待教师与学生在课堂中进行批判检验与探究的，是一种用来协助师生进行有关矛盾争论议题的讨论与批判的媒介(Stenhouse, 1970: 1)。

“课程即研究假设”的观点主张课程是一种教育媒介，教师必须透过教学将课程所蕴含的教育理念与知识本质付诸实际的教育行动。事实上，教师可以研究的角度来处理课程所蕴含的教育理念与知识本质，并将其视为可以进一步探究的问题。课程是开放的研究假设、可以质疑的方法与内容，不是理所当然的教条与命令。换言之，教师可以把课堂当成课程的实验室，教学便是进行实验研究，而教师与学生则是共同进行研究的学习伙伴，课程就是有待检验的研究假设，教学行动就是实验的自变量，学习成果就是因变量，而学习影响则是师生共同研究之对象。换言之，可以从微观的课堂研究角度来探讨个别教师在个别课堂中所进行的个人教学活动；亦即，课程是一种学校教育教学过程的规划说明书。因此，课程也可以是一种开放给教师公开质疑并进行课堂教学检验的研究假设，而且，课程所处理的教育知识，应该是可以允许教师与学生在课堂实际情境当中加以主动建构的，课程也可以是允许教师与学生彼此协调磋商的学习内容与方法，以适用于课堂教学的动态过程，如此的课程对课堂中的师生才具有丰富的教育意义（蔡清田，1997a）。

"课程即研究假设"通常是指在课堂情境当中学校教师的"运作的课程"，亦即，以课程为马车，教师扮演马车夫的角色，引导学生顺利进行学习之旅。"课程即研究假设"意指教师对政府所规划的课程目标与教学内容及方法，可以因时因地因对象而加以制宜与权衡。教师应该站在教育专业的立场，不管政府制订的课程目标与方法内容为何，若不合于学生的兴趣、能力与需求，皆应加以检验反省之、改善之。教师应该参与课堂层面的课程发展，并就国家层面、地方层面与学校层面的课程设计加以检验，不把课程标准、教学指引、教科用书内容当成理所当然的教条与命令规定，并在课堂情境当中进行教室的课程行动研究，以课程作为教育设计手段与工具，将课程视同"研究假设"，以协助学生进行学习。因此，"课程即研究假设"的课程观点乃是以课程为一种协助教师与学生进行教学与学习的教育设计，而非用以压制教师和学生之控制工具（蔡清田，1992b）。

二、"课程即研究假设"的功能

"课程即研究假设"观点之优点，在视课程为一种可供质疑与验证的假设，重视教师的教学方法、学生学习的思考模式、师生互动等因素，以及这些因素变量彼此之间的动态交互作用等等。一方面，课程不仅可以随着时代的社会变迁与时俱进，而且重视课程革新，以及学校教师的专业成长与教育专业自主性，并且可将教学方法与课程实施加以有效的连结。进而有效的课程可以落实于课堂实际教学的实务当中，而非将课程与教学两者视为截然划分的两极，而且其有效性，也可以在实际的课堂情境中得到充分的检验与印证。换言之，一方面透过教学实务，以验证课程理念；另一方面也同时透过课程研究发展与实施的过程，改进教学过程与教学结果（蔡清田，1997b）。

"课程即研究假设"的观点，认为在课堂情境当中进行教学的教师必须和学生进行磋商与协调，以进一步将"研究假设"的课程透过行动转化为教学的"研究假设"，并透过教学行动过程将课程蕴含的教育理念，转化为课堂中的教学实际行动。换言之，教师不仅应该将课程视为在课堂中有待实地检验的"研究假设"，教师更需进一步采取"研究假设"的教学，借由思辨质疑的教育批判方式来实施中央或地方政府事前规划的课程，以启发学生的心智成长，而不是一味地灌输政府规定的课程内容与方法。因此，"课程即研究假设"的课程观点重视批判教学方法，鼓励学习者质疑、探究、讨论的学习方式。教师与学生在课程实施过程当中所扮演的关键角色受到应有的重视，教师与学生双方更可以负起评价课程的责任，而且师生关系同时也是一种平等、互惠、协商与教学相长的"互为主体"之平等关系与过程。今日台湾的学校课程受到教育传统观念之影响与束缚。一方面，教育行政体制往往透过由上而下的方式制订课程规范，并未能根据教学实务加以具体说明；另一方面，教师也未被鼓励，将课程视为在课堂中有待检验的研究假设，而且，事实上，课堂中的学生学习，就如同在课程实验室中接受未受到监督控制的教学实验一般，这种反教育的变异现象亟待改进。

三、"课程即研究假设"的限制

值得注意的是，虽然课程是一种研究假设，也是一种动态的验证过程，但这种"课程即研究假设"的观点也容易予人飘忽不定、虚无飘渺、缺乏安全保障的感觉。尤其这种具有实验性质的课程与教学研究过程，容易给教师带来莫名的压力与恐惧，甚至造成教师无所适从或孤立无助的教学困境。另一方面，这种鼓励研究的教学过程虽然重视学生的参与，但在实际的课堂教学情境中，究竟学生是否真能对自己所扮演的实验研究角色有充分认知，仍有待深入加以探究。而且这种"课程即研究假设"的定义，相当重视教师的教育专业成长与专业自主性，但在教育的现实层面中，若整体社会大环境未能提供教师适当的专业成长机会，以及实际支持与鼓励等相关配套的课程革新措施，则这种假设验证的课程研究发展之实验精神，很容易流于形式，甚至只是沦为一种教育改革理想情境的口号！与此同时，在培养师生反省批判与创造思考能力之时，虽然强调心智启发与学习成长，但是也不可造成学生学习失控，而危及学生个人利益，甚或造成社会的矛盾冲突与对立，这是从事课程研究发展设计的学校教育相关人员与教师应该特别深思熟虑之处。

第二章

课程设计与课程研究

本章首先指出核心素养的课程设计(curriculum design)与研究发展之意涵,进而说明课程设计的意义,以及教育研究的三种类型,阐述此三类教育研究对课程研究领域之启示,并进一步说明课程基础研究(curriculum basic research)、课程应用研究(curriculum applied research)与课程行动研究(curriculum action research),进而探讨课程研究与课程理论(curriculum theory)的教育任务,及其对学校本位课程发展(school-based curriculum development)的理念与实践之可能贡献(蔡清田,2007)。

特别是台湾推动“十二年国民基本教育课程改革”，期望提升台湾民众之核心素养以提升竞争力，并重视学校本位课程发展的理念与落实(蔡清田等，2013)，台湾行政主管部门教育改革审议委员会(简称“教改会”)，针对学校教育现况分析，指出台湾传统学校各科教学与各项活动的独自分立，各处室实施计划欠缺协调与统合，导致学生承受课程内容零散、学生经验无法统整、学生人格发展无法统整、全人教育无法实现之弊端；“教改会”《教育改革总咨议报告书》(1996)进而提出课程改革的改进策略，期望透过学校课程发展，重视课程的整体性，落实共同经营课程的办学理念，促成学校课程的永续发展(蔡清田，2002)。台湾中小学于 2000 年 8 月自一年级实施“国民中小学九年一贯课程改革”，2014 年 8 月正式实施“十二年国民基本教育”，面对这一课程变革的新局面，台湾中小学所进行的学校本位课程发展的过程与结果，有待进一步探讨；而且中小学能否透过课程领导，促进学校本位课程发展，更是有待进一步探究(蔡清田，2005；2007)。目前的初步研究显示(蔡清田，王霄燕，2001；蔡清田，童正德，2002；蔡清田，陈美伶，2003；蔡清田，2005；蔡清田，2007；2011；2012；2013；2014)，学校本位课程发展的困境之一是，面对“十二年国民基本教育课程改革”实施，期望提升学生的核心素养，许多学校教育人员仍旧习惯遵照教育事务主管部门统一公布的课程纲要、课程标准的领域、学科与节数，沿用教科书进行教学，缺乏学校本位课程发展的动态理念；学校教育人员未能深入了解学校本位课程发展的深层意涵，将学校视为课程发展的基地，重视学校本位课程发展人员的团队合作精神；未能普遍认同校长即课程领导者、主任即课程规划者、教师即课程设计者之理念，也未能重视学校本位课程发展程序的原理原则，将教师视为课程发展的研究者，将课堂视为课程发展的研究室，将课程视为有待检验的行动研究假设(黄光雄，蔡清田，2002)。因此，本章最后一节将探讨如何透过课程研究落实学校本位课程发展的理念(蔡清田，2008)。

第一节
核心素养的课程设计与研究发展之意涵

国民核心素养不仅意指每一个国民都须具备的核心素养，也是属于新兴的课程设计、课程研究与课程发展理念，是一种有理论依据的理论构念(蔡清田，2011)，深具课程研究发展价值(陈伯璋等，2007；蔡清田等，2011；蔡清田等，2012)，可作为“十二年国民基本教育”课程发展的主轴(蔡清田，2014)，并作为“十二年国民基本教育”课程设计的垂直连贯与水平统整之核心，指引《十二年国民基本教育课程纲要总纲》与各领域/学科课程纲要及各级学校课程之发展，具有课程设计、课程研究与课程发展的重要意涵。

国民核心素养是当前联合国教育科学文化组织(UNESCO)、经济合作与发展组织(OECD)及欧洲联盟(European Union，简称欧盟或 EU)等国际组织与先进国家所强调的课程改革重点(洪裕宏，2008；胡志伟等，2008；高涌泉等，2008；陈伯璋等，2007；彭小妍等，2008；蔡清田，2011；蔡清田，2012；顾忠华等，2008； European Commission，2005； OECD，2005； UNESCO，2003)。

国民核心素养的课程设计、课程研究与课程发展之意涵为何？本书所指称的国民是指 18 岁以下接受幼儿园及中小学教育的国民，国民核心素养一般系指国民于 18 岁完成后期中等教育时，能在社会文化脉络中，成功地回应情境的要求与挑战，顺利完成生活任务并获致美好的理想结果之所应具备的核心素养(陈伯璋等，2007)。这种国民核心素养可当作未来规划学校课程发展之基础，并作为未来规划 K－12 年级课程纲要之参考。兹就国民核心素养的课程设计与研究发展意涵加以说明：一、国民核心素养系指每一个国民都必须具备的核心素养；二、国民核心素养属于新兴课程设计之理念，具有课程研究创新性的课程发展价值；三、国民核心素养目前是台湾中小学校应该教而未教的悬缺课程；四、国民核心素养不是先天遗传，而是国民经过后天的教育而学习获得；五、可透过国民教育的正式课程培育未来所需的国民核心素养；六、国民核心素养可作为“十二年国民基本教育”课程设计垂直连贯与水平统整的核心。分述如次：

一、国民核心素养系指每一个国民都必须具备的核心素养

国民核心素养系指每一个国民都必须具备的核心素养，以因应社会的生活需要(Rychen & Salganik，2003)，进而促成个体发展与社会发展(蔡清田，2012)。国民核心素养代表国民所应该学习获得的共同素养，具有关键、必要、重要与共同的特质，是国民处于社会中所必须具备之关键素养，是国民个人生活所必需之素养，也是现代社会国民的必备条件，更是国家社会发展所不可或缺的人力资本之重要素养。国民核心素养横跨生活中各种不同的多元社会场域，并跨越各级学校的主要学习领域课程学科内容与重要的新兴议题。特别是，国民核心素养乃是不因情境差异而有不同的素养，让国民可以终其一生无论在哪一个机构、担任何种工作，或处在何种不同的多变情境下，均能获得所需的核心素养，整合知识、能力与态度，协助国民有效参与学校教育，在各行业市场、政治过程、社会网络以及家庭生活中，能兼顾个人与社会所需的一般生活或社会各种情境领域所需要的知识、能力与态度，培养沟通互动、自主行动、社会参与的核心素养(蔡清田，2011)。

二、国民核心素养属于新兴课程设计之理念，具有课程研究创新性的课程发展价值

国民核心素养属于新兴课程设计之理念，具有课程研究创新性的课程发展价值。国民核心素养是指国民接受国家教育后，具备足以胜任从事个人与社会的任务行动时，所需的知识、能力、态度等行动的先决条件，促成个体的主体能动性，以成功因应情境中之需求与挑战。国民核心素养的知识、能力与态度可加以规划，界定其架构、选择其内涵，使之具有国民教育目的和课程目标的意向意义，以培养整体高品质素养的国民。

国民教育乃是教育基本权的保障范围，面对当前文化日益多元性与处境更加国际

化的年代，今日教育人员必须承担起培养未来国民的责任，国民必须接受国民教育，而对国家中的种族、族群、生态有所理解，这可说明国民核心素养之重要性。

就培养社会好国民、世界好公民，让国家更有竞争力、国民生活更好而言，教育是国家发展基础，教育目标必须回应社会期待：教育发展目标及策略必须掌握国家发展目标，契合专业理念，兼顾社会期待。而且人才是竞争力的根本，教育应使所有孩子发展潜能：培育兼具专业与通识之人才，养成尊重生命、终身学习、宏观视野、体魄强健的国民。是以，就国民个人的观点，国民核心素养可视为增能赋权以促进国民个体发展的自我实现，并且具备与异质性社会群体互动的素养；就国家社会的观点而言，国民核心素养可视为具备社会参与及贡献的知识、能力与态度，国民核心素养必须能够运用在不同的生活情境中，国民个人必须具备胜任扮演工作者、家庭成员与社会公民角色的素养。

三、国民核心素养目前是台湾中小学校应教而未教的悬缺课程

国民核心素养是过去台湾中小学校应该教而未教的悬缺课程，台湾学校教育常流于考试领导教学的弊病，仅重视知识与能力的学习，而忽略态度情意的重要性，因此台湾民众在接受各级学校教育以后，学习到部分学科知识与基本能力，但并未具备现代国民所需要的素养（洪裕宏，2008；胡志伟等，2008；高涌泉等，2008；陈伯璋等，2007；彭小妍等，2008；顾忠华等，2008）。传统学校往往透过学科为主的课程，只重视知识传递与认知技能的训练，忽略国民核心素养的培养，因此，国民核心素养是过去台湾中小学校应该教而未教的悬缺课程（黄光雄、蔡清田，2009）。特别是国民知识能力上，虽然有某种基础的培养，但是，这些国民所需的核心素养通常不在正规教育体制中被充分重视（顾忠华等，2008），甚至成为学校该教而未教的悬缺课程。

面对知识经济终身学习社会的来临，我们必须评估检讨学校课程现况与问题，因应社会的环境变迁与需求。台湾过去的教育，在升学压力下，中小学课程偏重学科知识取向，过度强调智育挂帅，无法落实德、智、体、群、美等五育均衡发展的全人教育，五育“病”重，偏重智育的知识而忽略能力与态度。如果只重能力的学习，可能沦为忽略知识而且缺乏情意的训练，欠缺态度的情意价值引导，则其后果堪虑。例如，修车厂技

工徒有修车能力却态度不当而缺乏诚信，以致不当更换汽车零件或虚报价格大敲顾客竹杠；或如食品制造商人有能力在食物中添加起云剂，却态度不当地添加有毒的塑化剂，这些商人有能力却态度不当而作出伤天害理之事，造成社会大众身心健康严重受损并破坏社会声誉(蔡清田，2011)。

国民核心素养的培养过程中，学校扮演着重要角色，促使学生对于国民所需的核心素养有所认识与了解，并体认到这些国民核心素养的重要性，进而产生学习的意愿与行动。此外，学校须引进国民核心素养的系统化知识、能力与态度，透过完善的课程规划与实施，引导学生学习国民核心素养内涵，进而习得国民核心素养。就此论之，国民核心素养必须在教育过程中实质融入各级学校课程并加以实施，各级学校的课程亦应依其内容程度而有进阶性。

四、国民核心素养不是先天遗传，而是国民经过后天的教育而学习获得

国民核心素养不是先天遗传，而是国民经过后天的教育而学习获得，国民核心素养是预期国民经过学习之后所须具备的素养，有了这些核心素养之后，将来可以有效地适应社会生活，进而促成个体发展与社会发展(蔡清田，2012)。换言之，国民核心素养是预期国民经过学习之后所必须具备的核心知识、能力和态度之重要素养，以便将来有效地因应社会生活需要。特别是当前科技发展日新月异以及社会快速变迁，加上全球化浪潮席卷世界，形成变动不居的多元社会，如何建立永续的经济发展、社会福祉、社会融合、社会正义与个人福祉，这与知识、能力、态度等之学习息息相关。尤其21世纪是一个全球国际化、信息变动化的社会，我们必须思考学生在未来多变的社会之中，要学习哪些内容？要如何学习？要学会哪些知识、能力、态度，才足以在未来社会中能够促成个体发展与社会发展？

教育是国家建设当中非常重要的一环，要繁荣国家经济、建立优质社会，教育扮演着极为重要的角色。特别是教育具有培育人才的重要功能，是一项永续经营发展的专业，因此教育的主体在于学生，如何协助学生学会新的知识、新的能力、新的态度(蔡清田，2014)，以习得应具备的国民核心素养因应未来变动社会的需要，实属相当重要。

从教育的观点而言，国民核心素养是可以透过教育加以引导、透过教学加以培养、

透过学习获得的。就素养的本质而言，能力可为先天，亦可从后天习得，但素养并不是先天遗传的。素养并非与生俱来的，而是需要透过有意的培养与发展，是可以从学习中获得的(蔡清田，2011)。换言之，国民核心素养是后天习得的，有别于部分非经学习的先天能力，而且国民核心素养可以透过有意的人为教育加以规划设计与实施，是可学与可教的，并经由学习者的一段特定时间之学习和累积充实以获得素养。特别是就国民核心素养的本质而言，国民核心素养不是先天的而是后天的，是可教、可学、可评量的(蔡清田，2012)。国民核心素养不是先天遗传，而是国民经过国民教育的后天学习得来，而且国家可以透过教育培养国民核心素养，逐渐充实国民核心素养的知识、能力、态度之内涵，提升其水准品质，还可扭转国人对基本能力相对于知识之误解，并且可以进一步培养社会所需的优质国民，同时促成成功的个人生活及功能健全的社会。

五、可透过国民教育的正式课程，培育未来所需的国民核心素养

台湾可透过国民教育的正式课程，培育未来所需的国民核心素养(蔡清田，2008)；必须考虑社会、文化和国际的变迁，进行整体规划，培养全方位的国民核心素养(陈伯璋等，2007)，建构百年树人之教育发展蓝图，作为未来教育努力的方向，追求卓越与公义，不只人人可以接受教育，达成国民教育的最基本要求；更能人人都能享有优质教育，以达成百年树人、百年生机、百年公义与百年和平等改革的期许(吴清山，2011)。

台湾教育事务主管部门(2011a)在教育报告书《黄金十年百年树人》中也明确指出，发展多元现代公民素养是台湾未来十年应发展的重点教育项目。可见国民核心素养将有利于个体提升学习力，适应社会生活及培养就业技能，进而促进社会的凝聚力，厚植国家永续发展的根基。因此，国民核心素养应该是学校课程的核心，如能界定国民核心素养，将有助于引领学校课程发展，以培养并提升国民核心素养。

国民核心素养可以是政府部门规划的正式课程，透过国民教育协助国民具备某种知识、能力、态度，可使得国民更明智地胜任个人或社会任务行动，受过优质教育有助于培养国民核心素养并促进民主政治的发展，也是社会健全运作的先决条件。因此，国民核心素养是个人在18岁之前的准公民期，需要在政府官方的正式课程规划引导之下，学习国民这一特定角色时所应担负的任务，以习得核心而关键的知识、能力与态

度，成为好国民。

国民核心素养不只是可学、可教、可评量的，更可透过教育经由课程规划、设计、实施、评价，培养并评价学习者的核心素养，促成国民的主体能动性，以营造成功的国民生活，建立功能健全社会。因此，国民核心素养除了明显地出现在教育目的与学校正式课程文件当中，成为明确的课程设计与研究发展指标之外，也应纳入学校课程方案当中，可弥补传统学校教学学科不足之处。

六、国民核心素养可作为“十二年国民基本教育”课程设计垂直连贯与水平统整的核心

《十二年国民基本教育课程发展指引》可以指引“十二年国民基本教育”课程连贯与统整，《十二年国民基本教育课程发展指引》以国民核心素养作为“十二年国民基本教育”课程发展的主轴（蔡清田，2014），可作为“十二年国民基本教育”课程设计的垂直连贯与水平统整之核心，指引“十二年国民基本教育”课程纲要总纲与各领域/学科课程纲要及各级学校课程之发展。

国民核心素养具有课程设计、课程研究与课程发展价值。国民核心素养在“十二年国民基本教育”中扮演的重要角色，主要有两个作用：一是国民核心素养可以作为“十二年国民基本教育”课程目标之来源；二是国民核心素养可作为《十二年国民基本教育课程发展指引》之核心，引导《十二年国民基本教育课程纲要》之设计与研究发展。因此，国民核心素养并非仅作为宣誓性目标，而是有其“十二年国民基本教育”的课程设计、课程研究与课程发展重要意义（蔡清田，2014）。《十二年国民基本教育课程纲要》可将过去的学科知识、基本能力与核心能力的范畴扩大为国民核心素养，并将国民核心素养列为课程目标的重要来源，以进一步引导未来的课程设计。国民核心素养与课程研究与课程发展关系密切，特别是国民核心素养可用来扩充或修正教育目的与课程目标，可透过官方教育政策加以明确公布，甚至列入学生毕业离校的要求条件，或列入正式学校课程计划当中。

换言之，国民核心素养在《十二年国民基本教育课程纲要》中，可作为各教育阶段垂直连贯及领域/学科水平统整的指引，可与学习领域/学科的课程内容、教学运作与

实施通则、学习评价等进行连贯与紧密连结，特别是透过“十二年国民基本教育”课程设计培养国民所需的核心素养（陈伯璋等，2007；蔡清田等，2011；蔡清田等，2012），整体规划优质的正式课程，重视德、智、体、群、美等五育当中该教而未教的悬缺课程，培养具有终身学习的核心素养之健全国民，并透过研拟《十二年国民基本教育课程纲要》建立兼具国际化与本土化的宏观课程目标，培养国民核心素养，经由各个领域/学科的课程规划与实施通则的设计，作为部门、地方政府、师范大学、学校教师等进行课程发展之参考，转化为教材原型以提供教科书产业业者进行教科书的设计之参考，或转化建立以提供辅导团进行教学辅导与教师精进教学之参考，以研拟教师专业核心素养指标及教师专业发展评价指标的配套措施，提出教学处方策略与学校本位课程发展的可行之道，以利缩短《十二年国民基本教育课程纲要》与教学现场的落差，并引导课程、教学、学习与评量的前后一贯与紧密连结，进而提升国民核心素养。

第二节
课程设计的意义

教育是人类求生存、求发展所不可或缺的生活经验。教育与人类生活的进步是息息相关的，而课程则是教育活动的主要工具与方法之一，其价值实属重要（贾馥茗，1985）。以今日而言，教什么可以说是用什么来作为教育内容，这是属于课程的问题（黄光雄，蔡清田，2002）。另一方面，从课程关系到国民的角度来说，学校教育工作是一项社会专业，而这项专业是针对全体国民的培育而准备，既然国民是国家的主体，欲使这些国民趋向于理想的变化过程，那么用什么课程来使国民达到理想的境地，便成为一项极为重要的教育工作。由此可见，课程乃承递人类理想与延续人类生活的教育媒介，有其不可漠视的重要性。因此，课程设计便成为达成教育目标的重要过程与方法(黄光雄,蔡清田,2009)。

在了解课程设计的意义之前,首先应就设计一词的意义加以理解。一般而言,设计是指一个分析与综合之深思熟虑的精心规划过程。设计以问题的沟通为起点,以解决问题的实施计划为终点。因此,设计的过程独立于实施的过程,两者不能混为一谈(Nunan, 1983: 1)。

课程设计系指课程要素的选择、组织与安排的方法过程(黄政杰,1991)。课程设计包含拟订教学目标、选择组织教学活动、执行评价工作的科学技术。因此,课程设计的本质是一种实务工作,不是一种理论的研究;其旨在设计一套课程产品系统,以达成教育目标,而不只是去解释现有的课程现象。就此而论,课程设计比较关心具体而实用的课程制成品,是课程决定过程的最后产物,因此,课程设计与强调过程的课程发展应有其性质上之差异。

课程设计人员可能是一群由国家聘用或赞助的研究发展人员,也可能是一群由民间教科书出版商所聘请的编辑人员,亦可能是某一县市政府所借调的教师研究团体,某一教师研习中心的课程研究人员,以学校为依据的优良教师专业团体,或是课堂中的个别教师。因此,课程设计的假设、目的、标准、程序及参与者等因素,可能因教育机构性质不同,采取的研究、设计、发展、实验试用过程与评价反馈策略不同,而有所差异。所以,课程设计并非基于不变的法则,而是涉及艺术设计、批判分析以及实验检证等过程。

课程设计的方法技术,系指依照课程设计的理论基础,对课程因素进行选择、组织与安排。这些课程因素包括目标、内容、活动、方法、教材及评价、时间、空间、资源、学生组织、教学策略及教师专长等项。因此,学生的需求及兴趣、校外社会活动、学校文化、课程意义、教师能力、教育行政人员与学校教师同仁间的协调、课程理论与教学实际两者之间的问题、需求评估等问题的考量,皆是进行课程设计时须注意考虑的相关因素。但是,一般人往往忽略了课程设计所需的相关研究发展、推广、实施、评价、修订与教师在职进修的必要性,以至于形成不够精致或不够完整的课程设计概念。事实上,上述这些相关课程规划活动所需庞大的经费与工作也是课程设计的过程与结果当中,不可或缺的重要考虑因素(Tyler, 1979: 249)。

总之,课程设计的意义,强调精确性的设计观念,期许课程工作人员,对达成课程目标的各种理论基础、选择方法、组织要素和组织程序等专门技术，进行深思熟虑的规划。其优点乃在于要求课程规划与实施人员能重视设计工作，以确立目标，善用时间、促进沟通协调，增加课程的精确性，使学生学习经验的继续性、程序性和统整性，能发挥较大的影响力，以达成教育目标。

特别是课程研究，更是进行精致的课程设计所需要具备的先决条件。因此，课程设计的程序不应只包括制订课程目标、准备课程大纲与设计教材，而应包括对课程计划的研究过程、参与人员、负责机构、决定权力、影响因素等的事前规划设计。以下各节将就研究、教育研究与课程研究的相关类型如基础研究、应用研究与行动研究与课程设计之间的关系加以说明(黄光雄，蔡清田，2009)。

第三节 教育的三类研究

本节旨在说明研究的意义、教育研究的目的与教育的三类研究。

一、研究的意义

研究是一种系统化的活动，以发现或建构一套有组织的知识体系。研究是指出因素，以便了解说明现象。研究的发现，不是个别行为的预测，而是发现通则与建构理论，其发现，可作为继续探究的指引。研究的目的在于求知，发现真相，以增进对现象的了解，以建立理论、模式或行动方案，是一种求知的过程。研究旨在提供概念、动态模式与通则，以协助研究人员理解教育过程，并作为进一步设计教育方案与实施课程方案之参考依据(Tyler，1966：31)。

二、教育研究的目的

教育研究旨在增进对教育现象的了解，是一种求知的过程。因此，教育研究可能经过数个世纪之久的经验智慧累积与长期研究的心智努力，才能累积知识。其主要贡献不在于解答特定的教育问题，而在于提供教育理念、动态模式与教育通则，协助教育人员理解教育发展之过程，并作为设计发展教育方案与实施相关课程发展方案之参考依据，是以教育研究是迈向教育发展的入门。教育研究与教育发展两者都很重要，但是所动用的人力、经费与成本大不相同（Tyler，1976a：1），特别是因为教育发展是比较偏重当代教育产品的设计、生产、制造、评价与改进的活动，而且教育发展仍需奠基在教育研究的基础之上。

三、教育的三类研究

从实用的观点而言，教育研究大致区分为基础研究、应用研究、行动研究等三种类型（蔡清田，1992a，143；Tyler，1984，30）。

第一类是教育基础研究，这是教育研究人员希望自己从事的教育研究发现能够合乎自己个人或教育学界同仁的学术兴趣所进行的研究，其目的在求知，与解释教育现象的理论及模式发展有密切关联。第二类是教育应用研究，是指教育研究人员希望自己从事的教育研究发现能引起研究人员的赞助者或一般社会大众的浓厚兴趣，其目的在追求教育的实用价值，与教育理论的接受、利用与转化有关，较不关心教育理论的问题。第三类是教育行动研究，是指教育研究人员利用应用研究的结果，透过实际教育行动解决实际教育问题。教育行动研究通常是属于学校或课堂层面有关特定学校或特定学生的教育研究，也就是学校人员处理特定学校情境问题所进行的教育努力（Tyler，1984：40）。

将教育基础研究所探究的知识、概念及理论应用到教育实际工作领域，是促进教育进步与课程发展之动力。虽然教育理论与教育实际之间虽然有差距存在，但是，这种差距正是激励教育工作人员继续从事研究发展与设计的动力来源。因此，教育应用研究所设计发展出来的教育科技、方法技术及模式，可以进一步促进教育的精致化，提升教育的生产力与竞争力。特别是教育基础研究所研究开创出来的教育概念、知识与理论，以及应用研究或教育应用研究所设计出来的技术方法与模式，皆不应只是作为研究者个人的私有专利，而应成为社会团体所共享之公共教育资本，作为教育实务工作人员进行教育行动研究的根基，以创造教育进步与改革之基础。

第四节
课程研究的意义

课程研究是指一种对课程现象追求更宽广更深层的理解之努力。课程设计，则是在特定的教育情境条件之下，设计出一种课程与教学系统，以达成教育目标的一种课程行动。课程研究是指出课程因素以便了解并说明课程现象，而其发现则是有关课程设计整体因素的发展通则，不是对个别课程行为的预测(黄光雄，蔡清田，2009)。

课程研究是课程设计与课程发展的入门。课程设计、课程发展与课程研究不同之处在于，课程研究重在求知，而课程设计与课程发展则重视当代课程产品与过程的设计、发展、生产、制造、评价与改进的活动(Tyler，1976a：1)。

课程研究的发现是作为继续探究课程的指引，因此，其目的乃在于求知。课程研究的贡献在于解释课程现象，不在于解答特定的课程设计问题。它提供课程概念、课程发展的动态模式与课程设计的通则，以协助课程设计人员理解课程发展的动态过程，进而充实课程设计人员规划与实施课程设计方案的实践能力。

课程设计与课程发展是一种教育过程，用以设计达成特定课程条件下特定课程目标的工具，并使这种课程工具日益完美(黄政杰，1985：200)。从事发展课程方案、教学资源、教学器材、视听媒体、电脑软件、教学过程、学习方法等教育工具设计的教育工作人员，他们可能并不直接从事课程研究，但是他们需要利用课程研究的成果，以设计达成课程目标的方法与工具。

课程研究的功能之一，乃在于进行协助课程设计与课程发展，使课程具体明确而清楚，以便教师在课堂情境中加以实施，并进行实地检验与评价，以有效地协助学生进行学习，进而提升课程与教学的教育品质。甚至，课程研究不仅可以提供课程设计与课程发展之反馈，更可以帮助教师在课堂情境当中采取课程与教学之教育行动，进而改进教师的教学实务品质，落实课堂层面的课程设计与课程发展。因此，课程研究、课程设计与课程发展并不是一种研究方法，课程的研究设计与发展乃是结合了过去各自分立的研究、设计与发展工作，成为改进课程的一套策略与进路，是设计与发展课程成品和程序的有效过程，并可以保证课程成品和程序的完美（黄政杰，1985：198）。

近年来，台湾的教育研究院、编译馆、教师研习会、人文及社会学科教育指导委员会、台湾师范大学科学教育中心以及民间许许多多的教科书出版社，皆已累积许多宝贵的课程设计与课程发展的实务工作经验。一方面，台湾课程学者，如王文科、黄光雄、黄炳煌、黄政杰、陈伯璋、欧用生、蔡清田等，在课程研究领域辛勤耕耘，成果累累。另一方面，黄光雄也在1980年代编辑了《课程的理论与实际》的英文论文集，将课程问题分成概念、基础、目标、选择、组织、评价和革新等七部分，收录了课程领域的重要研究，这奠定了台湾课程研究的基础，揭示了台湾日后课程研究的方向。

课程研究一方面要了解过去与现况，更需要掌握最新动向与展望，以迎接未来的挑战。课程学者向来不关心课程研究本身的历史，但是，近十年来历史研究的价值已受重视，许多课程学者不仅追求叙事的课程史，而且要求批判的、评价的课程史观（欧用生，1984：26）。另一方面，在实务上，台湾近三十年来课程的改革和研究，仍然是技术至上和目标模式的反映，严重的是台湾从事课程改革的相关人士并不明了这些模式是西方独特的历史、文化背景下的产物，更何况其背后具有偏狭的工具理性作祟，并已产生相当大的副作用。而从事课程改革的相关单位与有关人士却用之不疑，并且赞扬这些课程研究的优点，而没有发觉其背后独特的历史文化脉络与社会意识形态。因此，从事课程改革的相关单位与人员既然知道过去的缺失，就应慎思检讨、避免重蹈覆辙（陈伯璋，1982：326）。课程研究必须从行政取向，走向研究发展取向，以迈向课程学术理论体系的建立，从而又以之为行政的引导，如此课程研究才能顺利结合课程理论与课程实际，才能促进教育革新的落实（陈伯璋，1982：316）。

因此，透过课程研究可以鉴往知来，作为慎思检讨课程设计与课程发展的借鉴，避免重蹈覆辙，另一方面可以纠正错误的课程观念、引导课程发展与课程设计，协助相关人员从事目标模式、过程模式、情境模式的相关研究与发展，检讨改进行政模式与研究发展推广模式，探讨评估学校课程设计与发展的利弊得失，作为从事课程研究、课程设计与课程发展的参考依据。

第五节 课程的三种研究

台湾已有许多学者进行课程领域的研究（陈伯璋，1985；黄光雄，1996；黄炳煌，1996；黄光雄，蔡清田，1999；黄政杰，1999；欧用生，2000；蔡清田，2001；2002；2003；2004a；2004b；2005；2006；2007；2008；2009；2010；2011；2012；2013；2014），奠定台湾课程研究的基础，逐渐开拓课程研究视野。此外课程研发人员，也可以参考表 2.1 所列的课程研究方法类型及其所处理的问题，特别是运用分析的、慎思的、行动的等方法，进行课程研究。

表 2.1 不同课程研究方法所处理的问题（改自 Short, 1991：17 - 19）

课程研究方法	课 程 问 题
（1）分析的	● “课程”一词通常是指什么？ ● 有什么概念比“教育目标”更佳，可以引导课程实务？
（2）扩充的	● 支持某课程方案的论点蕴含的假定和规范是什么？其论点是否适切？ ● 其他另类变通的理论依据是否更为适切？为什么？

续 表

课程研究方法	课 程 问 题
(3) 思辨的	● 个人有关课程规划过程(或需要改变课程方案)的综合经验知识,可与他人分享? ● 我是否能提出课程理论趋势或实务指引?
(4) 历史的	● 何种共同因素使得美国三十六个州在1983—1986年间,通过有关增加高中毕业的课程要求和标准? ● 在1968—1973年间,市中心磁性学校的课程决策过程及其所处的政治脉络为何?
(5) 科学的	● 有多少学校利用芝加哥大学杜威实验学校所发展的课程模式? ● “扩展的环境”是美国一至三年级社会科用以组织课程单元的最普遍架构?
(6) 民俗志的	● 什么要素构成影响学区或州层面的课程决策? ● 课程规划过程的何种因素改善或阻碍教师参与课程发展的能力?
(7) 叙事的	● 我的老师或我修过的课,对我在职业选择上的影响,有何历史性(自传式)意义? ● 在过去二十五年来,我身为一位音乐教师,我对音乐课程重要内容(及其理由)的观点有没有改变?
(8) 美学的	● 史密斯老师班上学生所经验到的课程影响,如何透过质性方式加以呈现出来? ● 某公司生产制作的阅读方案当中,书面材料的重要特质为何?
(9) 现象学的	● 学生对被安排半天的职业学校课程方案,另外半天的综合中学课程方案,其感受和知觉为何? ● 如果教师、学科主任或课程行政人员身为委员会一员,则他们对学区内所发展出来的健康教育课程方案是否有不同的观感?
(10) 解释学的	● 某高中被退学的学生在其周记所写的“我憎恨学校”的话语,其真正意义为何? ● 19世纪末期课程文献所采用的“课程分流”名词,其意义为何?
(11) 理论的	● 应该如何以最佳的方式来拟定特定课程的结构要素、规范观点与行动指引之相关陈述? ● “课程设计”概念,是否能够有效地组织某一课程不同部分的理念成为一个可行的课程整体(包括规范的、实用的和结构的面向)?

续 表

课程研究方法	课 程 问 题
(12) 规范的	● 在何种前提之下，某一课程可以被创造出来？ ● 某项被提议的课程，有何系统的合理说明？
(13) 批判的	● 现存课程决策实务与基本规范(如接受知识的渠道均等，学术自由、人类尊严等)之间是否存在矛盾不一致？ ● 课程所指的“没有偏见”(性别的、经济的、意识形态的)，在课程的口号宣称及其实际行动之间如何联系？
(14) 评价的	● 在陈述历史科的课程目标时，依重要大事记分类编选内容的方法是否比依年代编选内容的方法更好？ ● 教师使用课程指引是有助益或阻碍课程实施的行动？
(15) 整合的	● 目前有关学校课程如何发生变革的实证研究是否与理论上的理解一致？是否能作为未来研究的假设？ ● 采用不同类型课程发展策略的个案研究所提出的解释，是否能举出证据证明哪一种策略最有效？
(16) 慎思的	● 我们是否应该改变我们的课程政策或纲要(如目标、内容、组织与资源分配)？ ● 什么是完成理想目的的最佳行动方案进程？
(17) 行动的	● 在此步骤我们应采取何种行动，才能与终极目标一致？ ● 根据上一步骤的发生结果，必须如何调整下一步骤？

上述课程研究方法，就实用程度而言，可区分为课程基础研究、课程应用研究、课程行动研究等三种不同类型(黄光雄，蔡清田，1999；蔡清田，2001；2004a；2004b；2008；2011；2012；2013；2014)。课程研究发展人员可以利用这三种不同的课程研究，进行课程改革的研究、发展、规划、设计、实施、推广与评价。

一、课程基础研究

第一种是课程的基础研究，是指课程研究人员希望自己的研究发现能够合乎自己个人或课程学者之兴趣与关注而进行的课程理论研究，此类型的课程研究可以称为课程基础研究。课程基础研究之目的乃在于求知，这种课程理论的基础研究，与解释课程现象的课程史、课程哲学、课程社会学与课程心理学等课程学术理论，以及课程的理论化发展有密切的关联。例如，桑代克(F. L. Thorndike)的学习迁移(transfer of learning)便是课程基础研究的一例，它提供一般广泛而普遍的研究发现(蔡清田，2001；2013)。

桑代克在实验中发现，学过几何学的学生并不会比未学过几何学的学生更能合乎逻辑地处理非几何的材料，学过拉丁文的学生并不会比未学过拉丁文的学生更会记忆英文单词。简单地说，学习某种特定学科其本身能产生心灵训练的这种观点，并不能成为课程设计的普遍而有效的研究基础。这个心理学的学习迁移实验研究，引发课程设计与发展人员研究、检验课程内容与应用这些实验研究结果，以提供一个更能接受的基础，以便选择课程内容，设计学习经验及教学程序，并组织严谨的学习内容。

杜威(John Dewey)的兴趣与努力研究，是另一个影响课程设计与发展的课程基础研究。其实验研究指出，学生学习的兴趣与努力，并非彼此对立，而且学习活动兴趣越浓，学生也更努力学习。杜威的研究结果使课程设计者对学生动机的重要性留下深刻印象，但是，这种课程基础研究指出，除非学生能够发现校内外情境的相似性，并且也学会如何应用，否则学生无法把所学的应用到校外情境中。因此，这种课程基础研究虽提醒课程设计者注意到学习迁移的问题，却未能提供特定的解决之道；换言之，并没有解决学校教师如何协助学生发展学业兴趣的问题。但是，这种课程基础研究，带动了相关的课程应用研究。例如，根据“当代儿童与年轻人的兴趣与动机是什么?”的调查结果，课程设计人员获得了一个更充实的发展与设计基础，以选择课程的主题与顺序，并且设计出适合学生兴趣与动机的学习。

二、课程应用研究

课程基础研究带动了课程的应用研究，这种研究是指课程研究发展人员希望自己的研究发现，能引起研究人员的雇主、一般社会大众、教育体制的消费使用顾客的浓厚兴趣与关注，此类型的课程研究可以称为课程应用研究。

为了能够明智地运用课程基础研究的结果，课程应用研究通常有必要把一般的概念与原则，转化为特定的内容与过程。课程应用研究之目的，乃在追求课程之实用价值。这种研究与课程概念的接纳、课程设计方法的采用与课程改革方案的实施之转化有关，甚或不关心课程理论的问题。

这种研究调查的问题，诸如“如何能够有效地将校内的学习运用到校外的社会情境?”举例而言，桑代克在1920年代调查了许多地区成人使用的数学，也研究了学生学习中的数学概念与技能，以及学生遭遇的困难。这种研究成人在当代社会使用的数学能力与范围，以及调查研究当代社会成人与小孩使用的阅读能力与范围，即是这类课程应用研究之实例。根据上述桑代克研究的结果，课程设计人员就不再将平方根与算术等这些当代校外社会所未使用的运算程序，列入课程的重要学习内容，而新的学习内容则是与当代美国成人活动更为相关的主题。这个新的主题顺序与教学计划是依据学习数学的研究衍生而来的。根据这些研究结果，课程设计人员选择校外大量使用的数学主题，设计出了学生可以在一般校外情境中实际使用的学习经验。

同样地，此一时期的阅读领域也快速增加了许多关于成人阅读报纸、小说、组合物件及装配器具说明书的研究，调查了通俗读物的词汇量，也调查了儿童对不同读物的不同兴趣。研究还调查了阅读的心理过程，并且检验不同教学方法的效果。传统阅读学科的内容是先教字母、音节、单词之后再教句子，新的内容则是先认字与了解句子之后再作分析，而且这种新的阅读学科内容，是以审慎且有限量的词汇来表达的。因此，在阅读入门的领域中，课程设计者所选择的教材内容、词汇、句型结构代表着大多数儿童与成人的阅读种类，而且他们发展了学生可以在一般校外情境中实际练习这种阅读的学习经验。

三、课程行动研究

第三种课程研究的类型是课程的行动研究，是利用课程应用研究之研究结果解决实际的课程问题，此类型的课程研究可以称为课程行动研究(蔡清田，2013)。例如《乡土教学学校本位课程发展之行动研究》(洪英，2002)、《幼儿多元智能课程发展行动研究》(黄娟娟，2003)、《初中乡土艺术课程发展行动研究》(吕松林，2003)、《初中校长课程领导之行动研究》(陈树丛，2003)、《小学三年级人权教育课程设计行动研究》(蔡慧琦，2004)、《小学四年级语文课程统整之行动研究》(张美慧，2004)、《课程规划的行动研究：以生命学园为例》(蔡丽华，2004)、《教导主任乡土自编教材课程发展行动研究》

(云大维，2006)、《教务组长课程领导之行动研究》(李旭民，2006)、《小学级任班级读书会课程发展之行动研究》(刘明琇，2007)、《小学五年级教师生命教育课程发展之行动研究》(刘安祝，2008)、《小学四年级环境教育课程设计之行动研究》(林吟徽，2009)等等，都是在职的学校教育实务工作者进行课程行动研究的结果。他们积极参与中正大学制度化的在职进修方案，在课程研究所与教育学研究所教授的指导下，接受行动研究的教育训练，并且透过行动研究，一方面进行学校课程改革，另一方面根据行动研究的过程与成果撰写学位论文，获得硕士学位。其结果不仅使实务工作者本身获得教育专业发展，也是"教师即研究者"的最佳写照之一，更是"教育实务工作者即行动研究者"的实例。这说明了课程基础研究或课程应用研究的课程蕴意，有待教师将研究发现应用并落实于特定学校与课堂层面的课程行动研究。换言之，课程基础研究与课程应用研究，可以指引教师作为进行学校课程设计的参考依据，但是，教师本身有责任在教学情境当中发现并分析问题，决定尝试解决课程与教学问题的途径，测试检证或修正解释(Tyler，1984：41)。

举例而言，杜威所进行的课程基础研究，指出兴趣可以激发学生学习动机并维持学生的学习。课程设计人员所进行的课程应用研究，则尝试去发现儿童、年轻人以及成人的阅读兴趣是什么。而在课程行动研究过程当中，教师应该去发现特定学校特定学生的兴趣能力是什么。这个学校教师在课堂层面所进行的课程与教学行动研究的特定研究调查与探究，称为课程行动研究。

特别是从课程研究的观点出发，课程的意义可以提供教师针对学校课程问题进行专业讨论的起点。例如，就学校教师而言，课程可以是政府规定的正式的书面课程计划文件，或官方正式公布的课程指导纲领；可以是一种提供理想的社会价值、知识、技能与态度；可以是透过各阶段学校生活所安排设计的各种不同学生学习经验；也可以是存在教师心中理想的班级教学蓝图，或是教师胸中的课堂教学企划书。而且，我们也可以进一步从教师本身的教育理念与实际课堂教学的动态关系，来探究课程本质(蔡清田，1992b；1995；1997a；1997b)。就学校教师而言，行动研究系指教师在课堂情境中的研究、探究与试验。它是教师尝试改进本身的教学，并透过教学实际来检证教育理论基本假设的一种行动(Connelly & Calndinin，1988：152)。教师在课堂情境当中检验课程，了解课程在课堂情境中实际运作情形的过程。教师应该运用理论性与实证性的研究发现，确实把握研究的问题，并了解到教学情境的整体性与课程情境的特殊性。教师采取行动研究的目的在于因应不同的课程情境，发现教材的深层意义与多种潜能，并将具有丰富想象力的课程运用于课堂教学情境当中。在行动研究过程当中，教师是课程的探究者，其任务不光是执行课程计划人员的意图，教师本身应该掌握课程潜能与进行课程探究，如此才能在行动研究过程中接受教育与学习，进而促成教师的专业成长，并且让学生直接受益。因此，行动研究是一种帮助教师创造课程情境的慎思研讨与教学相长的学习途径，也是促进教师专业成长的妙法。行动研究包括迈向适合课堂情境的课程与教学实验设计，并帮助教师在教育行动过程中不断地成长与进步。

课程行动研究是根据课程即研究假设的概念而来的，而且教师在课堂情境中进行的课程行动研究，更是一种在教学过程中实践并建构理论的教育行动。教师应站在务实的角度，反省检讨教学过程以提升学生学习的品质。课程是教师与学生在课堂教学互动过程当中，进行学习生活的教育媒介，教师可以探究并检验课程当中的教育理念。事实上，课程是教师在学校与课堂情境当中进行行动研究的实验程序规划说明书，亦即，课程是一种有待教师在课堂情境当中，加以实地检验的暂时性研究假设，而且置身于课堂当中的教师则是进行课程行动研究的主要灵魂人物，以教学实务经验考证课程当中所蕴含的教育理念，并根据课堂层面的课程行动研究结果，修正或否证课程中的教育理念。

换言之，教师是课堂层面重要的课程发展人员，可以根据课堂的实际教学经验，检验课程当中蕴含的教育理念之价值性与可行性。一方面，教师可以在课堂教学过程中，将课程所孕育的教育理念，转化为教育实践与课程行动；另一方面，教师则根据课程行动与教育实务经验，修正课程所蕴含的教育理念，进而透过课堂情境当中的课程行动，发展及建构适合自己学校班级情境的课程意义与课程内容方法。课程行动研究是一个连续不断、周而复始的继续性过程。教师研究自己的教学经验，并且透过个人与集体方式加以反省；透过教师彼此间相互支持与课程计划人员的支持，得以获得教育专业成长（蔡清田，1997a）。

可见，地方学校可以作为课程设计与课程发展的重镇，学校教师可以参与课程设计与发展工作，并且和课程专家一起合作共同解决学校课程与教学问题。教师可以透过课程行动研究，解决学校课堂的课程教学问题。这种课程行动研究是指学校教育情境的参与者，基于实际课程与教学问题解决的需要，与课程专家或学校组织当中的教育工作成员共同合作，将课程与教学问题发展成课程研究主题，进行有系统的研究，讲求实际问题解决的一种研究方法。简言之，课程行动研究就是研究课程知识和课程行动以解决课程问题的一种课程研究（陈伯璋，1990，475）。

课程行动研究，不在于追求普遍的课程知识与教学的原理原则，而是要去获得有用的信息，以协助特定的学校教师处理所遭遇的课程与教学实务问题。它偏向于学校层面或课堂层面中特定学校、特定教师或特定学生之研究。换言之，课程行动研究可以是课程设计人员采取反省批判的方法，检讨改进课程发展与设计之过程，特别是它往往是指学校教育人员，在外来教育顾问或课程专家等课程变革的推动者之协助下，处理特定学校情境的课程问题，所进行的教育行动与课程行动之努力（Stenhouse，1975；Tyler，1984：40）。

但是，值得注意的是，有助于厘清学生该学什么的研究，不受限于当代社会需求及学生兴趣的研究。例如，有关学科知识的调查指出学生先前获得的先备知识、技能、态度及习惯等基本学习或起点行为的重要性。基于这种研究的回应，课程设计人员采用课程应用研究，以确定不同族群学生在进行新学习之前就已经获得的基本能力是什么。由于这种课程应用研究的关注，强化了双语、双文化、多元文化教学方案的发展，课程设计人员在设计教学方案时，课程应用研究便可以用来了解不同族群学生的概念、态度及技能，而且课程行动研究也可以协助特定教师了解自己班级的学生在课堂教学过程中的学习（蔡清田，1997b）。

第六节
课程模式与理论

本节旨在说明“模式”（model）及“理论”（theory）的意义，以及此两者在课程领域上的应用。本节尝试将课程模式与课程理论加以厘清，并指出课程理论的教育任务。

一、模式

“模式”具有许多意义，无论代表的是实物、复制品、样品、行为，都具有呈现、介绍、沟通、示范等意义。“模式”可能是实际状况的描述，也可能是理想状况的指引，不论哪一种，它都具有推广、促销的意味（黄政杰，1991：145）。“模式”乃是对于假定存于理论之中诸多关系的一种“图示的表征”。它虽可协助理论家辨识现象或事实，以及现象与现象间的关系，从而实现理论的建立，但它并不是理论的本身（黄炳煌，1987：77）。模式是一种“概念架构”，或是一种“理论性的组织体系”。模式由两个部分组成：第一个部分是“要素”或“变量”，第二个部分是这些要素或变量之间存在的“关系”（黄炳煌，1988：21）。

二、理论

“理论”由一套相关的命题所组成，而命题由相关的概念（concept）或定义所组成，至于概念则由同类的特殊事实或属性，经过抽象作用而形成（黄炳煌，1988：77）。理论是一套相关概念、命题和定义，借着对变量间之关系的详加叙述，提出对现象的一种观点，目的在解释和预测现象。概念与模式是构成理论的主要部分，可以描绘出所要理解的因素与教育过程的图样（Tyler，1966：31）。理论和模式不同之处至少有三点：第一是模式所包括的命题仍停留在假定和自明之理的层次，而尚未达到法则和原则的层次。第二是模式比理论更为具象化、更为静态，因为模式只描述构成要素彼此之间的相对位置，但却不描述其变化的过程。第三是模式的功能重在协助我们看出实体（reality）究竟包含了“哪些东西”，而不在企图解释“为什么会这样”。换言之，模式的功能重在描述，而理论则除描述之外，尚重预测的功能（黄炳煌，1988，21）。

理论提供教育领域的理念关系形态，涵盖所有基础研究的目的，概念则是整体中较为细节的一个小部分，模式是动态关系轮廓的概要说明，可以用来解释教育的现象。概念与模式是构成理论的主要部分，我们可以借此描绘出所要理解的因素与教育过程的图样(Tyler, 1966: 31)。

三、课程模式

目前课程学者提出的课程模式(curriculum model),属于概念模式居多,且大都以图绘方式呈现,故亦称为图绘模式。课程模式是课程设计的实际运作状况的缩影,或是理想运作状况的呈现,希望借以介绍、沟通或示范课程计划、设计、发展的蓝图,指引未来的课程研究设计与发展工作。课程模式所要显示的不外是课程要素、课程设计的程序及其中的关系(黄政杰,1991: 144)。因此,不管是课程计划模式、课程发展模式、课程理论模式或课程架构,为了强调课程设计的精确性,皆可以"课程设计模式"一词统称。本书将在第四章"课程设计的模式"中,加以阐述与评论。

四、课程理论

课程理论(curriculum theory)是指一套相关联的概念课程,针对课程现象提供了系统化与启示性的观点。虽然有些课程研究者认为课程理论尚未发展成熟,甚至怀疑课程理论的存在(Schwab, 1971),但是也有一些课程研究者指出课程领域的确出现了许许多多的理论,而且课程理论具有描述、解释、预测、引导、批判诸种功能(黄政杰,1991,91;Beauchamp, 1975: 3)。课程理论可以统整有关课程现象的知识,并协助教育人员从不同角度去观察和解释事物,可扩大教育人员对于课程现象的了解,亦可以指出未来发展和努力的方向(黄炳煌,1987: 86)。课程理论是课程基础研究的一个重要领域,一方面,可以满足课程研究人员的好奇与探索的求知动机;另一方面,可以提供一套课程概念与课程问题架构,分析课程现象,建议课程实务策略,引导课程改革与教育革新。特别是,课程理论的研究,可以启发教育学者的课程理念,也可以提供课程实务工作的参考。由此观之,深入地了解课程理论,可以解释和说明课程现象与课程事实,甚至引导提升课程设计与发展的价值,而课程实务也可以用来检证修正课程理论,甚至,透过课程理论与课程实务两者互动的过程,促成课程革新与教育进步。

五、课程理论的三个任务

课程是一种人为设计的教育实务，因此，教育人员所需要的课程理论，不同于自然科学理论。课程理论不仅包括对课程现象加以解释说明，而且必须针对教育实务提出课程建议，以表明课程理论的一般任务在于说明对课程发展方案的观点，指出课程设计的各个要素之间的关系，以便引导课程问题的解决途径。事实上，从课程行动研究的观点出发，课程乃是一种有待教师在课堂情境中加以实地检验的研究假设(Stenhouse, 1975)，因此，课程理论乃基于实际运作的课程工作假设，建议一套课程处理计划，以及预测未来的可能解决途径(Tyler, 1949：1)。

一般人经常听到教育专家或课程学者介绍课程理论取向的内容要点，但是，往往不了解此课程理论取向的发展背景、问题架构、整体内容，以致所知的只是片面的课程意识形态，而非全貌的课程理论。课程理论取向的介绍应该是批判的、统整的，期使课程理论的使用者不致受到蒙蔽，而能具有“批判的利用”(黄政杰，1985：188)。课程理论取向纷类杂陈，然而它往往具有意识形态的偏执，所以课程设计人员最重要的不在于寻觅一个最佳课程理论，而是在使用任何课程理论时能够了解其缺失，知晓变通并加以补救(Schwab, 1971)。因此，课程理论取向或课程意识形态的研究，可以减少盲目误用课程理论的发生。

简言之，课程理论应该包括三个任务：第一个任务是课程理论的“知识性任务”，它可以指出课程设计的基本问题，以及课程设计依据的通则。第二个任务是课程理论的“应用性任务”，它可以指出这些课程设计基础观点与课程结构要素之间的关系。第三个任务是课程理论的“行动性任务”，它可以建议或预先评估未来解决这些课程设计相关问题的途径。

由上述课程理论的三个任务观之，课程研究发展人员与学校教师必须一起合作，灵活地应用课程基础研究与课程应用研究，针对其所共同面临的课程问题深思熟虑地加以探究，根据教师在教室进行课程行动研究的结果，设计务实的课程，才能改进学校教育的课堂教学品质。换言之，进行课程规划之前，必须先进行课堂教学的行动研究之探究，如此才能奠定课程的教育理念与教学实务基础，在教学实务中实践课程理论，并依据课程理论引导教学实务(Stenhouse，1985：59)。

第七节
透过课程研究，落实学校本位课程发展的理念

台湾推动“十二年国民基本教育课程改革”,期望提升民众的核心素养以提升竞争力,并重视“学校本位课程发展”的理念与落实(蔡清田等,2013)。“学校本位课程发展”的理念,是以学校为基地的课程发展(蔡清田,2007),借由当局有关部门教改方针倡导,及地方政府的支持,以学校为“根据”、“基地”,重视学校人员的自主与责任,主动规划设计、实施、评价,透过学校课程发展委员会进行学校组织再造,整合学校人力资源与地方资源,强调学校人员的“团队合作”的精神与循序渐进的策略(蔡清田,2002),合力发展学校课程(蔡清田,2001)。

过去台湾行政主管部门往往透过教育行政命令规定学校教科书,而且一般学校往往接受其指定的教科书或选用民间出版的教科书作为学校课程的依据,学校普遍缺乏课程研究的观点(蔡清田,2008)。这不仅忽视了从教师的专业角度来省察学校课程问题,未能从学校教师的教育专业观点来探究课程的蕴意,更未能从“行动研究”的角度将课程视为“研究假设”,亦未将教师视为在学校情境当中的研究者。因此,今日台湾学校是否能够确实进行课程发展,落实学校本位课程发展的理念,耐人寻味。是否徒有“学校本位课程”之名,而无“学校本位课程发展”之实?或虽有课程的“发展”,但却未能发展出优质的课程,导致课程品质的下降?尤其是学校是否透过“课程研究”进行“课程发展”,更是值得深入研究。

近年来台湾科技事务主管部门对有关学校本位课程发展的专题研究的补助,似乎是随着台湾行政主管部门推动课程改革的明确趋势而逐渐增加,52 项学校本位课程

发展相关研究中(统计 2000 年至 2007 年 9 月),有 48 项属于偏重课程实践的应用研究或行动研究,这种趋势似乎有其呼应课程改革政策之合理性。然而,有趣的是大多数此类研究虽然合乎欧美 1970 年代学校本位课程发展的字面意义,但研究视野却有限,比较缺乏重视"课程即经验"的深层意义,较少针对台湾本土的学校课程发展经营团队形成与互动过程之深入描述分析批判,学校本位课程发展的实践仍没有落实。

未来似乎宜可深入探讨学校课程发展人员的团队合作精神与循序渐进的策略,加强学校本位课程发展实践的情境分析之"再研究"、学校本位课程发展实践的愿景建构之"再研究"、学校本位课程发展实践的方案设计之"再研究"、学校本位课程发展实践的执行实施之"再研究"、学校本位课程发展实践的评价反馈等之"再研究"(蔡清田,2007),并深入学校本位课程发展的理论探讨,考量台湾本土学校本位课程发展的实践,对应当前国际全球化课程研究之趋势(蔡清田,2003),加深加广课程研究视野,冀望能进一步落实并深化学校本位课程发展之理念(蔡清田,2005),促成课程创新(蔡清田,2006)。是以,作者提出课程发展行动研究的四个具体建议,亦即,强调"课程即课程发展的行动研究假设"的课程意义、"教室即课程发展的行动研究实验室"的学习气氛、"教师即课程发展的行动研究者"的教师角色、"学校即课程发展的行动研究基地"的学校情境,呼吁课程学者与学校教师,协同合作,透过行动研究进行学校课程发展(蔡清田,2004a)。

一、台湾课程研究的检讨

课程研究,除要了解过去与现况,更需要掌握最新动向与展望,以迎接未来的挑战。近年来,一方面,台湾的教育事务主管部门、教育研究院、编译馆、人文及社会学科教育指导委员会、台湾师范大学科学教育中心以及许多民间教科书出版社,皆已累积许多课程发展实务经验。特别是教育事务主管部门于 2001 年正式实施"国民中小学九年一贯课程",2014 年实施"十二年国民基本教育",重视学校本位课程发展,再创台湾课程发展新猷。另一方面,台湾诸多课程学者,辛勤耕耘,奠定台湾课程研究的基础,提示了台湾日后课程研究的方向(黄光雄,蔡清田,2002)。

过去台湾课程学者热心介绍国外课程学者(如 R. Tyler, L. Stenhouse, M.

Skilbeck, D. Lawton, M. Apple)之学说与模式，比较忽略课程研究本身的历史，但是，近年来历史研究的价值已受重视，许多学者不仅追求叙事的课程史，而且要求批判的、评价的课程史观(欧用生，1984)。学者相继指出台湾课程改革当中的意识形态与相关问题。特别是欧用生的《课程研究方法论》(1984)与陈伯璋的《潜在课程之研究》(1985)，在20世纪80年代即从课程社会学的批判观点指出，台湾近三十年来课程改革研究仍然是技术至上和目标模式的反映。严重的是台湾从事课程改革的相关人士并不明了这些模式是西方独特的历史、文化背景下的产物，更何况其背后隐藏着偏狭的工具理性，并已产生相当大的副作用。而从事课程发展的相关单位与有关人士却用之不疑，并且赞扬这些课程研究的优点，而没有发觉其背后独特的历史文化脉络与意识形态。

透过课程研究可以鉴往知来，一方面作为慎思检讨课程发展的借鉴，避免在某些错误上重蹈覆辙。特别是课程研究必须从行政取向走向研究发展取向，以迈向课程学术理论体系的建立，从而又以之为行政的引导，如此课程研究才能顺利结合课程理论与课程实际，才能促进教育革新的落实(陈伯璋，1985)。另一方面，课程研究可以纠正错误的课程观念、引导课程发展，协助相关人员从事课程改革，检讨改进行政模式与研究发展推广模式，探讨评估学校课程发展的利弊得失，作为从事课程发展的参考依据。

二、课程研究与课程发展结合的重要性

课程改革可能是由社会政治压力所造成的。特别是指由官方所发动的课程改革，往往透过立法程序或行政命令，见诸政府公布之正式课程文件或课程计划(黄光雄、蔡清田，1999)。例如台湾教育事务主管部门秉持“教改会”《教育改革总咨议报告书》(1996)与台湾地区立法机构教育委员会的会议决议所公布的《国民教育阶段九年一贯课程纲要总纲》(1998)、《国民中小学九年一贯课程暂行纲要》(2000)、《十二年国民基本教育课程纲要总纲》(2014)与《十二年国民基本教育课程发展指引》等官方文件，企图达成课程目标、课程内容、教学方法、教师价值观念等层面之变革。

特别是教育事务主管部门依据所谓“国民教育法”第4条、所谓“教育基本法”第13条，以及《教育事务主管部门指定中等学校及小学进行教育实验办法》暨《国民教育阶

段九年一贯课程纲要总纲》与《十二年国民基本教育课程发展指引》等规定与相关计划，进行的“国民教育九年一贯课程改革”与“十二年国民基本教育课程改革”，希望透过学校本位课程发展，鼓励学校进行课程发展，期望教师进行教学创新与课程设计，实现国民教育课程改革之价值。

今日的台湾社会正值逐渐迈向政治民主化、社会国际化、经济市场化与文化多元化之际，教育事务主管部门一方面积极推动“十二年国民基本教育课程改革”，另一方面，更开放民间出版社参与中小学教科书的编辑，进而鼓励学校教师投入学校本位课程发展。这一连串开明进步的教育松绑措施，展现了政府重视课程改革的企图，也彰显了学校课程发展的重要性。

然而，过去台湾学校普遍缺乏课程发展的观点，较少将教师视为在学校情境当中的课程研究者。因此，本书希望能有助于本土学校进行课程研究与课程发展，以回应目前台湾的课程改革。

三、透过课程行动研究，进行学校课程发展的具体建议

作者主张透过课程行动研究，进行学校课程发展。教育实务工作者除了可以参考课程研究、课程规划、课程设计、课程实施、课程评价与课程经营等学校课程发展的永续经营之行动策略外(蔡清田，2002)，也必须留意课程行动研究的诸多问题(黄政杰，2001；陈伯璋，2001b)。是以作者特别提出透过课程行动研究进行学校课程发展的具体建议，亦即，掌握“课程即研究假设”的课程意义，鼓励“教师即研究者”的教师角色，营造“教室即研究实验室”的学习气氛，规划“学校即课程研究发展的基地”的学校情境；甚至强调“课程即课程发展的行动研究假设”的课程意义，“课堂，即课程发展的行动研究实验室”的学习气氛，“教师即课程发展的行动研究者”的教师角色，“学校即课程发展的行动研究基地”的学校情境，呼吁课程学者与学校教师，协同合作，透过行动研究进行学校课程发展。

(一) 掌握课程即课程发展的行动研究假设的课程意义

以往台湾教育事务主管部门透过行政命令公布课程标准或课程纲要，以规范教与

学的内容与方法。但是,教育事务主管部门并不能保证以行政命令规定的课程能被教师有效地实施,因为透过行政命令所统一规定的课程,是校外的专家所事前规划或政府所预先规定的知识内容,不一定适用于每一位教师与每一位学生。由于个别学校的环境脉络不同,个别课堂情境迥异,教师与学生均具有独特的个别差异,所以,课程应能鼓励教师的创意教学,并引发教师反省批判自己的教学,以免受到特定意识形态的控制与灌输。因此,教师可以视课程为有待检验的研究假设,在课堂教学情境当中,验证课程研究假设,以探究课程所具有的潜能与可能限制。

依教育专业观点,课程应该是一套教学内容与教学方法的建议说明,以说明在何种逻辑前提之下具有教育价值,在何种条件之下可以在课堂实际进行教学。换言之,为了验证此套课程是否具有教育价值与可行性,可以将课程视为有待教师在课堂情境脉络的教学过程中加以检验的一套研究假设(Stenhouse, 1975)。课程的意义,不只是代表一套教材辑或预定的教学内容大纲,而是将一种教育理念与教育价值转化为教学过程的一种研究假设的具体规范说明(蔡清田,2000),引导教学与学习的顺利进行。课程涉及教师的教学方法、学生学习的思考模式与师生互动,是这些因素变量之间的动态交互作用之说明(蔡清田,2001)。

"课程即课程发展的行动研究假设"的课程观点主张课程是一种教育行动研究的媒介,教师将课程所蕴含的教育理念付诸实际的教育行动,亦即,将"课程即研究假设"的课程意义,转型为"课程即课程发展的行动研究假设"。事实上,教师可以行动研究的角度来处理课程所蕴含的教育理念,并将其视为可以进一步探究的行动研究假设,是可以质疑的方法与内容,不是理所当然的教条与命令(Elliott, 1998)。

(二) 鼓励教师即课程发展的行动研究者的教师角色

教师是课程的教育理想和教学实际之间的实践媒介,教师是否明智地诠释与实施课程当中的教育理念,是决定课程发展成败的重要因素。教师是学校课程的实际运作者,对于课程的相关问题困难与成效,最为清楚。在这种情况下,身为课堂教学实务工作者的教师,应该扮演研究者的角色,遇到问题与困难时,不是交给校外的学者专家,而是要透过教师自己在课堂情境当中进行研究,寻求答案和解决之道(欧用生,1996),这种课程在英、美与澳洲相当盛行(Carr & Kemmis, 1986; Elliott, 1992; McKernan,

1996；Stenhouse，1975)。

行动研究旨在协助教师成为教育专业领域当中能够反思的专业人员(Schon，1995)。教师在课程发展过程中，不应只是一味执行校外专家规划的课程，也不应成为一位机械的教学匠；教师应在教学过程当中采取“教师即研究者”的立场，将课程视为研究假设，透过行动研究，反省检讨自己的教学，以改进学生学习。例如，斯滕豪斯便指出，没有教师专业成长，就没有课程发展(Stenhouse，1975)；其意义不在于去训练教师，以符合课程内容规范的要求，而是课程发展人员必须去开发课程，以适当地促成教师专业成长。因为学生学习素质的提升，有赖教师的教育专业成长与教学品质的提升。因此，课程发展人员的主要任务在于不仅以富有意义的课程代表知识形式，作为教师的教学工具，借以改进教学，更在于用课程代表某种教育理念，进而改进教师教学与学生学习。

课程行动研究，将教师角色转型为课程发展的行动研究者，进行学校课程发展，除了将课程视同有待教师在课堂情境当中实地检验的研究假设，更鼓励教师研究发展自己的课程研究假设，并对其加以实地检验。这种学校课程发展策略，不同于等待校外人员提供研究假设的教师教学本位的课程发展路径(黄光雄，蔡清田，1999)。因为这种课程是一种课程发展的行动研究假设说明，协助教师反思自己的教学，检验课程知识与教学行动之间的动态关系，教师不仅在教学过程中实践课程当中的教育理念，并经由课程研究过程当中重新建构课程当中的教育理念(Elliott，1992)。特别是教师本身透过深思熟虑，构想并研拟自己的课程发展行动研究的假设，并由教师本身在课堂情境当中实地检验自己研拟的课程发展的行动研究假设，可落实课程发展的教育理念，提升教学与学习的品质。

(三) 营造教室即课程发展的行动研究实验室的教室气氛

在课堂情境当中，师生扮演马车驾驶的角色，进行学习之旅。亦即，课程只是帮助教师与学生进行教与学的教育媒介，师生才是驾驭课程的主角，课程不应反客为主。课程发展不仅是一种不断重新建构的过程，重要的是课堂不只是课程实施的场所，更是进行课程发展与行动研究的实验室，教师在教学情境和学生一起合作处理知识问题，并反省检讨其问题。教师可以把课堂当成课程行动研究的实验室，教学便是进行实验研究，而教师与学生则是共同进行研究的学习伙伴，课程就是有待检验的研究假设，教学行动就是实验的自变量，学习成果就是因变量，而学习影响则是师生共同研究之对象。换言之，课程是一种开放给师生公开质疑并进行检验的行动研究假设，而且，课程中的知识，应该是可以允许师生在课堂情境当中加以主动建构的，允许师生彼此协调磋商的学习内容与方法，以适用于课堂的动态过程（蔡清田，2000）。

从课程研究发展的角度而言，所有的课程皆是有关知识、教学与学习本质的研究假设。学生学习是学校教育的重心，主要采用的学习方式是探究式的学习，学习不在于获得答案，而在于持续地研究问题。教师的角色是协助学生顺利地进行学习，并由学生自己寻找问题的可能答案。因此，教师的教学强调知识的启发，而不是知识的灌输。教育知识，不是可以事前明确界定或规定的目标，而且不是单一绝对的知识结构，教学的目的不是要学生寻求统一的标准答案，而是教导学生在探究过程当中，经由讨论探究的方式而学习了解各种不同意见，引导学生学习如何学习、提供学生发展心智能力成长的机会。

"课堂即课程发展的行动研究实验室"，亦即将课堂视为课程行动研究检验假设的实验室（欧用生，1999；蔡清田，2000；Stenhouse，1975），在课堂情境中采取教育行动，教师必须和学生进行磋商与协调，以进一步将研究假设的课程，透过行动转化为教学的研究假设，并透过教学行动过程将课程蕴含的教育理念，转化为课堂中的教学实际行动，以质疑批判方式来实施事前规划的课程，借以启发学生的心智成长，而不是一味地灌输规定的课程内容与方法。因此，课程行动研究观点重视批判教学方法，鼓励师生质疑、探究、讨论的学习方式。教师与学生在课程实施过程当中，所扮演的角色受到应有的重视，教师与学生双方更可进行课程研究发展，而且师生关系同时也是一种平等、互惠、协商与教学相长的互为主体之平等关系与过程。因此，课堂的气氛便可以从"课堂即研究实验室"转型为"课堂即课程发展的行动研究实验室"。

（四）规划学校即课程发展的行动研究基地的学校情境

学校通常是教师最能自发地与校内外人员进行沟通协调，共同发挥教育理想之处（Skilbeck，1984；Stenhouse，1975）。因此，学校是课程研究发展的基地，不只是校外机构的实验场所（蔡清田，2001）。学校可透过需求评估（Taba，1962；Tanner &

Tanner, 1995)、情境分析(Skilbeck, 1984),指出影响课程发展的因素,以了解课程发展现象,描述分析课程、检视课程纲要与学校计划(Henderson & Hawthorne, 2000)。特别是可采取SWOTA分析,搜寻学校资料,如学校沿革、学校设备、社区概况、教职员编制、学生人数、家长职业等。搜寻资料后,再研析学校情境,分别从地理环境、学校规模、硬体设备、教师特质、行政人员、学生素质、家长期望、社区参与、地方特色等方面,分析其优势(Strengths)、劣势(Weaknesses)、机会(Opportunities)、威胁(Threats)与未来可能的课程发展行动方向(Action),且以课程研究发现作为建构愿景、拟定目标、设计方案与实施评价之参考,避免创新的草根取向流于随兴恣意的草莽取向(蔡清田,2002)。

以专业的观点而言,课程的研究发展是永续经营的工作。学校进行课程研究与发展,宜进行形成性评价以修正课程。课程在正式实施之前,在学校情境中试用,检视并修正教材教法等设计的适切性(黄政杰,1991;Elliott, 1998),可提升课程发展之品质。特别是透过课程研究团队,可将课程发展的草案或成品置于学校情境中测试,从而搜集其运作过程产生的问题,并作为进一步推广的决定依据(蔡清田,2000)。

课程发展,应该进行正式推广前的小规模实验,以试用课程发展的成品;参与课程实验表现优异的教师,可聘为课程推广实施的教学示范教师,进行推广工作。以课程的采用阶段而言,重视问题解决途径的课程改革,提升教师诊断问题及行动的能力与意愿,并以学校作为课程研究发展的基地与课程改革的前进基地,重视学校教育人员的责任与地方资源的利用,结合课程顾问专家的经验与智慧,透过合作行动研究方式,解决学校的课程问题,提升教育品质。

课程发展是团体合作的产物,学校教师、课程学者、学校教育行政人员、教学辅导人员以及师资培育机构相关人员,可以建立彼此相互沟通的管道,以透过课程行动,改进课程发展的过程,提升课程品质。教师可以经由录音或录像的方式记录课堂上教师教学与学生学习讨论实况,并分析学生的行动与互动,而且,校外的课程咨询顾问也可经由访问教师进行观察晤谈,记录其讨论过程以增进教师对自己教育理念的理解。

在"学校即课程发展的行动研究基地"的学校情境中,课程顾问与学校教师进行一种协同合作行动研究,共同指出学校的课程发展问题。课程顾问的角色在协助教师依据其教育理念发展课程,协助教师进行课程发展及了解课程发展的前进方向,不致陷入课程发展的泥沼与意识形态纷争当中。因此，课程顾问的角色，在于发现学校课程的问题与特点，尽力找出降低课程意识形态冲突的方法，并尝试克服阻力，促成学校课程发展与不断进步。

本书作者主张课程研究是课程发展的入门。课程发展是在特定的教育情境下，发展出一套课程系统，以达成目标的一种课程行动。学校课程发展是要经历时间酝酿才能逐渐开展，在课程发展开始之初，可先针对学校情境进行课程研究。特别是课程行动研究，可以营造学校课程发展的研究情境，透过深思熟虑构想的过程，协助研究学校内部优劣与外在机会点与威胁点的情境，协助课程研发人员理解课程发展的动态过程，使学校课程发展的未来愿景目标具体而方向明确，才不会使他们茫然不知所措以致迷失方向。

作者进而提出课程行动研究的四个具体建议，亦即，掌握“课程即课程发展的行动研究假设”的课程意义、鼓励“教师即课程发展的行动研究者”的教师角色、培养“课堂即课程发展的行动研究实验室”的学习气氛、规划“学校即课程发展的行动研究基地”的学校情境，呼吁课程学者与学校教师协同合作，透过行动研究进行学校课程发展。

总之，从课程研究的观点而言，课程并不一定是教育行政机关由上而下、事前规范并要求学校照章执行的规定或命令计划；课程也可以是一种协助教育实务工作者进行行动研究方案之参考架构。教育实务工作者可将课程所蕴含的教育理念，付诸实际教育行动，并将其视为可以进一步探究的研究假设，进而根据课程行动研究结果修正或否证课程中的教育理念，检验课程当中所蕴含的教育理念之价值性与可行性。甚至，课程可以是教育实务工作者，特别是教师，透过由下而上的课程发展或是由内而外所建构的教育行动研究方案，不仅可发展适合学校情境之课程意义，并可转型为合乎学校情境的课程发展行动研究方案，以落实学校本位课程发展的理念（黄光雄，蔡清田，1999；黄政杰，1999；欧用生，2000；蔡清田，2001；2002；2003；2004a；2004b；2005；2006；2007；2008；2009；2010；2011；2012；2013；2014）。

第三章

课程设计理论取向的意识形态

“理想的课程”(ideal curriculum)(Goodlad, 1979)是指由学者专家所提出的理念学说课程,或由专业组织、基金会和特定利益团体成立委员会,进行课程问题探讨与理念的倡导所提出的“建议的课程”(recommended curriculum)(Glatthorn, 2000)。例如,联合国教育科学文化组织(UNESCO)、经济合作与发展组织(OECD)及欧洲联盟(EU)等国际组织与先进国家强调国民所需的核心素养理念,是其课程改革的重要理念(洪裕宏,2008;胡志伟等,2008;高涌泉等,2007;彭小妍等,2008;蔡清田,2011;蔡清田，2012；顾忠华等，2008；European Commission，2005；OECD，2005；UNESCO，2003）。又如在全球化的浪潮之下，台湾“教改会”《教育改革总咨议报告书》所提出的强调培育优质人才的能力取向的课程理念建议与课程改革方向，便是属于“理想的课程”，或者说“理念建议的课程”（ideal recommended curriculum）。有趣的是，由于学者专家或专业组织、基金会和特定利益团体所提出的“理念建议的课程”（蔡清田，2008），是一种理念研究建议的课程或理念学说建议的课程，也是一种乌托邦的公共愿景与希望（Doll & Gough，2002；Halpin，2006），或许都有其倡导的理想色彩或特定利益与习焉而不察之立场（Scott，2006），因此又被称为“意识形态的课程”（ideological curriculum）（Goodlad，1979）。

本章旨在说明课程设计理论取向的意识形态，并从课程立场、教育慎思过程与课程设计方法等三个层面分析精粹主义、经验主义、社会主义、科技主义与专业主义等五种课程设计理论取向的意识形态（黄光雄，蔡清田，2009）。

第一节
课程理论取向的意识形态

在教育领域，意识形态是指提供有关教育决定的一套价值前提的信念系统（Eisner，1994：47）。意识形态往往是某一特定社会团体所视同理所当然的观点（Posner，1995：249），甚或习焉而不察的偏好或偏见，因此，它是一种有限的与不完整的观点（Apple，1979）。例如，主智传统主义者（intellectual traditionalists）、社会行为主义者（social behaviorists）以及经验主义者（experientialists）彼此对立的差异，使得这些意识形态的拥护者在课程领域的立场迥异。早在1902年，杜威（John Dewey）就强调学习者兴趣能力、社会需求、学科知识内容等皆必须被学校教育人员视为互赖的三种课程要素（Tanner，1982）。然而，杜威的忠告并没有受到重视，主智传统主义者注意的是学科内容，社会主义者重视的是社会，而经验主义者关心的是学习者（Schubert，1986）。

课程设计是以学科知识、学生兴趣、社会文化需求等课程理论取向作为课程的基础来源的。值得我们注意的是，课程设计往往只根据一种或两种理论基础作为课程的来源，以形成课程组织内部较高的一致性。然而，课程设计的理论基础来源，在实际运用上往往会偏重某一特定的课程理论取向，甚至课程设计实务背后经常潜伏着彼此对立的意识形态，因此，均衡调和各种理论基础实属不易。然而，意识形态的分析，可以帮助我们了解教育的课程政策有其优先顺序的逻辑；换言之，意识形态是理解学校课程设计的社会文化脉络之分析工具。

意识形态是影响社会行动的因素之一，同时，意识形态也会影响学校课程内容，因此，学校课程的改变必须与意识形态的变迁相互呼应。因为历史乃是史学家与其事实间一种持续不断交互作用的过程；也是一种现在与过去间永无停顿的对话（黄光雄，1987：195）。课程理论取向的意识形态是指决定学校教育目标、课程内容与方法的思想体系与信念系统(Eisner, 1994: 47),它更代表一种课程实务工作人员信念和思想的派典,对当代课程设计的理论研究与实务影响深远。因此,对课程理论取向的意识形态的历史理解,有助于课程设计人员从历史中记取教训。

课程设计理论取向的意识形态的研究目的,虽然不在于寻找解决目前问题的答案,但是可以帮助课程设计人员了解课程问题的连续性,避免过去所犯的错误,重新认识课程设计问题,并对反复出现的问题提出新的挑战(黄政杰,1991: 26)。因此,作者希望经由不同意识形态之间的对话,打破对立的僵局,建立不同课程设计理论取向之间的沟通桥梁,奠定理性共识的基础,并探讨健全有效的研究方法,以建立课程自身的学术造型,使课程成为一门教育的研究领域(陈伯璋,1987: 307;欧用生,1989: 115)。另一方面,作者也希望学校课程能有助于建立适当的意识形态,学校的课程革新与教育改革必须植基于意识形态的改变,如此,学校才能与新的社会情境协调融洽,并且和睦相处(Tyler, 1976b: 136)。

例如,英国的夏山学校(Summerhill School)与美国的自由学校(Free School),皆是西方另类学校(alternative school,也称选替学校、非传统学校),其学校行政、课程教学制度与学习规则等工作,皆会受到课程设计人员特定意识形态的影响,特别是经验主义理论取向的课程设计意识形态。又如,一方面,社会主义社会适应取向的课程设计意识形态可能认为学校只是一个附属于社会的教育机构,其功能与责任是特定的,只限于心智陶冶与公民教育,以适应社会的结构功能与当代社会需要。另一方面,社会主义社会重建取向的课程设计意识形态则可能认为学校与家庭、教会及其他社区机构应该彼此合作,善用社区的资源,设计有效的社区教育方案或学校课程方案,以重新建立理想的人类社会与美丽新世界。然而,课程设计人员也应该仔细思量:英国夏山学校与美国自由学校的毕业生回到社会之后,其适应性如何?这一问题也有待课程设计人员与学校教育人员深入了解与详细评估。

就台湾而言,台湾的另类学校如儿童哲学教室、森林小学、种籽学苑、全人中学、雅歌小学、田园小学与假日学校等,报章杂志曾经对其情况加以介绍,部分另类学校的实际参与工作人员也有零星的日志对外发表。然而,另类学校是否成为未来台湾教育改革的典范,则有待进一步研究。再者,台湾地区部分县市政府所进行的开放教育转型优质措施,其定义如何?如何进行课程设计?这些教育改革背后的理论取向的意识形态分析，都是课程设计的相关课题。

美国斯坦福大学教授沃克(Decker Walker)便明确地指出课程设计与发展过程包含三个成分，即立场(platform)、慎思过程(deliberation)及设计(design)。其课程设计与发展的过程，基本上是个描述性的过程，且具有时间先后顺序的排列，始于各种意识形态的课程立场，终于设计，而过程为慎思(Walker, 1971)。沃克主张的课程设计与发展，其主要的优点为具有弹性而非线性，目标的重要性似乎较为次要，目标只是众多意识形态课程立场中的一个成分，而且目标和手段并不截然分开，皆可纳入课程立场的意识形态当中(Walker, 1990)。

归纳课程学者的研究，可以从精粹主义的学科取向、经验主义的学生取向、社会主义的社会取向与科技主义的技术取向等四个课程立场角度，分析课程设计的意识形态(李子建，黄显华，1996；黄政杰，1991：103；欧用生，1989：2；蔡清田，1992a；Eisner, 1994：61；Kliebard, 1986：27；Tyler, 1949：5)。但是，这些课程立场或课程设计理论取向，皆忽略了从学校教师的专业角度来省察课堂中的课程问题，未能从教师教学专业主义的教育过程取向来探究课程的教育蕴义；换言之，皆未从专业主义的课堂行动研究的角度将课程视为研究假设，未将教师视为在教育过程的课堂情境当中的课程教学研究者，忽略了对专业主义理论取向的课程设计意识形态的分析与批判，殊为可惜(黄光雄，蔡清田，2009)。

因此，本章将尝试从课程的立场、教育慎思过程及课程设计方法等三个角度来解析上述这五种意识形态，以作为建构课程设计的基础。

第二节
精粹主义理论取向的课程设计意识形态

美国 1893 年重组中等学校学习学科的《中等学校教育十人委员报告书》(*Report*

of the Committee of Ten on Secondary School Studies），建议以传统学科作为课程的主要概念，便是传统精粹主义（Essentialism）学科取向的课程设计意识形态之一例（Tyler，1971：30）。1937 年巴格利（William. C. Bagley）等人提出教育应该重视基本学科学习的呼吁，主张从过去的文化遗产中选择文化精粹，作为基本的学习材料，这些学者被称为精粹学派（Essentialist）（Tyler，1949：4）。这一学派强调学生学业程度的提高，"追求卓越"是其共同口号，哈佛大学校长科南特（J. B. Conant）对此甚为支持。

精粹主义是美国的学术理性教育思想，特别是学术理性的传统主义者，认为教育是以社会传统的精粹文化为媒介，对下一代实施严格的心智训练，偏重传统的学术精华之注入，将学科知识的学术文化遗产传递给下一代（林本，1970：138），因此，课程便是学科专家通过教科书传递给学生的学术知识精华，这种传统精粹主义理论取向强调学科学术的课程设计思想与信念（Rug，1969a：80；Tyler，1971：32）。这种课程理论，以教科书为中心，安排主题顺序，选择活动与练习，教师只是教科书的跟班，教科书扮演学科主角，指引教学内容（黄政杰，1991：105；欧用生，1989：8）。精粹主义意识形态的课程立场、教育慎思过程与课程设计方法的主要论点如下：

一、课程立场

精粹主义课程设计意识形态采取传统学科学术取向的课程立场，重视"课程即学科"的课程意义，强调学科知识的重要性。因此，课程不只代表一种特定的学科知识内容及概念，而且也代表一种人类理性的认知思考模式。精粹主义主张学校课程应介绍传统学科学术的基本学习领域，以发现学生的学科学习兴趣及学术性向。例如，伟大作家的精英著作中所创造的伟大观念，皆应成为学校教育课程设计的焦点内容，以协助学生探究学术生命、知识真理与公平正义等基本学术问题。通过对世界名著的深入了解，对人类学术理性的最高成就的介绍、分析、欣赏与讨论，从而拓展人类的学术理性。而博雅教育的学科知识传授，则是最佳的教学方法途径。

二、教育慎思过程

精粹主义主张教育目的在于传递学术文化遗产，特别是代表传统文化精华的学科知识。学校的主要功能乃在于强化学生对学科知识的认知与心智成长，学校应发展人类的学术理性，以人类学术理性批判检验人生，并引导生命的理性发展。精粹主义的教育内容强调学术是人类理想的智慧结晶，要成为有教养的人，就必须能理解重要学科的伟大著作以及文化遗产的精华，而且，学科知识一旦组织成系统，在教学上非常方便，以此作为教育陶冶工具最有价值。

精粹主义的教育方法，不管是重视认知课程的观点，或是主张学术理性，都强调形式训练的重要，以维持传统学科的权威地位。学科专家对学科知识最有研究，是学科知识的研究人员与探究开拓先锋，更是学科知识的捍卫者与守护神，他们是最有资格的学科课程设计人员，而学校教师是课程的被动接受者、使用者与执行者，但不是主动的课程设计人员。教师的主要任务乃在于依据学科课程设计人员规划的课程内容，忠实地进行课程实施，将精粹文化传递给下一代的学生。

三、课程设计的方法

学科取向的精粹主义以学科为本位，发展以教科书为中心或以课本为依据的课程编制方法，主张以学科专家的建议，作为教育目标的主要来源(Tyler，1949：25)。其主要的观点有三个：第一个观点是依照学术研究领域分类规划课程内容；第二个观点是教科书的编制完全委诸学科专家，教师只能从几种教科书或课本中采择一种或数种内容；第三个观点是依据预先规定的逻辑系统，组织课程教材内容，要求教师依一定顺序，忠实地进行课程实施以教导学生。

就课程选择而言，由于学科知识是人类活动的精华，具有永恒性，因此，学科知识比社会需求和学生需求更为重要。就课程组织而言，课程设计以学科知识为中心，重视学科知识的逻辑与结构，认为知识可以切割为不同领域来学习，其形式称为学科课程。就课程评价而论，评价层面包括课程内容及课程材料，要求课程内容材料应该反映学科知识本质，以协助学生获得学科知识，逐步迈向学术社区，成为学术社区的一分子。

精粹主义课程设计意识形态下的传统学科学术课程设计，至少有两项优点。一方面，由学科专家编制的课本，逻辑组织严谨，内容较真实可靠，不致违反学科知识真理；

另一方面，重视传统学科学术的课程设计较能赢得家长、教师、学生与社会人士的信赖，甚至对能力较差、缺乏创造力的教师也有一定的课程教学规范作用，使其不致造成严重错误。但是，学科课程的实施迄今已带来许多问题（黄政杰，1991：307），导致师生依赖教科书内容，缺乏活泼的教学创意。

精粹主义课程设计意识形态的这种学科取向的观点，不仅使课程窄化为学科，甚至窄化为教科书或课本；教学被窄化为教书，并沦为灌输知识而不是启发学生的主动思考；学习被窄化为教科书内容的记忆，知识也被扭曲为商品化的产物，使得学生个人的主体性与知识实体世界逐渐异化，甚至误将教科书内容当成是真实的生活世界。因此，这种传统观点应随着历史潮流而修正或改变，美国全国教育协会于第一次世界大战后出版的年刊中明确地指出："从可能搜集到的教材内容精选出最低基本材料或加上补充读物——这种只做修补课程的工作，已不能满足需求。"（林玉体，1980：358）

第三节
经验主义理论取向的课程设计意识形态

进步主义（Progressivism）的部分教育学者，强调学生学习经验的重要性，这种观点是经验主义的滥觞，实为美国传统教育的主要反动势力之一。特别是主张儿童中心教育的领导人物，重视教育过程当中学生经验的重要性，他们为了增进彼此交换意见及教育心得的机会，推广普及其教育观念，乃在1918年冬集会于美国首都华盛顿，成立进步主义教育学会（Progressive Educational Association）。参加者大多数是美国教育界名流，首任名誉会长是哈佛大学校长埃利奥特（C. W. Elliot），其后则是杜威（林玉体，1983：468）。

进步主义阵营当中赞成经验主义的教育学者，主张以学生的需求与兴趣作为教育目标的主要来源,学校有责任协助学生满足需求、提供对个人与社会有重要意义的社会形态(Tyler, 1949: 10)。经验主义肯定学生主动参与学习的重要性,重视学生的需求、能力与兴趣,认为教育是生活本身,而不只是未来生活的准备,学校是小型的社会,设计课程的目的在于帮助学生解决问题。因此,经验主义的信徒建议无预设、无结构、非事先决定的课程目标与课程内容(Tyler, 1971: 30)。有关经验主义课程设计意识形态的课程立场、教育慎思过程与课程设计方法的主要论点包括:

一、课程立场

经验主义课程设计意识形态采取学生个人取向的课程立场,重视"课程即经验"的课程意义,强调学生学习经验的重要性,而且主张教育是一种引导学生天真无邪的本性的发展,教师如同园丁,以提供丰盈的成长环境,在协助学生学术性向与学习环境互动过程当中,发展学生的兴趣与心智。经验主义者主张"课程即经验",课程不是存在于教科书当中,也不是存在于学科名称内或教学计划上,课程只存在学生的学习经验当中。学习学科与学习者两者之间的关系,就如同地图与旅游者的实际经验一样(黄政杰,1985: 28)。学生的学习经验如同旅游者的实际旅游经验。旅游者的实际旅游经验,可能不同于旅行社在出游计划的地图上所事前安排规划的旅程,也不同于旅游指南中的说明内容。因此,学生的个人学习经验将不同于班级教师的教学计划,有异于学校的整体课程规划,而与课程设计人员编制的教科书内容不尽一致,甚至可能不同于官方课程标准的正式规范与预期理想。

就课程选择而言,经验主义者强调选择课程的首要依据不是学科知识,也不是社会需求,而是学生的兴趣。课程设计人员应该依据学生兴趣,决定课程内容和结构。就课程组织而言,课程设计方法依照心理顺序,组织学生的学习经验,这种组织形态称为活动课程或经验课程。就课程评价而言,观察是其主要的评价技术,用以找出学生个人成长及改变的证据,兼重学习课程的过程与结果,不只评价学生达成目标的程度,而且重视预定目标之外的非正式课程与潜在课程的学习。

二、教育慎思过程

经验主义者的教育目的主张教育工作人员应当本着“自由、平等与博爱”的教育原则，协助每个学生，成为具有独特创意的个体(林本，1970：140；林玉体，1983：468)。经验主义的教育内容强调“教育即生活”，因此，学生的第一手亲身经验，是学习的主要资源，学习经验是学生与环境交互作用的结果，教科书或学习手册只是参考资料的来源之一。

经验主义的教育方法重视学生的活动，强调“做中学”与问题解决，并且注重学生在学习过程中的全面表现。经验主义认为学校教师是最重要的课程设计人员，是决定学生学习经验的重要人物，教师是主要的学校教育工作者，应该有创意地设计学校课程，以引导学生进行主动学习。

经验主义强调学生为学习的中心，学生是主动的学习者。学习不只是单纯地将信息传授给学生，知识是由学习者建构的，学生不断学习，便不断成长，其知识亦不断变化(Tyler，1949：11)。换言之，经验主义者认为学习是学习者在与环境交互作用的动态过程当中，不断地创造教育意义，产生知识的学习经验过程与结果。真正的教育环境是学习者所能控制与无法影响的因素之间的均衡状态，而且经验主义者主张如果学生可以完全控制学习环境，其行为将会变得狂妄不驯，但是，如果学生无法控制自己的学习环境，其行为将会变得顺从或叛逆而无法精通所学。因此，只有当学生满意于有时必须适应、有时可以掌握自己的目的之学习环境，学生才会获得可欲的学习结果。在进行课程设计与发展时，检视学生是否是个主动而有目的的个体这个概念是很重要的。

三、课程设计方法

杜威在美国芝加哥大学创立实验学校，提倡学生中心的教育，重视学生的学习经验，而课程则以学生的自发活动为鹄的，这种经验主义的课程设计方法，实已开创“青少年需求中心法”(the adolescent-need procedure)的先河(林本，1970：149；Tyler，1949：5)。这种课程设计方法由进步主义教育学会1930年代开展的“八年研究”(The Eight Year Study)所提倡，可说是一种划时代的举动。这种课程设计方法，强调学生的学习经验，其重点包括三个部分。第一个要点，强调学校教师的责任是去发现学生的兴趣与经验，进而在学生的兴趣与经验之上，建立教育活动。第二个要点，强调以学生兴趣与经验作为教学设计的起点，因此，活动内容不是能事先硬性规定的。第三个要点，强调重视学习者身心发展的程序，教学活动是由教师与学生共同合作计划的。课程设计人员，特别是教师，应关怀学生的整个学习环境，并考虑学生的社会层面、心理层面、情绪层面和生理层面的成长，提供学生各种可能的与可欲的学习经验。

学校教育的职责在设计适性课程，协助学生发展与个人关联的意义与价值，因此，学校应提供一种丰富的学习资源环境，以协助学生获得成长需求。学校课程应重视师生共同计划的交互作用与动态过程，教师必须与学生有教育爱的情感，尊重学生作为主动的学习主体，并允许甚至鼓励传统学校教育体制之外的学校教育革新与课程改革，例如英国夏山学校、美国自由学校与台湾森林小学等等另类学校的课程改革。教师应设计关心学生个人的经验主义课程，而不只是执行政府交办的课程行政命令规定，教师应视学生为人性本善、独特、主动的学习个体，而不只是班级团体中的一个数字号码。

这种经验主义课程设计意识形态强调学生本位的课程设计理念，其优点在于容易引发诱导学习者的学习动机、满足学生需求、积极参与学习活动。然而，其缺点在于可能流于放任、反智主义、不重视未来（黄政杰，1991：124）。特别是这种观点由于感染太浓的个人主义色彩，未能符合社会需求，因此在1930年美国遭遇经济大恐慌打击时受到社会有识之士的非议，而社会主义理论取向的课程设计思想得以逐渐萌芽（林本，1970：141）。

第四节
社会主义理论取向的课程设计意识形态

由于进步主义阵营当中的部分人士过分强调经验主义的个人价值以致忽略社会

需求，经验主义受到非议，尤其在经济不景气时更遭到严厉批判。加上美国总统罗斯福(T. Roosevelt)提倡新政(New Deal)，进行社会改革，因此美国学界也普遍弥漫着社会危机与社会改革的气息(林玉体，1983：487)。例如，美国著名教育学者克伯屈(William H. Kilpatrick)出版了《教育与社会危机》(*Education and the Social Crisis*)一书，康茨(George S. Counts)也谴责进步主义阵营当中的经验主义，极有可能产生无政府或极端个人主义的危险，因此撰文呼吁"学校也敢于建立新的社会秩序吗?"(Dare the School Build a New Social Order?)时风影响所及，进步主义思想因而峰回路转，社会主义理论取向的课程设计意识形态逐渐受到重视。

社会主义课程设计意识形态强调学校课程应该以学生的活动为核心，协助学生研究自己的生活社区，调查自己家族的起源，学校应该提供学生充裕的社会学习机会，进行慎思论辩以交换观念(Tyler，1971：29)。因此，其主张课程设计应该以社会问题为组织的核心，而且学校课程应该有勇气、有智慧地处理当代生活事件，以鼓励教师与学生研究社会文化、工业、政治的历史发展，并提供必要的社会价值技能。例如，美国哥伦比亚大学师范学院教授罗格(Harold Rugg)便主张课程应使学生了解人类社会变迁所导致的社会问题并在哥伦比亚大学师范学院附设的林肯实验学校(Lincoln School)进行课程实验，提供各种学习机会，帮助学生了解并比较民主制度和其他制度的人民生活方式，培养学生开放的心胸与批判的态度(Rugg，1969a：7)。这种社会主义理论取向的教育思想，启蒙了"社会适应"与"社会重建"取向的课程设计理念，其课程立场、教育慎思过程与课程设计方法之要点如下：

一、课程立场

社会主义课程设计意识形态采取社会取向的课程立场，重视"课程即计划"的课程意义，强调社会学习计划的重要性，主张从社会分析中获得学校课程目标之内容，以服务社会。社会主义课程设计意识形态认为学校可以提供适合社会需求的课程，以增进学生对当代社会生活的了解。学校主要是服务社会的一种教育机构，亦即，学校是社会的代理人，其目的乃在提供满足社会需求及合乎社会利益的课程。

就课程意义而言，课程即是建构社会的计划蓝图，含有事前规划设计的意义。这种课程理念也有两种观点，一派主张协助学生适应现有的社会秩序，一派主张重建社会(Tyler，1949：35)。例如，社会适应观认为目前社会大体上是合理的、美好的，需要加以维护；而社会重建观则认为现存社会不健全，已威胁到生存，传统方法无法解决问题与冲突，因此企图建立新的社会观并付诸教育行动，以重建理想的社会。特别是社会重建取向的课程设计意识形态，确信教育是社会重建的工具，持此观点的教育改革人士，企图透过课程使大众了解社会病态及采取积极的行动，以建立新的理想社会。

社会适应观的课程目标在于维护现行社会功能，主张在现有的社会结构下，进行细部调整；而社会重建观则认为建立新社会，应从根本上改变社会的基本结构，是比较激进(radical)的教育观。社会主义意识形态的课程选择，强调社会活动或社会问题，认为社会实用的知识才具有社会价值，而且知识的学习需依社会行动的需要加以选择。因此，这种意识形态强调课程选择的依据是社会价值、社会活动与社会问题，而不只是学科知识或学生的兴趣。这种意识形态更强调选择知识的实用价值须由社会行动加以证实。但是，社会适应观重视社会活动的实行能力；而相对的，社会重建观则重视社会问题的解决。

社会主义课程设计意识形态的课程组织，强调以社会功能为课程组织核心，依社会问题加以分类组织，强调社会活动或社会问题，依社会行动或问题的需要加以组织，这是一种社会取向的课程设计理念，经常以核心课程为形式(林本，1970：148)。社会适应观的课程评价采用客观的评价工具；社会重建观则以个人主观意见为评价方式，重在衡量学生在其所处社会情境中的实际表现。因此，课程的效果，必须等到学生踏上社会工作岗位后，才能实际有效地加以观察。

二、教育慎思过程

社会主义课程设计意识形态的教育目的，强调社会的兴趣与社会的需求应是其教育的重心，而且，学校应为社会中心的学校(杨国赐，1974：3)，学校的存在是因为社会有教育下一代的需要。社会适应观认为目前社会是合理的、美好的、值得维护的，因此，社会应该决定学校课程内容，引导学生学习，延续社会现有功能，而且课程应协助学生适应现存社会。而社会重建观，则认为课程应该提升学生的社会批判能力，培养建立新目标的技能，以促成有效的社会改变，因为教育的终极目的在于增进民主社会的共同福利（林本，1970：141）。

社会主义课程设计意识形态的教育内容，强调课程应该由课程设计人员预先加以规划组织，并且以社会功能、社会问题、社会价值为核心，并融入社会传统中对于人类生活进步上有所贡献的文化。社会主义意识形态的教育方法，倾向于主张各种教育活动应由课程设计专家或学校教师来策划推动，不使学生流于放任，使学生有效地参与社会实际生活的各个层面。学校教师的角色，持社会适应观者视教师为教学管理者，引导并评价学生的学习活动；社会重建论者视教师为学生的学习伙伴，重在激发学生参与社会行动的热忱（黄政杰，1991：124）。社会主义意识形态强调学生是社会团体当中的一名社会行动者，学生是社会的一分子，不能脱离社会团体生活，不能太强调个人自由，一切应以社会为优先。

社会主义课程设计意识形态强调学校是教育系统的重要一环，学校课程应该提供学生机会去学习阅读、写作、人际沟通与团队合作等基本社会技能；学校可以通过课程规划，提供学生在家庭、工作场所或其他社会机构所无法学到的发现事实、原则、观念等来源的机会。学校课程计划是比家庭教育更为精确、更为均衡、更为普及的社会学习计划，弥补了其他社会机构的不足之处。而且社会主义意识形态的社会重建观点，强调学校代表着社会理想的规划，而不只是代表着大社会的现状，在学校课程计划当中，每一个学生都应该受到尊重，不受歧视；课堂里的互动受到公平与正义的引导，课堂气氛也反应出关怀别人的事实。总之，社会主义意识形态主张学校规划课程的焦点，应该强调学生利用学校提供的特殊资源所能学习的价值，如受过专业教育的教师、书籍和图书馆、实验室和实习商店、鼓励真诚、信任、关怀别人的人性传统与社会进步的环境，以帮助学生去利用这些社会资源，其教育意义是积极而正面的。

社会主义课程设计意识形态强调学生可在家庭生活经验之外，追求热切希望的社会生活类型。因为学生是一个社会学习的个体，也是一个动态的有机体，不只受到基本生理动机与需求的影响，社会的价值、态度与目的也会影响个人的学习行为。因此，这种意识形态，强调学校课程应该发展高层次的人类社会理想、价值与目标，以引导人类的进步（Tyler，1955：426）。美好的社会人生，是指人性的不断发展，亦即，更有能力去学习，更有能力去帮助社会中的其他人；建立一个更能诚挚地尊重人类潜能的社会;更能激发鼓励个人成为社会中的一分子,使一代比一代更为进步(Schubert & Schubert, 1986: 100)。

三、课程设计方法

美国哥伦比亚大学师范学院课程学者卡斯韦尔(Hollis. L. Caswell)提倡“社会功能法”(the social-function procedure),主张课程编制必须使学生容易实现其社会生活,帮助学生了解现实社会问题,以培养学生解决问题的社会实际能力(林本,1970: 146)。社会功能法的主要观点包括两个主要部分: 一是主张所谓社会功能就是在现实生活当中,将个人活动、各种社会计划及社会问题等综合成几个主要社会核心问题,作为编制课程时特别强调或决定方向之用;二是主张一切学科的学习应加统合,虽然各科仍可继续存在,但不可孤立分离,应以核心课程为主轴,互相联络,贯通任何领域与学年。例如,小学低年级得采用活动课程从事经验学习,低年级课程之后的中年级课程与高年级课程以此推移,到了中等学校阶段则可以抽象符号为主,而采用近于学科组织类型的课程设计形式(林本,1970: 142;杨国赐,1974: 48)。

社会功能法的课程编制包括四个步骤: 第一个步骤是调查社会生活的种类、功能及活动,加以整理选择几个重要功能,作为决定课程范围及选择教材的依据。第二个步骤是从社会发展的过程当中,发现影响社会功能的主要势力,使学生了解历史演进的关键因素。第三个步骤是分析学生的兴趣、能力与需求,以此为依据,排列学习材料,作为各学科的学习范围。第四步骤是以第三步骤的资料为依据,把第二步骤分析所得的社会主要影响势力,作适当安排,成为一般学习的范围,再配合第一步骤的社会功能,选定为各学年的一组必须学习的社会生活经验。

社会主义课程设计意识形态的这种“社会重建”理论取向的课程思想,使学校师生充满信心地企图建立一个理想的社会,重视课程设计的社会需求与社会适用性。其优点是与社会生活密切关联,教育学者不逃避社会问题,也不退缩到象牙塔之内,特别是课程设计人员以所接受的学术训练为依据,贡献所学,处理面临的社会问题,并协助学生获得必要的社会知能,改善社会秩序。一方面,激进的社会重建取向,旨在唤起教师与学生的社会批判意识,激发学生改变社会病态的意愿,讨论有关社会矛盾的争议问题，如宗教、性别、贪污、种族歧视，处理棘手问题以改变社会结构，扭转社会垂直结构的不当暴力，以重建健康、公平、正义的新社会。另一方面，保守的社会适应取向，旨在强调遵守社会秩序，例如药物滥用、性教育、亲职教育、环境生态研究、性别意识形态研究、少数民族研究，特别是有关少数民族教育与课程之研究，引发社会大众的意识、关心，以期改善某一社会偏差现象。

但是，社会主义课程设计意识形态可能流于偏重社会取向与成人本位，因此，学习者的个人需求与兴趣容易遭到忽略，并使学生个人沦为社会的工具。特别是社会适应的取向，强调社会文化的传递，一味重视适应社会必备的知能与道德权威，而忽略个人心智的开展，漠视了个人挑战权威的心灵认知解放，甚至限制了个人自由公平地参与社会知识的开创过程。

而且社会主义课程设计意识形态强调社会主流文化，以促成社会文化的融合，但在多元文化的当代社会情况之下，少数族群文化如少数民族文化等不易受到尊重，甚至遭到忽略。这种意识形态重视社会的统整与一致性，不易因应地区差异，如山区海边之别、城市乡村之异等等，容易忽略地方特色与课程内容的多样性与差异性。值得进一步探究的是，一方面，社会重建者有关学校的任务，究竟是道德重建或政治改革的工具，仍未有一致的结论；另一方面，其教育理念和方法，是否能有效促成社会改革，仍受到质疑。可见这种社会主义课程设计意识形态的理论取向仍旧有其不足之处。

第五节
科技主义理论取向的课程设计意识形态

从 1910 年代后半期直至 1920 年代，教育科学运动风行全美，迄今仍留余响，绵延不绝。此运动以实证实验的手段或计量统计的方法来从事教育的科学研究。其领导者为博比特和查特斯(W. W. Charters)等人,他们主张教育上一切问题,应该都用科学的客观方法求得解决,而且只有用科学的方法才能有效率地解决教育问题(林本,1970:142)。这种重视社会效率的课程,又称为科学化的课程理论取向或课程工学(陈伯璋,1987:15;欧用生,1989:65)。

科技主义课程设计意识形态的教育目的,乃承袭英国教育学者斯宾塞(H. Spencer)之遗绪,以为教育为生活的预备。教育即通过科学的方法技术,以使学生准备好未来生活当中各种活动所需的能力,其教育内容包括健康、职业、家庭、社会等各方面的经验。实作是其教育方法的特色,其中最有效的方法是让儿童与青少年实际参与活动以获得经验。

课程设计专家如同教育工程师,依所接受订单的规格规划生产流程,根据明确的标准评价产品。因为学校如工厂,因此教师如同工人一般,将学生视同原料,通过课程的生产线加工成为产品。特别是第一次世界大战后美国的课程发展领导者,如博比特与查特斯等人,以教育的科学研究结果,建立课程设计与发展的指导原则。例如,桑代克的学习迁移论打破形式训练的观点,因此,课程学者便利用科学方法调查当代生活的活动与学生的学习情形,以建议课程的内容。由于战争的爆发,与战争有关的行业需要大批的技术工人,传统的学徒训练不敷急用,因此利用活动分析法或工作分析法,分析特定行业的知识、技能与习惯,短期的职业训练课程也因此应运而生(Tyler,1971:26)。

一、课程立场

科技主义课程设计意识形态采取科技取向的课程立场,重视"课程即目标"的课程意义,强调教育科技在课程领域的重要性,主张课程设计是技术性活动,以设计适当手段达成既定目的,亦即,企图设计适当的课程方法与内容以达成预定的课程目标。这种意识形态强调教育投资必须产生相应的教育效果,否则便是浪费和损失,此观点合乎系统化教育计划的特色。

依科技主义的观点,课程可以是一种教育管理的工具说明书,其目的旨在控制学校教育并使其标准化,以便于教育管理与行政控制。例如,使用计算机辅助教学、编排教材等各种媒体和器材于课程中，设计教学顺序，并将既定课程目标作为标准，以评价该课程计划的效率效能。因此，学校教育必须是目标导向的，亦即有明确方向与意义的课程目标，并设计适切的课程方法与教学内容，以克服障碍并达成课程目标。这种理论取向将科技精确、系统、可复制等特性，移植于学校教育，预测和控制各种课程现象，提供教育效果的证据，排除教育上的模糊及不确定性。

因此，课程设计的主要问题，不在质疑教育目的，而在将教育目的转化为可以通过操作性定义，以事前明确的规范及说明描述可观察的学生具体行为，设计适当的课程教学方法，以达成既定目标。因此，课程设计人员在发展课程目标的时候，课程目标就有其独特的重要性。换言之，当课程设计人员在界定学校该帮助学生学习什么内容与方法之时，就发生了课程目标的优先问题。例如，传统的心理官能论指出学生不能普遍类化其学习经验，而且学生所学的任何事物必须是特定的行为，而桑代克学习迁移研究则推翻了这种传统论点，因此，桑代克的数学心理学为小学数学列出 3 000 个特定目标。后来，贾德(Charles H. Judd)及其学生就此进行了小学生类化程度的调查研究，当小学一年级学生在练习两个一位数的加法时，如果能同时对其说明加法的运算过程，则小学生只须练习 21 个题目，就能做对所有 100 题的两个一位数的加法。贾德的研究指出，小学生有这种的能力，而且这种能力随着经验而增加。这个实证研究的发现，对课程设计人员的蕴意在于，教育方案的课程设计目标应该合乎学生能力(Tyler, 1984)。

但是，特别值得课程设计人员注意的是，课程目标应能顾及具有潜能发展的学习者的兴趣，并对学生有教育意义，或者这些课程目标应该能在教学的过程中获得实现(Tyler, 1976a: 61)。在学习一个特定单元时，起初目标应是学生所能了解的，也有兴趣去学习或有意义的事物。然而，经由学习的经验，学生将会加广加深其兴趣。当学生对所学的相关性有更进一步的认识，他们也将了解其他目标的意义并发展出兴趣来，如此就会受到激励去作更进一步的学习。以阅读为例，一位小学一年级新生，如果其父母或家人从来没有念书给他听，他也从未看过别人读书，则他不太可能一开始便积极地参与教师所设计的基本阅读方案，也不可能一开始便了解这些学习活动会对他有任何意义。对这样的一位学生，在阅读方面适当的开始学习目标，可能是先帮他学会享受、欣赏别人阅读、朗诵、解说。当此学生发现那些一页页的印刷物件是令人觉得有趣的文字内容时，他就会想要去找出如何自己阅读的方法，在此刻，目标就反映出学生所获得的兴趣。

二、教育慎思过程

科技主义课程设计意识形态主张科学是一种思考与解决问题的方法，科学带给人类社会一种新的未来希望，帮助人类寻找问题的解决途径（Tyler，1963：137）。科学乃在于建构一个完整而有秩序的系统来解释自然现象，并建立一套明智地控制与利用自然世界的基础。

科技主义课程设计意识形态也强调科学是一个连续不断的探究过程，而不是特殊问题的一组固定答案。科技教育的一个主要目标，是协助学生发展科学探究的整体过程，包括提出问题、辨别特定问题、建议可能的解释、设计检验解释的方法、进行相关的观察与搜集相关资料、解释资料与说明，进而探究新问题（Tyler，1960：32）。科技教育也应该引导学生从科学探究中进行建设性的行动，经此教育经验以获得明智地解决问题、控制环境的自信心。科技教育应该避免无聊僵化的规条，强调新的观点与新的问题，为学生开拓新的视野，满足其想象，并有效地运用其心智。因此，科技对每一个学习者而言都是很重要的，应该是通识教育的一部分，甚至对那些有特别兴趣与能力的学生而言，可以引导其钻研科学、工程与技艺（Tyler，1960：31）。

科技主义课程设计意识形态，特别主张工作世界将显现出由工业生产力逐渐转变为信息与服务生产力的特征，因此科技将在所有生产力的部门扮演着重要的角色。明日的工人所需要的技术与态度，将不同于今天的工人。科技将会变得更有影响力、更为便捷、更为复杂。学校可以提供生涯教育的课程，以增进学生对社会工作世界的了解。

三、课程设计方法

博比特提倡“活动分析法”（activity analysis procedure），通过调查成人活动，详细分析教育目标，以作为决定课程范围的依据，故这种课程设计方法又称为“目标法”。博比特认为课程编制方法是专业问题，应由专业人员采用科学方法来解决，不是外行人所能置喙的。课程专家是社会的代理人，采用科学方法以发现最终目标，作为课程设计的指引(黄政杰，1991：211；Bobbitt，1918：1924)。

博比特的课程设计方法首先在于为学校提供一组完整而明确的终极目标(Tyler，1988b：270)。其活动分析法包括四个步骤：第一步是人类经验分析，课程设计起点是生活活动，可分为语言活动、健康活动、公民活动、社交活动、心智活动、休闲活动、宗教活动、亲职活动、非职业性的实用与职业活动等十领域。第二步是特殊活动分析，即通过分析将大活动单元分为小活动单元，一直持续下去，直到发现可以履行的特殊活动为止。第三步是获得课程目标，课程目标是实践经过详细分析的活动能力，而且这种能力是指活动的履行，不只是知识的背诵，还包括技能、习惯、态度等多种因素。第四步是选择课程目标，学校教育与一般教育有别，只有那些十分复杂，无法由一般生活过程充分发展的能力，才属于学校教育目标。例如，博比特就曾将人类活动加以分析，列出了831个特殊明细的目标，以作为课程编制的基础。

另一方面，查特斯的"工作分析法"(task analysis procedure)，则是博比特活动分析法在职业活动方面的运用(黄政杰，1991：31)。所谓工作分析，系指将特殊职业活动的组成元素寻找出来，并确定实践这种职业活动的方法与标准，以作为课程设计之依据。

采用工作分析法的课程设计，最著名的应首推查特斯在其《课程建构》(*Curriculum Construction*)一书中所提出的系统程序最为合乎科学化过程，其工作分析的课程设计包括八个步骤(Charters，1923)。第一个步骤是决定目标，研究社会情境的人类生活，决定主要教育目标。第二个步骤是工作分析，将教育目标分解为职业理想和职业活动。第三个步骤是继续分析，将职业活动分解到每一个职业工作的单位出现，而且这些工作单位的一连串精密步骤，最好是学生本身可以直接从事，不需他人协助的工作步骤。第四个步骤是安排顺序，依据重要程序，排列职业理想与职业活动的先后顺序。第五个步骤是调整顺序，依据职业理想与活动对学生学习价值的高低，重新调整其先后顺序。第六个步骤是选择内容，确定哪些职业理想与活动适合于校内学习，哪些适合于校外学习。第七个步骤是研究发展，搜集教导职业理想与职业活动的最佳方法与最好策略。第八个步骤是安排教学，依据学生的心理特质和教材的组织，以安排各种职业理想与活动的教学顺序，并加以实施。

工作分析的实际应用，是活动分析在职业教育方面的运用。课程设计者先确定某一行业应该做何种分内工作，再进一步分析如何做。查特斯曾将此法应用于家庭妇女、秘书、医生、教师与图书馆员等工作的课程设计。例如，他就曾为美国密苏里州的哥伦比亚市史蒂芬斯学院（Stephens College）设计一套女子教育课程。

这种科技主义意识形态课程设计方法的优点在于应用科学方法编制课程，建立理论技术基础，从实际生活中调查社会需求，这在方法上是一大创新，而建立明确详细的教育目标也是其重大贡献之一。例如，工作分析或活动分析可以精密地发现职业活动所需的特殊能力和技巧方法，因此，通过工作分析的课程设计似乎可以培养优良的职业工作所需的动作方法、技能、品行或态度。其优点乃在于课程设计过程中选择适当教材，缩短教材与课程目标的差距，避免盲目选材的缺失。

但是，活动分析法与工作分析法，皆一味地接受既有的社会秩序，无法圆满地达成教育目标（Tyler，1949：18；1971：32）。这种科技主义课程设计意识形态接受实然的社会活动，不一定合乎应然的教育理想。而且这种课程设计方法，将活动或工作分解为零碎的行为单位，如同化学界把化合物分析为元素、分子、原子一般，这种“课程原子论”容易造成“见树不见林”的缺失，甚至把课程窄化为无关价值的技术问题。特别是工作分析法的限制乃在于此法只适用于职业工作的技能训练，如机械操作或演讲技术的教导练习，因此对于情意领域的学习，如陶冶高尚情操或职业道德则难以周全顾及，此为其限制之一。

第六节
专业主义理论取向的课程设计意识形态

采取教师教学专业主义意识形态的课程设计立场者，重视教师教育专业能力的地位，强调教育过程当中教与学互动的重要性，主张学校教育的课程教学，旨在强化学生的认知发展过程，教育过程是可学习和可转化的教育实体，用以学习解决问题。课程乃是强调教学与学习之动态过程，而不只是教材内容，而且教学也不只是事实与信息的累积与灌输，而是引导学生认知发展，以协助学生学习探究促成类化迁移。换言之，一方面，在教学方法上协助学生学习如何学习；另一方面，在教学材料上提供学习机会以强化学生不同的心智功能。这种强调教育过程的教师教学专业主义课程设计意识形态，其主要论点如下：

一、课程立场

教师教学专业主义课程设计意识形态强调“课程即研究假设”的概念，主张课程是一套有关教学程序的理念说明，但是，这一套教育理念的说明却有待教师在课堂教学情境中加以实地检验，以验证教育理念是否具有教学的适用性与学习的实用性。其课程选择，可以包括规范的教科书，也可以就每一个学习主题编制学习材料与教学指引；而且，学校教师也可以利用影片及印刷品作为教师与学生于课堂中进行讨论的证据材料来源。其课程组织，同时强调逻辑组织与心理组织原理，重视采用核心课程的单元设计途径，兼重学科知识结构与学生认知心理结构之发展。其课程评价，强调学生学习过程的重要性，因为学生学习行为的结果是无法精确地预先测量的（Stenhouse，1975：82）。

教师教学专业主义课程设计意识形态认为，过去的教师往往通过课程或依赖教科用书教导学科知识，而且教师必须遵守课程或教科用书当中的学科知识，将其视为理所当然，而不会加以怀疑和批判，这种屈服于外来的权威，不能称为教学专业。依传统的观点，课程理论所探究的课程有可能是教室门外的学科专家所事前规划或政府所预先规定的学科知识内容，是教师与学生所无法理解的知识问题，而且教师与学生所接受的是教育之外的特定意识形态的控制与灌输，而学校则沦为特定意识形态的再制工厂，威胁了教学的教育价值。

依超越传统的观点，教师与学生应该通过教学与学习来检验课程的价值性，亦即，课程只是帮助教师与学生进行教与学的教育媒介，教师与学生应该才是驾驭课程的主角，课程不应反客为主。而且，教育行政人员不应该利用课程来检验教师与学生，或利用课程来控制教学与学习。这种专业主义的课程观念，并不局限于学习经验、学科知识、预定目标、社会理想或教师的教学研究假设，而是以教师教学专业主义的课程设计理念，以教育专业知识为依据，重视教育的教学动态过程，进而启发师生应用教育知识问题的本质作为学习媒介，引导学生的质疑思辨与批判态度，进而增进教师与学生的认知、情意与技能的发展。

二、教育慎思过程

就一般而言，在课程规划过程中，一般的教育目的经常被解析为以预先规定的学生行为改变，作为具体教学目标或预期学习结果。然而，布鲁纳(Jerome Bruner)、彼得斯(Richard Peters)、斯滕豪斯与埃利奥特等人却采取教师教学专业主义意识形态的课程立场，强调学校教师的教育专业，重视"课程即研究假设"的课程意义，强调师生在课堂教学互动过程的教育过程之重要性。他们并不认为所有的人类知识与理解能力，都可以利用预先规定的学生学习行为加以描述。斯滕豪斯甚至认为，预定的学生行为目标有着不可避免的缺失，亦即，不仅误解教育知识的本质，而且误解改进教育实务的课堂教学过程(Stenhouse，1975：79)。

就教育目的而言，教育旨在引导学生进入其知识文化的思想体系，进而培养人类的思考系统，以促进人类思考的自由(Stenhouse，1975：82)。就教育方法而言，探究讨论教学法可以增进人类的认知思考。成功的教育方法，是一种知识的引导与启蒙。就学校教师角色而言，教师的主要任务，乃在于搜集并提供学生探究学习的证据材料，并在学生进行讨论的过程当中，扮演保持程序中立的讨论主持人，这是一种具有相当教育专业能力的教师角色。

学科专家的地位，乃在于通过专业知识，提供教师教学所需的课程材料，但不能硬性规定教师的教学方法。因为教育涉及了一种具有内在价值的活动，教育本身就具备卓越的标准，而且也是可以评估的内在标准，因此，教育不应受到外在价值标准的外来牵制与外部控制(Peters，1966：15)。

因此，课程计划人员必须解答下列三个具有先后顺序的问题，以作为课程规划的开端，亦即，什么课程内容最具有价值？这些教学内容具有何种一般性的教育目的？

何种学习经验最能有助于这种教育目的的达成？（MacDonald，1971：4）要回答这些课程规划问题，必须在课堂中进行大规模的课程教学实验。这种课程规划途径，乃是根据教师教学专业主义的教育过程而加以规划设计，而非依据当时传统的预先规范课程的目标而计划。

三、课程设计的方法

教师教学专业主义意识形态的课程设计，强调教师教育专业成长与学生整体发展。因此，这种重视教师在课堂层面的研究之课程设计与发展，强调教师在课堂情境中与学生交互作用的动态过程，主张课程设计与发展必须落实在课堂情境当中，教师必须将外来的课程或教师自行设计的课程加以实地检验，以进一步探究课程潜能，在教学中实践课程当中的教育理念，并根据学生的学习进步情形，反省检讨自己的教学，以提升学生的学习品质。例如，斯滕豪斯利用“教师即研究者”（teacher as researcher）的途径设计与发展课程，鼓励参与“人文课程方案”（Humanities Curriculum Project）的教师，希望教师将课程视为有待教师于课堂情境中加以检验的研究假设。

教师必须在课堂情境中进行研究，检验研究假设，反省地处理教学证据，批判自我教学。教师必须改变传统的教学角色，将过去只把教师当成是知识唯一来源的角色定位，扭转为教师是一位帮助发展学生理解能力的教育专业人员的角色定位。因为教师扮演的是保持程序中立的讨论主持人，以帮助学生经由探究讨论，来理解矛盾的社会争论议题，而不是进行威权的意识形态的灌输教学。因此，学校课程乃以矛盾的社会争议问题为中心，鼓励学生去界定自己企图追求的问题，教师协助提供所需的材料和指引，并提供机会使学生去分析、处理、分配、评价。教学乃在于通过教师激发学生提出问题，以引导其认知、技能与情意等能力的发展，通过课程材料和工作任务，培养学生在教育与学习过程中的高级心智能力。

总之，本章所述这五种课程的理论取向，代表五种理想类型的课程设计意识形态。事实上，很少有一种意识形态可以完整地界定某一个课程方案的所有属性，但是，每一个课程方案的背后，都有其独特的理论取向与意识形态。因此，厘清每一种课程方案的理论取向与课程意识形态，可以帮助教育改革者理解不同课程与教学方案在本质上的重要差异。这五种课程意识形态构成五种不同的课程理论取向、五种课程立场、五种教育慎思过程与五种课程设计方法，虽然随着社会环境的文化变迁而彼此消长，然而这些课程观点正是主导课程设计的主要意识形态。事实上，实际的学校课程设计，可能是五种课程意识形态与立场的折衷与妥协，但是其正当性如何、是否具有教育意义，则有待进一步深入分析。

第四章

课程设计的模式

课程模式(curriculum model)是课程设计的实际运作状况的缩影,或是理想运作状况的呈现,希望借以介绍、沟通或示范课程计划、设计、发展的蓝图,指引未来的课程研究设计与发展工作。课程模式所要显示的不外是课程要素、课程设计的程序及其中的关系(黄政杰,1991)。因此,不管是课程计划模式、课程发展模式、课程理论模式或课程架构,为了强调课程设计的精确性,皆可以"课程设计模式"(curriculum design model)一词统称。本章旨在说明课程设计模式的意义与概念,特别是课程设计的三种常见的模式,亦即，目标模式（objectives model）、过程模式（process model）与情境模式（situation model），并就上述三种常见的课程设计模式加以批判。

课程设计模式约有三种，亦即目标模式、过程模式与情境模式（黄光雄，1996）。一般而言，目标模式偏向于工业心理学的影响，例如美国课程学者泰勒在“八年研究”中所发展出来的课程设计模式，便是目标模式的典型代表（蔡清田，2009）。包容精粹主义的学科取向、经验主义的学生取向、社会主义的社会取向与科技主义的技术取向（黄光雄、蔡清田，1999），承续过去课程学者的遗产（Ornstein & Hunkins, 1993），统合了当时各种教育学派思想，泰勒所建立的模式单纯且易于了解，统括课程设计的重要因素，故迄今他所建立的基本原理与计划架构历久不衰，广被利用（黄政杰，1991）。

过程模式则受到教育哲学与认知心理学的影响，例如英国课程学者斯滕豪斯主持“人文课程方案”（The Humanities Curriculum Project）时所规划的课程设计模式（蔡清田，2001），便是过程模式课程设计的典范。“人文课程方案”是英国中央政府拟将国民教育年限延长至16岁之前置实验课程，是英国政府教育部门因应社会变迁，以充裕经费从事国民教育革新行动的最佳写照之一。此项课程方案被视为多元文化社会的课程改革实验之经典代表（Elliott, 1994；1998），通过学校课程方案，提供教师进行教育实验的一套架构，鼓励教师进行统整课程的合科教学（Elliott, 1998: 38），深具国民教育改革之参考价值。

另外1960年代的美国课程改革舞台上出现了一波社会学习领域课程改革（Dow, 1991; Thorton, 1994）。在这一波新的社会学习领域课程改革当中，哈佛大学认知研究中心（Center for Cognitive Studies）的认知心理学者布鲁纳所领导研究规划发展的课程“人的研究”（Man: A Course of Study，简称MACOS），特别受到世界各国教育界的瞩目（单文经，2004），这是教育界课程创新的一个改革典范（蔡清田，2006），更是过程模式课程设计的典范。

情境模式则是包括多门专门学科的社会文化分析，例如，英国课程学者劳顿（Denis Lawton）所倡导的“文化分析模式”（cultural analysis model）与斯基尔贝克（Malcolm Skilbeck）的“情境分析模式”（situational analysis model），皆是情境模式的著名代表（蔡清田，2002）。

第一节
目标模式的课程设计

本节旨在说明目标模式的起源、原理、本质，目标的来源、选择、陈述、分类、适用，以及目标模式的特色、流弊与限制。

所谓目标模式的课程设计，主要的精神在于目标取向的理念。这种课程设计，与本书第三章所论及的科技主义理论取向的课程设计意识形态关系密切。特别是课程设计人员经常以课程目标作为选择活动、组织与年段安排等相关设计活动之引导，并据此进一步发展形成详细明确的目标，转换成学习经验，最后加以评价，作为课程改革的基础。例如，台湾地区《十二年国民基本教育课程纲要总纲》明订启发生命潜能、陶养生活知能、促进生涯发展、涵育公民责任四项总体课程目标，以协助学生学习与发展。上述课程目标应结合核心素养加以发展与设计，并考量各学习阶段特性予以达成，期落实"十二年国民基本教育""自发、互动、共好"的课程改革理念。又如美国课程学者泰勒的课程设计模式，可说是目标模式的课程设计典型代表，但是在泰勒以前，博比特与查特斯等人皆已有依据目标发展课程的观念（黄光雄，1984：287；1996）。

博比特认为人类生活包含各种特定活动的实行，教育的功能即在预备个人的未来生活，亦即，适当的准备个人各种特定的活动（Bobbitt，1924）。博比特采用活动分析法将人类生活的主要领域划分为十类活动，即语言活动、健康活动、公民活动、社交活动、心智活动、休闲活动、宗教活动、亲职活动、非职业性的实用活动及职业活动。事实上，这些活动的详述，即是教育目标的内涵。查特斯（Charters，1923）将活动分析法应用到职业教育，以工作分析法设计课程。他将教育的理想转化为理想的活动，再分解为实际运作的单元，这些实际运作的单元就是教育目标。总之，目标模式要求课程设计人员，由目标出发去设计课程，在整个课程设计中，目标是统治者或指导者，“目标挂帅”是座右铭（黄政杰，1991：172）。

一、目标模式的起源

激励泰勒去建构一个目标模式的课程设计模式，乃起源于自1934—1942年间美国进步主义教育学会在俄亥俄州立大学开展“八年研究”的课程发展工作经验。这是一个综合性的课程设计步骤与教学方案，泰勒是此课程方案的课程评价主持人。当时这是一项庞大的课程方案，因为它涵盖了从洛杉矶到波士顿，贯穿整个美国大陆各州的三十所实验中等学校。此项研究起因于经济衰退，大部分人都找不到工作，因此年轻人进入高中就学比率大增，然而，过去高中的传统课程，对那些不一定升入大学的高中学生而言，实在太缺乏弹性。“八年研究”旨在针对此问题，寻找解决途径。

“八年研究”指出进步主义者起初的决定，允许自由放任的控制与开放政策，导致学校的改革策略毫无方向与头绪，缺乏效率。因此，三十所学校开始要求更多的领导与明确的方向，并接受泰勒对于课程计划所提建议的结构性指导。

（一）课程之目标

课程目标的来源，融合了进步主义所标榜的学生取向、适应当代社会生活效率的科技取向与传统的学科专家的建议，以调和社会与个人之间的可能冲突与矛盾，同时包容学习心理学、进步主义教育哲学与社会秩序控制的观点。三十所实验学校以满足青少年的需求与维持扩展民主的生活方式为其一致认同的教育目标（Ritchie，1971：484）。其主要的教育目标分类包括（Tyler，1942；Madaus & Stufflebeam，1989：105）：

1. 发展有效的思考方法。
2. 培养有效的工作习惯与学习技能。
3. 陶冶社会态度。
4. 获得宽广而重要的兴趣。
5. 发展音乐、艺术、文学，及其他美感经验的欣赏能力。

6. 发展敏锐的社会感受力。

7. 发展更佳的个人社会调适能力。

8. 掌握重要信息。

9. 发展健康的身体。

10. 发展与社会一致的生活哲学。

(二)课程之组织

“八年研究”所使用的课程组织,包括垂直的文化史组织、水平的广域课程组织与统整型的兴趣组织,强调学习经验的连续性、顺序性及统整性,发展出核心课程的类型。实验学校的教师认为核心课程形式比传统的学科课程形式更能达成其课程目标,其理由有:

1. 打破传统学科本位课程壁垒分明的人为界线。

2. 可以经常进行合作的计划与教学。

3. 可以探究宽广的学习领域关系。

4. 可为大型团体提供有效的学习经验。

5. 便于处理那些不需一再操练的特殊技能的教材。

6. 可以运用较大的单位时间,不必受限于一节课的固定时间。

7. 可以运用搜集信息及课堂活动等更宽广的教材与技术资源。

“八年研究”课程方案开始时,学校在辨认所要处理的问题及课程组织分配工作上遭遇到了难题。各学校之间的用语,所强调的学科领域、学生需求、社会需求,以及考虑的学校哲学与学习理论各不相同,而且参与此课程方案的人员对教育方法的看法也不一致。因此,泰勒认为美国各地情况不一,学习问题也没有一致的性质。课程设计的工作应该由各地学校组成专案小组,找出自己的问题与当地特色,并努力达成目标。因此,最佳的方案,应该是由个别的学校来进行,由学生所在的学校,进行以学校为本位的教育改革或草根层面的课程改革。因此,泰勒提出一套基本原理,引导学校发展新课程:1.学校应达成哪些教育目标?2.要提供哪些学习经验才能达成目标?3.如何有效地组织学习经验?4.如何确定这些教育目标已经达成?这便是后人所称的“泰勒模式”,如图4.1与图4.2。

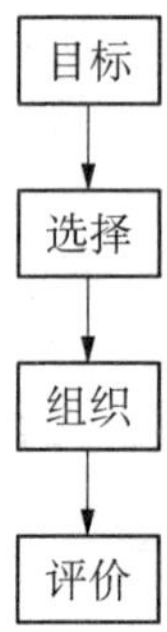

图 4.1 泰勒模式(引自黄光雄,1984: 288)

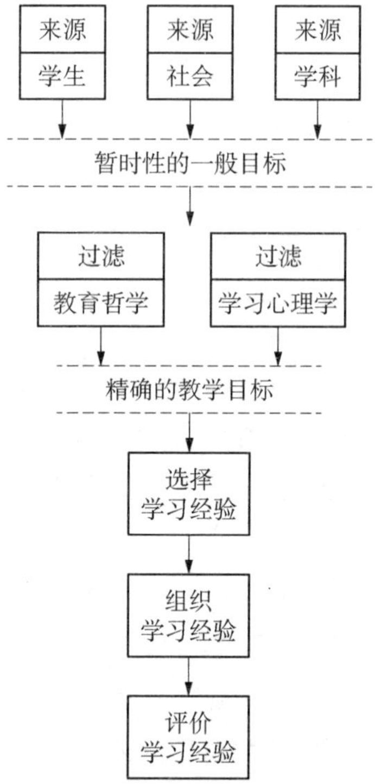

图 4.2 泰勒的课程设计模式(改自黄政杰,1991: 147)

二、目标模式的原理

后来,泰勒在芝加哥大学开设的课程“教育 360”的课堂中,根据“八年研究”的课程发展实务经验,介绍课程设计的基本原理。基于学生的要求,泰勒提供课程讨论的讲义大纲,1949 年由芝加哥大学出版了《课程与教学的基本原理》(*Basic Principles of Curriculum and Instruction*)一书的单行本。由于泰勒在《课程与教学的基本原理》一书中,再度提出并再次强调课程设计的四个重要问题。第一个问题是,学校课程应达成哪些教育目标?第二个问题是,学校课程应该要提供哪些学习经验才能达成教育目标?第三个问题是,学校课程如何有效地组织学习经验?第四个问题是,学校如何确定这些教育目标已经达成?

这四个课程问题，似乎形成一种直线型的课程设计模式，并揭示了课程目标的选择、学习经验的选择与组织、评价等课程设计的重要原理原则。泰勒此书是将课程设计予以系统化成书的第一本课程专著，因为泰勒的指导教授如博比特与查特斯等人，仅以具体课程例子加以说明，而未如泰勒般赋予课程设计系统化的实务建议。由于此书精要地探讨了课程设计的四个主要问题，非常具有实用价值，广受教育界欢迎，被誉为课程设计典范的“小圣经”(mini-Bible)(McNeil，1990：78)，被公认是课程设计的里程碑，是美国课程教授们公认自1906年以来最有影响力的课程经典(Tanner，1982：412)。美国出版的绝大部分课程著作少有不采用泰勒的基本架构的，而泰勒的努力也奠定课程探究的基石(Goodlad，1979)。这本书的理论架构被称为“泰勒的基本理念”(The Tyler Rationale)。泰勒在1949年未针对“基本原理”(basic principle)一词加以定义，代之以“基本理念”或“理论依据”(rationale)一字。其对“基本理念”或“理论依据”的说明是指课程设计的四个基本问题及建议程序步骤，以检验、分析及解释一个教育机构的课程教学方案(Tyler，1949：1)。后来，泰勒(Tyler，1972：4)说明“基本原理”或“理论依据”是指能协助不同团体发展他们自己特定课程方案的指导性观念。因此，理论上，“基本原理”与“基本理念”这两个概念之间并没有明显的差异存在(Schubert & Schubert，1986：110)。

泰勒这本书共128页，但是讨论课程目标的就占了62页之多，而且泰勒主张，目标具有引导课程的选择和组织等设计活动和评价工作的主要功能，是以泰勒的模式被尊称为目标模式课程设计的典范(Posner，1988)。

后来其他课程学者之目标导向的课程设计，都依然以此为参考。泰勒的目标模式指引着课程设计的理论与实际，迄今仍具有相当的影响力。正如美国课程学者坦纳夫妇(D. Tanner & L. Tanner)所言，泰勒的目标模式，在今日仍是我们据以处理课程发展的方式，而该模式虽受到批评，甚至有不少对抗的模式提出，但仍不足以对其优势构成威胁。因此，课程设计人员在不易采用其他模式的情况下，多遵从泰勒的目标模式而行(王文科，1989)。例如，泰勒之后的惠勒圆环模式(Wheeler，1967)、柯尔综合模式(Kerr，1968)，仍未脱“目标挂帅”的本质。

三、目标模式的本质

首先制定目标，是泰勒课程设计目标模式的第一步(黄光雄，1981：3；1984：289)。

泰勒认为目标是选择、组织、评价学习经验的最重要标准，强调目标的指导功能，直接坦率地指出以目标引导课程方案的设计。教育目标的最后分析，是目标的选择问题，学校有责任与义务，考虑价值的选择与判断，强调建立学校的哲学，作为选择目标的一道过滤网。而且评价的焦点由学生身上转移到目标之上，可以为评价与决定提供稳当的参照点，这种目标模式是合乎教育、政治、经济的要求的（黄政杰，1991：173）。这种目标模式，显然是目标导向的：首先，要根据学习者的需要、当前的社会生活、学科内容、学校的教育及社会哲学、学习心理学等来源拟订目标；其次，依照目标决定学习经验，泰勒认为此步骤乃一创造的过程，教师给予学生机会来达成目标所叙述的行为；再次，须将所选的学习经验组织整合，方便学校教师教学、学生学习；最后，设计评量工具进行评价，了解预定的目标是否已经达成。这些问题并非单向直线的观点，相反，它们可以不断地重新检讨反省目标，重组学习经验的组织与顺序。此一基本原理建议通过实证资料的搜集为决定选择目标提供参考，可从研究人类复杂的学习过程中，协助教师设计学习经验（Tyler，1983a：74）。

泰勒的课程设计模式中，目标固然有许多来源，但是目标的建立是课程设计的第一步（Tyler，1949）。根据所拟定的目标，选择能够达成目标的学习经验，并将学习经验加以组织，使其产生意义，以便教师的教学与学生的学习；最后设计评价工具，以了解学习经验是否达成预定的目标。泰勒强调学校是一所具有目的的教育机构，教育是一种含有意图的活动，而课程目标则是课程发展与教学的指导因素。特别是具体目标（objectives）是指可欲的学生行为类型之改变，这种可欲的行为改变，是可以经由学校教师及课程计划人员的事前预测与事先规划；而且，教师也有能力从课程计划人员的规划说明中，进一步对学生的学习经验（learning experience）加以细部设计，以达成一套预期的学生学习结果（learning outcomes）。泰勒以学生将来所要表现的具体行为，作为课程设计模式的第一步，这是目标模式的本质（黄光雄，1984：289）。

四、目标的来源

泰勒的目标拟订包括三个来源、两道选择目标的过滤网、两个目标叙写的层面。

泰勒认为目标的获得，必须先经过初步研究，以进行学生、社会与学科的需求评估，决定暂时性目标。而且在决定目标时，三项建议的来源相当有用，即有关学习者的研究、有关当代社会生活的研究，以及学科专家的建议。两道选择的过滤网，则是以教育哲学及学习理论作为过滤器，以筛选可能成为目标的来源。

第一个目标来源是从研究学习者本身当中去寻找教育目标，并同时考虑到学生的当前兴趣与未来兴趣，兼顾特殊兴趣与共同的普遍兴趣。学生的考量是要了解其起点行为，再加以深化学习行为。例如，学生必须先学会并熟悉注音符号之后，再进行注音符号的拼音练习，诸如此类。另一个部分所要评估的是学生的个人需求（individual needs），包括六个方面：第一个方面是个人在职业、社会公民、家庭与文化休闲等生活领域的兴趣、生活目标与计划。第二个方面是个人所拥有的活动、经验、工作经历。第三个方面是个人在其生活领域中所感到或遭遇到的难题或困扰。第四个方面是个人的心智、身体、社会的知能与技巧。第五个方面是个人所运用的概念、所获得的知识及个人信念等生活领域现象的认知基模。第六个方面是个人在每一种生活领域中所感到的满意或失望（Tyler，1976d：21）。

第二个目标来源是从研究当代校外社会生活当中寻找教育目标，必须进行社区生活需求的工作分析，以了解社区人力资源的发展。社区需求包括四个领域：第一个领域是职业需求，亦即，社区中有何种职业的工作机会，这种信息可由民意调查、就业辅导服务、商业团体与地方咨询委员会获得。第二个领域是社会公民的需求，亦即，教育民众关心公共事务、避免地方政治的腐化与贪污。第三个领域是家庭需求，亦即，维护家人的健康、养育下一代，这些信息可由各地的健康中心或卫生部门取得。第四个领域是文化与休闲的需求，亦即，有教养的人民可以提升地方文化与休闲活动，进而提升生活品质，社区学院在此方面扮演重要的角色。

分析这四大领域可以获得许多社会的需求，但仍需经过转化之后，才能成为合乎学习者能力的目标。教育目标代表教育机构所希望学生行为发生的种种改变（黄炳煌，1986：10；Tyler，1949：6）。教育目标是在帮助学生成为探究者，而不只是在于知识的传授（Tyler，1987b）。更进一步地说，教育目标是在帮助所有的年轻人学习态度、知识、技能与习惯，使其明智地参与民主社会的生活，成为负责的公民（Tyler，1988b）。但是社会需求须考虑社会层面的问题来设计，例如，根据保守社会和激进社会的社会主义意识形态便会有不同的课程设计层面。特别是其中有关社会重建的课程设计，更是不可随意尝试的，必须审慎地加以评估、设计、规划与监督，因为稍有不慎，容易有革命颠覆之危险，反而容易造成社会动荡与不安。

第三个目标来源是从学科专家的建议中寻找教育目标。课程设计人员必须有效辨识哪些学科的知识是最新的研究成果，利用新的学科知识内容替代老旧的学科知识。学科课程目标的表达有不同的形式，以层次而言，一般可分为四类：第一类为系统层次目标(system level goals)，由国家层次或地方层次学区教育委员会所决定，如"学生知道并能应用基本的科学与技艺的过程"。第二类为学校课程方案层次目标(program level goals)，由学科领域的课程人员所决定，如"学生能使用科学的传统语言、工具与操作"。第三类为学科课程层次目标(course level goals)，由该学科或教学单元的教师小组团体所决定，如"学生能根据传统分类标准，将有机体加以分类"。第四类为教学层次目标(instructional level goals)，由个别教师加以计划，如"学生能正确地将上课所讨论的树木分类为木麻黄、松、枫、柏扁、加州铁杉、红桧、云杉、落叶松、香柏木"。但是，目标分类虽然有助于厘清原有的课程目标，但是，却未能解决课程目标与当代社会及学生之间的关系，而且课程目标层次愈高，并不代表一定愈重要(Brandt & Tyler, 1983: 47)。

五、目标的选择

目标选择的两道过滤网之一是利用哲学选择目标，希望在选择课程目标时，能同时重视职业教育与通识教育，注意到民主主义与极权主义的缺失，以追求永恒进步。另一道目标选择的过滤网是利用学习心理学选择目标，例如，目标的选择应该合乎相关学习心理学理论与学生年龄发展阶段的组成程序，并和学生学习经验相关。值得注意的是，泰勒指出学生兴趣需要、社会需求问题、学科知识结构等皆是可能的课程目标来源，这些目标来源可以任何顺序来使用，不一定如课程大纲的呈现顺序；而且哲学与心理学原理，可以在系统研究目标来源之前或之后指出该包含或该删除的领域(Tyler, 1966)。

六、目标的陈述

目标模式采取有助于选择学习经验及引导教学的方式，叙写明确目标。因为课程目标的来源，必须经过学校哲学与学习心理学的过滤，经由这两道理论基础的筛选之后，将暂时的课程目标，转化为可以预期的具体学习结果，才能建立精确的具体目标，再以具体的学习内容与具体行为，作为拟订课程目标的具体指标。最有效的具体目标陈述，是指出希望改变学生的行为类型与内容，或指出应用行为的生活领域。既然具体目标包括行为层面与内容层面，则利用双向分析表更能清楚精确地表达教育目标。利用双向分析表，可以清楚地列出目标的行为类型（例如，说出、演示、比较等）与目标的内容层面（例如，英文单词、数学题目、游泳技巧等）；可以指出内容与行为的关系，进一步引导课程发展，选择经验、教材与教学程序（Tyler, 1949），可见泰勒对于目标模式的课程目标的建议已深含行为目标的意味。

七、目标的分类

一般人经常将具体目标（objectives）、一般目标（goals）、目的（aims）、宗旨（ends）、结果（outcomes）、目标（purposes）等用语交互使用，而泰勒也未严格区分一般目标（goals）、目标（purposes）、具体目标（objectives）、目的（aims）与宗旨（ends）等用语。泰勒的目标模式以心理学为基础，并深受行为心理学的影响，又称为工学模式、技术性模式、理性计划模式、手段—目的模式等。泰勒认为一般目标是长期性最后到达的目标，而具体目标则是经过某教学过程后学生所获得的特定的学习行为与内容之结果。值得注意的是，具体目标不一定包括行为目标的特殊情境与学习成就标准，但应包括学生行为与行为内容两个要项。至于表现的标准与情境则属于特殊的练习，不是具体目标的要项，只是一种繁琐的行为目标的特殊条件（Brandt & Tyler, 1983: 49）。换言之，行为目标包括学生行为、行为内容、行为表现标准与行为情境等特殊条件。

泰勒所赞成的具体目标是一般反应模式的发展而非特殊习惯的养成，以学生的思考、情感、行动等外显与内隐的行为来叙述一般目标（Tyler, 1949: 43），这种具体目标包括学生行为与行为内容两个要项，不同于行为主义的信徒只用可观察的外显行为描述特定的零碎的"行为目标"。

具体目标的盛行，受到工商界成功地运用目标管理、军事与职业训练成功等两项因素的影响(Phi-Delta-Kappan，1973：57)。因此，许多方案的训练者出版了以可观察的特殊行为界定目标的手册。但是，显然地，这些训练手册未能厘清特殊训练与教育两者之间的差别。学习特殊技能，是为有限的工作表现做准备；具有思考能力的教师与教育者所要帮助学生的，是更为一般化的普遍理解、问题解决技能与其他的行为类型。但是，泰勒对梅杰(Robert Mager)等人把知识切割为高度特殊化的零碎目标感到厌烦。泰勒认为这些不是目标，只是一些基本原则或特例而已(Schubert & Schubert，1986：95)，如果以高度特殊的行为及可观察的外显行为来界定具体目标，将造成反效果(Carter，1974：31)。

因为，如果以特定技能作为行为目标，并发展全国性或全州性的考试方案加以测量，可能会忽略理解、分析与问题解决等学校教学的重要领域(Brandt & Tyler，1983：50－51)。泰勒认为梅杰等人的工作只是训练技能，而教育则在于协助学生了解学习、自己作决定，教育的目标是较广泛的、一般化的，教育与训练这两者是不同的(Schubert & Schubert，1986：110)。泰勒认为最低能力素养(minimum competency)可能适用于某些技能目标的能力训练检测，但是，这种措施实际上对教育的帮助不大，因为其注意的是比较狭隘的局限焦点。学校应该努力协助学生持续不断地超越，而不在于设立最低的能力(Theodore & Rice，1986：32)。

八、目标的适用

泰勒所强调的是具体目标明确性的重要性，但是，课程设计者不应混淆明确性与特定性。一般而言，课程设计人员面临的最大困扰，或许是陈述目标形式的特殊性或普遍性的程度问题，亦即，一般目标的适切性问题。事实上，高度特殊的行为目标与一般的具体目标是可以明显地加以区分的，前者是特殊刺激与反应的连结；后者是处理问题能力的类化发展、一般情境反应的类化模式及特殊项目的类化。课程设计者应该通过实验处理，来了解行为类化到什么程度才能成功地达到目标。

当研究人员对学生的类化能力进行实证调查之后经常发现，在没有提供特殊的教学情况下，大多数学生的正确类化能力较差，就如同桑代克的研究一样，经常被解释为学生无法学会较为类化的行为，所以目标似乎是十分特殊的行为目标才能有助于学生学习。然而，泰勒的研究指出，一旦控制研究范围，谨慎地界定一般具体目标的程度水准，大部分的 7 岁儿童都可以从 20 个特殊例子中类化学习一位数的加法过程，并成功地达成学习目标(Tyler, 1949)。可见课程研究发展与设计人员可以协助学生认知并学习利用一种类化的行为模式，并经由适当地处理特定项目显示其类化能力。简言之，学生有能力轻易地由一般类化到特定情境，由特定到一般，察觉一般中的特例，并且觉察到特例中的一般原则。因此，课程设计应该重视目标的类化程度，而且应该强调一般的"具体目标"，以明确地指出学习的行为与内容，而不必拘泥于繁琐的"行为目标"之特定情境与学习成就标准。换言之，课程设计人员应当了解特殊的例子只是提供说明参考之用，不该把特例当作最终的目的，亦即，课程设计人员不应误将明确而具体的具体目标窄化为特殊的行为目标。

九、目标模式的特色

目标模式具有合乎逻辑性，合乎科学精神，合乎政治的、经济的、教育的要求等特点(黄政杰，1991：174)。此模式适用于三种情况：学生学习的结果可预先详述，并可通过行为加以表现；学习的内容是非真假相当明确；学生学习结果十分客观(黄光雄，1984：295)。其特色如下：

(一) 折衷的课程立场

目标模式包容精粹主义的学科学术传统取向、经验主义的学生取向、社会主义的社会取向与科技主义的技术取向，乃承续过去课程学者的遗绪(Ornstein & Hunkins, 1993：79)，统合 20 世纪上半叶的课程设计原则，并融入个人的丰富经验和独到见解，加以归纳整理，组成体系。因此，如果单以社会、学生、学科专家建议作为目标的唯一来源，可能有其难以完全避免的缺点，因此不应全然依靠其中之一，如能采取折衷与调和的立场，将可以避免部分不必要的争议，减少外来的批评(Kliebard, 1970：262；Tyler, 1949：16；1986：73)。

(二) 合理性的慎思探讨架构

目标模式，特别是泰勒的目标模式指出课程目标的三大来源与两道过滤网，包容了许多传统观点与不同意识形态及理论假设，迎合了不同学派的论点，提出明确的架构，所以能广受欢迎。而且，其卓越的合理架构，非常巧妙地妥协于各种敌对偏激的主张与论调之间，回避了这些偏激主张常犯的错误，因此，有其不朽之处（Kliebard, 1970: 257）。此外，其明确目标的建立，不仅有助于教师选择学习经验、安排适当的学习活动以利教学的进行，更为教育评价提供一个合理的基础（黄炳煌，1984: 63）。这一模式统合了当时各种教育学派和思想，其所建立的模式单纯且易于了解，统括课程设计的重要因素，故迄今泰勒所建立的概念架构历久不衰，广被利用（黄政杰，1991: 146）。

（三）系统性的课程设计步骤

泰勒的目标模式课程设计以逻辑、系统、理性的步骤描述课程设计的程序，避免哲学与政治偏见，而且言之有物，以简单容易了解的实例说明基本过程，精简程度优于他人艰涩隐晦的著作（Ornstein & Hunkins, 1993: 79）。这一模式内容丰富、见解独到、组织严明，而且目标与手段间的连锁非常严密，是合逻辑的、合科学的、合理性的活动（黄炳煌，1986；黄政杰，1991: 173）。

此外，虽有许多学者将泰勒的目标模式视为线性程序模式，其实泰勒模式是一种概念模式，它并非坚持要遵守一系列的线性步骤，如此可使其模式变得较具弹性（李子建，黄显华，1996）。泰勒目标模式在课程方面的先驱研究是教育领域永不磨灭的里程碑，尤其是课程与评价等研究领域的开辟与建设，奠定了后来学者继续努力的基础。特别是将课程目标和课程评价，视为整个课程发展过程的一部分，有助于引导学习经验的规划，其影响与历史地位深值我们加以肯定。如同课程历史学者克利巴德（Kliebard, 1970: 267）所言："泰勒课程理论的永垂不朽、历久弥新，可尊奉为课程圣殿的神龛。"这也难怪课程学者古德莱德（Goodlad, 1966）推崇泰勒的贡献，认为泰勒的努力奠定了课程探究的时代基石。

十、目标模式的流弊

从另一个角度观之，目标模式简化了课程设计的程序，易流于技术取向，形成僵化的步骤（Ornstein & Hunkins, 1993: 79），而且这种模式过于简单，不免产生流弊（黄光雄，1981：3；黄政杰，1991：174）。特别是泰勒模式缺乏反馈，未能提供作为修正的依据，在组织学习经验与评价之间亦缺少一个实施的步骤，加上这一模式无法适用于全部学科或教学内容的课程设计，以致受到不少的批评（黄光雄，1984：289）；尤其是目标模式以工厂生产隐喻学校教育观，以及行为目标的浮滥使用，受到许多批评（黄政杰，1991：174；陈伯璋，1985；杨龙立，1984；欧用生，1984）。

目标模式第一个经常被批评之处，乃在于此模式的技术取向。

泰勒只强调课程设计的效率，但是却将目标的合法性与意识形态的问题避而不谈（陈伯璋，1982：224），这是一种强调预测、效率及控制的工学模式及原子论（陈伯璋，1982：219；欧用生，1989：68）。迷信科学万能，利用科学方法或工具进行实证调查获得资料，解决课程设计的价值问题，使科学主宰研究，导致社会科学家利用意识形态或知识霸权作为管理与控制的基础，使得这种科学化课程发展的目标，沦为技术取向与冷酷无情的教育形式（Eisner，1994：20）。

目标模式第二项经常遭受批判之处，主要是此课程设计模式的价值中立。

因为妥协、折衷主义并非是最有效的教育方法，一味地回避价值判断，虽能逃开偏激的陷阱，实际上却未解决课程设计的实际问题，反而落入价值中立的窠臼（欧用生，1986：35；1989：72）。事实上，只是把课程设计的选择两难困境与难题，抛给学校教师（McNeil，1990：390），使课程决定沦为政治行为，这种作法规避课程工作者的责任，缺乏教育的伦理。这种价值中立的立场，以技术手段来处理价值规范的问题，不免有范畴失当的偏差，甚至把目标放入学校哲学的黑箱，易沦为社会控制的机器。

目标模式的第三个缺失，乃是有关于课程设计的工具理性之批评。

泰勒出身自然科学学术背景，复受教育科学的熏陶，不免以自然科学实证主义典范“经验—分析”的方式，以客观知识来描述生活经验，认为课程设计是一种系统化与理性化的过程。利用科学管理原理，借用工作分析方法来选择学习经验，使具体明确的学习目标与活动紧密串联，最后加以组织成为课程，再评价结果的效能，这纯粹是一种技术性或功能性的考虑。这种“目的—手段”的工具理性，往往为达目的不择手段，缺乏反省与批判，忽视人类解放、自主、思考、判断和创造的需要（黄政杰，1991：174）。

十一、目标模式的限制

泰勒课程设计的目标模式只是代表个人的课程观点，并非课程设计的统一模式。这个模式固然有其特色，但绝非课程设计的万灵丹(Kliebard, 1970：267)。事实上，目标模式的课程设计，表现了美国社会的民主理念、效率精神、美国化与实用的科学方法，正反映了美国20世纪上半叶的政治、社会、经济、文化等背景的时代精神，我们必须了解此模式的文化脉络与历史背景，才不致盲目沦为他国的课程实验室(蔡清田，1992a)。目标模式用在课程和教学的设计优点不少，但却有其限制，无法适用全部学科或教学内容的课程设计。

事实上，这一模式强调目标的预定及达成，非常重视产出(output)或产品(product)，因此目标模式在应用上自有其限制，仅适用于三种情况(黄光雄，1984：295)。第一种情况是预定结果，学生的学习结果可以预先详述，并可透过其行为加以表现。第二种情况是内容明确，学习的内容是非真假相当明确。第三种情况是评价客观，对学生学习结果的评价十分客观。因此，有固定答案的资料和有明确结果的技能，适用目标模式来设计课程(欧用生，1986：46)，文学与艺术就较不适用(黄政杰，1991：175；Stenhouse, 1975)，此外，应用于军事、职业及体育技巧等训练，应避免零碎的目标陈述，并允许表意与问题解决目标的使用。基于上述的批评，过程模式的课程设计便因应而生。

第二节
过程模式的课程设计

目标模式的课程设计，太过于强调技术性手段目的之工具价值，忽略了教育过程的重要性，无形中贬抑了学校教师专业判断与教育专业成长的价值。过程模式的课程设计，强调的是教育的方式与教学过程，而不是教育的内容，且重视学习者的主动学习与教师的专业思考。这种课程设计，并不是预先确定具体的教育目标，且未硬性规定学生学习的行为结果，而是经由建立明确的教育过程原理与教学程序原则，以有效地增进教师的专业判断。它的重点是希望通过讨论的方式，让学生探索具有价值的教育领域，而不是要达成某些预定目标或指定的学习效果(Stenhouse，1975：84)。

倡导过程模式的学者认为，教育应当建立在知识学科上面，因为知识学科能够提供该学科的效标架构、程序原则及评价工具(黄光雄，1984：303)。例如，巴恩斯(Barnes，1982：25)认为课程设计不一定要事先陈述预期的学习结果。相反，却可以从课程内容和教学活动的课程设计开始，着重教学过程和学生的学习在此过程中的经验，赋予学生自由、创造的机会，产生各种学习结果。这种课程设计的背后应有其原则，代表课程设计人员的价值观，以指导教师在课堂情境教学过程当中的原则，这些教育过程与教学过程的原理原则可以称为"程序原则"(principles of procedure)。又如，拉思斯(Raths，1971)便认为可从效标的角度，选择课程内容，不必依赖目标的列举，他曾提出十二项确认具有"内在价值的活动"的课程设计选择原则(黄光雄，1984：299；黄政杰，1991：176)：

1. 允许学生作出明智的选择，并反省这些选择的后果。
2. 在学习情境中让学生扮演主动的角色，而非被动的角色。
3. 能要求学生独自或与他人一起，探讨观念、当代问题或心智过程的应用。
4. 能使学生接触具体的事物，如实务、材料和人工制品。
5. 能使不同能力的学生都能成功完成学习工作。
6. 能使学生在新的情境中，探讨过去所学的概念、问题或心智过程的应用。
7. 能要求学生探讨社会上一般人不探讨的或未探讨的主题。
8. 能使学生涉入失败的危机当中。
9. 能要求学生重写、演习和润饰早期努力的成果。
10. 能使学生应用和熟练掌握富有意义的规则、标准和学问。
11. 能给予学生机会，与他人共同设计、实施并分享成果。
12. 切合学生表达的目的。

过程模式的源起可溯自卢梭(Rousseau)及其后的进步主义教育运动(欧用生,1984),现代的课程设计过程模式则受英国伦敦大学彼得斯与美国哈佛大学布鲁纳的影响。

兹以英国的“人文课程方案”(The Humanities Curriculum Project)以及美国的“人的研究”(Man: A Course of Study, MACOS)为例加以说明。

一、过程模式与英国“人文课程方案”

“人文课程方案”的发展背景、课程目标、课程领域、规划过程、改革原则、教育过程、程序原理、教材教法、教师专业发展等概念皆显示出过程模式的主要特色。兹分述如下:

(一) 发展背景

由于1960—1970年代课程发展运动受到苏联发射人造卫星所引起的恐慌之影响,西方社会课程设计的主要论点便是认为,学生应该提早认识有关专家学者对于认知思辨功能的理解,而且认为经由培养教师的教学艺术能力,以增进学生探究发现的学习方式,将有助于教育知识内容的改进。例如,英国教育与科学部(Department for Education and Sciences)的学校课程和考试委员会(The Schools Council for Curriculum and Examinations,简称“学校委员会”)赞助了许多的课程方案,其中“人文课程方案”便引起英国教育界人士相当的瞩目。

(二) 课程目标

“人文课程方案”是1970年代英国中央政府主导,拟议延长国民教育年限至16岁之前置实验课程。英国教育与科学部学校委员会曾明确地指出政府所规划的人文学习方案,其教育政策乃在延长英国学生离校年龄至16岁。此教育政策之目的,乃在于提升人类相关领域的理解能力、辨识能力及判断能力(Schools Council, 1965: 14),而“人文课程方案”的目的,则特别在于帮助青少年学生,发展人类的理解能力,以理解社会情境与人类社会行动所引发之社会价值与道德的争议问题(Elliott, 1983: 112;

Schools Council，1970：1；Stenhouse，1971：155）。

（三）课程领域

人文学科（Humanities）是一种核心课程的要素，在课程表上可以是一门单独设立的学习学科，也可以是融合英文、历史、地理、宗教教育与社会研究的一种融合课程。特别是在1960—1970年代的英国教育体系中，人文学科意指一种统整的学习研究（integrated studies），而且以人类相关议题作为学校的学习方案，经常被当成是统整的学习研究核心（Stenhouse，1983：80）。

（四）课程规划

"人文课程方案"的课程改革规划过程如下：

1. 选择一套严谨的教育政策说明以陈述课程的相关问题领域。

2. 找出这种政策性的陈述说明与课堂教学实务的逻辑相关性，并由此明白地列出与其教育目标一致，而且具有可行性的教学策略纲要。

3. 尝试发展一种策略，经由讨论检核其逻辑一致性，并在实验学校中检验其可行性。

4. 进行实验学校的个案研究，以提出研究假设，并推演在其他的学校进行课程实施的可能相关问题及其效应。

5. 利用个案研究的经验，以设计课程推广的过程，并拟妥课程推广即将面临的实际问题。

6. 利用个案研究以及测验评量等评价，以监控课程推广的问题与效应。（Stenhouse，1983：75）

（五）改革原则

"人文课程方案"的课程改革有两大原则。第一个原则是以学校为单位，亦即，有效的课程方案必须由学生、教师、家长所在的地方学校，并结合校外的学生学习经验来进行课程发展。学校教育行政人员提供必要的资源与技术协助，指出学生的需求并提供必要的建议。经由尝试课程实验，在大规模采取新课程方案之前，应该将预定的课程计划先进行小规模的课程实验与试用，教师与学生可从课程实验中获得许多学习经验，经课程实验修正后，克服一些非预期的困难，增加课程实施之成功机会。第二个原则是其课程改革的理论基础乃来自于多元文化的民主社会当中教育过程的程序性原理原则。

（六）教育过程

过程模式在英国的出现，乃基于伦敦大学彼得斯与英国东英格兰大学斯滕豪斯对目标模式理性课程规划的批判。彼得斯（Peters，1966：15）强调：

> 教育涉及了一种具有内在价值性的活动，其具备卓越而且可以评估的内在标准，不应该受到外在的价值标准的牵制与控制。

彼得斯主张教育目的即教学之程序原理的规划说明，而非学习的最后产品与结果（Peters，1959：81）。斯滕豪斯也认为可以从教育目的推演出与目的一致之教学过程。斯滕豪斯因此主张："教育是一种成功的知识引导与智慧的启发，因此，学生的学习行为是无法加以事前精密的预测的。"（Stenhouse，1975：84）教学不只是可以精熟掌握控制的技术，也是一种教育艺术，教师就如同艺术家一般，必须被信任并赋予教育专业地位，透过不断地研究以增进其教学的艺术性。换言之，教师可以通过在课堂中实际教学的过程检验教育观念，并经由教学行动的实际反省来检验教育观念的可行性。

（七）程序原理

斯滕豪斯及其在东英格兰大学教育应用研究中心（Centre for Applied Research in Education）的研究同仁们，接受英国中央政府教育与科学部学校委员会之委托，进行此课程方案的设计，斯滕豪斯拟议一种不同于目标模式的另类课程设计途径，即过程模式。他们从课程目标的规划说明中，进一步设计出一套程序性的原理原则，以作为教师在课堂情境中采取教育行动的指引（Elliott，1991a：27）。这种过程模式课程设计的程序原则，基于五个逻辑前提：

1. 应该在课堂上跟青少年学生一同处理有争议的议题。

2. 在进行争议领域的教学时，教师应遵守中立之标准；换言之，教师的责任之一，是不能运用权威鼓吹自己的观点。

3. 争议领域之探究方式，应是进行讨论，而非注入式的教导。

4. 讨论进行中，教师应鼓励并保护各种歧见，而非一味企图达成共识。

5. 教师身为讨论主持人，应承担维护学习品质之责任。

这些程序性的原理原则，皆是协助课堂情境当中的教师与学生进行教学与学习的过程说明，因此"人文课程方案"经常被誉为过程模式的典范。此一方案主要以人类社会的矛盾问题为核心，经由讨论使学生理解社会情境和人类行为，此间教师扮演的角色是引导者，而不是教导者，更不是灌输者。过程模式主张教师的角色转变为学习的引导者，采用学生探究为依据的学习方法以及以教师研究为依据的教学，重视开放、非正式学习环境的设计，强调教师是促进者，以学习者为中心的教育哲学，重视非正式、相互尊重的师生关系。斯滕豪斯指出这种课程有两种涵义：第一，在这种课程中教师和学生都在进行学习；第二，这些问题的争论，经常阻碍师生的理解，因此，有关"争论"的理解，应该成为教育目的。过程模式的重点在于强调个人自主性的发展，鼓励学生探索具有价值的教育领域或过程，而非仅达致某些预定的目标或指定的学习成果。

（八）教材教法

"人文课程方案"的教材辑，包括家庭、战争与社会、教育、两性关系、人民与工作、贫穷、法律与秩序、都市生活与种族。

一方面，上述九个主题（theme）被选为该课程方案之学习探究领域。然而，该课程方案之小组成员并未撰写统一的教科书，而是就每一个学习主题编辑学习材料与教学指引，而且也利用影片及印刷品作为教师与学生于课堂中进行讨论的探究证据（evidence）。另一方面，教学法则包括教师于课堂中扮演超然中立的讨论主持人，协助学生进行课堂上的讨论探究；教师引用上述九项主题证据材料以辅助课堂讨论的进行；教师承担责任以保护讨论的各种不同歧见。斯滕豪斯根据"人文课程方案"的实际经验撰写了一本有关英国课程研究的经典《课程研究与发展导论》（*Introduction to Curriculum Research and Development*）（Stenhouse，1975），并主张依据课程目标演绎而来的教学"程序性的原理原则"，应被视为有待教师在课堂情境中加以检验的一套研究假设。这种过程模式改进了目标模式的功能限制与缺失。换言之,过程模式企图克服目标模式无法彰显课堂情境中教与学过程多重层面的多样性与复杂性之限制。

(九) 教师专业发展

英国"人文课程方案"就是一个典型的过程模式课程设计实例。此方案将斯滕豪斯的教育理念转化为教师在课堂情境中进行教学的实务,而课程规划说明书提供教师一种参考的课程观点,以处理学者的教育理念与教师日常教学实务活动两者之间动态复杂的互动关系。这就说明了课堂层面课程设计的重要性,强调教师参与课程发展的必要性,而且教师必须在课堂情境当中扮演研究者的角色,亦即,将课程视为有待教师于课堂情境中加以检验的研究假设,并采取课堂行动研究以检验课程的研究假设。

另一方面,"人文课程方案"计划小组举办教师研习,协助参与此课程方案的教师获得实施新课程的知识、技能、态度与兴趣。由于英国中央政府、地方教育部门、皇家督学、师范教育人员及学校行政人员等受到传统课程观念的影响,经常认定课程就是学科或教材纲要或教学目标或教学计划,并不认为教学是一种艺术,而且教师也不认为自己应该在课堂中进行教学研究,以促进教师的专业发展。因此,若要促进教师的专业发展,必须通过课程的改革改变课程的观念,以增进教师的教学艺术知能,这也说明了没有教师专业发展,即没有课程发展。

事实上,教师经由明智地探究课程理念以进行教学,也可以如学生一般进行学习,获得教学相长之效,促成教师的专业发展。因此,课程可以帮助教师与学生接受教育,其情形就如同乐曲帮助演奏者与听众接受艺术一般。"人文课程方案"也如同乐曲一般邀请教师经由教学过程去探究知识本质,并同时增进教师教学艺术表演的知能。

二、过程模式与美国"人的研究"课程方案

过程模式也可以美国教育心理学者布鲁纳所领导发展的"人的研究"(Man: A Course of Study, MACOS)为例。"人的研究"是指由美国国家科学基金会(The

National Science Foundation of the U. S. A.)赞助进行研究发展的一套社会科课程。兹就其发展背景、课程领域、程序原理、课程特色与争议之处，说明此课程设计的“过程模式”。

(一) 发展背景

“人的研究”课程革新的背景，乃源于1957年苏联发射人造卫星，引发美国全国各界之恐慌，并导致美国联邦政府及民间企业与教育界人士共同推动教育改革，企图通过课程革新，以加速教育改革步伐，并希望美国能在科学教育领域超过苏联。此社会科课程主要是由美国著名教育心理学者布鲁纳及两位知名的人类学家德沃尔(Irven DeVore)与巴列克西(Asen Balikci)担任课程研究发展之顾问，并由道(Peter Dow)所领导的美国马萨诸塞剑桥教育发展中心(Educational Development Center, Cambridge, Massachusetts, U. S. A)于1963—1968年间进行教材教法之发展与试教实验。

(二) 课程领域

“人的研究”是美国的社会科课程，适合10至12岁的学生使用，主要以影片为基础，还包括小册子、教学指引或教师指引、地图、唱片等，其中详细探讨了太平洋鲑鱼、青鱼鸥、狒狒、爱斯基摩人等行为，并与学生所处社会和学生本身所具的经验进行比较。基本上，“人的研究”是以行为科学和人类学为基础的(黄光雄，1984：301；黄政杰，1991：174；Bruner，1966)。其课程架构主要探讨三个议题：1. 就人类而言，人性是什么？2. 人性是如何发展出来的？3. 如何使人性进一步发展？(Bruner，1967)

(三) 程序原理

“人的研究”背后的程序原则采用教育宗旨的形式呈现，但以学习为中心(Stenhouse，1975：92)。此课程包含七个教育宗旨，作为课程设计的教学程序原理原则之主要概念，说明如下：

1. 引发学生发问的过程，亦即，探究的方法。
2. 教导学生研究的方法，使学生能寻找有关资料解答他们在课堂上所提出的问题，将本课程所发展的架构，应用到新的学习领域。

3. 协助学生发展运用第一手资料的能力，进而建立假设、验证假设及获得结论。

4. 引导课堂内讨论的进行，使学生能够聆听他人的意见，也能表达自己的观点与意见。

5. 视探索为正当的活动，允许并支持学生开放的讨论，即使未得到肯定的答案，也没关系。

6. 鼓励学生反省自己的经验。

7. 建立新的教师角色，使教师成为学生进行学习的资源人物，而非权威人物（黄光雄，1984：301；黄政杰，1991：179）。

（四）课程特色

在“人的研究”的课程设计当中，学校教师的角色，或为专家或为学习者。这样的课程设计，意味着课程实施采用发现教学法或探究教学法的教学策略，而非传统的注入教学法。教师扮演学习者的指导人员，引导学生探究社会科学概念与发现社会科学的学科知识架构（黄政杰，1991：179）。此套课程之主要特色包括：

1. 利用过程模式进行课程设计，不受到行为目标的束缚，强调教师与学生在课堂情境中教与学的互动过程。

2. 在课程改革过程中，能聘请专业的课程设计专家以开发品质优良的教材，例如教育影片、学生参考手册、教师教学指引及幻灯片、教育玩具等其他各种教学资源。

3. 在课程设计过程当中，能根据教育心理学者布鲁纳所倡导的学科结构及螺旋课程的理念加以设计。此课程所探究的主要的行为概念是：(1)生命周期概念，如鲑鱼生长周期；(2)本能与习得的行为；(3)适应的概念；(4)生物学上自然淘汰和选择的概念；(5)结构和功能的概念；(6)信息传播和沟通的概念，等等。利用由易而难、由浅而深的概念结构循序渐进，引导学生认知结构的发展。并且经过实验学校教师进行试教试验，以探究教学法及发现教学法帮助学生认知“概念”，让其合乎学生的认知发展，能吸引学生的学习兴趣。

4. 就其课程推广策略的特色而言，使用此课程者，必须在购买此套教材之前，先接受课程推广的训练。换言之，教育影片及其他手册与教学资源不能分开销售，只能卖给愿意推荐学校教师接受“人的研究”课程推广训练的学校单位。因此，可以将课程推广与教师专业成长结合，以促进学校教育革新。

（五）争议之处

然而，此课程也具有其争议性的问题。例如，“人的研究”课程发展，虽能配合学生的认知发展，却无法兼顾学生的情意发展，只重认知，忽略情意。而且其教育影片当中的动物影片太多，真正有关人的研究，只涉及了爱斯基摩人，不仅丧失了主要探究的对象，而且容易误导学生对人有片面之误解。甚至，其教材中有关爱斯基摩人的乱伦、抛弃祖母、屠杀海豹等皆引起卫道人士的抗争，教会人士也大加挞伐，并引发相关人士在美国国会中进行政治辩论。

尽管过程模式可以弥补目标模式的部分缺失，然而，斯滕豪斯也自认此过程模式的弱点在于课程设计必须十分仰赖教师的素质。过程模式当中，教师角色在评价上扮演的是学生学习过程的批评者，而非学生学习成绩分数的评分者，但却对学生的评价相当主观（Stenhouse，1975）。特别是，过程模式涉及的需要、兴趣、成长及发展等概念并非与价值无关，太强调价值的相对性，反而易激起价值体系对立的问题，因而此模式实在不易推展。综上所述，过程模式仍应允许有限度地运用课程设计的目标模式，因为课程目标在课程设计上是不可或缺的，课程设计人员应鼓励教师与学生自行设计或协助其设计学习目标。

第三节
情境模式的课程设计

情境模式课程设计根源于“文化分析”（cultural analysis），因而又称情境分析模式或文化分析模式，其基本假定是以个别的学校及其教师作为课程发展的焦点，亦即，学校本位课程发展乃是促进学校真正改变的最有效方法(黄光雄，1984：304)。

一般而言，目标模式与行为心理学有密切关联，过程模式与教育哲学关系紧密，而情境模式则与当代社会文化分析密不可分。情境模式的课程设计，主张从文化选择的角度来诠释课程，进而从事课程的计划。例如，英国课程学者劳顿认为课程具体呈现于可以传递到下一代的人类知识、语言、科技、工具、价值与思考体系当中(Lawton，1989，17)，他不仅主张课程是一种社会文化的撷取，更拟议一种课程设计的文化分析途径。另外，英国东英格兰大学布里奇斯(David Bridges)也同样地指出，课程设计的最主要工作乃是从事选取社会文化素材的决定，并将这种社会文化的要素传递给下一代(Bridges，1979b：161)。但是，值得我们注意的是，这种文化分析途径的课程设计，也引发了相关问题的探究。例如，究竟是由谁来选择何种社会文化要素以作为学校课程？究竟应该如何进行文化素材的选择？如何处理文化再生产与跨越文化的理解？如何进行课程设计才能合乎多元文化社会的正义？

这种情境模式的课程设计途径以提倡情境分析模式的课程学者斯基尔贝克与呼吁进行文化分析模式的劳顿等人为主要代表人物，其模式要点说明如下：

一、斯基尔贝克的情境分析模式

斯基尔贝克的情境分析模式，将课程设计与发展置于社会文化架构中，学校教师借由提供学生了解社会文化价值、诠释架构和符号系统的机会，改良及转变其经验(Skilbeck，1984)。此模式有五项主要构成要素。第一项是分析情境，第二项是拟订目标，第三项是设计教与学的课程方案，第四项是诠释及实施课程方案，第五项是评估与评价。

斯基尔贝克的情境分析模式是一种折衷模式，涵盖了目标模式和过程模式的精神，含有综合性架构，针对学校所处的社会文化情境变迁加以分析，进行学校课程设计，此模式所设计的课程内容方法与途径比较具有弹性与适应性，可从任一阶段开始进行课程设计。

(一) 分析情境

依照斯基尔贝克之定义,课程的概念即经验,亦即,课程是学校教师、学生及环境之间的互动与沟通。学校层次的课程发展,须始自学习情境的评估和分析,据此而提供不同的计划内容。斯基尔贝克的情境分析模式,将课程设计置于学校文化的架构中。教与学乃是产生经验交换和改变的过程,亦即,师生经验的交换、学生能力的改变。

学生处在一种发现自己,并受到许多因素影响的状态,这一状态和这些因素称为"情境",由若干交互作用的课程发展要素所构成。课程设计人员在设计课程时,必须了解课程设计过程中的学校教学情境之文化脉络因素,以考量课程设计的可行性。情境分析乃是文化取向的课程设计的主要任务,情境分析的工作可依探讨外在及内在两方面的因素进行,以了解"课程问题与需求是什么,如何回应这些课程问题与需求"(Skilbeck,1984:234)。但是内、外因素并非截然可分,其划分的用意只在引导课程设计工作人员,将注意力集中于较为宽广的学校课程内涵问题,并留心直接的学校环境。这些因素都是课程发展人员与学校教师所要搜集的资料(黄光雄,1996:48;Skilbeck,1982)。兹说明如下:

1. 外在情境因素

(1) 社会的变迁及其趋势:诸如工业的发展、政府的政策与指示命令、文化的运动及社会意识形态的转变等。

(2) 家长、雇主和工会的期望和要求:诸如家长对于识字、外语学习、家庭作业等的看法;雇主和工会对于识字、手艺、商科等课程标准的要求等。

(3) 社区假定事项和价值标准:包括成人与儿童关系的形态。

(4) 学科或教材性质的改变。

(5) 教师支援制度的服务:诸如教师专业中心、师资培育机构及研究单位等。

(6) 教育制度的要素和挑战:诸如政策的声明、考试、地方教育机构的期望、要求或压力、课程方案及教育研究。

(7) 流入学校的社会资源。

2. 内在情境因素

(1) 学生因素:其学术性向、能力、动机、价值观念及需要等。

(2) 教师因素：其价值观念、态度、技能、知识、经验、长短处及角色等。

(3) 学校属性和政治结构：共同假定事项和期望，包括权力的分配、权威关系、培育顺从规范和处理偏差行为的方法等。

(4) 物质资源和财源：房舍、设备、学习资料及经费的分配等。

(5) 现行课程的问题和缺点。

上面所列情境因素只是提供一种架构，说明情境分析工作的性质。

(二) 拟订目标

目标模式的课程设计，常以孤立的、可观察可测量的行为，预先详述所有目标。斯基尔贝克认为这种作法实在不切实际。当然，若干目标可用此方式加以制定，但是教育上重要的目标，却很少可以这样处理。在情境模式当中，目标是衍生自情境分析的结果。换言之，目标导致情境的分析，表示决定要改变情境的某些方面，并且表示对于产生这些改变的主要方法的见解。尽管目标包括教师和学生的行动，但不必是明显的行为，其方式包含可欲的学生学习与可预期的学习结果，亦即，目标包含并陈述教育活动方向的喜好、价值和判断。情境模式的目标是一个连续过程的一部分，不是终点。例如，做好一张椅子是木匠全年工作的某一特定部分的目标，但是，这并非唯一的目标，其他的目标还包含学生的成就感、审美感及满足感等，这类目标侧重学习经验的质的方面。

(三) 设计教与学的课程方案

教与学的课程方案设计，或称学程方案设计，其构成要素包括五项：

1. 设计教学活动：内容、结构和方法、范围与顺序。

2. 教学工具和材料：诸如课本材料、工具清单、资源单位等。

3. 合适的学校机构教学环境的设计：诸如实验室、实地工作、工厂等。

4. 人员的部署和角色的界定：诸如视课程的改革为社会的改革等。

5. 课程表：时间表和资源的供应。

课业和学习材料的准备，提供教师种种机会，以具体和系统的方式，解决学生在学习中所将面对的文化意义和符号。例如，课程内容和教学方法，可将知识当作一种完工的成品而予以呈现，也可将其当作继续探究的结果而加以提出；课程内容和教学方法，也可以隐藏其假定事项，模糊其特征，或引发批判性的评价等等。其内容的选择和学习活动的设计，有其一般标准。比如学习工作应当是：

1. 有意义的，即学生能见到学习工作的意义和价值，并能把握其可理解性。
2. 经济的，即避免重复及过多，以最简单和最有效的方式获得知识、技能及理解力。
3. 结构的，即组成一种形式或系统，不要维持孤立的状态。
4. 动机的，即激发学生从事艰辛的工作。
5. 活动的，即鼓励学生积极参与探究及创造的过程。

这些只是部分的标准，但却是判断内容和学习活动的基本标准。

（四）诠释及实施课程方案

诠释及实施课程方案，是指预测课程改革时，可能遭遇的种种问题。因为新课程程式的引进，可能会导致接纳的问题，设计人员需应付不确定的情况，面对混乱、抗拒或漠不关心等困难。例如，在一个机构环境中，新旧之间可能有的冲突、抵制和混淆等等。在一个设计的模式当中，这些冲突、抵制与混淆，要通过经验的反省和研究的分析，而加以预估和确认。这一步骤也指对于所需的资源以及组织机构的改变，都要善加规划。

（五）评估与评价

最后阶段的工作主要是设计检查、监督和沟通系统准备评估程序、应付持续评估的问题及保证课程设计过程的连续性。因为课程的改革具有种种效果，不限于新内容的选择和教导，因此需要较为广泛的评价形式（Skilbeck，1982；1984）。这些工作包括：

1. 设计检查及沟通的系统。
2. 评估计划的准备。
3. 提供持续的评量，依据课堂经验的观点，容许进一步地改变目标及方案。
4. 评价广泛的结果，诸如学生的态度、其他教师的反应、课程改革对于整个学校组织的影响等。

5. 保存适当的记录，依据各参与人员的反应加以记录。

6. 发展一套适于各种结果的评价程序。

这一情境分析模式可用图 4.3 表示(Skilbeck，1982)：

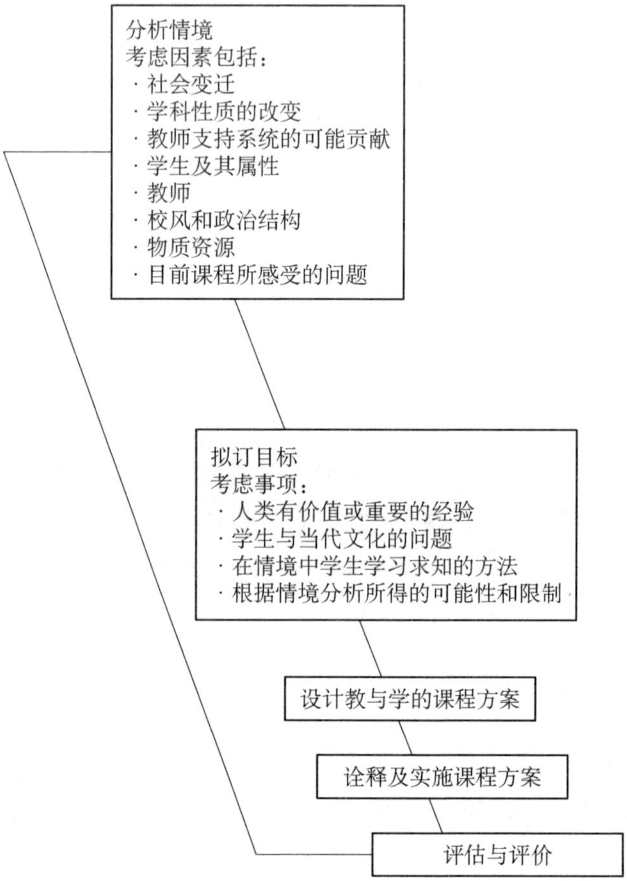

图 4.3　斯基尔贝克的课程设计情境分析模式

情境分析模式的基本假定，乃是课程设计的焦点必须是个别的学校及其教师，亦即，学校本位课程设计与发展乃是促进学校真正改变的最有效方法。斯基尔贝克(Skilbeck，1982)认为学校层次的课程设计与发展，首先必须分析与评估学习情境，据此提供不同的计划内容。斯基尔贝克将课程设计的模式置入学校的文化脉络中，强调价值的设计过程，以说明不同压力团体和意识形态设法影响文化传递的过程。

斯基尔贝克的情境分析模式较富弹性和适应力，可依情况的改变而加以解释。这一模式视设计为一种手段，教师借此手段，通过文化价值、解释架构（interpretative frameworks）和符号系统的领悟，而改变学生的经验（Taylor & Richards，1979）。这一模式不像目标模式，事先设定一种直线进程，以贯穿其各个构成要素，亦即，学校教师可以从各个阶段开始，各种活动能够同时开展。情境分析模式并不事先设定手段和目的分析，只是鼓励课程设计人员，考量课程发展过程中不同的要素和层面，视过程为一种有机的整体，并以一种相当系统的方式从事工作。这一模式提醒课程设计人员，系统地考虑其特殊的内涵，并且将其决定建立在较广的文化和社会探讨上面（黄光雄，1984：308；Taylor & Richards，1979）。

二、劳顿的文化分析模式

劳顿（Lawton，1983）认为文化是一个社会的整个生活方式，应该通过教育将文化的重要部分传递给下一代，因此，要适当地选择文化中的重要价值部分作为学校的课程。他认为文化的分析，要兼顾分类与解释的方法、历史与当前的过程、学校与社会的差距等。文化分析途径的本质，乃在发展一种方法，借着仔细的课程设计，将个别学生的生活需要与特定的社会相配对。

劳顿的文化分析模式课程设计，偏向以社会文化的角度来考量三个方面：一是知识的本质，二是个别学生的本质，三是社会情境。此三个要素与泰勒目标模式的三个来源相同，但是劳顿特别主张从文化的观点出发，并强调教育的目的在传授学生文化中最重要的部分，而学校的任务是将社会的共同文化遗产传递给下一代。因此，文化分析模式的课程设计，不应该以罗列目标为开始，而应该以文化分析作为课程设计的本源，以周详拟定最适当的学校知识和学习经验。

换言之，劳顿的文化分析模式课程设计，系依当前社会的文化分析，而加以理性选择，包括不同的课程设计阶段与过程（黄光雄，1984：309；Lawton，1989：20），兹以此图 4.4 说明此模式：

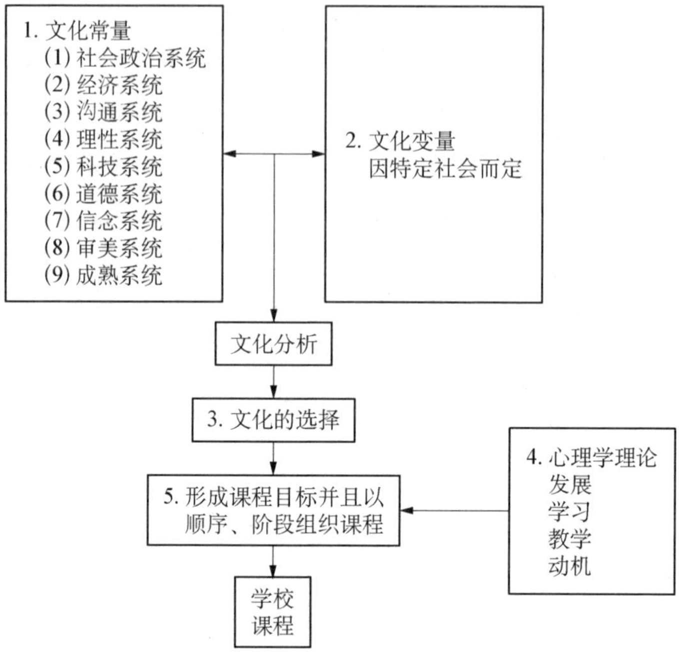

图 4.4 劳顿的文化分析模式(Lawton, 1983;1989)

(一) 决定文化常量

第一个阶段是决定主要的参数(parameters),亦即,分析人类共同的特征(human universials)以作为文化的常量(cultural invariants)或是文化次级系统(cultural sub-systems),作为文化分析的主要参考架构,例如,社会政治、经济、沟通、理性、科技、道德、信念、审美、成熟系统等。

(二) 决定文化变量

第二个阶段是略述一种分析的方法,使用主要的参数或文化常量,以描述任何特定的社会,即由文化的常项移到文化的变量。文化常量与文化变量的分析应当包括九项,亦即,社会政治、经济、沟通、理性、科技、道德、信念、审美及成熟等制度或系统,但是文化变量的内容,则因特定社会而异。例如,每一个社会皆有信仰系统的文化常量,但是，信仰系统的文化常量之下的基督教、佛教与伊斯兰教则属于不同的文化变量。文化常量与变量的分析结果，可以提供文化选择的参考依据。

（三）知识和经验分类

第三个阶段是将适合教育的知识和经验加以分类，亦即，从社会文化当中选择不同课程的内容，规划最适合于每一个文化次级系统的知识与经验类别，并将文化常量与现存学校学科内容作比较，以辨别现有课程的差距和错配，以及文化冲突（李子建、黄显华，1996，168）。

例如，劳顿认为民主与科技是英国社会的两大特征。就民主而言，课程选择应该注重社会正义及共同课程的要求。就科技而言，课程选择应该强调科学与技术的价值。文化选择的重要指标乃重要与价值，亦即，选择重要与有价值的文化，作为课程的主要内涵。例如，劳顿便主张重要而有价值的知识，至少应该包括三类：第一类是丰富学生生活和有助生活的愉快经验，例如，美术、音乐、文学、体育及其他有关的经验。第二类是协助学生了解世界，并有效参与世界的知识，如科学与技术等，借以了解物质世界。第三类是有助于学生发展成为社会良好成员的知识、态度和价值观念等社会及道德教育（黄光雄，1996；Lawton，1989）。

（四）理论参照

第四个阶段是在课程内涵决定之后，再参照心理学的发展与学习理论等，从心理学理论角度考虑学生的心智发展、学习方法和动机等因素，以组织课程与教学的内容。

（五）形成目标

第五个阶段是形成课程目标，将课程按照顺序和阶段加以组织。从第一个阶段到第五个阶段，这整个课程设计的过程即文化常量与文化变量的分析——文化选择——参照心理学理论——形成课程目标——组织课程（黄光雄，1984：310；Lawton，1989）。

然而，此文化分析模式的缺点，在于一方面未能充分考虑知识概念在课程中的重要性，未能明确地指出如果知识、社会与学生个人兴趣等课程要素冲突时如何取舍，因此，未能为共同课程的规划设计提供详尽的蓝图(王文科，1988：140)。另一方面，文化分析模式的共同课程，多反映中产阶级文化，较不利于社会经济背景较差的中下阶层学生，而且此模式的文化选择太重视社会需求而忽略学生个人兴趣，因此，课程规划容易受到政治人物或行政人员的特定意识形态主宰。

第四节
课程设计模式多样化

古有明训："他山之石，可以攻玉。"然而，课程设计模式的借用，必须考虑区域与文化历史背景的差异，不宜贸然全盘移植。就课程设计的模式而言，应依目标及教材的性质，采用不同的课程设计模式，如目标模式、过程模式或情境模式，而且课程设计的类型，宜依学生不同教育层次，而偏重经验取向、学科取向，或倾向社会取向。

在课程设计的过程当中，学科专家的意见应该受到重视，但是，其角色应该加以规范，不应视其为目标的唯一来源，尤应重视学生能力与社会需求，深入了解教科书编辑、活动分析法、学生需求、社会需求等课程编制方法的优点与缺点，相互弥补。课程设计应该是一项由政府、社会人士、家长、教师与关心教育的学者专家，共同参与的教育工作，而非技术问题。虽然各模式有不同的假设，而且不同模式的设计步骤、原则、要素亦有分歧，但正因课程模式如此地多彩多姿，才能让从事课程设计者有更多的选择机会，选择最适当的课程发展模式，并加以应用。

总之，目前绝大多数的课程设计模式，都是依据泰勒的目标模式的精神，加以补充或修订而成的。但是，在引用目标模式时，首先应了解其乃美国文化的特殊产物，切勿盲目移植，尤应洞悉其背后工具理性的有限性，希望课程设计模式的使用人员不致受到蒙蔽，而能批判地加以利用。目标模式有其优点与特色，批评与攻击，仅将目标模式的权威性与不合时宜的部分刮垢磨光，其真正的价值所在，不但不会损毁，反而更易彰显，并随时代而丰富其意义，发挥其作用。

对目标模式的批评，大部分都集中在目标的优先性与主宰性，因此，有些批评也是起因于不同模式的课程设计人员彼此间意识形态的差异。平心而论，目标模式不是万能的，难免有其不足之处。因此，课程设计人员不应一味地呵护目标模式，而应开阔眼界，认清其本质，洞悉其限制；而反对目标模式的教育学者与课程专家也不应片面诋毁排拒，尤应理解当代美国科技社会的历史脉络与背景，并深入了解目标模式的特点与贡献，选优汰劣，取长补短，以建设未来。

事实上，当目标模式遭受严厉攻击时，不但维护传统者出而为其辩护，从各方面探讨以证明其价值，若干持中庸态度的学者也认为过程模式的立场过于主观。因此，例如斯基尔贝克的情境模式，或劳顿的文化分析模式，皆是课程学者尝试加以整合的一种努力。目标模式的信徒以为目标模式最为优越，为其他课程设计模式所不及；反对目标模式者则认为目标模式与过程模式各有其优劣，应兼取其长，以创造新的课程设计模式。因此，目标模式的课程设计，不再被独尊而垄断权威，其他课程设计模式亦获得重视，建立其在课程领域中的地位。目标模式的拥护者认为，过程模式与情境模式对目标模式虽然造成威胁，实际上，过程模式与情境模式并不能完全取代目标模式。例如，当时批评目标模式的情境模式倡导者中也有人逐渐发现目标模式的精髓所在，而给予目标模式极高的评价（Skilbeck，1984；Lawton，1989）。

因此，本书本着历史的观点，指出目标模式、过程模式与情境模式的发展脉络，分析其模式的特色，呈现三种课程设计模式的全貌，一方面希望学者不致误解某一种课程设计模式，另一方面，也希望能指出每一种课程设计模式的限制，避免误用，以便于课程发展人员能够批判地加以运用。

第五章 课程选择

课程选择(curriculum selection)乃是从社会文化、学科知识、基本能力、核心能力、核心素养与学生学习经验等课程内容当中，萃取精华，并根据课程选择的标准、效标，同时参考课程选择的原理、原则，以达成预期课程目标与课程理念的一种精致化的课程设计。本章旨在说明课程选择的重要性、课程选择的标准效标以及课程选择的原理原则。

第一节
课程选择的重要性

课程内容与学生学习经验是实践课程目标的重要手段，因此，课程内容与学生学习经验的选择便显得十分重要。在课程设计的过程中，如何理性地进行课程内容与学习经验的选择，是一个重要的课程设计问题。

例如，本杰明(Harold Benjamin)在《剑齿虎课程》(*The Saber-tooth Curriculum*)一书(吕正雄，1992)中指出，史前时代的原始部落通过类似学校课程的生活经验，教导下一代"徒手在溪涧当中抓鱼"、"以粗树枝击杀小毛马"、"以火吓唬剑齿虎"等谋生技能。但是，当小毛马与剑齿虎在当代社会都不见踪影时，这些便成为过时而无用武之地的技能，那么，课程设计人员是否还要选择这种课程内容，要求学生通过学校课程，学习这些落伍过时而无法谋生的技能？或是坚持通过这些技能培养学生的勇气与智慧？这实在值得课程设计人员慎思(Benjamin, 1939)。又如，英国的教育学者斯宾塞便曾为文《什么知识最有价值?》(*What Knowledge is of Most Worth?*)，从社会文化的实用观点强调科学知识的重要性，并指出个体生存、谋生、养育子女、社会政治关系与社会文化活动等对个人与社会的重要性。由此可见课程选择的确是课程设计过程当中，不可忽略的重要一环。

学校只是整体教育中的一环，整体教育环境尚包括家庭、社区、工作场所、教会与其他社会团体机构。就课程选择的功能而言，学校课程可以妥善安排，选择那些在日常生活中一般社会活动所无法直接提供的学习经验(Tyler, 1958: 45)。换言之，学校主要的任务在于善用自己独特的资源与设备，提供基本学科、复杂、重要及纯化的学习经验，鼓励与提升学生个人获得更为深层的理解。

学校课程可以提供学习机会，让学生学习需要特别注意的基本原则、理念及意义，以及观察现象所不容易掌握的基本要素。学校更可以通过课程选择提供纯化的学习经验及最佳的学习经验，以提升较高的生活品质(Tyler，1956：78)。因此，课程内容与学习经验的理性选择便显得十分重要。课程选择的来源至少包括社会文化内涵的学科知识与学生学习经验两种。兹分述如下：

一、社会文化内涵

课程研究人员探究课程设计的一种成果极为丰硕的方法，便是采用文化选择的观点，以探究课程选择的学科知识问题。例如，英国东英格兰大学的布里奇斯便指出，课程设计主要是决定何种有关文化要素可以传递给下一代的规划过程(Bridges，1979b：161)。英国伦敦大学的劳顿也建议一种文化分析的课程设计途径，并将英国文化分解为社会政治、经济、沟通、理性、科技、道德、信念、审美与成熟等文化次级系统(Lawton，1989：17)。劳顿主张课程必须加以规划，以便从整体文化中选择适切的文化素材，以作为课程内容。因此，课程设计可以视为一种社会文化素材选择。由此可见，文化选择观点，可以提供一种有效的工具，以检视课程选择或课程设计途径的参考。

这种文化选择途径也引发了重要的论题，例如，究竟是由谁来选择文化素材、究竟应如何正确地选择及组织文化素材，均是有关文化选择的争议问题。特别是就身心素质与自我精进、系统思考与解决问题、规划执行与创新应变、符号运用与沟通表达、科技信息与媒体素养、艺术涵养与美感素养、道德实践与公民意识、人际关系与团队合作、多元文化与国际理解等核心素养的文化选择而言(蔡清田等，2013)，国际化的趋势与本土化的传统两者孰重孰轻(蔡清田，2014)？国际文化与本土文化两者如何取得平衡？另一方面，精致文化是指文化精华的部分，是由通俗文化长期发展演化的结果，也可能由高度智慧者所创造，但是精致文化要有人欣赏，更需下一代的参与建构并欣赏文化的美，以提升文化品味。就实施方法而言，可以通过民俗体育、联课活动与民俗音乐在学校加以实施或推广。就其可能的问题而言，其师资来源与教材究竟应该如何取舍？例如，精致文化如何包含通俗文化？歌仔戏、布袋戏、扯铃等应如何教、何时教才能避免加重学生负担？国家社会文化与地域乡土文化两者之间应该如何保持平衡？

乡土文学是否会与国家民族观念冲突，应该如何避免其副作用？这些都是课程设计人员在进行课程选择时，值得慎思探讨的问题。

从课程知识社会学的观点看，课程内容并不是价值中立的，是经由社会建构而成的。因此，学校课程究竟教导谁的文化？学校课程教导哪些社会团体的知识？学校课程究竟符合谁的利益？（Apple，1979）特别是究竟由谁来控制学校课程的选择问题，对课程改革的本质、教师在课程发展过程中所扮演的角色、课程实施策略与评价途径等皆有重要的影响。

例如，教师可能选择政治时事新闻，以评价学生的公民与道德学科知识；校长必须列席省县市地方立法机构会议备询有关学校教育课程问题；而且台湾地区民意代表与县市级民意代表也会通过质询教育官员有关教师教学评价内容的适当性，而影响学校课程内容的选择。

教育应中立吗？教育含有价值，如何传达价值？课程免不了受到政治影响，但是政治应该影响教育到什么程度才算合理？例如学校常规仪式当中的升旗典礼、政治领袖的照片等特定政党意识形态之下的学校活动设计与有意无意的潜在课程，皆会对学校教育产生某种程度的影响。因此，所选择的课程教材如能陈述事实，鼓励学生批评，避免教条灌输，给予学生与教师思考空间，则课程比较不易受到政治的扭曲。

另一方面，通过课程的选择设计可以进行民主教育，促成政治社会化，并可以通过课程培养民主社会国家的政治家。但是当“公民与社会”课程中，德育教学与生活实际互相冲突时，教师如何选择适当的教材进行教学？又如，教师在环保与经济的社会争议当中，如何选择适当课程内容以进行教学？因此，在课程选择设计的过程当中，应该强调的是各种事实的陈述，以引发师生思考空间。这些都应该是课程设计人员所应注意的课程选择问题。

二、学习经验

学习经验（learning experience）并不同于学科内容，也不同于教师所作的种种活动，它通常是指学习者与其所能反应的外在环境条件之间的互动与交互作用（黄炳煌，1986：7；黄政杰，1991：146；Tyler，1949：41）。学习经验蕴意着学生是主动的参与者，针对环境中有趣的特质而反应。而且教师可借由布置教学环境、安排学习情境并引发学习者可欲的反应类型，提供教育经验。

教育经验（educational experience）是针对教师而言的，由教师安排教学环境、设计学习情境以激发预期可欲的学生反应的行为类型。因为学生与教育环境之间的互动，是和学科内容或教师活动不同。学习是经由学生主动行为的结果，也是做中学的结果，不是因教而后学。而且，同一班的学生可能会有不同的学习经验，专心上课的学生与心有旁骛的学生两者之间的学习经验必定不同。因此，课程选择的根本大法是提供可欲的学习经验，而不只是提供学生所面对的事物而已。学校教师必须了解学生的兴趣种类及其背景，才能事前评估何种情境下会引发学生的何种反应。但是，学生本身的反应决定学习结果的这种学习观点，并未减轻教师的责任，而是指出教师安排学习经验的方法，是经由布置环境、设计刺激情境以引导学生可欲的行为形态。

把学习界定为经由经验获得新的行为形态，这里的行为是广义地包括人类所有可能的行动反应，如获得新的技能、习惯、兴趣、态度、思考方式、认知复杂现象的方法等都是属于人类的学习。"行为"一词，包括外显的行动与内在的思考与情感，此观点不同于行为主义强调外显行为的狭隘定义。学习与动机、厘清目标、信心、奖赏、反馈与鼓励、练习机会、学习迁移等有密切关系（Tyler, 1977b: 1）。制约是一种必要而重要的学习方式，但是制约反应的不当乃起源于社会不断的变迁，制约学习未能提供一种模式，协助人类适应环境的变迁、获得新知、强化人类与社会的关系。这些更为普遍化与动态的目标，必须经由更为复杂的学习模式来获得（Tyler, 1977b: 7）。

经验是学生与环境交互作用的过程与结果，但是教师可以控制操纵环境、安排情境，以激发可欲的行为。由于教育科技的日新月异，课程设计人员在进行课程选择时，可以借助进步的科学方法技术，将教育目标转化为精致的学习经验。认知科学的研究者在这方面作了许多努力，他们的研究指出许多学习涉及学习者主动努力的高度个人化心理活动。学生利用现有的知识、技能、活动与兴趣，以帮助自己解释及内化新知识与发展新技能，是需要花费时间而且必须经由心理过程的。更进一步地说，这些研究指出应用新知识于新情境的时候，涉及积极主动地重组知识而非单纯的记忆使用。

杜威在 1918 年把学习界定为经验的重组，并且强调教学的重要，乃在于提供学生充分的机会去反省及解释经验，而不在于利用教学呈现新材料。杜威这种观点的研究论证对课程选择实务有很大的影响。另一方面，罗(M. B. Rowe)在 1974 年对小学科学课的课堂录音记录进行分析，发现教师等待学生回答问题的平均时间是一秒钟；当教师接受在职进修教育并待答时间变为三秒钟后，学生参与作答的数量显著地增加了。研究人员从 1 000 个录音记录中分析发现，当学生有足够的时间作反应，则学生反应的长度增加了，失误减少了，主动正确且富思辨推理的答案也增加了。学生更能基于证据推论，更能比较其他同学的资料，学生也能提出更多的问题，因此课堂气氛由教师询问学生而转变为师生对话。更进一步地，学习缓慢的学生其反应次数也增加了，教师同样也可以对这些学生有更多的期望。根据这些清楚而复杂的人类学习研究，课程设计人员发展出问题解决技能及动态调适行为的学习新观点。

举例而言，有些人认为学习是指学习者主动获得新行为与新行动，而且学习的增强是内发的不是外塑的；换言之，学生能成功地利用所学的新行为，而且能够利用新行为与新行动，满意地解决日常生活所遭遇的问题。根据这个概念，课程设计人员描绘出引导学生主动追求新的理解、新的技能、新的态度与兴趣的学习情境。这种研究对设计学习经验的实务具有深远且重要的影响。因此，课程设计者必须努力应用研究发现，并且引导设计课程方案以协助学生获得更多动态的学习经验。

学习经验是指学习者与外在环境的交互作用，强调学习者的主动角色(Tyler, 1949)，以学习获得知识、能力与态度的素养(蔡清田，2014)。但是，1960 年代美国进行的大规模课程方案中，课程目标通常是由学科专家选择的，很少注意到学习者的需求与兴趣。课程设计人员常常谈及所谓的“教育的输送系统”(educational delivery system)，似乎教育是能被输送给学生的，而不是经由学生自己主动学习而获得的。而且从教育科技主义理论取向的观点出发，课程设计人员通常将教师视同“机器人教师”(robot teacher)，要求教师必须具备操作新科技产品的能力，而不是指导教师运用那些课程工具和资源，以协助教师进行教学，改进学生学习品质。举例而言，学校规定教师必须使用投影机呈现指定的投影片内容，或操作录像机播放预定的内容，或使用电脑操作套装软件，以便进一步改进教学。甚至，有些课程方案实际上发展出“防范教师的教材”(teacher-proof material)，进一步防止教师改变或扭曲课程设计者的原先构想。

“教育的输送系统”和“防范教师的教材”这些字眼意涵暗示，有一些主要的课程设计工作人员忽略了学习者在学习的过程中扮演着主动角色的事实。课程设计人员不该忘掉，当学习者能表现某种特定行为的一致性并成为学生日常生活中的一部分时，才是真正学到这种行为。事实上，学生不能被迫去学习心智和情绪的行为形式，只有在利诱或压迫下，学生个体才会进行无意义和痛苦的学习。甚至，当学生个体无法从这项工作获得奖励时，他们将不会继续学习，事实上也没有学会这项行为；只有当学生表现出其行为一致的情况下，这项行为才成为日常生活中的一部分。这表示课程设计人员，必须协助学生了解学用配合的方法，而且协助学生有机会在不同的情境下，继续运用这种习得的行为。这些有效的学习情境对选择课程目标、设计学习经验、获得学习迁移等有非常重要的蕴意。

学习经验必须将社会文化内涵的课程内容，转化为最适宜于学生学习的形式。例如，选择具体经验或符合现代生活的经验，让学生借以发现抽象概念和法则。因此，课程设计者宜针对学习步调加以规划，使不同学习能力的学生，都能循序渐进。学习经验是使内容变成可学、使目标变成可能的垫脚石，所以课程设计者必须选择生动有趣的学习经验，引导学生进行有效的学习。

学习是一个主动的过程，学习者是一个主动的个体，主动地探索生活世界，尝试发现新的事物。课程设计人员在选择学习经验时，必须牢记学习者在教育过程当中扮演着主动的角色。如果学生是全心全意地投入学习，将发现他们的行为正是别人所期望的，而且他们会觉得有信心成功地完成学习任务。如果学生不能确定别人期望他们习得的行为，而且缺少信心完成学习任务，则他们将会受挫中止，或公然逃避。学生不会想要愚弄自己，更不想白费工夫。因此，设计良好的学习经验，将会清楚地呈现所期望的行为给学习者，并且运用学习者现在所拥有的能力，使其完成学习任务。当学生成功地开始活动，并且从自己的努力中获得满足，学习任务的难度和成就水准应该愈来愈高。这说明学习经验的选择，应看学习者是否能成功地从事更多样更困难的学习任务，如果单独只以社会文化的学科知识内容来进行课程选择，是不能有效地配合学习的基本情境的。

第二节
课程选择的标准

课程如定义为学习计划，则课程选择的规划设计，应该包括社会文化的学科知识、基本能力、核心素养与学习经验的选择。课程选择，是将课程规划发展的来源，转换成实际有效的课程内容之一种设计。课程内容包括两部分：第一个部分是来自社会文化的学科知识，其涵盖不同范围的学科、主题、概念、事实；第二个部分是指学习经验或学习如何进行学习内容的心理操作过程。特别是学习经验，可引导学生与学习环境产生交互作用，以达成教育目标。

课程选择所关心的主要问题，包括在学校的学习生活情境下，课程设计人员要提供学生哪些学习经验，使学生能达成所预订的课程目标？究竟学生应该学什么范围的学习经验特质？课程应该提供什么程度的个别差异？课程选择的设计要采用何种程度的最低标准，决定何种课程素材的形式，如团体活动、阅读、讨论问题与主题等？学习方法应当标准化到什么程度？课程设计人员应该如何提供训练，是经由指定特别挑选的训练材料，还是经由相关需要的个人练习？（Schubert，1986：78）

课程设计，常有一些课程选择上的缺失，一方面，缺乏适当的课程选择标准或标准不明；另一方面，学科知识剧增，学习领域/学科不断增多，可学的比能学的还多，造成学校课程无法有效地选择内容，造成学习内容太累赘。由于学校课程内容太多样，如同自助餐提供五花八门的菜色，成为了不易消化的大杂烩，而非有助于学生成长的学习内容。因此，应该重新评估学校教育目标的范围，以建立标准，选择适当的课程内容以充实学生的学习经验（Taba，1962：263）。

课程内容应有其优先性，否则易流于琐碎或平庸倾向。课程的选择必须合乎课程目标、学校哲学与学习理论，才能据以选择适切的学习经验。学者主张应该根据标准进行课程选择，其标准包括内容的有效性与重要性、可学习性、合乎学生的兴趣与需求、广度与深度的平衡、能达成范围宽广的课程目标，以及与社会相互一致等六个条件(Bruner，1960；Taba，1962；Tyler，1949;1964;1965;1967;1968)，兹分述如下：

一、内容的有效性与重要性

就课程选择的内容有效性与重要性而言，美国课程学者塔巴(Hilda Taba)认为，课程内容应该反映现代科学的知识，代表知识最基本的理念概念与思考方式，并且反映探究的精神与方法(Taba，1962)。

何种知识是基本而重要的？人类的所有知识都来自人类的经验。知识是动态的、不断成长的人类活动的产物，而非静态的。知识是了解并处理生活世界问题的方法，课程中知识的整体目的，是要去协助学生成为更健全的个人(Tyler，1964：13)。知识在经验的解释中衍生，知识是努力去了解经验的结果。知识不是零碎资料的大量累积，也不是孤立事实的搜集，每一种学科(subject)的知识，都有其事实、概念与原则结构以解释现象的意义(Tyler，1965：149)。知识领域的结构组织程度是其成熟的主要指标。学科(discipline)的目的，是在利用新的发现建立知识结构，以加强或修正现有的基本概念及通则，并增进心智系统的统整性(Tyler，1968：103)。另一方面，知识是生活的实用工具，学习者应该把知识视为可在行动中加以应用、可以通过努力加以理解、可以享受与控制情感的工具，了解知识的这三种功用，可以帮助学习者了解不同知识领域之间的差异性、相似性及其间的关系(Tyler，1964：21)。知识来源包括努力学习如何做事、努力去理解与解释事物、努力去学习情意的表达等三种经验。每一种学科都有其价值，处理每一种材料的不同经验，皆有其不同的目的。

因此，课程选择应该提供各学科知识的基本观念，因为基本概念、原理原则、思想模式是不同于肤浅的表面信息知识，强调知识概念的加深而不是一味地重视加广。换言之，以学科当中的概念为例，说明特定内容，而非以概念涵盖所有学习内容。课程选择也应该反映最新研究的学科知识。例如，课程内容应当反映当代的科学正确的知识与新的研究发现，不是即将过时的落伍信息或过时知识。

课程选择也应该重视求知过程，并反映学科内容的结构(Bruner，1960：6)，或学科之间的统整关系。课程内容的选择应该遵守追求探究精神与探究方法，而且原理原则重于事实。学习经验要能有助于学生获取相关信息，例如，选择值得学生记忆的重要信息，把信息当作是解决问题的整个过程的一部分。进行课程选择时，必须以各种方式和相当强度的语意呈现重要而值得记忆的信息。一方面，设计相关的学习经验，以经常应用重要的信息项目，并将之用于不同情境当中以增加观念联想；另一方面，对同样的信息，以更多的方式加以组织并有效运用资料的重组。换言之，学习经验要能发展学生的思考技巧，例如，归纳、演绎、逻辑思考能力、解决问题能力。因此，数学解题应知推理原因与过程，而非一味追求死记与熟练演算技巧；历史应重因果的理解，而非记忆人物、日期年代；人类学则应重视人的整体解释。但是，事实上，不易将上述课程选择标准，发展为课堂层面的课程发展实务。例如，教师常常以教条灌输方式探究教材；学校实验室的教学也是严格的操作技巧规定的学习，而非实验探究的科学教育。因此，教师或学生通常不知科学认知的发展顺序为何。

因此，为了协助学生了解学科知识之间的关系，课程内容有效性与重要性的标准，应该特别注意四项：第一项是知识应该与学生的好奇心及求知的问题产生关系；第二项是学生应该利用自我发现学习的过程以获得知识；第三项是知识内容应该处理真实的问题，处理学生现有的或正在经验过程当中的问题；第四项是将校内所学的知识运用于今日或未来的校外生活情境，强调知识的实用性与工具性价值(Tyler, 1964: 17)。

二、可学习性

学习内容应该是可以学习的课程内容与学习经验。可学习性是指学习经验应该以学生的现有经验为起点，以学生的生活经验为基础，学习经验的焦点也适用于学习者的能力，亦即，课程内容具有可调适性，可以因应学生经验加以调整调适(Taba, 1962)。学习经验是学生进行超越其现有能力，以迈向其更高能力发展的基础。因此，在进行课程选择的步骤时，特别是在规划具体学习经验时，必须考虑学生的能力，以发展学生能力去发现一般观念及概念，才能促成有效学习。

课程要能因应学生能力的调适，主要是经由修正学习内容的涵盖范围，或者调整学习速度，因此，课程选择必须要能区分学生能力的高低、学习内容品质的不同与学习者学习速率的快慢。为了使课程更具有学习价值，必须将社会文化遗产转换为帮助学生建立属于自己的经验。特别是学生的背景不同时，更需提供多样的渠道桥梁，以帮助学生了解不同背景的学习经验。为了达成各种不同目标，选择学习经验必须考虑两个条件，第一个条件是不同领域的课程目标的不同行为，必须通过不同的学习经验的选择与应用；第二个条件是必须提供适当的学习机会让学生的学习经验获得练习。

经验的适当性，可以从两方面加以应用。首先在单元或主题开始时，可以选择具体实例，帮助学生发现并理解一般观念，以便掌握学生经验的潜能与课程关联。另一方面，课程设计也要选择适宜的生活经验，帮助学生将所学应用在其他熟悉的情境中，以促进学习迁移。但是，应用学生生活经验与课程关联性的课程选择标准，不只是一种连结学生旧经验与新经验的桥梁，也是确保学习经验可以迁移到新情境现象的一种保证，因此，生活经验不只是一种桥梁，也是选择课程内容与学习经验的中心。人们对有关经验课程或生活适应课程方案进行批评，主要是因为其利用经验途径提供给学生可直接适合其应用到当下的生活问题，却往往与学科基本知识相违背或矛盾，忽略了学术性知识的严谨思考。

三、合乎学生的兴趣与需求

学生个人的兴趣往往决定学生所注意的事物，并常决定其行为方向，兴趣也是决定学习的主导力量。因此，学习经验要能有助于学生兴趣的发展，其学习经验的基本条件包括：第一，使学生从发展兴趣的该领域中获得探索的满足感；第二，是使学生的学习经验与其他令人满意的经验连结在一起，以产生情境类化迁移。

课程选择必须考虑到学生的生理本质上对食物、活动、休息的需求。而且课程选择设计也要注意到学生与其他人、机构组织的社会关系，如归属感、安全、地位等社会需求。更进一步地，课程选择必须注意到生活经验的特质情境，以协助个别学生的成长，及发现自我、自我导向、成败的平衡以及人格的和谐与统整。

因此，发展兴趣的学习经验有其基本条件，首先应满足基本需求，帮助学生从兴趣的经验领域中，获得探究机会与满足基本的社会赞赏、生理与安全等需求；其次应安排连结其他令人满意的经验，以产生情绪类化迁移；可利用学生对活动的需求，支持学生从各种不同活动的广泛探究中获得满足；并采取新的途径，或利用完全不同的资料，把学习经验置于学生感到兴趣的全新情境中，使学生感到厌烦无聊的活动变得有趣。课程设计人员必须采取一种新的课程选择途径，这可能包括全然不同的资料，或把学习经验安置在一种让学生感到愉快的全新的学习情境当中。

教育需求是指介于个体现状与可欲目标之间的差距。课程必须满足学生需求，学生需求意指不同类型的需求与不同程度的需求。将学生目前可感觉的兴趣作为学习的渠道，让其充当导入学习的工具媒介，鼓励学生参与。兴趣可以让学习动机更强烈，学习更努力认真。但是，如果仅仅以学习者的兴趣作为课程选择设计的唯一标准，则造成过犹不及的课程选择偏差现象，是一种软式的教育。因此，学校必须决定学校课程究竟应满足学生何种需求，应该满足到何种程度。这都是值得课程设计人员深思熟虑的问题。

学生的兴趣与需求的课程选择标准，并不一定与其他标准冲突，也不一定是生活现场的立即需要。在课程选择的设计过程当中，学生兴趣与学科组织一定产生冲突吗？事实上，社会学科或语文学科，可以将兴趣作为选择组织单元的核心，或是整个课程方案的组织中心。因此，迎合学生需求、兴趣与重要学科内容，两者可互相调适而合乎教育需求，不一定造成冲突，可以兼顾重要学习内容，但是其精熟程度可以界定为不同层次。

四、广度与深度的平衡

课程选择的第四个标准是广度与深度的平衡。有关于广度与深度有两种不同观点。第一种观点认为，课程广度与课程深度两者是相互冲突的概念，课程广度是指学科内容知识为特定事实的水平集合，而深度则是对事实或核心概念间重要关系结构的深层探究。第二种观点则认为，广度是深度的范围之拓展，因此，为了获得深层理解，学生必须充分而广泛地仔细探究某一观念，以完全掌握其意义，并与其他观念作关联，应用到新的问题与新的情境之中。例如，“冲突”的概念不宜在低年级出现，而应该选择在中年级或高年级出现，而且应该先介绍“和谐”概念而后说明“冲突”的现象。深度可以有效地引导知识的应用，引导新领域成为必要的关注焦点。深度是指完全清楚地理解某特定的原理原则、观念、概念，并加以应用、深层理解、仔细探究。课程设计如能注意到课程选择教材的深度问题，将具有省时省力的功效（Taba, 1962）。

因此，课程设计应该选取相当范围广度与深度之平衡的观念，以具备进行研究所需的最大的可应用能力及最大的迁移能力。特别是利用足够时间，针对每一概念进行深入探讨，则将可获得深度与广度的合理平衡。如此的深层理解，将能有助于学生进行深层思考，以探究该学科的学科知识结构。

五、能达成范围宽广的课程目标

课程选择必须合乎课程目标，在课程与教学的规划、设计、发展等过程当中，课程目标与学习经验两者之间应该是一种复杂的动态关系。课程目标是指导学习经验的选择与组织的标准；课程不仅是达成目标的方法与内容，也是选择设计评价方法与工具的参考。而且同一个目标可由不同的学习经验来完成，一个经验也可达到许多不同的目标。由此看来，学习经验的计划，不是将特定经验分配在某目标之下的机械过程，而是一项富有创意的过程（Tyler, 1949: 81）。

特别是由于当代教育方法和工具的进步，可达成课程目标的种类及范围的可能性愈来愈多，例如，通过没有标准答案的开放讨论，可以提供机会以巩固事实、观念、情感、技巧等多重课程目标。事实上，学习与思考一体两面，两者密不可分，因此，获得多重课程目标也包括增加主动的发现学习与反省思考等学习机会。

例如，语文科涵盖了阅读、写作、说话及听力等生活中的重要语文能力，其课程目标是增进学生的阅读与写作的能力与兴趣，协助其选择阅读材料，发展并增进其利用语文的技能与习惯（Tyler, 1967: 39）。数学的课程目标是帮助学生对生活中的多个层面进行思考与理解数学用语、理解数学的基本概念，并善用数学逻辑思考模式。自然科学课程目标在于帮助学生了解自然现象、控制与研究问题的方法、理解自然现象的基本概念及相关因素与通则，并引发学生了解自然界的好奇心与兴趣，协助学生获得继续探究科学的有用技能与习惯。社会科学或社会研究主要是处理人类在政治、经济与社会机构中的表现行为的一种系统探究与知识，其课程目标在于发展学生的社会理想、价值、习惯与行动。近年来，政府与民间社会团体皆强调学生了解都市化、劳资问题、自然资源浪费、环境污染、交通阻塞、犯罪、公民权、破除政治经济社会的迷信与误解、发展反省与批判能力等社会实际问题的重要性。

在公民教育方面，民主生活方式的基本价值包括五部分：第一部分是尊重每一个人的尊严与价值，不因种族、宗教、社会及经济背景不同而有所差异；第二部分是分享共同生活团体的决策、计划执行与奖赏；第三部分是容忍、欣赏个别差异；第四部分是遵守法律，理解并欣赏团体生活当中经过法定程序所制订的规则的重要性；第五部分是尊重社会正义与公平竞争。这些价值是经由反省、阅读与讨论而加以解释与修正的，但是，重要的是让学生从学校与社区实际生活经验当中，真正体验并感受团体生活。

健康教育课程目标在于了解身体机能运作的环境与方法，了解健康生活环境的重要性，提供令人满意的身体活动，发展日常运动的兴趣与习惯。美术教育的课程目标不仅包括发展创作者的技能与消费者的兴趣，并发展表达观念与情感，发现美感价值，探究重要而复杂的经验，以便欣赏不同的文化与多元的社会价值。特别是，就外国语而言，目前多元文化社会当中，许多地区内的部分学生有机会使用外语，甚至有一些社区内的多数学生皆有机会使用外语，因此，外语在学校中应有一席之地，应该是学校教育的主要教育目标之一，以培养学生的国际视野与世界观。而职业教育目标乃在增进学生对工作世界的认识、了解就业机会、发展基本素养与工作习惯、发展生涯规划的能力、发展一般的职业技能与必备的特定职业技巧，并强调个人的弹性能力与广泛的普通教育与生涯规划能力。

六、与社会相互一致

如果将课程视为达成未来社会理想的一种学习计划与媒介工具内容，则课程内容与结果应与当代社会文化的实况相互配合，符合社会现实并与社会生活密切相关。这种原则显示社会文化的重要特色。但是，反映社会情境的立即需要，与回应社会文化的基本需要两者有别。前者比较偏向于激进的社会重建理论取向，后者倾向于保守的社会适应理论取向。课程选择也应培养学生获得民主社会生活的开放胸襟，发现不同而互补的知识与观点，以免造成文化偏见与我族中心主义。

上述第一个标准是内容的有效性与重要性原则，指出现有学科知识的重要内容与社会相互一致（第六个标准），可以拓展现有学科的领域界限，以介绍新知识领域，其内容包括价值教育、对民主价值的效忠，鼓励学生去检验价值。例如，文学、艺术及社会科学，皆适宜检验社会文化的价值冲突。另外，课程也应包含足够内容与学习经验，以培养学生的变迁概念，并开展学生适应社会变迁的能力。为了因应不可预期的未来社会生活，有必要通过课程培养的认知心智过程，以强化转换知识迁移到新社会情境，以便能有创意地解决学生所面临的社会生活问题，学习发现探究与创造思考，培养独立自主的思考与独立判断的能力。另一方面，课程选择也要考虑到社会团体组织与人类关系在社会生活及决策中的角色，特别是考虑到社会团体文化功能对于人的影响。

就学习经验要能有助于社会态度的发展而言，态度的改变来自学生观点的改变，这是指学生对于某一情境的一种新的领悟和新的认知。就态度本质而言，态度是行为倾向，但不一定发生行为，态度对个人的外显行为、价值观与满意事物有重要影响。可以通过环境同化、情绪感染、认知过程等三种途径培养社会态度。

第一种途径是改善整体环境，通过规划社会环境，调整控制学校与社区环境，善加规划与设计，使家庭、社区、教堂、大众传播媒体与学校教育密切配合，使环境具有一致性，强化社会非自私自利的态度，并检视学校环境与修正学校人员所认为理所当然的观点、校规与措施，发展学校内一致的环境。因此，课程设计人员应该考虑现存于校外的社会结构性质，不可在进行课程选择的过程当中，将旧式社会中产阶级的价值作为唯一理想，忽略了当今多元文化社会的种族、家庭等团体的社会价值文化冲突。另一方面课程设计人员与教师所选择的课程内容要能够调整学生环境，提高学生认知环境的一致性，避免课程观点与社会结构冲突。课程内容不应对不同团体的学生有歧视观点，也不该一味接受社会陋习，不可经由非正式的社会组织强化社会阶级的界线。

第二种途径是培养良好情绪，提供学生满足期望而后采取行动的机会，使其感染愉快的情绪、发展良好的态度，并让不同文化团体的学生间彼此服务，互相帮助，分享满意的机会。

第三种途径是以理入情，提供广泛的社会情境分析，由认知为起点。提供一手的经验，使学生亲自发现问题的严重性，或借由文学作品、影片观赏以了解社会情境。课程设计人员与教师了解自己的观点及其意义之后，再通过课程内容的选择，帮助学生发展良好的社会态度。另一方面，使学生定期反省他们在特定领域的行为，了解其达成课程目标的程度。

学生社会态度之改变，来自学生观点的改变，而观点的改变则来自对新情境的新领悟与新认知，或对过去所持观点感到满意或不满意等两种过程的结合。因此，尽管无法强迫学生建立某种态度，但是，学校可以安排学生获得新认知与获得满足机会的学习经验。换言之，若要改变学生的社会态度，可以通过课程环境来同化学生的学习经验，可以通过某种学习经验的情境影响，也可以通过直接的心智过程来培养学生的社会态度。就社会环境而言，必须尽可能地利用学校与社区的环境，以便促进学生良好态度的发展。就情境影响而言，利用伴有愉快的情境经验以发展学生的学习态度时，我们必须让学生有机会按照所期望的方式去行动，并从该行动中获得满足感。就心智过程而言，利用心智过程以发展社会态度时，所提供的经验必须足以让学生对各种社会情境作出广泛的分析，从而先发展对社会情境的了解，而后再发展良好态度。因此课程选择应该设计适当情境，以协助学生有机会获得第一手的经验，并定期检讨某一领域的行为与目标的符合程度。

第三节
课程选择的原则

泰勒曾经指出(Tyler，1949：65)，学习经验的选择必须依据五项原则：第一项是能使学生练习课程目标之中所要学会的行为和内容；第二项是能使学生在学习中产生满足；第三项是在学生能力可及的范围内；第四项是同一课程目标可由不同经验达成；第五项是同一学习经验可以产生不同的学习结果。

更进一步，就课程内容的选择而言，选择学习经验的原则包括十项选择原则与指导方法，亦即，练习原则、效果原则、能力原则、弹性原则、经济原则、动机原则、适当原则、应用原则、指导原则、继续原则（Schubert & Schubert，1986；Taba，1962；Tyler，1949；1956；1958；1964；1965；1967；1968）。分述如下：

一、练习原则

练习原则是指为达成课程目标，学生必须获得学习经验，以便有机会去练习该课程目标的具体学习行为。换言之，练习原则是指学生必须有机会练习目标行为的经验。学校应该提供学生学习机会，让学生经由较长的时间组织，练习复杂而困难的事物。唯有提供学生练习某一行为的机会，该行为的学习才可能产生。

此课程选择的原则采自行为心理学派，将学习视为刺激反应的过程，课程设计则在加强刺激反应的连结，其基本假定认为学习是行为改变的过程，是针对特定刺激产生特定反应的过程。复杂行为的学习，可由简单行为的学习累积而获得。因此，“熟能生巧”这个谚语，是指经过教师的指引，学生必须针对所呈现的口头或书面资料加以重复练习，甚至为了记忆这些材料必须来回反复数十次。以写字技巧而言，教师示范生字与新词的写法，而学生就有必要重复练习许多遍。

桑代克的刺激—反应学习论与巴甫洛夫的制约学习论，有助于课程设计人员与教师，安排学生针对明显的刺激作出自动且固定反应的学习经验，这是一种必要且重要的学习类型。但是，当自动且固定的反应是不适当的时候，这种学习就失效了。这种制约反应的不适当是起因于现代人类环境持续变化的事实，而且人类行为形态必须配合这些变化。

二、效果原则

效果原则是指所提供的学习经验，必须使学生因实践该课程目标的学习行为，而获得满足感与成就感。换言之，效果原则是指学生要能从目标行为的学习经验中获得满足感，而且如果学生没有发展出新的行为模式，就无法满足其需求。因此，“发展新行为”就可以成为学习经验来源的一个选择原则。

桑代克以“熟能生巧”的练习原则解释其早期的研究，后来他的研究又加上了效果原则，他强调正确练习对学习结果具有增强作用。桑代克把学习视同刺激与反应的心理连结。

巴甫洛夫的研究把学习视同制约反应，更强化了这种学习观，使其成为许多课程设计人员设计学习经验的指引。这意味着课程设计人员所设计的学习内容与教学单元，强调学习是经由教师刺激学生反应的活动中所学到的行为。这些活动应该是由教育目标所蕴含的行为中设计出来的；课程设计人员与教师要能确定学生可以从学习中获得满足，即能从学习活动中获得成长。换言之，需求的满足，或者说满足学生需求的行为形态，也是学习经验来源的选择原则。例如，兴趣的培养主要是通过安排学习机会，使某种兴趣得以获得满足或满意。

三、能力原则

能力原则是指学习经验所涉及的反应要合乎学生的能力范围。而且以学生此时此地的兴趣、需要、能力，或意图、学术性向与发展，提供学习环境，协助学生从事各种学习活动，促使其潜能获得发展。换言之，课程选择必自学生起点行为出发，因此，学习经验应该与学生现有的成就、学术性向以及其他条件相当，其学习条件是学习者把目标订在超越自我表现的行为，而且是个可以达成的目标。

当课程设计人员在规划理想的课程目标之时，必须反省学生是否有能力实现这种理想，记录各种可能的学习经验，并详尽地描绘出具体内容。例如，所选择的学习经验是否确实能为学生提供一种学习机会，以便实践目标规范的行为与内容。而且，对提示的学习经验，可以使用效果原则作为效标来检验是否满足特定学生的需求。另一方面，可以依能力原则来检视提示的学习经验，是否是学生能力所及的，是否与学生的意愿与学习态度相冲突。

四、弹性原则

有许多的特殊学习经验可以弹性地用来达成同样的教育目标，而不限于一套学习经验。因此，学习经验的选择包括选择活动与其他教材，例如，阅读、练习、远足、讨论主题、手工艺活动、健康与休闲娱乐节目等等。换言之，弹性原则是指许多特定的经验可以达到同一目标。特别是学校课程应该帮助所有学生学习，尽管同一班级的外在条件相同，但班上每一位学生可能会有不同的学习经验，因此，教师的主要责任是安排多面向的各种情境，以引导学生可欲的学习经验；教师应调整学习经验，使其对班上每一位学生皆有重要意义。不同而多样的学习经验方法可以达成同一课程目标，这就是所谓的课程选择的变通多元性。例如，为达成培养态度的课程目标，必须首先布置环境以激发可欲的学习态度；其次是提供学习经验引发某种特定类型的情感；更应该提供学习机会，引起某类事件或观念的心智活动，以培养可欲的情操。

五、经济原则

经济原则是指同一学习经验通常可以产生不同的结果。换言之，同一个学习经验通常会产生数种结果，有好有坏，因此课程设计人员在进行课程选择时，必须考虑到可能的附学习（Concomitant Learning）或潜在课程的影响，使同一个学习经验可以达成范围宽广的多个课程目标，以合乎经济性。

进行课程选择必须有一个认识，亦即，必须通过学习经验的选择设计与学习内容的选择等，才能协助学生获得认知、情意与技能等多种课程目标。学习内容的本质及选择能决定课程目标，也可以检视学习经验在操作上的经济价值，能否让学生同时达成多种目标。因此，课程设计者可将这些学习经验与具体的学习特征相互核对，而这些具体的学习特征，则是达成各种不同目标所需的学习经验之普遍性特征。

六、动机原则

动机原则是指学生主动参与学习的推进驱力，是课程选择的设计过程当中相当重要的原则。学习者不满意于目前的反应方式，因此被激发尝试新方法。此原则又称为学习的激励原则。学生对计划或作业感到有兴趣时，会比较努力，而且效果也比较好。这个原则等于向以往传统的教育观念挑战。以前的课程内容与学习经验的选择原则，不但不是有趣，而且正好相反，是无趣。这种观念认为学生必须接受无聊乏味题材的严格训练，如果题材本身有趣，就会缺乏挑战性，学生也不需要任何的努力。杜威关于学习者兴趣的论点，造成相当的争议，直到教师选择使用有趣的教材后，产生类似杜威所称令人满意的结果，这种论点才被接受(Tyler，1949：11)。因此，学习者的兴趣可作为目标来源的一项基础，也可作为教学的起点。

七、适当原则

适当原则是指选择学习经验，应该考虑到学习经验的材料的适切性、方法的适切性、时间的适切性与情境的适切性等。具体言之，学习者应该有充分且适当的工作材料，利用适于不同情境的方式，让学生有机会练习寻找资料，学习从何处获得资料，以便有效应用。而且学习者应该有时间加以练习，直到该行为成为日常生活中的一部分为止。

八、应用原则

应用原则是指学习者应该有许多连续性的练习机会，但是一再地重复练习是不适当的，而且也会很快地失效。在很少使用的情形下，技巧很快就会失去效能。如果年轻人所需要的阅读仅由学校来指定，阅读技巧是很难达到成熟水准的。如果写作局限于偶发的笔记与信件，则写作技巧将停留在非常简陋原始的阶段。如果数学无法应用于校外的工作及购物消费、家具组合、收支预算等家庭活动中，则数学技能与问题解决策略都是不切实际的。因此，课程选择必须同时包含了起初的学习与后来的应用。

九、指导原则

指导原则是指学习者尝试学习新行为时，应该受到某种指导。有关引导学生学习经验，至少有五种相关的方法。

第一种方法是教师示范。在引导学习者练习可欲行为方面，学生通常会观察教师的行为，并视其为指导模式。如果教师经常示范学生期望获得的行为，这将是一种有用的引导。但是有些教师并没有提供所欲学习的观察模式，只在课堂上提供资料却没有让学生知道如何解决问题。当学生无法经由观察教师行为获得该做什么的清晰影像时，通常他们会依赖同学的提示或说明以便了解，然而，这种方式却经常造成误解。

一般而言，教师清晰明确的课程与教学示范，是引导学生学习可欲行为的一种好方法。教师的责任在于引导学生继续探究，不可公布所有的答案而封闭了学生其他可能的探究途径（Tyler，1964：83）。

第二种方法是掌握学习的关键因素。为了尝试学习新事物，学生需要特别留意可以正确控制的重要行为特征。例如在书法技能的实例中，就需要特别注意字体的形式而不是整只手臂的移动。在游泳技能的实例中，要特别留意手臂大腿及身体井然有序地移动而不是在水中移动的距离。在问题解决的实例中，通常需要留意观察到的因素并利用先前的知识以便成功地解决问题。因此，引导学生学习包括协助学生集中注意力于整体情境中的重要层面，以便其能掌握并成功地完成学习。

第三种方法是利用学校刊物。由于了解到学校环境、同侪团体的价值与实际作为、学校内可能的人格认同类型等对学习的影响，在整体课程与教学方案方面的思想，也有所增加补充。我们知道大学有许多出版的刊物，每一种刊物有不同的目的，不同的价值观，不同的出版量，对学生造成不同程度的影响。因此，学校的出版物也是有效获得目标必须考虑的一个重要事项。

第四种方法是善用同侪团体。在同一所学校内，同侪团体对学生所学的内容、努力程度、满意程度皆有重要的影响。同侪团体有的会增进教师的教学效果，有的会抵制教师的努力。因此，在规划发展教学方案时，应考虑同侪团体的影响，并采取必要的步骤，以获得重要的教育目标。

第五种方法是模仿认同。当学生长大时，他们发现自己会特别受到某些人的吸引，而且会竭力地加以模仿。小孩可能先以母亲作为认同对象，跟前跟后地模仿她的行为。在发展过程中，其他人也可能成为认同的对象。这种过程是年轻人学习的一种方式，由于接触许多不同的人格，其学习结果可能是积极的正面的，包括态度、价值观、兴趣、技能与实际作法的获得。然而，在有些学校里，能让学生模仿认同的人格类型可能范围太狭隘了，以致学生可能无法从其中找到一个适当的认同对象，这是进行课程选择时应有的考虑。

十、继续原则

继续原则是指教师不在时，学生要能继续学习。学生必须具备判断自己行为优劣的方法，如果缺乏这些判断方法，则教师所订的标准是无效用的。特别是由于科技发展与知识暴增，终身学习的理念得到强调，学习成为一个持续不断提升的过程，其重点不在于获得特定的标准答案，而是持续不断地研究问题（Schubert & Schubert，1986，100）。

在实际运用时，十个原则当中的每一个原则都要发展得更为周密完整。课程选择首先应该以目标仔细地对照这些暂时的学习经验初步计划，检验其是否合乎内容的有效性与重要性、可学习性、合乎学生的兴趣与需要、广度与深度的平衡、能达成范围宽广的课程目标及与社会相互一致等六个标准条件。

其次，课程内容与学习经验通过课程目标与课程选择的一般标准之后，再进一步与不同目标类型的具体特征通则相核对，检验其是否合乎练习原则、效果原则、能力原则、弹性原则、经济原则、动机原则、适当原则、应用原则、指导原则、继续原则等一般性的原则。经过审慎考虑之后再决定三个可能的下一步骤。第一个可能步骤是发展计划，如果暂时性的课程内容与学习经验合乎上述原则，就是一项值得继续发展的课程计划。第二个可能步骤是修改计划，如果课程内容不是完全合乎上述原则，这个初步计划可能要加以修改，使课程内容及学习经验更为有效。第三个可能步骤是重新规划设计，如果这些课程内容与学习经验与上述原则完全不符，就必须放弃这个初稿，重新发展有效的课程内容，不仅协助学生获得重要的新知识，且更能协助学生逐渐发展有效的思考方法、可欲的态度和兴趣，以及适当的习惯及技能。亦即，不仅协助学生认识知识的内容，更要协助学生获得求知的方法，并建立良好的学习态度与习惯。

第六章

课程组织与课程统整

课程统整(curriculum integration)是什么?为何重视课程统整?如何进行课程统整?这些是与课程研究的理论和实务相关的教育人员所关切的问题(黄光雄,蔡清田,2009)。经过课程选择得到的课程内容,如果不透过课程组织(curriculum organization)与课程统整的努力过程与教育成果,将是支离破碎、凌乱不堪、不易学习且缺乏教育意义的(蔡清田,2004b)。

课程可以是学科、计划、目标、经验(黄政杰,1999),也可以是学习领域、单元、主题等。若将课程窄化为学科,可能造成学科林立、壁垒分明、知识支离破碎、互不相干的独立教学，这是无法令人满意的(Ashcroft & Lee, 2000; Mallery, 2000)。课程组织是指根据课程标准，将课程要素妥善地加以设计，安置排列其组合关系之课程类型与课程结构，以增进学习效果的累积学习(cumulative learning)之功能。课程组织，就是安排、配置与连结各种不同的教材或学习经验，特别是指学习经验的排列、顺序和统整，使其彼此间互相增强，发挥累积的最大效果，以达成学校的教育目的。而统整是指构成整体的不同部分之间有其关联性，而且可透过个别部分之间的连结，成为一个有意义的整体(黄炳煌，1999)。统整并不是混合拼凑，因为统整后，各部分个体组合成为新的整体形式，有其独特性与统一性，并非只是个别部分的总和而已(蔡清田，2002)。

课程组织具有两种功能，其一是动机的引发，并且基于学生的心理发展来安排学生的学习经验；换言之，课程组织的功能是激发学生的学习动机。课程组织的第二个功能是累积效果，亦即，课程组织的功能是使学习经验产生最大的累积效果，达成教育目标(Tyler, 1949: 61)。课程组织也如同课程选择一般，包括两个层面，亦即内容的组织与学习经验的组织。但是，如何组织课程内容与学习经验才能有效达成课程目标？这一直都是课程设计上的一个重要问题。

特别是课程统整，是指将两个或两个以上的概念、事物、现象等学习内容或经验，组织结合成为一个有意义的整体课程(Beane, 1997; Drake, 1998; Jacobs, 1991)，它不只是一种课程设计的组织形态，更是一种教育理念(欧用生，1999)。课程统整通常是指课程经验"横"的关联之水平组织，亦即，课程内容或学习经验相互之间的统整关系(Tyler, 1949)，或身心素质与自我精进、系统思考与解决问题、规划执行与创新应变、符号运用与沟通表达、科技信息与媒体素养、艺术涵养与美感素养、道德实践与公民意识、人际关系与团队合作、多元文化与国际理解等等核心素养的统整(蔡清田，2014)。例如，《国民中小学九年一贯课程纲要》划分了语文、数学、社会、自然与生活科技、健康与体育、艺术与人文、综合活动等七大学习领域，便是一种课程统整的设计，其实施应以统整、协同教学为原则(教育事务主管部门，2003；陈伯璋，1999；蔡清田，2003)。但是，这并不意味着学习领域具有课程统整倾向，就能保证其内容必然统整(蔡清田等译，2004)。课程设计，虽然可以透过学习领域，进行课程统整，但是，当许多学科混合或拼凑成为一个学习领域时，若不能连结组织成为一个有意义的整体，则这种组合可能只是一种虚有其表的假统整(蔡清田，2004b)。因此，本章"课程组织与课程统整"主要旨在说明课程组织标准、课程组织要素、课程组织原则、课程组织结构与课程组织类型，并特别针对近年来倍受重视的课程统整理念与实践加以说明。

第一节
课程组织的标准

课程统整是课程设计的一种努力过程，统整课程则是课程设计的一种可能结果。统整课程是指经由课程统整的努力过程之后被统整过的课程，或称统整的课程。上述七大学习领域，名义上是属于可统整的课程，内容上却不一定是被统整过的课程，必须透过学校课程统整的设计与实施，才能实际转化成为统整的课程，甚至落实成为统整的学生学习经验(蔡清田，2001)。

课程统整可以充分运用有限的教学时间，传达与生活相关的新知，帮助学生使所学与生活得以融合，并让学科间相关的主题集中在同一时段教导，使学生获得一个整体架构(Jacobs，1991)。因此课程之统整，应先于教师教学的统整与学生学习的统整，因为如果在课程设计上没有先求统整，教师就不易察觉到教学统整之必要，学生就更不易察觉到学习统整的重要。可见课程统整有其重要性。

在20世纪内，被认为是有助于引导组织课程内容与学习经验的研究，在数量上及范围上都相当有限。杜威认为设计有效的课程方案需要经验的连续性(continuity)与统整性(integration)。杜威的早期研究，指出学习经验提供连续性与相关性的机会，对学生学习结果具有重要影响，杜威在《经验与教育》(*Experience and Education*)这本小册子中，进一步阐述了学习经验的连续性与统整性。这些研究指出，当学习经验组织成为有助于学生学习的单元时，只要学生随着单元的先后顺序持续学习与进步，则学习的效率就会随之增加。由于课程组织必须经过长期努力，累积许多学习经验才有结果，因此，今日的课程设计人员，若能重新检视这些早期及最近的研究成果，将能有助于其组织学习经验。

课程的组织是建构课程理论的重要步骤。课程组织方面最重要的是标准，其标准包括连续性（continuity）、顺序性（sequence）、统整性（integration）与衔接性（articulation）（王文科，1989：382；李子建，黄显华，1996：269；黄政杰，1991：290；欧用生，1986：208；Taba，1962：294；Tyler，1949：84）。

一、连续性

连续性是指在课程组织的广度（scope）范围之内的水平组织，其所包含的主要课程因素在不同的时间阶段给予直线式的重复叙述（Tyler，1949）。例如，小学一年级课程中出现的“民主法治”概念，可在二年级再次出现。甚至，小学所学的课程内容要素，中学也可再次出现。换言之，课程中所包含的概念、技能、价值观等课程组织的重要元素，可给予直线式的重复叙述，以便学生继续发展、持续学习，重复练习，避免遗忘。

课程组织的连续性，主要问题乃在于为学生适当的学习经验提供继续的机会，并根据学习任务本质难易不同，建立其长期的累进学习的效果。它能帮助学生获得学习机会，进行更多更难的学习表现，以处理更复杂的材料，进行更精确的分析，理解更深更广的观念，并进行相关推理与应用的学习，培养更为精致敏锐的态度与感性（Taba，1962）。

课程组织的连续性或累进学习原则，可以应用于所有不同类型的学习，如思考、态度与技能，但课程设计人员必须在事前对学习经验加以组织规划，才能促成课程内容材料与学习经验的逐渐复杂化，以促进学生心智反应的逐渐成熟。因此，一方面，为了建立课程组织的连续性与累进学习的原则，课程设计人员应该提供经由练习或应用新情境学习经验的机会，以帮助学生获得学习与观念技能的连续性与增强。另一方面，为了建立课程组织连续性与累进学习，课程设计人员必须透过规划清楚的组织课程元素，以建立课程组织的连续性。

二、顺序性

建立课程的顺序性，可视为将课程内容、学习经验及学习材料，安置成某种连接的次序（order）。顺序性或称程序性，是指在课程的深度范围之内的垂直组织标准，使学习的机会建立在前一个学习经验或课程内容之上，但却对同一课程要素作更深、更广、更复杂的处理。

课程组织顺序性主要包括三个问题：第一个问题是，应该根据什么组织标准来决定课程教材的连接顺序？第二个问题是，何种学习内容应该连接在何种课程内容或学习经验之后，为什么？第三个问题是，什么时间进行某种程度水平的学习最适当？

课程组织的顺序性，又称为课程组织的阶段性标准，每一继起的学习经验，固当建立在前一学习经验之上，但却应对同一素材作更广泛更深层的处理(Taba，1962)。当课程内容成为课程组织最主要的关注点时，课程设计人员通常会依据学科知识来组织课程内容，因此学科的既定知识逻辑结构将主宰课程组织的顺序决定。课程内容的组织架构不仅将所要涵盖的学科列出，也应指出学科内容主题学习的先后顺序。例如，高职课程，先安排概论再教导专门学科课程，如初级会计、中级会计、高级会计等学科；又如，大学法律系课程先学习“民法”再安排“刑事诉讼法”；信息工程学系课程先安排“计算器概论”，而后开授“数据结构”，最后安排“程序设计”或“专题研究”，以协助学生由易而难，逐渐加深加广，循序渐进地发展学习经验。

可见，课程是一种学习的计划，而不只是学习内容顺序性的呈现，因为课程应该注意到学习经验的先后顺序，学生必须先获得先备起点行为，才能进行顺序学习，因此，学习经验也有其先后顺序性(Tyler，1949)。例如，不同行为具有不同的难度程序，这种学习经验的顺序，包括不同的内化发展步骤，但是发展顺序的特定步骤，则因学习对象与学习内容之不同而异。

由此观之，课程内容与学习经验有必要加以组织成为适当步骤，以促成主动的理解。因此，课程设计人员有必要去进一步发现，由简单到复杂、由具体到抽象之原则，是不是适切的指导原则；也有必要将特定观念、历程、概念的先后顺序加以组织，并将其转换成学生思考模式与知觉形态。就此标准而言，目前台湾地区的小学与初中语文教科书的内容设计以课为组织单位，其生字与新词的组织虽合乎课程的连续性组织安排，但是各课之间却缺乏严谨的逻辑关系，亦即，未能完全合乎课程组织的顺序性标准。

三、统整性

学科知识具有独特的逻辑结构之学术性，但是，教育的普及、社会大众知识水平的提升及对知识统整的认知，经常引发对分科导致学科支离破碎、知识分崩离析、学习内容分离解组、课程知识窄化僵化与社会生活脱节的批评。因此，知识的专门化与统整性，一直就是课程组织设计上的两难问题(Taba, 1962)。

统整性是在课程当中各种不同的学习经验与课程内容之间，建立适当的关联，以统合分科分割所造成的知识支离破碎的状态，以企图达到最大的学习累积效果。换言之，统整性是指课程经验“横”的关联之水平组织，包括认知、技能、情意之统整与学科学科之统整(Tyler, 1949)。一般而言，如果某一学科领域的事实原则能与其他学科领域的事实原则进行关联与统整，特别是应用某一门学科知识到不同学科领域的事实与原则，则学习将更为有效。

统整可以促成课程的意义化、内化、类化与简化(黄炳煌，1999)，课程统整的设计，正可弥补分科课程的不足。如果某一学科领域的事实原则能与其他学科领域的事实原则进行统整，特别是将某一门学科知识应用到不同学科领域，则学习将更为有效，学生的学习经验将更为丰富，更能培养社会所需的人才，更可奠定教师专业地位的重要性(蔡清田，2004b)。

四、衔接性

衔接性是指课程要素各方面的相互关系，包括水平关系与垂直关系(Oliver, 1977: 222; Ornstein & Hunkins, 1993: 170)。垂直关系，例如各课与单元之学习先后顺序的安排；水平关系，指课程内容中同时出现的各种要素之间的关联。就学科知识逻辑顺序与学生认知心理顺序之结合而言，学科知识内容的逻辑顺序并不是唯一的课程结构，因为任何一门学科知识都可以运用许多不同的逻辑方法组织其顺序。传统的学科知识逻辑，是依照学科概念的顺序，呈现学术理性思考的结果，采用演绎方法，先介绍主要观念，而后加以发展。然而这种学科专家所择用的知识组织方式，不见得是有效的学习知识的方法，可能不易进行主动理解或理性探究。因为学科逻辑组织结构往往不同于学生学习经验之心理逻辑顺序，两者往往彼此冲突，因此，如何将两者加以调和，是课程组织的一大课题。

一般而言，有关心理组织与逻辑组织的结合原则如下：第一个原则是，越低年级越适合心理组织，越高年级越适合学科的逻辑组织；第二个原则是，可以由容易学习的起始，再逐渐导入富有意义的课程内容与学习经验；第三个原则是，先概述通论，再演绎分论，最后再加以归纳总结。

因此，以特定事物的详细说明为起点，进而处理一般观念或原则的归纳方法，是获得主动理解与理性探究方法的适当途径。实际上，避免将课程内容的学科知识逻辑结构与学生认知心理组织对立冲突的方法，往往是单纯地选择一套概念关系，作为课程组织的基础，以帮助学生获得理解。因此，有关以课程要素作为课程组织的"经纬线"(organizational thread)的探究，就有其重要性。

第二节
课程组织的要素

课程要素可以说是课程的深层结构(黄政杰，1991：289)，常用的课程组织要素包括知识概念、技术能力与情感价值观等三种(Tyler，1949：63)。也有学者特别强调以知识概念所形成的通则(generalization)作为课程组织的重要因素。因此，认为课程组织的要素应该包括概念、通则、技能与价值观(欧用生，1986：217；黄政杰，1991：289；Tyler，1949：86)。课程统整的要素，包括知识概念、技术能力、情意价值观、通则与主题等，如同纺织品当中贯串组织架构的"经纬线"，把各种课程教材和教学活动衔接起来，成为有机的整体(黄政杰，1991；Tyler，1949)；换言之，课程组织要素就像纺织品的纵线和横线一样，把各种课程教材和教学活动衔接起来，成为有机的组织。教师可以透过教育行动研究(蔡清田，2000)，与课程专家和学生共同商议，选择课程统整的要素，透过协同合作的规划、实作表现的知识、组织并运用知识、开创学习的社群、建立良好的关系、卓越的教学方法等进行课程统整的设计(Beane，

1997；Mallery，2000）。

（一）概念

概念是指陈述具有共同特征之事、物或理念的名词。某些概念，例如社会、变迁、改革、革新、发展、成长、文化、对立、合作、依赖、因果关系、物理现象、化学变化、经济资源、环境保护、政治符号等，都适用于不同学术领域的概念，可借各种学习经验，如音乐、戏剧、阅读、角色扮演和发问等发展出来。概念选择要依据目标，最好是选择最有用的知识概念，即能组织并综合许多特定事实和理念的概念。

每一概念的力量不同，其抽象程度也因年级、课目和单元而异。例如，塔巴等人编制的小学社会科课程的教科书内容，主要就以差异、相互依赖和社会控制等三个概念作为组织要素。各年级所处理的概念都是一样的，只是概念的概括性、复杂性和抽象性随年级而加深，用以验证的例证自然也不相同。

（二）通则

通则叙述的是两个或两个以上的概念间的关系；换言之，通则是指概念之间所衍生的关系或原理原则。例如，“由于资源的稀少性，我们有必要珍惜经济资源，并妥善分配资源”，便是经济学领域经常见到的通则。又如“人在适应文化的过程中，感情、行为和知觉受文化的影响”，就是文化人类学上的一个通则。课程设计人员与学校教师可依据这类通则，组织课程的教材内容，并设计学习活动，如故事、阅读、猜谜、图片、幻灯、影片等，协助学生探讨有关的问题，以判定这个通则的正确性，或对其加以修正。

这种组织要素，不仅使学生能更加了解世界，也能探讨这些理念所揭示的相互关系。但是一般人往往将通则视为真理，并以真理的方式教给学生。课程设计人员与教师应该要使学生了解，通则不是理所当然的，只是一种需要加以证验的叙述而已。只有个人了解通则所代表的相互关系，通则才有价值。

（三）技能

技术能力包括技巧、能力与习惯。例如，社会科的搜集资料与文献分析能力、团体讨论的技巧，等等。许多技能不仅为课程提供连续性和顺序性，也有助于课程的统整性。例如，阅读技能在小学阶段极为重要，而且随着学生年级的晋升而愈加深入愈加广泛。继续强调阅读技能，将使语文课程更为统整。同时，许多内容学科和外语学科也都强调阅读的技能。因此其他学科教师也可用阅读技能作为组织要素，以组织更统整的、整体的学生学习经验。

（四）价值观

情感价值观是指人类的信念、态度、兴趣、鉴赏等。通常情感目标的课程都以价值观为组织要素。例如不分性别、种族、宗教、阶级、年龄的平等价值观念与民主信念，皆可以作为学校的课程组织要素，以强调“尊重个人的价值与尊严”这个价值观。这项课程组织要素，是从幼儿园开始到中小学都一直强调的价值观，而且不仅社会科强调情感价值观，就是语文学科、其他的内容学科，甚至课外活动也都加以重视情感价值观。

这些重要的课程组织要素必须加以明辨，以作为课程组织的“经纬线”。知识概念、通则、技术能力和情感价值观等，都可以作为课程的组织要素。但组织要素的选择要依据课程的目的、目标和期望的结果。如果课程目标是技术的、职业的，则以技能为组织要素为宜；如果课程强调道德和伦理的层面，则以价值观为线索较为适当。对课程组织的不同诠释，也引发不同的课程设计强调重点，课程组织可以概念或价值观为主，或是以技能、能力、习惯等作为课程设计的要素，例如文学的人性、人文价值、尊严等等。例如，有的课程设计途径强调学科之间的关系，有的课程设计途径则重视配置课程组织的“经纬线”。课程组织的“经纬线”可存在于许多不同学科的共同课程目标中，必须在相关的事实、原则、理论、生活问题、统合学科知识、信仰与情感价值观当中，加以推论以产生关联。

课程组织的“经纬线”是相当有效的课程设计方法，因为课程组织的“经纬线”可以随着学习经验的变化，而改变更新或增加组合排序。但是，如果课程组织的“经纬线”对学生毫无意义可言，而且若是无法让学生加以利用以统整其学习经验，则将无助于学生的有效学习。

课程组织的“经纬线”可被界定为任何观念、问题、方法或设计，是可以使两种领域或两种领域以上分离的学习经验，产生统整关联的课程设计途径。课程组织的“经纬线”可作为课程教学组织的基础，不管以何种方法进行组织，皆必须先选择组织的标准。如果课程组织的“经纬线”旨在协助学生组织学科知识，以进行探究教学，则课程设计人员必须透过课程组织的“经纬线”使许多不同学科问题与认知疑问具有连续性、顺序性、统整性与衔接性，并使许多不同问题与课程产生关联。

例如，布鲁纳所领导规划的“人的研究”，便是以强调连续性、顺序性、统整性与衔接性等课程组织标准的螺旋式课程组织方式。其将课程要素的学科知识概念作为课程组织的“经纬线”，并进一步加以组织设计，以促成课程组织要素的学科知识概念不断地加深加广与复杂化，以提升学生认知能力，并进行难度更高的学习(Bruner, 1966; 1967)。

螺旋课程(Spiral Curriculum)是指根据某一学科结构的概念结构，配合学生的认知结构，以促进学生认知能力的发展为目的的一种课程发展与设计。依据布鲁纳教育理论而设计的“人的研究”，是螺旋课程组织形态的最佳代表，合乎课程组织的连续性、顺序性、统整性与衔接性等标准。其课程组织的顺序，首先是学生学会探究比较单纯的生命形态，如鲑鱼和海鸥，再循序渐进探究更复杂的生命形态，如狒狒与爱斯基摩人。

螺旋课程提供了一套具有逻辑先后顺序的概念组合，让学生在一至两年间，学习探究一套逐渐加深加广的复杂概念实例，例如，生命周期、先天与习得的行为、攻击、适应、自然选择、结构与功能、社会组织、沟通、科技、世界观与价值观。这些概念在螺旋课程组织下，难度逐渐加深。这种课程组织的设计，可以帮助学生在循序渐进中逐渐熟悉这些概念的意义，透过学习活动进行模拟思考，推理假设与重新思考发现概念的意义，进而提升学生的认知能力，并理解人性特质的基本问题。

螺旋课程组织的主要特色包括：

1. 合乎学科结构的逻辑顺序，结构严谨。

2. 合乎学生的认知结构与认知发展过程。

3. 合乎课程组织的连续性与顺序性的标准。

4. 提供明确的概念架构，作为教师进行探究教学的依据，并配合详细的教师教学指引，可以进行精致的教学设计，确保教学顺序的流畅。

5. 能提供具体的实物或教育玩具，配合学生认知发展阶段，设计能够激发学生学习兴趣的活动，满足学生好奇探究的学习欲望，合乎学生学习的需求。

总之，螺旋课程合乎学科结构与学生认知发展，并强调学科基本概念结构与学生认知发展之交互关系，因此，重视课程组织的基本概念之连续性、顺序性、统整性、衔接性与加深加广，这是课程组织设计的一大贡献。然而，每一位学科专家所拟议的学科基本概念，可能因人而异，难以取得共识，而且其概念结构也可能过于艰涩难懂。若未能配合课程推广协助教师进修与专业成长，则教师不易掌握概念的意义，从而造成课程实施的落差。

第三节 课程组织的原则

如何进行课程组织，才能得到累积的效果以达成课程目标？如何进行课程组织，才能协助学生得到统整学习经验的效果？课程组织是个既困难又复杂的问题，涉及利用学科课程知识的本质、课程要素、课程组织标准与学生学习等影响因素。

因此，如将课程组织视同一种教育科技工程，则其应用教育研究的方法是十分重要的。为了达成课程组织的功能，课程设计人员有必要了解课程组织的相关原理原则。特别是课程组织原则，必须建立在学习心理学的基础之上，例如应用学习理论的各种不同原理原则，而且必须经由学校的实际经验与实验，才能解答课程组织的问题（Tyler，1949：60）。

课程组织原则包括：合乎课程目标、由简单到复杂、由具体到抽象、由近而远、时序组织、由整体到部分或由部分到整体、先决条件的优先学习、概念相关法、探究关联顺序、提供不同的学习形式与课程统整的途径等十一个原则。前面的十个原则是垂直式课程组织原则，最后一个有关统整的原则，则是水平式课程组织原则。

一、合乎课程目标

学校的学习不同于生活中其他领域的学习，主要是因为学校的学习是经过正式组织安排的。学校的特定功能乃在于安排学习经验，以帮助学生进行学习。因此，如果将课程视同学科的学习计划，则课程内容有必要加以组织，以合乎教育目标，并决定如何进行学习，以使学习更有效率。因为混乱无序的内容与孤立的学习经验，并不能有效达成教育目标。

二、由简单到复杂

例如，由单细胞到多细胞，由化学元素 H 与 O 到化合物 H_2O。又如，数学上先教加减法后教乘除法。由简单到复杂，必须先决定何者简单、何者复杂。这个原则很重要，但是通常很少被界定，而且也未经过学校正式的实验（Tyler，1949：65）。一般而言，由简单到复杂，指课程因素的安排，由简单的下属因素开始，而后及于复杂的上位因素及其中的各种交互关系。此原则亦可指数量方面，由少到多，也可指由一般性到细节（黄政杰，1991）。

三、由具体到抽象

在学习的早期阶段应该提供具体的学习经验，先举出具体的事例，然后提出更基本的原则，以说明这些事例，并从这些具体经验中找出抽象意义，这是最佳的组织方式。换言之，由具体到抽象的课程组织原则，即指课程设计宜先由视听嗅味触等可具体观察或感觉的学习经验开始，而后及于抽象思考的层次。例如，以苹果、芒果、香蕉、菠萝、龙眼、荔枝、柑橘与西瓜等具体实物说明台湾水果的概念以及台湾的其他物质资源，并引导学生认识台湾农民的生产工作与运销消费的经济体系，进而培养学生爱乡的情操。

四、由近而远

学习活动的安排宜由学生已知的活动开始，向未知的活动导入，由近而远，扩展视野，由熟悉到不熟悉，扩展学生的生活地理领域。由近而远的课程组织原则，是指课程组织宜从学生熟悉之处着手，逐渐导向其不熟悉的地方。如社会科学习活动的同心圆组织，或地理上由家庭、学校、邻里、社区、乡镇、县市、社会、国家扩及世界，逐渐扩大所涵括的活动范围。

五、时序组织

此原则又称为由古及今的课程组织原则，指依据时间年代去组织学习经验，如时间编年史般由上古而中古而近代直到现代与当代。值得注意的是，时序组织乃依事件发生的年代顺序安排，让学生知道其时间年代的连续性。例如，历史事件的发生有其先后次序，代表因果关系，课程内容也应如此排列。但是，这并不是理解基本概念与训练基本技能的最好方法，而且也容易与由近而远的原则相互抵触，或与由熟悉到不熟悉的原则相互冲突。

六、由整体到部分或由部分到整体

有一部分的教育心理学者支持由整体到部分的课程组织原则。他们主张课程组织应由整体开始，概观所有的学习内容和经验，提供学生一个整体的理解，然后再开始进行各部分的学习。例如，由宇宙、银河、太阳系、地球、亚洲、东南亚地区，到中国、台湾、嘉义县、民雄乡、三兴村、中正大学、教育学院、师资培育中心、509 研究室，或另一方面，由单一现象到部分因素间关系的通则、原理、原则，到整套完整的理论。一般人只注意到年段的安置与主题及次主题形态的内容组织，因此，如果能指出如何使学习经验更有秩序，将更具积极的教育意义价值。例如，将一些具体的"部分"先组成更大的"部分"，最后建立一个逐渐趋于包容各种部分观点的统整世界观。此原则乍看之下似乎与"由单纯到复杂"的原则相背，其实不然，这两个原则若能结合起来运用，那就成为"由整体而部分而整体"了，效果可能更好。因此，这一课程组织原则可称为"由整体到部分或由部分到整体"。

七、先决条件的优先学习

重视先决条件的优先学习性，先学会基本而必要的技能，否则无法进行下一阶段的学习。此原则类似于"由部分到整体"。因为，学习某一课程内容之前，一定要先学会部分基本能力，否则便无法学会整体的课程内容。例如，要学游泳潜水，必须先学口鼻闭气与双腿漂浮打水；必须先学会数数，才能学习加减法。

八、概念相关法

概念相关法是指界定某一概念，协助学生认识此概念的实例，并且辨别此概念与其他概念不同之处，进而合并两个或两个以上已知的概念，探究概念之间关系的原理原则，将几个原则合并成为解决新问题的策略。概念关联法的基础在于知识的结构，其焦点在概念的交互关系。课程设计人员宜先确立知识结构，利用因素分析法或其他方法指出概念之间的相互关系，作为安排学习先后次序的依据。这种方法似乎预先假定概念之间原来就存在着先天关系，就如同神经系统之间的先天关系一样，经过学习历程也不会改变，就算改变也是很小的。

九、探究关联顺序

探究关联顺序是指课程安排由已知到未知，引导学生探究关联，增加应用的广度，促成学生主动学习、发现概念或自动探索技巧。探究关联顺序的课程组织原则，系依照学者专家从事探究的程序来设计课程。他们从事探究时使用概念、原则及方法的程序，便是课程组织的顺序。例如，倡导目标模式的博比特与查特斯所采用的活动分析法与工作分析法，便是一种关联顺序的课程组织法。课程设计人员必须了解到，学生对测验与刺激的反应，不仅是内在因素之间的连结，也是学生对学习环境的探究，更是学生对自身新旧经验的统整。如此，课程设计人员才有可能协助学生探究学习经验的关联顺序。

十、提供不同的学习形式

课程设计人员必须为学生提供不同的活动、内容、方法、经验与学习形式，并组织学习经验，以合乎连续性、顺序性、统整性与衔接性等课程组织标准。就活动的平衡而言，每一位学生并不会经由使用同一方法、同一类型活动或同一媒介，达成最有效之学习。就内容的平衡而言，不同个体需要不同的学习活动内容，以促成个人的成长，如团体讨论、观察、继续学习的方法、表达方法。就方法的平衡而言，各种不同的学习方式应该取得平衡，才不会受限于某单一方面，以致剥夺学生各种不同的学习机会。而且应促成各种不同学习经验之间的合理平衡，不只是增进个人学习能力与提升学习动机，更可因应学生个别差异，以熟悉学习内容、发展学生的思考能力与感受能力。其最有效途径之一，乃是根据学生的不同需要、理解程度及能力而设计的学习方法，如开放学习任务等。如能采用弹性方法的途径，也可以因应不同学生团体的需要，因材施教。

十一、课程统整的途径

学校应该配合《十二年国民基本教育课程纲要总纲》、《国民中小学九年一贯课程暂行纲要》，成立课程发展委员会，针对语文、健康与体育、社会、艺术、数学、自然及综合活动等学习领域课程小组，进行课程统整设计(蔡清田，2003)。课程统整，包括分立式、联立式、窠巢式、并列式、共有式、张网式、串联式、整合式、沉浸式与网络式等十种形式(Fogarty，1991)，也可分为单一学科的统整、跨学科的统整、科际融合统整与超学科的统整(Jacobs，1991)。因此，教师可从不同角度来理解与处理此概念，进而从许多不同的角度进行课程统整。

第一种途径是学科内容的统整。此途径是学科内部的微观统整，亦即提纲挈领并将孤立的相关课程要素加以统整，例如将事实、知识概念、通则、技术能力等学习内容进行水平与垂直的统整。

第二种途径是学科关系的统整。此途径强调的是课程中不同学科领域之间水平关系的学科联络或科际整合，以消除学科分立的界限。例如，数学与科学的逻辑关系统整，数学观念与历史时期的科际关联统整，历史因果与社区动态生活的乡土课程统整，或人文学科与社会学科的统整。

第三种途径是学生个人经验的统整。统整也可以发生在学生个体之内的经验层面。不管课程内容是否为此目的而加以组织，其所关心的亦是学生个人的统整历程，希望协助学生个人努力去组织课程，使原本不相关的知识与经验，成为相关而有意义的学习经验，以创造知识的一致性与统一性。换言之，此途径兼顾学生个体间与个体内不同结构面向与功能的个别差异，重视其兴趣、动机、态度与目的，协助学生获得统整的学习经验。

第四种途径是学校学科与活动的统整。亦即，依据学生的兴趣将校内正式课程的学科课程与联课活动、社团活动、分组活动加以统整，并将课程理论与教学实务加以整合。

第五种途径是校内与校外领域的统整。亦即，将学校课程与校外社会生活加以统整。例如，安排学生到校外参观访问或表演，或参与国家庆典或扩大升旗典礼。因为学校课程只提供学生整体学习经验的一部分，如果教育目标是使学生获得兴趣、态度、知识、技能、习惯，能够去建设性地参与社会生活，以充分地发展才能，贡献于社会并达成自我实现，则今日整体教育系统需要的，是比学校范围更宽广的参与。学生从家庭、学校、社会活动、社区、家事、工作、参与宗教组织、阅读、听广播、看电视中获得学习经验，这些都是包括在整体教育系统之内的，学生个人经此而获得知识、观念、技能、习惯、态度、兴趣和基本价值观。

另一方面，学校应该帮助学生因应校外环境的影响。学校应帮助学生发展评价大众传播媒体的技能，特别是电视与印刷物，帮助他们发现并选择有益且令人满意的节目与出版品。学校可以正式或非正式地提供机会，使学生有机会去反映他们现在所拥有的重要校外经验，经由讨论厘清他们行为的结果，形成有意义的标准以引导其学习互动。

第六个统整途径是课程组织人员的统整。传统上，课程是由非直接参与教学的特定人员加以计划的，但是，由政府课程设计小组所建议的由上而下的课程，很少如愿地得到彻底实施，全国性的课程发展成品更是难达预期效果。因此，若要有效实施课程，则需要所有的重要人物，包括教师、学生、家长与学校行政人员，特别是职业教育的课程设计人员，以及雇主、社会贤达的参与。这些课程的所有权人对课程设计的过程的了解，将有助于课程的发展与实施（Tyler，1980：65）。因为学生的学习经验包括学校内外、课堂内外的经验，有些是学校无法掌握，也非家长、教会或社会机构所能控制的。

现代社会当中的教育系统，必须包括校外发生的社会经验，因为学生大部分的时间是在校外度过的。因此，必须强化校外课程，使学校资源获得最大的运用，帮助学生因应校外的社会环境。学校教育领导者，特别是课程专家，应该和社区领导者通力合作，以重建社区层面有效的教育系统。帮助社会大众认知并拥有一个妥当的教育系统是十分必要的，因为学生需要一个同时包括校内外经验的有效教育系统。社区应该负责任地加以组织，以提供学生统整的整体教育经验。这说明有必要去评估教育需求，确认实在的与潜在的学校教育资源，发展课程方案以迎合确实的需要。

总而言之，学校课程应注意学生生活领域空间与不同学科之间的水平组织(horizontal organization)，也应注意对每天、每周、每月、每学期、每学年的学习时间，以及从小学、中学、大学到研究生阶段的学习时间的垂直组织(vertical organization)，统整学校经验与校外的工作与家庭生活经验(Tyler, 1949: 62)。课程组织包括垂直组织和水平组织，因此，组织课程时要注意到“纵”的排列和“横”的联系(Connelly & Clandinin, 1988: 144)。课程设计，就是利用这些原则原理，探讨学习经验、组织要素和组织结构间的关系，以实现课程目标。以下两节分别就课程类型的水平组织与课程结构的垂直组织加以说明。

第四节
课程组织的类型

课程的水平组织，是指课程内容或学习经验之间的相互关系，即其“横”的统整问题。例如，学校内的活动和学校外的活动，学校的正式课程和课外活动之间如何统整？数学科的学习如何增强自然科学的学习？

课程的水平组织有哪些类型？课程的水平组织，是一系列弹性分级的指导性活动，包括可能与活动相关的学科内容，或一系列严密分级的活动，包括个别活动的学科内容？或是一系列分级的学科内容，包括相关的指导性活动？抑或是分级的预期成就说明书、指导活动表、分级目标的学科内容大纲？还是学科内容和教科书的分级目标说明书？（Schubert，1986：78）

课程水平组织途径方面，学科可以分科独立存在，可以建立学科之间的知识关联，可以合并两个以上学科成为一个教学学科，也可以以一个主题统合各学科的知识、技能。课程水平组织的范围，可能包括学生思维的内容，也可能涵盖专业课程发展人员的计划与实验的结果。课程设计的组织类型，包括了个别学科课程（individual subject curriculum）、相关课程（correlated curriculum）、融合课程（fused curriculum）、广域课程（broad fields curriculum）、核心课程（core curriculum）与活动课程（activity curriculum）或经验课程（experienced curriculum）等六种（林本、李祖寿，1970：134）。这六种课程组织类型也可归纳为学科课程（subject curriculum）、核心课程与活动课程，分别与第一章所论及“课程即学科”、“课程即计划”、“课程即经验”的课程意义相关，并与第三章所讨论的精粹主义理论取向、社会主义理论取向与经验主义理论取向的课程设计意识形态相互呼应。现分述如下：

一、学科课程

事实上，个别学科课程、相关课程、融合课程、广域课程都属于学科课程。个别学科课程是指各学科分化孤立的课程组织形态，也是一种常见的传统课程组织类型。课程设计者可以联合关系密切的学科课程领域，将其转化为比较方便管理的相关课程或称联络课程，使个别的学科内容产生一致性，增进各学科之间的关系，但各科之间的原有界线仍旧存在。相关课程是指可以进一步合并两个或两个以上的范围较窄的学科，或将课程内容加以重新组织，以增强其关系，联合成为关系密切的合科课程或融合课程，以减少难以管理的特殊化学科。融合课程可以进一步加以组织成为广域课程。

例如，以宽广领域的语文科课程统整设计，取代文法、作文、文学等彼此关系密切的学科课程领域；或将地理、历史等学科课程合并为社会研究的合科课程或融合课程；或将英语科与社会科作为相关学科，将数学科与科学作相关统整。但是，上述各科不管是合科课程或相关学科之统整，实际上往往是透过一种行政上的措施，将两个学科放入同一时段，其基本假定认为负责授课的教师本身会自行建构学科间的关系。

上述学科课程的统整，甚少考虑到课程组织的“经纬线”，其课程统整的结果并不十分成功，原因是每一学科皆遵循不同的组织架构，如历史的年代顺序、文学的语文形式。因此，如果没有发展出同时适合此两个学科的新课程组织基础，则一个学科往往沦为另一学科的附庸。例如，将语文与历史统整，并依历史年代顺序教学，则语文学科技能常常只是根据历史内容主题的要求进行教学。透过融合课程与广域课程的组织设计，可以将零碎的教学时间加以统整，合并为较大单位的教学时间，以防止学习时间遭到不当分割，避免了学科知识的支离破碎。为了使课程内容充分发挥一致性，广域课程可以进一步透过最具重要价值的课程组织核心，设计成为核心课程。

二、核心课程

学科的结合，并非统整学习的唯一方法，然而经由强调各学科间共同分享的广泛概念，组织不同学科间一致的思考，可以帮助学生发展出一致的概念架构，以理解这些学科中的概念。核心课程便是以某些广泛问题或概念为中心，将某些领域的知识概念加以组合，是目前课程组织的统整设计中较成功的经验。

核心课程，不仅可以使某课程单元主题或学科简化或减少到一种便于管理控制的大小，而且可以根据标准，选择适切的课程元素，作为组织焦点或组织核心。一般人常用的兴趣、经验、生活问题、内容主题等课程元素本身，并无法提供足够的课程组织标准，以仔细选择与诠释所欲涵盖的课程范围内容，或建立课程内容之间的关系。因此，除非课程设计人员可以决定课程内容的主要观念，否则无法确定学习内容的组织焦点。

一般而言，单元架构的核心焦点包括三种：第一种是观念架构，有效地以大范围的观念为课程组织的中心，加以设计。第二种是问题架构，一般而言是以问题为组织的中心，这种课程组织的设计途径在社会科与自然科学方面较为成功。第三种是事物中心，课程单元以所要完成的事物为组织中心，例如，艺术领域，在某些情境下，以系列的欣赏性经验为组织中心，课程设计人员必须选择组织这些事物的结构，以协助教师的课堂教学与学生的学习。

由此三种核心焦点的不同取向可见，发展高度有效的组织架构，建构不同领域的课程单元，到处充满着发挥创造力的统合。例如，以学生关心的问题为组织核心，作为课程统整设计组织的“经纬线”，其优点是可以自然的关系来统整来自不同学科领域的知识，并可将彼此相关的观念、事实与概念应用于实际生活。但是，如果对课程组织的“经纬线”或组织核心缺乏仔细的选择，或未经深思熟虑，则将导致课程组织不当，或失去课程组织的严谨性（Taba，1962）。

利用核心观念作为课程的焦点中心，可以具备许多主要功能。第一种功能是，核心观念可以让学科的单元或主题更为结构化，并能针对其所要处理的内容层面提供一种观点，由师生共同计划，对所要涵盖的课程内容进行明智的判断，并基于理性举出其内容实例。第二种功能是，以核心观念作为单元的焦点，可以确保更完整充分的宽度与广度范围，使课程设计者所要组织发展的内容，更能满足学生的需求。第三种功能是，核心观念也可以作为学科结构，并成为学习的重点，打破学科界线。第四种功能是，利用核心观念作为课程组织内容中心，可以解决所欲涵盖课程内容范围的问题。课程设计者可以详细界定学习内容的数量界线，在涵盖主要观念的同时使其他内容降低到最小数量，以方便学生理解这些核心观念。内容范围太广泛容易造成多而不精、广而不深的缺失，而以核心观念为主，并结合少量而必要的特定内容实例，就不会造成内容的不当负担。是以，核心观念可以作为选择内容的标准。第五种功能是，涵盖主要观念，并结合少量的具体内容实例，可以突破时间限制，避免花费时间精熟内容细部，节省可能的时间，更自由地进行透彻的完全学习，以强调处理信息、诠释数据、发展与运用通则等目标。第六种功能是，以核心观念为焦点中心，作为课程组织的“经纬线”，可以确保课程内容的连续性、顺序性、统整性，提供完整的结构，与学生的学习经验进行比较对照。第七种功能是，以核心观念组织课程，可以将学科内容转化为教育历程的学习方法历程，透过教育科技可以将学科内容与学习历程融为一体，避免学科内容与学习历程分离对立的缺失。

三、活动课程

活动课程的课程组织形态又称经验课程，比广域课程与核心课程更重视学生的直接经验，以学生的兴趣与需求为课程组织的中心，依据学生的兴趣与需求决定学习内容，重视以学生的心理发展顺序来组织课程，由学生主动地选择组织设计学习经验与课程知识，以解决学生生活的问题。教师与课程设计人员的工作旨在依据学生的兴趣，引导学生经由问题解决的探究方式，协助学生的进一步发展与成长。例如，杜威在芝加哥创立实验学校，采用“活动方案”(activity program)进行教学，主张学生是学校课程的起点，课程旨在协助学生，使其经验获得连续性与统整性的发展，使其经验内容不断扩展而趋于丰富与成熟。

活动课程旨在提供学生第一手经验，采用工作单元形态，而非知识分科，要学生去亲身体验课程以获得统整的知识，而非呈现零星的学科知识让学生学习。工作单元常跨越了许多学科，学习组织由学生负责，无固定学习顺序。因此，课程设计基于学生的兴趣或需求，给予适性选择和最大调整弹性。其特点是活动多、学科少、学习内容涉及较广泛的知识领域，而且与生活关系密切，适合学生的兴趣与需求，并且可以充分利用自然环境与社会环境，统整学校学习与社会生活学习(黄显华，李子建，1996：285)。

活动课程强调学生实作的经验，因此，教师可以和学生共同合作设计工作学习方案，选择学习领域、界定遭遇的问题、计划相关的活动、实施并评价所从事的工作学习，让学生从实际参与工作中获得解决问题的经验，并培养学生积极参与社会建设的兴趣与能力。例如，杜威提倡“做中学”(learning by doing)的概念，重视从经验与相关研究中进行学习的行动学习(action learning)(Tyler，1976e：6)。这是一种在数月或数年中的一段时期内，部分时间或全日制的工作学习方案，其目的是帮助学习者从参与实际工作中获得学习，并统整校外社会机构与学校教育功能，鼓励学生参与社会建设、培养成人能力的一种方法。这便是一种活动课程的组织形式。

这种活动课程的优点为：1. 统整工作经验、学校教育的学习方案或课程学习程序，使课程理论与实际生活能更密切地配合，学生能在学习中获得更多的意义。2. 统整工作与学习可以增加学生的动机，激发更大的兴趣。3. 工作经验可以培养学生的责任感，发展学生独立判断的能力，使学生更为成熟。4. 由于学生和来自不同背景的同伴一起合作，可以帮助学生了解别人，并增进其人际关系。5. 合作教育可以成功地将学生顺利导入工作世界(Tyler，1961：9)。

然而，由于活动课程以学生兴趣为课程的起点，而且学生兴趣容易转变，因此其规划不宜僵化，必须保留弹性设计。而且在实施时也应有其他配套措施，例如，师资应有通识博雅的教育基础，并具备课程设计基本能力、学生身心发展与辅导的专门训练；学校应有宽广的活动空间，行政支持与资源也应充裕，课程安排宜有弹性时间，课表不宜过于僵化，仪器材料设施也应配合学生兴趣并考虑学生安全问题，如此方能依据学生兴趣与需要，顺利实施活动课程(黄政杰，1991：320)。

第五节
课程组织的结构

垂直组织是指课程内容或学习经验前后之间的关系，亦即课程内容或学习经验的纵贯排列的问题。例如，如何利用本周或本月学过的课程内容或学习经验，增强上周或上个月学过的教材？如何利用本学期所学的历史课程内容或学习经验，增强上学期学过的历史课程内容或学习经验，并且增进学生更深入、更广泛地了解历史？

特别是，课程组织究竟应该采用何种时间单位？这是一个值得课程设计人员慎思的问题。课程组织的垂直结构是指学校时间的划分，提供一系列的时段安排，以组织课程内容与学习经验(Tyler，1949：66)。

课程组织的垂直结构层次，至少可以包括学习程序或称学习方案(programs of study)、学习领域(field of study or learning areas)、学习学科(subject)、学习单元(unit)、题目(topic)、日课(lesson)等课程组织安排。兹就常见的课程结构层次分述如次：

一、学习方案

所谓学习方案(或称学习程序，简称学程)，通常是指某一类型的学校，例如大学、学院、专科、高中、高职、初中、小学、学前教育阶段的幼儿园或成人教育的补习学校，为某一特定团体的学生群体而计划、发展、设计的学校学习经验与课程内容。例如，台湾地区自 1994 年 2 月 7 日公布所谓“师资培育法”之后，师资培育进入多元化时代，台湾教育事务主管部门核准一般大学院校师资培育中心所开设的中等学校师资教育学程或小学师资教育学程，便是学习方案的一种类型。

学习方案，可因学校类型的不同而分为大学课程、师范学院课程、各类高级职业学校课程、高中学校课程、初中学校课程、小学学校课程、幼儿园课程等。学习方案可以包括下述几种不同的组织分类方式：

1. 根据学生年龄作为区分，例如高一课程、高二课程等。

2. 依据学习领域类别作为区分，例如高工汽修课程、高商会计科课程、高农农业机械科课程。

3. 根据学生专长性向与学习类别作为区分，例如高中美术班课程、高中音乐班课程；又如初中资优班课程或初中资源班课程等。

综上所述，学习方案之下，包括了许多不同的学习领域范围，而且其学习年限较长。学习方案之学习年限，通常与学校制度中每一学校类型的整体年限相当，常以六年、三年、四年或五年为准进行课程规划。然而，学习方案之下的各种不同的学习领域，则由各种不同的学习学科所组成。例如，一般大学院校提供学生修习的中等学校师资教育学程，其修业年限为二至四年，包括教育学基础课程、教育学方法学课程与教育实习课程等三大领域，领域之下则又细分为课程发展与设计、学习评价、班级经营、教学原理、教育导论、教育社会学与教育哲学等不同的学习学科。

学习方案规划的优点是，学校可根据学生年龄、学习能力、学习领域、学业性向分门别类地实施因材施教，以使学生的学习潜能得以开展。但是，学习方案的规划在实际执行上仍有其限制，因为学校人员在进行课程的选择组织时，往往会受到该校现有教师人力专长的限制，只能开设符合教师专长的学科。这实际上无法完全满足学习方案规划的理想，即开设合乎学生兴趣的学科。此为学习方案难以完全克服的难题。因此，台湾《十二年国民基本教育课程纲要总纲》便指出“十二年国民基本教育”课程依据全人教育之理念，配合知识结构与属性、社会变迁与知识创新及学习心理之连续发展原则，将学习范畴划分为八大领域，提供学生基础、宽广且关联的学习内涵，使学生获得较为统整的学习经验，以培养具备现代公民所需之核心素养与终身学习的能力。部分领域依其知识内涵与属性包含若干学科，仍需重视领域学习内涵。小学阶段，以领域教学为原则；初中阶段，在领域课程架构下，依据学校实际条件，弹性采取分科或领域教学，并透过适当的课程设计与教学安排，强化领域课程统整与学生学习应用；高级中等学校教育阶段，在领域课程架构下，以分科教学为原则，并透过跨领域/学科专题、实作/实验课程或探索体验等课程，强化跨领域或跨学科的课程统整与应用。因此，下个段落有必要就学习学科与学习领域进一步说明。

二、学习学科

所谓学习学科系指在学校规划的学习方案和学习领域之下，由学校提供的一套学习经验；是学生在学校设计的学习领域之中，进行一学年、一学期或一学季的学习之后，用来计算学分或学习时数的学科学习单位。

学习学科是在学校规划的学习领域之下的一种课程组织形式。所谓学习领域系指有学科组织界线之别，而且跨越多年的一套连续性与连贯性的学习经验的领域。例如，初中英语科与初中语文科，跨越了三年；小学语文科与小学数学科，跨越了六年，都是属于某一教育阶段的学校机构所提供的学习领域之一部分。所谓学习学科，则是根据学科类别之不同，提供学生于一学期或一学年的每一种学习学科单位。例如，小学一年级唱游、初一英语、高一语文、大一计算机概论等。

学习学科的组织可分为下列几个步骤：

1. 学校根据政府颁布的课程纲要或课程标准，规划某一学习领域之下的学科类别，例如初中英语科、初中数学科等。

2. 学校行政部门如教务处，在此基础上进行课程时间的安排，将学科细分为一、二、三年级或上、下学期等单位，以利学生学习。例如，初中英语科，可再细分为初一英语、初二英语及初三英语等学习学科，并安排适当的教学时段，以便教师进行班级教学。

3. 担任某一学习学科的教师，可再将此学习学科内容加以选择组织，设计为持续一至二周左右学习时间的学习单元，并搜集相关教材以利教学的进行。

总之,学习学科之设计,可以方便学生根据不同学科进行循序渐进的学习,掌握学科的基本概念、理论架构及原理原则,建立学科的逻辑结构,合乎课程组织的连续性与顺序性标准。另一方面,教师也可根据学科专长进行教学,实现最大可能的人尽其才。相反,学习学科课程设计的缺失,容易造成学科本位主义,导致知识的割裂与支离破碎。不同学科的教师不易相互沟通、不易互助合作,学生所获得的是各学科分立的学习经验。这样的学习经验不易统整,极易导致学习与社会生活脱节,难以激发学生高度的学习兴趣。

三、学科结构

学科结构(structure of discipline)是指进行课程设计时,将学科内容知识的价值阶层作为课程内容组织的依据,而不是将学生行为结果或预期的行为目标作为课程内容组织的标准。课程组织方法包括内容中心、技能中心、问题中心、兴趣中心。这些组织方法与学科性质有关,往往以某种方法为主,以其他方法为辅。但是一般的课程设计人员大多以学科结构组织为主,完全以学科知识结构为主要考虑重点。

赫斯特(P. H. Hirst)认为,教育旨在传授学生有价值的知识,而有价值的知识共包含七种形式:形式逻辑与数学、物质科学、对自己与他人心灵的了解、道德判断与意识、审美观念、宗教主张、哲学。上述的每一种知识形式,与其他知识形式的界线清楚明确(Hirst, 1974),其独特性如下:

1. 包含核心的概念,如化学的元素、物理学的力。
2. 具有明确的学科逻辑结构以说明其概念之间的关系网络。
3. 包含特定用语、专门术语和表达方式。
4. 包含特定技术方法和技巧。

以学科结构作为课程组织及课程设计核心的实例,应以美国1970年代研发的社会科课程“人的研究”最为知名。布鲁纳所领导的课程发展小组尝试透过各种教材,特别是教育影片,指导10—12岁的美国小学高年级学生,探讨太平洋的鲑鱼、青鱼鸥、狒狒群以及纳特斯族爱斯基摩人,并与学生所处的社会和亲身生活经验进行比较,以帮助学生了解人类学的基本概念与学科结构。

布鲁纳指出，“人的研究”的课程结构大纲包括了人类特质与人性趋力的三大问题(Bruner，1966：74)：

1. 就人类而言，人性是什么？

2. 人性是如何发展出来的？

3. 如何使人性更进一步发展？

课程设计人员为了尝试解答此三大问题，便以下列五种人性特质的发展趋力作为学科结构：

1. 工具制造；

2. 语言；

3. 社会组织；

4. 人类儿童时期的养育与管理；

5. 人类意图解释其生活世界的努力。

总之，以学科结构作为课程组织的依据，较为合乎学科的逻辑结构，此为其优点。然而，学科结构太过于重视学科逻辑的优先性，往往无法兼顾学生的认知发展与学习兴趣，此为其教学上可能的限制。

四、课程组织单元

进行课程单元设计时，如果由师生共同设计课程内的特殊活动与事项，将可带动学生获得更多的学习理解，提高其学习动机。学生若在课程单元中发现原先没有的其他活动，也可以建议增加。但是，值得注意的是，每一实施的个别计划，可能不同于原先的资源单元，同时也不会包括所有一切可能的材料。因此，进行课程单元设计时，应该注意下述原则：第一是弹性原则，即应依学生需求及情境的变化而修正计划；第二是容易原则，即应易于计划水平及垂直的组织；第三是动机原则，即应有助于引起学习动机。

课程组织单元的设计，包括下述的历程：

第一个步骤，决定课程组织的一般课程架构是何种课程组织形态，是分科课程、广域课程、核心课程，或是经验课程。

第二个步骤，决定采用何种一般性组织原则。

第三个步骤，决定所要采用的低层次单元的种类，是日课、继续连贯性题目，或是教学单元。

第四个步骤，发展设计弹性的资源单元，内容包括：

1. 叙述学习经验所要达成的主要目标，而且因应不同课程、单元而订立不同的目标。

2. 描述用以达成这些目标的各种学习经验与主要经验。安排学习经验时，必须注意与课程单元组织具有内在关系的各种学习经验。同时也需注意到该年级学生的不同兴趣与需求，并且为每位学生提供不同的经验，借此激发其阅读的兴趣与注意力，避免其产生厌烦无聊的情绪。此外还应参考多种数据，特别是在列举资源材料时，应该注意应用各种不同的数据，包括语文的、非语文的、实地参观的与社区活动的资料，进而协助学生统整课程单元当中的各种不同经验，协助学生获得认知、技能、态度与行为的统整经验。

3. 详尽地列出总结性的学习经验的结果，以便协助学生在单元结束时统整从该单元所学的一切经验。

4. 列出有助于发展该单元的资源材料，包括课本和其他参考书、幻灯片、收音广播节目、图片、录音带与录像带等。

5. 指出作为此特定课程单元组织要项的主要因素，及其预期发展阶段与相关影响因素。

第五个步骤是师生共同设计每班所要进行的一些课程活动，进而设计弹性的资源单元，发展弹性的计划，提供各种不同的资源，包括各种学习经验与教材教具，以便选择作为教导特定学生群体的参考数据(Tyler，1949：101)。

资源单元的设计，特别强调师生合作共同设计课堂活动，可以有效结合课程设计与教学计划。一方面，资源单元只是一种预先的计划，在课程单元真正实施时仍有许多弹性因应计划。另一方面，每一课程单元策略必须因应不同的兴趣与需求。因此，实际的教学单元应随着实施而进行弹性调整。总之，课程经验的规划设计，不但包括许多预先的计划，也包括工作实施过程中的计划。因此，课程经验的规划设计，必须包括预先计划与实施计划，双管齐下，从各种不同的学习课程当中，获取最大的学习效果。

总之，课程组织类型包括学科课程、核心课程、活动课程等。范围和顺序，是课程设计人员经常要考虑的课程组织途径。范围指的是课程单元的安排，而顺序指的是根据时间所做的课程安排。所以简单地说，范围是水平向的组织，顺序是垂直向的组织。因此，有一些课程组织通则值得课程设计人员与教师参考。第一个通则是，课程的范围会随着教学层次的增加而增加。第二个通则是，课程的范围因教学层次的改变而改变时，有些单元可能会增加，例如物理，有些课程可能会被删除，如基础的习字课。第三个通则是，任何对课程范围的决定，都要视课程范围的广度和深度而作出。第四个通则是，课程的范围也要考虑到一般学科所涉及的技能(Marsh，1992：93)。

不同的课程类型各有优劣，也因时代社会背景而互有兴衰。随着民主开放与多元文化社会的到来，目前较强调弹性的课程结构，例如开放学校与田园小学的活动课程有渐受重视的趋势。因此，学校课堂层面的课程组织结构，主要包括学习方案、学习领域、学习学科、学习单元、题目、日课等课程组织安排，也应该愈来愈有弹性，以便教师因应学校差异与学生的兴趣、能力、需求加以调整。

第七章

课程发展

本章旨在说明课程发展(curriculum development)的意义，一方面，强调课程发展的动态过程与影响因素，不同于静态的课程设计概念；另一方面，阐述课程发展的路径(approach)与教师专业文化之间的互动关系。在此基础上，本章将说明课程发展的三种路径，亦即，教师教学本位的课程发展路径、国家政策本位的课程发展路径，以及行动研究本位的课程发展路径(蔡清田，1997a)，以作为学校课程发展或学校本位课程发展的参考依据(王文科，1997；黄政杰，1985；蔡清田，1992b)。

本章将特别借鉴英国“人文课程方案”课程发展路径的过程原理(黄光雄,蔡清田,2009)与实验设计等理念(蔡清田,2001),例如,过程模式的课程规划途径(黄光雄,1996)、“教师即研究者”(欧用生,1996b)的理念,以及“教师即实验的革新者”、课堂行动研究、“教师即课堂行动研究者”等相关理念。同时,英国企图通过国会推动教育改革法案的立法,决定国家教育改革的课程政策,进行课程改革的整体规划的种种努力,颇值得台湾参考借鉴(蔡清田,2003)。

上述这些不同的课程发展路径策略,与本书第一章“课程的意义”所论及的“课程即研究假设”、“课程即目标”、“课程即计划”等立场观点有关,其背后的课程意识形态与本书第三章所论及的专业主义、科技主义与社会主义的理论取向相关,也与本书第四章“课程设计的模式”所论及的过程模式、目标模式、情境模式产生密切关连,而且皆与“教师即研究者”或“教师即行动研究者”的教师教育专业文化有着密不可分的关系。本书将在本章各节当中,对此详加说明。

第一节
课程发展的意义

课程发展是指课程经由发展的过程与结果，强调演进、生长的课程观念。换言之，课程发展是将教育目标转化为学生学习的课程方案或教学方案，并强调教育理念的发展演进与实际的教育行动，以彰显课程并非只是纯粹思辨的教育理念产物，而是付诸教育行动的过程与结果。

课程发展不同于强调方法技术的课程设计。课程发展除了包括目标、内容、活动、方法、资源及媒体、环境、评价、时间、人员、权力、程序和参与等各种课程因素之外，尚包括各种课程设计因素之间的交互作用，特别是包含了课程决定的互动和协商。因此，课程发展的重点是课程目标、内容、活动、评价程序的发展过程。

施瓦布(Joseph J. Schwab)认为，课程发展旨在尽可能忠实地呈现实际课程设计过程的现象，以弥补课程设计的目标模式偏重课程目标，无法彰显教育过程的复杂现象之憾(Schwab, 1971)。在课程发展过程当中，施瓦布主张采取非特定意识形态的立场，强调课程的决定不需受特定理论取向的课程设计意识形态的限制，更反对以预定的架构作为课程发展与设计的起点，希望能避免精粹主义、进步主义、专业主义、科技主义或社会主义等特定教育信念的宰制。施瓦布强调，课程发展过程是一个具有弹性、变化和反复的动态发展过程，亦即，运用实际与务实的教育慎思过程，将教育目的、教学方法有关的事实因素指认出来，并置于具体的课程发展个案中，以追求理想的课程决定(李子建，黄显华，1996)，而非以特殊程序性步骤处理课程发展的技术问题。

课程发展的动态过程，包括了四个连续性的阶段，此四个阶段可经由评价进行不断的回馈与改进(黄政杰,1987)。第一是研究阶段,包括问题检讨、需求评估和文献探讨。第二是发展阶段,包括发明、设计、试用修正、定型。第三是推广阶段,包括传播、示范、训练。第四是采用阶段,包括再试用、安装调整、实施、巩固。由上述的动态过程与发展阶段可见,课程发展所关注的焦点是有关课程设计或课程改革计划的过程、人员组织及人际互动。换言之,课程发展所关心的课程问题,主要是课程发展的过程应该涉及哪些单位、哪些人员,这些课程发展的单位与人员之间所代表的政治利益与教育价值为何,等等(Tsai, 1996)。特别是:

1. 课程发展人员究竟采取何种发展路径,以规划发展课程改革的计划?

2. 课程发展的过程,是否经由课程计划人员与课程研究发展人员的规划?

3. 课程发展的过程,是否透过学校教师在课堂情境中进行实验或试用?

4. 课程发展的过程,是否包括课程研究发展人员与参与实验的教师及实验学校彼此之间的互动?

5. 课程发展的过程,涉及了哪些单位及人员?其参与的情形如何?

6. 在课程发展的过程当中,课程发展顾问、学科专家与学校教师所扮演的角色如何?其权力关系结构又是如何?

上述这些相关的课程发展问题,说明了课程发展在本质上是一种充满政治气氛的知识权力互动发展过程,存在着许多观点理念的矛盾与利益冲突,不仅涉及"课程即学科"、"课程即经验"、"课程即目标"、"课程即计划"与"课程即研究假设"的课程意义立场,并且与精粹主义、经验主义、科技主义、社会主义与专业主义理论取向的课程设计意识形态,有着密切的关联。因此,事实上,课程发展也是一种需要各级政府、学科专家、教育学者、课程教学顾问、学校行政人员、教师与家长,以及社会人士互相合作、彼此沟通协调的一种教育事业,其目标是促进课程发展的良性演进与成长过程。

第二节
课程发展的路径

在完成课程方案的规划之后，课程发展人员有必要进一步将宽广而抽象的课程目标转换为可供学生学习的具体学习方案内容与教学方法。有趣的是，不同的课程发展人员往往采取不同的课程发展路径，并对学校教师在课程发展中所扮演的角色，有着不同的期望。而且学校教师在课程发展过程中所扮演的角色问题，也和某一特定时期社会的教师专业文化有着相当密切之关系。

一般而言，课程发展的路径至少有三种，亦即，教师教学本位的课程发展路径、国家政策本位的课程发展路径，以及行动研究本位的课程发展路径。这些不同的课程发展路径，也涉及了不同的课程意义立场、迥异的课程设计意识形态与迥异的课程设计模式。例如，第二次世界大战之后，英国发动了两波巨大的课程改革浪潮，形成了两种不同的课程发展路径、不同的课程意义立场、迥异的课程设计意识形态与迥异的课程设计模式。这两波教育改革最大的不同之处在于学校教师在课程发展过程当中所扮演的角色的差异，甚至影响了不同的教师专业文化之形成(Elliott，1994;1998)。

第一波课程改革浪潮是1960至1970年代的学校教育改革。这波课程改革浪潮采取了教师教学本位的课程发展路径，强调“课程即研究假设”的课程意义与专业主义的课程设计意识形态，重视过程模式的课程设计，以学校教师为课程发展的动力。

第二波课程改革浪潮采取了国家政策本位的课程发展路径，以1988年英国保守党执政的中央政府所颁布的《1988年教育改革法案》(1988 *Educational Reform Act*)为基础，重视“课程即目标”的课程意义与科技主义的课程设计意识形态，强调目标模式的课程设计。这波教育改革浪潮起源于英国中央政府认为英国的教师教学普遍失败，学校教育质量低落，导致国家竞争力衰退。是以英国中央政府颁布了《1988年教育改革法案》及其他相关教育法令，企图介入学校课程发展的过程当中，以改进学校教育质量，提升国家竞争力。

从课程发展的角度观之，第一波英国学校课程改革采用了教师教学本位的课程发展路径（蔡清田，1997a）。例如，这波改革浪潮当中的灵魂人物斯滕豪斯便极力鼓吹“没有教师专业发展，就没有课程发展”的课程发展理念（蔡清田，1997c）。同样地，克兰迪宁（D. Jean Clandinin）以及康奈利（F. Michael Connelly）也主张课程包（curriculum package）及教学策略就是课程的马车，而教师就是课程马车的驾驶者（Clandinin & Connelly, 1992: 365）。这两个实例，皆强调教师是在课堂情境中进行课程设计发展的重要人物（Stenhouse, 1975），也说明了教师在课堂情境中的教学实务是课程发展所不可或缺的动力来源之一。

英国东英格兰大学艾略特曾撰文指出，《1988年教育改革法案》是由英国保守党组成的中央政府所控制主导的教育改革。因为英国中央政府认为1960年代以来由学校教师自主实施的课程发展未能成功，造成1990年代英国学校教育质量低落。英国中央政府认为，学校教师所扮演的课程传递（curriculum delivery）与课程实施（curriculum implementation）的角色，特别值得加以检讨与重视。1990年代英国中央政府努力推行国定课程，采取的是根据国家教育政策进行课程发展的路径。依此路径，教师的角色已逐渐由课堂情境中的课程设计发展人员，转变为国家教育政策的执行者（Elliott, 1994: 43）。

就课程发展的未来而言，行动研究本位的课程发展路径可以统合“课程即学科”、“课程即经验”、“课程即目标”、“课程即计划”与“课程即研究假设”的课程意义，尝试调和精粹主义、经验主义、科技主义、社会主义与专业主义的课程设计意识形态，试图融合目标模式、过程模式与情境模式的课程设计模式，似乎可以兼顾国家政策本位的课程发展以及教师教学本位的课程发展路径。

一方面，行动研究本位的课程发展路径可以修正国家政策本位的课程发展路径的不足之处。因为国家层面的课程发展工作的进行需要仔细的事前规划，不可太过仓促，必须透过课程行动研究不断进行务实检讨与修正行动。另一方面，行动研究本位的课程发展路径也可以增强教师教学本位的课程发展路径的理论基础与实务经验。

就学校教育的事实而言，学校教师在课程发展过程中所扮演的角色与社会整体文化脉络之下的学校教师专业文化有着密切的关联。例如，英国教育学者霍伊尔(Eric Hoyle)以及约翰(Peter D. John)曾经详尽地描述英国教育系统脉络中的教师角色，并讨论有关学校教师的专业知识、教学实务与专业责任等问题(Hoyle & John，1995：44)。他们一致认为，知识是协助教师建立其专业地位的条件之一。然而，虽然他们探讨了可使学校教师免于受到政治控制操纵的教育专业自律自主，但是却未能注意到能真正帮助学校教师，使其能在学术自由的条件之下建立教育专业自律自主的行动所需要的心智能力与道德品质，而行动研究本位的课程发展路径策略，便可补充教师专业的不足之处。

又如，布拉德利(Howard Bradley)、康纳(Colin Conner)以及索斯沃斯(Geoff Southworth)等人进一步主张，帮助学校组织成长的最有效方法是经由教师的专业成长促进学校组织发展(Bradley，Conner，& Southworth，1994：244)。因此，行动研究本位的课程发展路径可以透过教师的在职进修，整合课程发展与学校组织发展(蔡清田，1997d)。

可见，行动研究本位的课程发展路径可以有效整合教师教学本位的课程发展的路径与国家政策本位的课程发展路径，统合课程发展的各种相关人员，并结合学校教师的在职进修，帮助教师获得新课程的知识、技能、兴趣与信心，以便进行课程发展的行动研究。这样的行动研究一方面可以有效地进行课程发展与学校组织发展；另一方面，也可帮助教师实现专业发展与成长。

第三节
教师教学本位的课程发展

英国1960年代学校教育改革采取的教师教学本位的课程发展路径，展现出英国中央政府对学校教师的充分信任。英国"人文课程方案"的课程发展路径企图突破传统目标模式课程改革的规划途径限制,是较为先进的课程改革实验策略(蔡清田,2001)。此项课程改革实验方案,将课程视为一种教学革新的实验,旨在协助学生获得教育机会,学习社会的多元文化资源(Elliott, 1998)。这项错综复杂的课程改革实验方案涉及众多理念,包括英国学校教育当中的"文化哲学本位的课程规划"、"教改理念本位的课程变革"、"教学过程本位的课程发展"、"教师发展本位的课程推广"与"教育整体本位的课程评价",以及英国学校教育改革的"研究本位的课程发展"、英国学校教师的"讨论本位的教学"、英国学生在课堂当中的"探究本位的学习",等等。

这种尊重教师教学专业自主的课程发展路径,其课程革新的层次不仅包括教材内容的变革,也包含教师教学方法的变革,透过教师教学来检视知识与教育、知识与学生间关系等重要的议题,并根据教师教学的反省检讨课堂层面的课程发展。这种教师教学本位的课程发展路径重视课程的教学潜能,涉及"课程即计划"与"课程即研究假设"的课程意义,强调"课堂即课程发展实验室"与教师教学专业主义的课程设计意识形态,肯定教师在课堂层面开展的过程模式的课程设计。

一、课程的教学潜能

教师教学本位的课程发展路径之下,课程乃是一种具有教学潜能的教育资源,可以协助教师重新建构课堂中师生互动关系的知识观(Stenhouse, 1975)。课程是一种具有符号象征意义的人工制品,而非一种徒有其表的物质存在,比如静态的座椅或桌子。它是一种具体可以察觉的人工教育制品,例如,课程设计人员根据布鲁纳的教育理念,研究发展出"人的研究"之课程包,里面包括学生在课堂中所用的书籍、图片、教育游戏、仿真活动等器具,以及教师教学使用的海报、幻灯片、投影片、录音带、录像带、投影机、放映机、教学指引及教材,等等。

但是,课程对教师与学生有何帮助呢?有时候课程对师生的实际帮助不大,如同放置在储藏室中从未被使用过的幻灯机、投影机或教育影片一般,虽然具有教育潜能,而且也是可供学习的教学资源,但是,学校教师可能不知道课程的存在。如此,这些课程或器材设备可能被闲置于贮物间,如同无用的废物(Stenhouse, 1985: 67)。

因此，就更深层的教育本质而言，课程是一种有血有肉、意义深远的文字、图画、声音与激发学生心智发展的教学潜能，就如同乐曲或戏剧一般具有教学互动过程。一方面，能真正有助于教师教学的课程，应该以教材形式与教学方式来呈现教育过程中的知识观念，以提供一种知识与学习的概念架构，帮助教师发展新的教学技能。另一方面，教育学者的教育理念必须透过课程的形式才能具体说明其内容并验证其实际价值。因为课程是有待教师在课堂情境中加以实地检验的研究假设步骤，所有的教育理念都应该先转换成课程的具体形式，才能加以实地检验并判断其究竟是天马行空的白日梦，还是能真正有助于改进教学的教育实务（蔡清田，1997b）。

二、课程即计划

课程发展的主要问题乃在于必须将课程所蕴含的教育理念转化为课堂层面的教学实务。课程是学校教学规划说明书与学习计划，一方面必须详尽地阐述一套教育理念，另一方面，必须透过具体而微的教师教学实务，实践复杂的教育理念。亦即，透过教师在课堂中的实际教学过程检验课程理念，并根据教学的具体成效，修正课程理念与教学实务的关联性与一致性，以逐渐落实课堂层面课程发展的点滴效能。

因此，如果一位教育哲学家建议学校教师采用某种教育观念，以达成“开放教育”或“人本教育”，则教师可以要求该教育哲学家将其教育理念转换成一套具体的课程内容与教学方法计划，以明确说明究竟“人本教育”代表什么意义，可以透过何种程序来实施，宜采用何种教学与学习方法，其教学时间如何安排，其教材内容如何，需要使用何种教育资源与设备，教师应该具备何种态度与知能等关键问题。唯有透过具体的教学规划说明与学习计划，才能便于教师在课堂情境中进行教学。可见，课程可以帮助教师反省教学措施，而不是训练教师使其教学合乎行政规定的要求。因此，课程发展人员必须发展适合教师专业成长与运作的课程，因为课程发展的实施质量与教师的专业素养有密切关系。

就此而论，如果课程是教师教学规划说明书，则其目的在于改进教师的教学实务，因此，课程必须建立在教师的教学实务基础之上。而且，课程发展也有赖于以教学实务的教师立场，来说明课程的教育理念与学校教师在实际课堂教学中的动态关系与互动过程。

由此观之，课程是一种计划，要能以教学实务表达教育理念，并以教育理念引导教学实务。课程发展是实践教育理念的最佳途径。一方面，教育学者在课程中所提出的课堂教学实务的改进建议与计划，必须奠基在教师的教学实务之上，而不能只是天马行空的乌托邦幻想。另一方面，课程与教学实务的关系十分密切，因此，教师经由课程教学计划的实施，可以亲身体会教育理念，以落实课堂层面的课程发展。

三、课堂即课程发展的实验室

教师教学本位的课程发展路径之下，课堂不只是课程实施的场所，更是进行课程发展与教学实验的实验室，教师在课堂教学情境中和学生一起合作处理知识问题，并反省检讨其教学问题。此时，课程不再只是一种不断地重新建构的过程。

例如，斯滕豪斯便指出，“没有教师专业发展，就没有课程发展”(Stenhouse, 1975)，其意义不在于去训练教师，以符合课程内容规范的要求，而是课程发展人员必须去发展课程，以适当地促成教师专业发展。因为学生的教育质量有赖于教师的教育专业发展与教学质量的提升。因此，课程发展人员的主要任务，不仅在于以富有意义的课程代表知识形式，作为教师的教学工具，借以改进教师教学质量，更在于以课程代表教育学者与课程设计人员的某种教育理念，促进教师教学与学生学习质量的提升。

学生学习是学校教育的重心，这种教师教学本位的课程发展路径之下的教育改革，主要采用的学习方式是探究式的学习，教师的角色是协助学生顺利地进行学习(Tyler, 1959: 47)。学习不在于获得答案，而在于继续研究问题(Schubert & Schubert, 1986: 100)。

教师的教学任务乃在于提出课程问题，引起学生的探究，帮助学生自我发现答案，因此，教师的课程发展角色是学生的激励者与引导者，而不是标准答案的公布者。教师的重要角色，就在于鼓励与激发学生无限潜能的发展，协助学生寻找探究远景的途径(Schubert & Schubert, 1986: 100)。教师身为教育专业人员应该有责任感，经常反问自己如何协助学生进行学习，而不是自己有什么课程权力；教师不应把教育当作一种压迫学生的权威机制。

这种教师教学本位的课程发展路径之下的教育改革策略强调，教师教学必须让学生自己发现课程问题，由学生自己寻找其可能答案，并进一步验证自己的答案。因此，教师的教学强调知识的启发，而不是知识的灌输；而且知识是多元多变的，教师的教学不应教导学生寻求单一的解答。可见，教师在课程改革中所扮演的角色是课堂层面的课程设计发展人员与主要灵魂人物。

四、教师即课堂层面的课程发展者

教师教学本位的课程发展路径之下，教师必须理解课程中所蕴含的教育理念，也必须理解课程的教育理念与教学实务之间的关系。务实的课程必须能帮助教师理解课程理念，以建立新的教学技能与习惯，并培养学校教师反省与慎思的教育行动能力。

教师身为课堂层面课程发展的重要人物，必须是一个了解教育目标与工作条件的教育艺术家，能够有创意地激发、引导学生向课程目标迈进（Tyler，1959：49）。除非教师发现并认为现有的课程有严重不当之处，否则不会花费时间与精力，成为新方案的有效运作者（Tyler，1971：36；1979b：40）。其次，除非教师能清楚地了解自己在课程发展过程当中所扮演的重要角色，而且相信自己能成功地扮演该课程角色，否则不会发展出所需的课程发展知能。最后，除非教师拥有或有能力发展出所需的课堂层面的课程发展工具，否则无法真正协助学生进行学习，也无法成功地扮演课程发展人员的重要角色。

教师身为课堂层面课程发展的主要灵魂人物，必须清楚地了解课程所蕴含的教育目标与学生学习的条件，不是默认硬性僵化的教学规则或建立特殊的教学技巧，就可达成课程所蕴含的教育目标，教师必须在课程发展与教学过程中适应学生的个别差异。换言之，这种教师教学本位的课程发展路径与本书第三章所论述的专业主义理论取向的课程设计意识形态关系密切，强调“课程即研究假设”的重要性。

但是，值得学校教师、课程设计人员与课程研究人员注意的是，教师教学本位的课程发展路径所主张的研究假设，是由学校以外的课程设计人员事前设计规划并提供外来的课程理念，并交付教师透过教学过程加以检验。教师如同教育学者或课程设计人员的研究助理，只是检验别人所事前设计规划的研究假设或课程理念。这种教师教学本位的课程发展路径，不同于教师提出自己的研究假设，并亲自加以检验的行动研究本位的课程发展路径。

行动研究本位的课程发展路径策略之下，教师提出自己的课程理念，并将其当成在自己班级的课堂教学情境中有待亲自检验的研究假设。教师透过行动研究，一方面不断修正自己所提出的研究假设与课程理念；另一方面，不断地改进自己的教学实务，提升学生学习质量。

回顾英国1960年代教育改革浪潮，这种教师教学本位的课程发展路径，是英国教师专业发展的表现，也是促进教师专业发展的一种课程发展路径。在这场由英国教师发动的课程改革当中，教师所扮演的角色是课堂层面课程设计发展人员。教师在课堂层面的课程发展与教学实务是很难区分的，教师的教学实务可以促进教师的教育专业判断与专业思考，并可以促成教师的教育专业发展。然而，这波教师主导的改革浪潮却被1980年代末期的英国保守党中央政府视为教育质量低下的主要原因，而企图采用国家政策本位的课程发展路径实施国家课程，并介入英国学校课程发展，以期提升英国学校教育质量。

第四节
国家政策本位的课程发展

1980年代的英国保守党中央政府认为1960年代教师教学本位的课程发展路径之下的教育改革策略成效不彰，因此，拟采用国家政策本位的课程发展路径规划国家课程，企图透过国家教育政策介入干涉学校课程，并设法掌控学校教师课程发展领域的神秘园地，从而降低教师对学校课程的控制。

《1988年教育改革法案》之后，英国开始逐渐实施“国家课程”（The National

Curriculum)。虽然英国中央政府历经政党轮替的政治权力转移与教育部门的数次改组，中央政府教育主管部门在修正国家课程时(Aldrich, 2002; DfES, 2002)，依然强调国家在教育中的重要角色(朱敬一，戴华，1996)，更进一步提出延续5—16岁之国家课程的接轨课程并连贯14—19岁阶段的教育改革案(DfES, 2002)，其目的在于建立一个具有世界级水平的最佳教育服务，以发展所有年轻人成为成人时应具备的自信心、技能与知识。这种课程发展的路径，是追求英国国家目标的重要步骤，使其课程更加现代化并具有更大弹性，以因应当前的挑战，确保国家经济繁荣与社会公平正义(Morris, 2002: 4)。然而，英国教师的课程自主权与教育专业能力，却因受到国家政策的侵害而斫伤。这种国家政策本位的课程发展路径，涉及"课程即目标"的课程意义、科技主义的课程设计意识形态与目标模式的课程设计。

一、课程的国家政策意图

1988年实施的英国国家课程包含四个构成要素，亦即，基础学科、成就目标、学习方案、评估安排(黄光雄，1990: 386)。虽然英国国家课程的实施面临了一些问题，但是不可否认，英国国家课程具有两个国家政策本位的课程发展路径的独特优点。第一个优点是，全国所有学生接受基本的国家课程，可减少全国境内所有学校之间的差异，且当教师与学生转学或转校时，不致产生课程衔接的问题。第二个优点是，学生在每个关键期接受国家课程评估考试，而没有通过该阶段考试的学生可进行补救学习，以了解并克服学习困难(黄光雄，1990)。

就国家政策本位的课程发展路径而言，课程不只是存在于课程学者专家的教育理想与教育计划当中，也不只是个别教师在课堂中的私人教学活动，课程也可能由中央政府公布正式的官方课程文件，特别是共同的学科与课程目标，以规范全国学校教师的教学活动。是以，课程似乎可以说是一种由中央政府透过官方政策，企图界定教师教学范围的规范说明书，强调"课程即目标"的课程意义立场，重视目标模式的课程设计，以便于政府的管理控制，充分流露出科技主义课程设计意识形态的工具理性。这种官方规范不管是采取最低标准或最高标准，其目的皆在于使学校教师共同遵守规范，以减少全国范围内课堂之间或学校之间的差异性。

这种国家政策本位的课程发展路径旨在透过官方统一课程文件的书面规范，促成学校课程的相似性。另一方面，国家课程是指国家政策所指定的，要求学生加以精熟记忆的学科知识。而国家课程的学科知识不是多元的，并不容许教师与学生有其他不同的诠释，这与知识的暂时性与开放本质相冲突。在这种课程发展路径之下，知识被制约为信息，其本质已遭到扭曲。同时，教学被制约为单向的教导，教师被制约为灌输者；学习被制约为记忆，探究过程被制约为发现结果，学生被制约为消极接受者。而且，由英国国家课程所规定的核心学科与其他基础学科等共同学科可以看出，国家政策本位的课程发展路径，仍然坚守“课程即学科”的课程意义立场，流露出精粹主义意识形态的保守色彩。

二、课程即目标

英国 1988 年的国家课程是采用国家政策本位的课程发展路径的课程发展方案，设定预期达成的国家教育目标，并以达成国家预定的教育目标为唯一的课程目标。这种路径的首要步骤是确立明确的国家教育目的，再将这些国家教育目的转化为学校教学的学科目标，而学科内容的编排及教师的教学都是以达成预定的国家教育目的为唯一的依据。而这种学科课程的评价，主要在于确认学生的行为表现是否符合学科课程目标所界定的程度。

这种课程发展路径的目的是建立并确认国家教育目标，进而列举达成国家教育目标的可能途径，以制式的学校课程策略以及学生学习阶段的概念发展为基础，进行学校教学，以期符合全国所有学校、所有学习阶段的学生需求与国家教育目标。国家政策本位的课程发展路径，乃是基于科技主义课程设计意识形态的工具理性，以指定明确的国家教育目标为开始，并将其分解为具体的课程目标，亦即，陈述预期学习结果，以便进行精确的测量，特别是以具体而明确的课程目标为参照的测验，以了解预期的学生学习成果的达成程度。

英国国家课程的实施面临一个重要的问题，即国家教育政策制定者与实务工作者的教师专业信念有着本质上的冲突。而在实施国家课程以前，英国的学校课程发展乃植基于教师教育专业自主的信念，采取教师教学本位的课程发展路径，因此，学校课程发展是由各个学校教师各自进行的。而国家课程的课程目标乃是达到学生的学业、个人以及社会的发展。因此,国家政策本位的课程发展路径之下的国家课程的实施,在根本上与过去英国教师的专业信念有所抵触。

虽然多数的学校教师支持用国家课程指引学校课程目标与课程内容,以普遍提升学生学习的成就目标,但对其国家政策本位的课程发展路径却有所不满。例如,国家课程所受到的众多批判,主要是由于中央政府的教育改革者所持科技主义课程设计意识形态与学校教师所持专业主义课程设计意识形态相互冲突。

三、教师即国家政策的执行者

国家政策本位的课程发展路径之下的国家课程,旨在使学校教师具备实施国家课程相关教育法令规定必需之能力。中央政府规划的国家课程计划,与国家课程测验等相关的政府规定,规范了学校教师的角色,使其必须转变教学实务以合乎学校以外的国家政策,遵守政府制定的国家政策或官方的课程计划(DES, 1989a;1989c)。

英国中央政府企图透过国家课程的实施,经由课程材料提供适当的观念以及适当的课堂教学活动,以便教师使用。更进一步地,政府不仅规范具体课程目标及教材,也规范学生学习任务活动,以监督教师改变其呈现知识的方法。这种国家政策本位的课程发展路径企图经由中央政府规定教学的最低标准的基础学科、成就目标、学习方案与评价方式,特别是学习程序与国家课程测验,介入教师教学与学生学习,使国家课程进一步迈向"防范教师的课程"(teacher-proof curriculum)。

国家课程的实施遭到许多学校教师、家长与教育学者的反对,因为其抹杀了教师的教育专业自主权,特别是国家课程测验的实施,更使考试领导并控制了教学,无形中增加了学生的压力。家长与教师尤其反对政府针对 7 岁、11 岁、14 岁及 16 岁的学生举行国家课程测验,以监督评价学生的学习成就。因此政府在 1992 年颁布《教育白皮书》(*White Paper on Education*),以进一步说明国家课程的实施(Dearing, 1993a; 1993b)。

但是,《教育白皮书》并未更改国家课程的基本结构,其采用的依旧是国家政策本位的课程发展路径,更结合了中央资助与中央控制的管理机制。基于所谓的国家政策本位的课程发展路径，国家课程假定学生学习成果可得到客观的评价，而整套评价方式的设计，更束缚了学校教师实际教学的进行，使其不得不调整教学实务以达成中央政府既定的国家教育目标与课程目标的规范。

例如，“小学学习评价、课程与经验”（Primary Assessment, Curriculum and Experience）是一项由英国布里斯托大学（University of Bristol）研究人员进行的研究，其探讨国家课程对教师教育专业角色的影响，以及教师对英国国家课程国家政策本位的课程发展路径的反应。研究人员从全英国学校教师当中抽出88位样本进行访谈，并另外就8位教师进行课堂的观察研究与深度访谈，以了解国家政策本位的课程发展路径之下，在1990至1993年间，英国教师每年对国家课程的反应与三年间反应的比较。

研究结果显示，国家课程实施后，教师教学工作负荷的增加，尤其是来自于国家课程测验有关的学习评价工作，使教师在教学活动上有所改变。例如，教师过去经常利用的主题工作（topic work）课堂教学，被简化为寻求书中的信息，学生无须用心填写工作手册。主动学习（active learning）被简化为让学生应用接收到的信息，而不是评价此类信息；误将信息视为知识，只重视学生对信息内容的外在兴趣，忽略学生内在的学习动机。此外，教师与学生的教学互动、教师同仁之间的合作关系，以及教师教育专业角色的觉知都受到了影响（Osborn, 1994）。

大多数的英国学校教师认为，国家课程对教师教学工作与角色具有负面的影响，因为国家课程增加了学校行政工作的负担、教学监督与考试的压力、视导与评价的焦虑，教师因国家课程所产生的负面情绪也逐年增加。就教师教育专业自主与个人成就感而言，将近一半接受访问的教师认为国家课程使教师丧失了教育专业自主，教师的教育专业判断也受到了严重的侵害。多数教师认为，国家课程导致教师丧失了教学中的专业自主权与教学创意。甚至，部分接受访问的教师认为，国家课程影响了教师的专业认同，因为国家政策本位的课程发展路径之下的国家课程使学校教师愈来愈像为达成国家教育目标服务的教学机器（Osborn, 1994）。

在研究中有教师指出，越认为自己的教学是以学生为中心的教师，越认为自己的教学具有自主创造力的教师，对国家课程的反应越趋负面。然而，并非所有英国教师的反应都是如此负面的。相对地，也有部分教师对于国家政策本位的课程发展路径之下国家课程所提供的课程架构与教学指引予以高度肯定，认为它在实际的教学中对于教师判断自己的教学方向正确与否等方面实在有所帮助。有五分之一接受访问的教师认为，国家课程不仅提升了学校教育质量，也为教师提供了专业发展与增进教学技巧的机会。此外，多数接受访问的教师表示，国家课程增进了教师同仁之间的互动关系，使教师们产生了为学生而共同合作、彼此支持的共同感，也让教师更能觉察到其他教师同仁教学的重要性（Osborn，1994）。

上述教师的不同反应，或多或少与教师知能的层次与素质不同有关。事实上，教师应在课程发展中扮演积极的角色，而专业的教师是确保课程质量的要件之一。因为教师是提供与实施所有教育活动的灵魂人物，任何教育政策实施的成效都取决于教师的教学信念、教学知能与实际面对的课堂教学情境。

国家课程的课程发展途径，明显缺乏与学校教师的充分沟通。特别是国家政策本位的课程发展路径之下，国家课程背后隐藏的知识控制与行政管理观点，包括对教师与知识、教师与学生间的关系，以及教师在课程发展中的角色的认识，都有许多争议。英国国家课程隐含的科技主义观点，使得教育沦为经济发展的工具或手段（黄光雄，1990）。学校课程的政治化，易使执政党为达其政治理想，在制定国家课程时过分强调国家政策的需求与学科知识本位，而忽略了学生所需的经验取向课程。英国国家课程的实施片面强调国家政策的倡导与灌输，而非心智启发的教育过程，一味地否定教师启发学生开展人类理解知识能力的启蒙路径，则这种僵化的教导必然无法提升教育质量。

四、目标模式的课程管理控制

基本上，国家课程采取国家政策本位的课程发展路径，中央政府透过教育政策立法，以规范国家教育目标为导向，同时以国家学习方案与成就目标或国家教育目标规范学生学习任务，并以累进的成就目标层级水平来显示国家教育目标的达成程度。

这种课程发展路径，与西方社会工厂生产的科技主义意识形态的政治管理控制思想有相当的关联。在国家政策本位的课程发展路径之下，国家课程被视为一种对工厂生产制造系统的产品规格的说明规范，其确保了能够提供一种简单、直接且不含糊的课程产品，以便社会大众及学生家长进行消费选择。在这种课程发展策略之下，国家课程变成国家统一制造的产品与消费系统，学校课程知识被视为由国家统一制造的商品，学生就是等待被国家代理人加工处理的课程原料，而社会大众与家长就是消费者，消费者则以国家课程测验的考试分数结果，作为选择学校教育的依据。

实际上，学习活动应该是经由学校教师安排的一系列结构化的学习任务，学习也应该有其社会性与文化性，因为教育在本质上是一种文化的导引介绍与启蒙，以再创造文化的新意，而不只是顺应学术权威或政治霸权。教学不是灌输价值，而是要去了解人类复杂生活中的行动。因此，学生不应该只是知识传递的消极接受者，而应成为知识创造的主体。但是国家课程却将学生视为消极被动的接受学习者，否定学生主动的社会参与，以致造成学习活动与社会孤立，而学习元素的商品化与个人化，更是破坏了社会整体文化本身(Elliott, 1994)。

英国中央政府企图设计一系列国家教育成就目标与基础学科的学科知识，确立精确的国家教育目标，并监督学校教师执行，以增进国家监督管理的技术控制能力。这种课程发展路径即唐纳德·舍恩(Donald Schon)在《超越稳定状态》(*Beyond the Stable State*)一书中论及的由"中央到边陲系统的社会改变"(Schon, 1971)，它忽略了人类行动与社会互动的复杂面，模糊或逃避了教育控制的伦理与政治问题(Stenhouse, 1975: 77)，更忽略了学校教师的具体教学经验，与教师专业文化相冲突。

国家政策本位的课程发展的路径所采取的"由中央到边陲系统"的课程发展与教育改革方式，注定是要失败的。其失败的主要原因在于，中央政府的教育部并不能完全提供边陲系统的教师所需的资源、经费、人力，以满足其需求，而只能以数量众多的信息作为补偿。由于国家政策本位的课程发展路径之下，教育部缺乏适当的回馈机制，难免造成边陲系统的教师误解抗拒课程革新，产生适应不良的问题。这种"由中央到边陲系统"的课程革新失败可归结于中央政府的能力耗尽、行政超载与管理不当。而英国中央政府采取由上而下的科层体制的高压措施，要求教师与学生一味地顺从政府政策，而未能真正了解边陲系统的学校教师的价值观、信念、文化与教学实况，更导致了地方边陲系统的学校教师的叛离与抗拒。

五、教师专业文化的重要性

国家政策本位的课程发展路径之下，英国国家课程只是一味强调国家政策对学校课程内容的管理控制，低估了教师实际执行所需的时间、资源与实际执行所需的知识能力。这种路径未从教师的教育专业角度分析课程发展问题的本质，致使边陲系统的教师认为中央政府透过国家政策规划的国家课程内容超载、目标太多，成就目标水平层级繁多复杂，课程内容的选择不适当（Dearing，1994），他们不可避免地对国家课程的教育革新产生误解与抗拒。因此，国家政策本位的课程发展路径下的国家课程并不能提升学校教育质量，只能达成学校行政表面结构的行为改变，而无法实现教育行动的改变（Elliott，1994：61）。

教师文化是课程发展与教育改革中的实际问题，只能透过鼓励教师反省并检讨其教学实务来促成深层的教育行动改变，而且课程改革不应忽视课堂教学现场的教师参与。国家课程忽略了教师在课程发展与教育改革上的实际参与与投入，导致教师丧失其专业自主性，影响其自我概念、师生互动与工作士气，并进一步阻碍了教师教育专业发展。

这种国家政策本位的课程发展路径，未能尊重教师的教育专业文化，因此来自学校外部的中央政府国家课程的教育革新推力，自然地与地方学校教师抗拒改变的阻力相互抵消，使得教育改革的理想与实际产生严重脱节与落差，这正是英国课程改革所面临的基本问题（MacDonald，1971）。因此，如何将课程改革的教师阻力，转化为课程改革的学校教学助力，甚至转化为课程改革的学校教育革新主力，正是规划国家政策本位的课程发展路径时必须考虑的关键问题。

第五节
行动研究本位的课程发展

在 1960 年代英国的课程改革浪潮中，学校教师扮演了课程发展过程当中的主要角色，然而随着1988年之后国家课程的实施，教师的教育专业自主大为降低，教师成为国家教育政策的执行者。第一波课程改革浪潮强调教师教学本位的课程发展路径，采用探究学习的教学原理原则，但是1980年代晚期的英国保守党中央政府却认为，这种课程发展途径乃是造成学生普遍学习成就低落的主要原因。因此1988年之后，英国改采以国家为主导的课程发展方式，企图解决以往教育改革的问题。然而这种国家政策本位的课程发展路径，却侵害了学校教师教学的教育专业，处处束缚教师的教学过程。

这种国家政策本位的课程发展路径并未能真正对症下药，因为国家课程以固定不变的学科信息材料为主要依据，将其作为主要的教学内容，限制甚至干预了教师在课程发展过程当中的教育专业自主，使教师沦为教学机器，只会向学生灌输固定的资料，这种情形有待改进。因此，学者主张行动研究本位的课程发展之路径，强调课程的教育行动媒介功能，重视"课程即研究假设"的课程意义立场与积极的教育意义，主张"教师即课堂行动研究者"，统整了"教师即研究者"的教师教学专业主义课程设计意识形态，呼吁课程学者专家与学校教师共同合作进行课程发展，并且尝试以课程行动研究结合目标模式、过程模式与情境模式开展课程设计。

一、课程的教育行动媒介功能

行动研究本位的课程发展路径，系结合国家政策本位的课程发展路径以及教师教学本位的课程发展路径的一种课程发展策略。在这种课程发展的路径之下，课程不只是教学内容、教学目标与教学原则的说明，也是一种协助教师反省检讨课程目标原则与达成实践的教育行动媒介。教师在行动研究过程当中，不仅进行了对自己教学的反省检讨，也参与了课程发展与教育理念的不断发展建构，并逐渐建立起转变影响教师教学实务的教师教育专业文化。

依此路径，课程应是由学校教师、地方学校、地方政府与国家层级的中央政府在互动网络当中不断建构起来的；不同的社会代表，如家长、教师、雇主、顾客，以及不同层级的政府代表，可以透过彼此对话沟通，分享与磋商共同追求的教育理想与目的，并将其转换为共同理解的课程目标。例如，英国东英格兰大学教育应用研究中心教授兼主任艾略特，便以其所主持的"福特教学方案"（The Ford Teaching Project）为例对此加以说明（Elliott，1992），并企图透过行动研究本位的课程发展，将教师教学本位的课程发展与国家政策本位的课程发展结合起来。

课程内容宜富弹性，除了提供所有学生共同的基本课程之外，也要因应学生、学校及地方的不同需求。各级政府应该鼓励学校本身发展课程计划并实验课程，建立自己的特色。同时，面对弹性的课程，教师能更好地发挥其专业能力和创造力。这种路径强调学校发展课程的责任，鼓励因应各地资源发展学校特色课程，并在师资养成的教育阶段加强教师课程设计、选择组织学习经验的能力与实作经验，落实课程发展，丰富学生的学习生活，进而使课程理念融入学校教学实务，并在课堂情境当中得到实地检验。

而且，教师与学校必须向地方及中央政府负起提升教育质量的责任，并由学生家长与社会大众对教师课程发展与教育改革的建议加以考核监督，并在这种课程发展过程中让教师、政府、学生家长以及社会大众彼此接受、相互学习。课程发展的参与者创造并再创造出一种鼓励成员进行深思熟虑的课堂情境氛围，启蒙学生并将其导入社会文化当中。这种观点的课程发展兼顾了教师教学本位的课程发展以及国家政策本位的课程发展的课程改革路径策略（Elliott，1994；1998）。

二、课程即研究假设

课程发展是团体合作的产物，学校教师、课程学者、课程设计的实务工作者、学校教育行政人员、课程评价人员、教学辅导人员以及师资培育机构等相关人员，可以透过行动研究本位的课程发展路径建立彼此沟通的渠道，结合课程基础研究、课程应用研究与课程行动研究，以透过务实的课程行动，修正与改进课程发展的过程，提升其设计质量。所以，行动研究本位的课程发展路径可以同时增强国家政策本位的课程发展与教师教学本位的课程发展。

课程发展不只是决定课程目标与编写教科书，还必须注意教师手册、学生习作、教具、补充教材、视听媒体、评价工具等相关教学资源的设计。课程发展的规划必须配合课程评价的实施以评估其效能，因此，应妥拟课程评价计划，并设立评价委员会统筹规划课程评价制度，结合教育视导与教学辅导，从中央、省市、县市、乡镇、学区到学校，统一事权，彼此协调分工合作。行动研究的重要性，乃在于其强调教育人员的行动，并为课程预留进一步在学校情境与课堂情境中推广、调适与实施的充裕时间。因此，行动研究本位的课程发展路径，可与国家政策本位的课程发展路径互相配合、相互作用。

依此路径，课程只是一种研究假设的说明，以协助教师在教学过程当中反省思考自己的教学，并在课堂情境中检验课程知识与教学行动之间的动态关系。教师不仅在教学过程中实践课程当中的教育理念，并经由教学实务当中的行动研究过程，重新建构课程当中的教育理念(Elliott, 1992)。校外的课程发展顾问的主要职责，乃在于鼓励教师构思并研拟自己的课程教学研究假设，并亲自在课堂情境当中对其加以实地检验，以提升教师的教学质量与学生的学习质量。同时，教师也是课程发展过程当中的学习者，亦即"教师即学习者"。

行动研究本位的课程发展路径，除了与教师教学本位的课程发展路径相似，将课程视同有待教师在课堂情境当中实地检验的研究假设，更进一步地鼓励教师研拟设计自己的课程教学研究假设，并对其加以实地检验。这一点正是这种课程发展策略与等待校外课程设计人员提供研究假设的教师教学本位的课程发展路径不同之处。

三、教师即行动研究者

一般而言，课程发展可分为国家、地方、学校、课堂等四个层面。教师是课堂层面的课程的实施者，是国家、地方、学校等层面的课程的落实者，而且教师是课堂层面课程改革的灵魂人物，因此教师在课程发展与教育改革行动中，占了极重要的角色(欧用生，1992)。

行动研究本位的课程发展路径强调"教师即行动研究者"的课程发展原则，凸显了教育专业的工作内涵会因不同时空环境而有所变异。而且教师是不断发展与成长的个体，有能力针对自己的课堂教学实务情境进行批判或改进。因此，教师教育专业的不断发展有其可能性与必要性。

在课程发展的过程中，应当建立适当的教师研习中心，开展教师研习活动，使之成为教师专业发展的重点机构，并在参与课程发展的实验学校所在地，举办地区性的教师研习活动，以鼓励教师在职进修并协助教师获得教育专业发展机会。换言之，透过课程顾问的专家指导与学校教师彼此切磋琢磨的成长过程，可以增进教师设计课程、教学与评价的能力（Tyler，1939；1941）。因此，如能在学校组织成长与学校文化的情境脉络之下，探究教师专业文化与教师在课程发展中的角色问题及其间的关系，或许更能帮助推动课程改革的相关人员与教师认识课程发展的过程。

教师是课程的教育理想和教学实务之间的教育行动主体。课程当中经常蕴含许多教育理念与理想，而这些教育理念与理想，必须经过教师的转化才落实到学生身上。在此过程中，教师扮演主动的角色，选择文化制品（cultural artefacts）作为课程内容，特别是经由讨论多元文化当中的社会争议问题作出课程选择。课程的目的在促进师生的理解，教师是居于课程的教育理想和教学实务之间的实践媒介，教师如何明智地诠释与落实课程当中的教育理念，是决定课程发展成败的重要因素。

在行动研究本位的课程发展路径中，行动研究旨在协助教师成为教育专业领域当中能够反省思考的专业人员（Schon，1991）。教师在课程发展过程中，不应只是一味执行外来课程顾问设计的课程，也不应只做一位机械的教学匠；教师应在教学过程当中采取"教师即行动研究者"的立场，结合国家政策本位的课程发展路径与教师教学本位的课程发展路径，将课程视为研究假设，透过课堂行动研究，反省检讨自己的教学，检验学校知识与教学之间的互动关系，以提升学生的学习质量（Stenhouse，1985：59）。

行动研究本位的课程发展的路径强调教师的教育专业知能，使教师得以灵活地因应课程发展的需要，采取各种教学策略，处理复杂的教育工作，帮助教师超越"教学机器"的譬喻。教师教育专业，意指教师在选择课程、组织教材及安排教学活动的过程中，不应受限于国家政策本位的课程发展路径之下的政府政策或教育法令规定，而应兼顾教师教学本位的课程发展路径之下更高层次的思考能力与策略，如沟通表达能力、问题解决与个案研究能力、创造思考能力、批判思考能力等专业知能，从而更灵活地从事课程发展，以应对现今多元民主的社会以及复杂多变的教育工作。因此，教师是课程发展过程当中不可或缺的动力来源。重点在于，政府及课程改革的推动者，应该协助教师采取行动研究本位的课程发展路径，以增进教师专业知能的发展，并落实课程发展的教育理念，以不断改进学校教育质量。

四、合作的课程发展行动

就行动研究本位的课程发展路径而言，教师之间的孤立，极可能是阻碍教师专业发展的因素之一；而教师之间专业的互动与讨论，在课程发展上，并不仅限于课程内容的协调，还可包括相互观摩与分享。教师更可以透过教师团体合作的专业发展过程，扩展其教育理性思考，激发其教育专业反省知能，产生教育行动的动力。这表明合作的课程发展行动可以达成更高层次的教师专业发展。此外，为支持教师在课程发展过程中扮演积极重要的角色，教师本身需具备相当的专业自信与判断力，这可由建立教师之间的相互支持来促进教师同仁间的教育专业成长。

就学校课堂层次的行动研究而言，教师可以经由录像或录音的方式记录课堂上教师教学与学生学习讨论的实况，并分析学生的行动与互动是否合乎教育的程序原理原则。而且，校外的课程顾问经由访问与教师进行深度访谈时，教师也可记录其讨论过程以增进对自己教育理念的理解。这种合作的行动研究策略，便是从各种角度处理证据的三角测量(triangulation)方法。换言之，课程顾问或课程研究者与课堂当中的教师开展一种合作行动研究(collaborative action research)，共同指出学校当中教学行动与课程互动的课程发展问题。

课程顾问的工作不是推销课程产品，而是协助教师依据其教育哲学发展课程，而课程行政就是促成课程发展的一种教育艺术。课程行政技术的价值，就在于协助教师完成其所想要达成的课程发展工作，并协助教师更彻底地了解课程发展的前进方向，不致落入课程发展的泥淖与课程设计意识形态的纷争当中。因此，课程顾问的职责在于发现学校课程的问题与特点，尽力找出降低课程设计意识形态冲突的课程发展方法，并尝试克服课程发展的阻力，成功地促成课程发展与进步(Ryan, Johnston, & Newman, 1977: 547)。

在此过程当中，校外的课程顾问鼓励教师采取研究的态度，尝试合乎教育过程原理的不同行动策略，并透过不同的三角测量法以监控其课堂情境当中的教学效应。例如，教师鼓励学生提出不同意见，而不是一味追求一致的同意共识；为此，教师采用课程实验的教学行动以长期检验这一研究假设，并搜集课堂中的证据来修正先前的研究假设，透过行动研究方法改进自己的教学质量。

许多国家政策本位的课程发展路径之下的课程发展方案都缺乏系统的需求分析，以致无法实际解决问题。因此，有必要首先分析课程发展的需求与原因，从而对症下药(Tyler，1978：241)。以1970年代美国物理科学研究委员会(Physics Sciences Research Committee)所发展的“PSSC物理课程”为例，当时旧的物理教材已经落伍，教师希望找到合乎时代要求的新教材，但是却认为没有必要改变学生的学习经验，也没有必要采用新的教学策略。由于新课程无法满足需求，未能了解学校的问题，遂遭失败。因此，教师观念的革新是课程发展中的一个重要关键。又如，针对阅读障碍等特殊学习困扰的课程与个别化教学的课程，也必须依据个人不同的学习顺序与速率加以设计。因此，分析学习上遭遇困难的学生类型，也是课程发展过程中的一个重要环节。同时课程发展也必须分析当代的教育环境，如家庭、同侪团体、大型社区、学校环境等，以确认影响课程的问题及其限制的动态因素，以便更好地进行课程发展。

因此，课程规划必须进行需求评估。宜广纳各方观点，以满足学生与地方的需求为标准加以评估，再配合社会变迁与新知识的发现作出选择。课程的研究，应该重视长期性的研究发展推广。教育是一项细部的社会工程，只能点点滴滴地改善累积，而非如同乌托邦社会工程，一夜之间全面完美地飞跃进步(欧阳教，1990)。

以课程发展阶段而言，应将课程的发展与改革当作长期的研究与发展的教育工作来处理。鼓励进行课程发展与实验，不断采用各种研究方法进行形成性评价以修正课程。可在方案进行时，实施追踪评价，并在一段时间之后，实施总结性评价，以作为继续发展新课程的依据。以课程推广阶段而言，应在正式推广前进行小规模实验，以试用课程发展的成品；课程实验中表现优异的教师，可聘为教学示范教师，进行课程推广工作。以课程采用阶段而言，应重视问题解决途径的课程改革，提升教师诊断问题及行动的能力与意愿，并以学校作为课程发展的中心与课程改革的前进基地，以教师作为课程改革的主体，重视学校教育人员的责任与地方资源的利用，打破课程理论研究与实务工作脱节的现象，结合课程顾问专家的经验与智慧，透过合作行动研究的方式，解决学校的课程问题，提升教育质量。

在课程发展方面，行动研究本位的课程发展路径可以提高教师与学习者的批判意识，其课程发展包括以下几个步骤：第一个步骤是，由主要负责教育工作的教师与学习者共同发展能够确实反映学习者实际生活方式的课程主题。第二个步骤是，将经过初步调查后所得的课程资料，作为课堂讨论及提升教育文化素养的课程题目。第三个步骤是，确定学习题目并搜集课程数据之后，教师应组成课程会议讨论课程内容，并接受课程参与人员对不同课程观点的反应。第四个步骤是，由心理学家、社会学家、教育学家等组成课程发展小组，拟定课程教材内容纲要。第五个步骤是，以多元化的方式呈现课程教材内容，借以提高教师与学习者的批判意识，并鼓励教师与学习者针对现实环境提出质疑。这种课程发展途径的教育目标，旨在协助教师与学习者理解他们自己的世界观及其所生活的现实社会世界，以追求比较合适的社会生活。这种课程发展方法结合了程序和理性的原则，其目标在于激发教师与学生的批判意识（critical consciousness）。课程发展人员的教育工作旨在改进教师与学生的人格与态度，并培养教师与学生具备行动自由和承担教育责任等知能（王文科，1988）。

然而，就行动研究本位的课程发展路径而言，学校教师是教育专业人员，并不意味着完成教师职前养成教育就能保证教师胜任其任务。教师专业能力系指身为一位教师在知识上、心理上、能力上、态度上与信念上必须具备的各种内在知能条件（饶见维，1996），教师的教育专业信念是个极为复杂的概念，教师的教育专业文化与其个人生活史、教育背景、专业经验、课堂情境，社会文化、专业传统都有所关联（Osborn，1994）。特别是教师对学校教育实务工作的投入深度与广度，以及教师在实际课堂情境当中进行教学反省思考的知能与信念等，皆与教师专业成长有着密切关联。因此，行动研究本位的课程发展需要配合教师在职进修制度的配套措施，协助教师获得教育专业发展。

第八章 课程实施与课程领导

课程实施(curriculum implementation)是将课程规划的“筑梦”愿景与课程设计的“逐梦”方案,转化成为“踏实”的实践过程(黄光雄,蔡清田,2009)。它能连结理想愿景、课程方案与教育实务,是实践教育理想的一种具体行动,透过教育人员的深思熟虑构想与实践行动,缩短理想与实际之间的差距(Marsh & Willis, 1995)。更进一步来讲,课程实施不只是将事前经过规划设计的课程加以传递,更是教育愿景的转化实践过程与协商交涉结果。因此,学校如何连结课程规划设计与实施的过程,乃是课程改革成败的关键之一。

然而，课程改革需要时间进行事前规划，课程实施更需要时间去推动(Parsons，1987)，以便进行进一步发展与调整创新。因此，有必要培养教师因应改变的态度，并体认学校文化的重要性，了解学校情境的复杂性与教学互动过程的重要性(Fullan，1989)；透过课程领导(curriculum leadership)(蔡清田，2005)，引导有效的课程实施之进展；创造有利于课程实施的积极条件，鼓励教师积极投入课程实施，体认教师角色在课程改革中的重要性(Clandinin & Connelly，1992)，重视个别教师对课程实施的认同感与个人的课程教学魅力；将课程视为有待检验的研究假设(黄光雄、蔡清田，1999)，以探究实施教导的课程之实际现况，并协助教师彼此合作，以建立教师专业文化。以上就是迈向成功课程实施的主要因素(蔡清田，2008)。

本章第一节旨在说明课程实施的意义，第二节指出课程实施过程当中“忠实的使用者”与“不忠实的使用者”这两种教师角色。第三节根据文献分析探讨课程实施的忠实观与相互调适观两种研究观点，与逐渐强调落实行动的课程实施之行动落实观。这些课程实施的观点与本书所述的“课程即目标”、“课程即计划”、“课程即研究假设”的意义相关，并与科技主义、社会主义、专业主义等课程设计意识形态关系密切，而且与教师教学本位的课程发展、国家政策本位的课程发展、行动研究本位的课程发展等路径有着密切关联。第四节将更进一步地阐明课程实施的四个探究主题，并在第五节说明迈向行动落实观的课程实施之四种配套措施，亦即，行动研究、组织发展、关注本位的采用模式，以及课程一致。另外，第六节将探究与课程实施关系甚为密切，而且近年来十分受重视的课程领导的行动策略(蔡清田，2007)。

第一节
课程实施的意义

一个新的课程方案往往开始于学者专家的教育理想或官方正式的书面计划，但是，只有当教师在课堂情境中实际地执行或实施这个课程的教育理想或官方正式的书面计划之后，这个课程的教育理想或书面计划才能转化为学校的理解的课程、教师的运作的课程与学生的经验的课程。审慎的计划，是良好课程的必要条件，而非充足条件，因为如果教师没有理解到实施新课程的必要性，并进一步在自己的课堂中加以“运作”实践的话，那么一切都只是纸上谈兵(Marsh & Willis, 1995)，学生将无法“经历”此课程。因此，课程实施就显得十分重要，甚至成为迈向成功的课程改革与课程设计发展的必要条件之一。本节旨在说明课程实施的重要性、复杂性与其教育意义。

一、课程实施的重要性

课程经过设计与发展后，若没有经过课程实施的实际行动，就无法落实课程的教育理念，更无法达到课程设计与课程发展的课程目标预期成效。因此，课程如果要对学生产生影响，必须透过课程实施付诸教育行动。换言之，课程实施的探究，可以协助课程研究与发展人员发现课程经过设计与发展阶段之后，在实际执行实施的过程当中产生了何种改变，可以协助课程研究与发展人员了解课程设计与课程发展失败的可能原因，可以提醒教育决策人员避免忽略课程实施的重要性，更有助于课程研究与发展人员了解学生学习结果与各种影响因素之间的复杂关系(黄政杰，1991：399)，并为改进课程设计发展、教师教学过程与学生学习质量提供依据。

二、课程实施的复杂性

一般人使用的“实施”(implementation)一词的概念意义十分松散。例如,“实施”往往被界定为一项革新所包括的实际运作过程的一切作为与内容(Fullan & Pomfret,1977)。此定义却未详细说明“实施”究竟包括什么内容,也未说明究竟教育工作人员应该以何种态度来面对课程实施的问题。再者,课程研究人员若要针对有关课程实施的情况进行详实描述,亦有诸多困难。

举例而言,课程实施的焦点是着重在教师的课程材料使用,还是着重在教师的教学行动,或是着重在学生的学习?如果试图从上述三种课程实施层面加以描述,则应该根据何种实施标准来论述评析上述三种课程实施层面之过程?因为这三种层面是三位一体的,很难清楚地加以区分辨别,而且经常同时出现在课堂生活当中。再加上政府往往没有充裕的研究时间去了解课程实施半年、一年或更长时间之后的实际效果。何况由于受到各种不同源数据的复杂影响,有关课程实施程度的描述更是难上加难。究竟应该采用课堂观察、访谈、文本分析、问卷调查,或是进行自我评析报告?这往往给当事人造成极大困扰。另外,由于汇集的课程实施数据,也可以用来评价参与该课程方案之个人及所属单位的绩效,不免涉及行政惩处的政治权威利益意涵,因此难免造成“是谁根据何种目的评价谁”的不安的政治气氛。

另一方面,由于课程设计与课程发展必须投入相当多的教育资源、时间与课程专家的人力,因此,课程设计人员与课程发展人员有必要从课程实施人员身上,获得有关课程实际执行与使用情形的反馈数据。因为未来的课程改革努力成果,将建立在过去成功的课程设计与课程发展的教育实践基础之上,从而避免重蹈过去课程实施失败之覆辙。因此,不管是由政府主办或由民间财团法人赞助的非营利目的的课程发展方案,相关课程研究发展的单位都应该重视并善加利用课程实施成败的反馈信息。因为只有了解课程实施的过去、现状与利弊得失,才能为进一步发展新的课程方案提供参考;而且课程研究发展的赞助单位,也应该进一步了解投资于课程发展方案当中的经费、时间、人力的教育绩效。因此,课程实施的反馈资料有助于迈向成功的课程改革与课程设计发展之实施。然而,课程实施的探究存在诸多困难,若要成功地进行课程实施更需要各种因素的配合。例如，帕森斯便指出迈向成功的课程实施之主要因素包括(Parsons，1987：220)：

1. 课程发展需要时间，课程实施更需要时间，以便进行进一步发展与调整，因此，有必要培养教师因应改变的态度。

2. 课程发展需要透过技术的改变，有必要透过计划阶段以规划课程实施的行动，促成改变。

3. 体认学校文化的重要性，了解学校情境的复杂性与教学互动过程的重要性。

4. 必须从时间、资源、教材等方面提供课程实施的诱因与奖励。

5. 分担课程实施工作的责任，协助教师彼此合作，以建立教师专业文化。

6. 创造有利于课程实施的积极条件，鼓励教师全力投入课程实施。

7. 善用地方与教师的合作团体，建立课程实施的合作架构。

8. 透过课程领导与课程协调的教育工作者引导课程实施之进展。

9. 体认教育系统的文化价值之重要性，了解国家层面、地方层面及学校层面的教育改革政策之整体意义。

10. 了解课程发展与课程实施的政治观点的必要性，进而与课程实施相关人员保持密切关系，建立双向沟通途径。

11. 理解课程发展与课程实施相关人员的支持之重要性，并在地方与学校获得社会大众与学生家长之支持，以便建立教育改革的合法地位。

12. 体认教师角色的重要性，因为个别教师对课程实施的认同感与个人的课程教学魅力，也是迈向成功课程实施的主要特质。

从上述迈向成功的课程实施的影响因素观之，课程实施的意义以及影响因素十分复杂，涉及课程改革的技术、政治与文化观点。特别是课程实施有其执行上的困难，因为教师很少有时间去进行课程规划、研拟课程实施或学习新技巧方法。而且，课程改革人员往往未能了解也未能考虑到学校情境的个别差异。促成课程改变的要求太多太难，不可能要求教师立即达到成功的课程实施。因此，成功的课程实施经常是缓慢地伴随着学校组织团体的成长与日趋成熟，而逐渐达成课程改革的愿景(Fullan，1989：24)。

三、课程实施的本质

美国教育学者豪斯指出，课程实施的本质是一种政治决定，重要的是课程设计人员与课程使用者双方能透过面对面的互动与交互作用，建构课程实施的动态平衡(House, 1979)。亦即，我们可以从课程发展的技术、政治、文化本质来理解有关课程实施的意义(蔡清田，1997e；House, 1979)。

从技术观点而言，“预动与互动途径”(proactive/ interactive approach)强调课程实施的忠实观，深信系统的课程规划设计与课程发展的理性途径可以克服教师课程实施所面临的时间缺乏或能力不足等问题。这种观点与“课程即目标”的课程意义立场与科技主义的课程设计意识形态有密切关联。

从政治观点而言，协商模式(negotiation model)的基本假设认为，课程实施的相关人员并不完全依据理性而行动。这种观点强调课程实施的参与人员之间的权力平衡与互动调适，才是判断某一项课程发展成败的依据。同样地，英国课程学者麦克唐纳以及沃克也主张课程实施涉及磋商协调的过程(MacDonald & Walker, 1976)。事实上，课程实施是课程设计人员与作为课程使用者的教师团体双方进行教育交易、相互调适与理念互换的结果。这种观点与课程实施的相互调适观关系密切。

从文化观点而言，现有课程实施参与人员根深蒂固的深层社会文化价值观与教育信念，最后终将影响课堂层面的课程实施。因此，有效的课程实施，有赖于透过课程行动研究，改变课程实施参与人员的社会文化价值观与教育信念。这种观点与“课程即研究假设”的课程意义立场及教师教学专业主义的课程设计意识形态有关，而且与课程实施的行动落实观关系密切。例如，英国课程学者鲁达克以及凯莉也认为课程实施与学校文化关系密切(Rudduck & Kelly, 1976)，而且课程实施的过程，就如同课程设计人员事前精心规划的课程蓝图，逐渐转变为教师在课堂教学情境当中与学生互动之后，加以调整再付诸教学行动的课程。课程的内容与方法经由学校正式组织与班级社会体系的师生需求与社会文化价值观的过滤与诠释之后，不断增加、减少、修正或创新，因而造成课程实施过程中的实际差异，显现出课程实施的丰富面貌与生动活泼的气息，就如同同一首乐曲，在不同指挥者及不同演奏者的互动诠释之下，呈现出多元且各具特色的实际演出效果。

四、课程实施的意义

事实上，课程实施的科技、政治、文化观点都能用来解释教师进行课程实施的部分实际情况，三种观点之间关系密切，而且可能同时发生。由此可见，若从教师专业文化的观点而言，事实上，我们可以将课程实施的意义界定为教师将事前经过规划的课程付诸实际教学行动的实践过程。换言之，课程实施就是将“书面的课程”(written curriculum)转化为课堂情境中的教学实际作为之教育实践行动(Marsh & Willis，1995：205)。更进一步地，课程实施不只是将事前经过规划的课程付诸实施的传递行动，也是协商交涉与教育信念转型的行动过程与实践结果。因此，从教师的教育专业角色角度来探究课程实施的意义，实有其重要性与必要性。

第二节 课程实施与教师角色

国家政策本位的课程发展路径，是由中央政府规划主导的国家层次的课程发展，其目的乃在于规范或塑造教师课程实施观念的相似性，而规范或塑造这种课程实施观念相似性的来源之一就是学校教育的课程传统。

但是，也会有一部分具有教育改革意愿或课程创意的教师，不一定完全遵照政府规定的教科书等课程计划或行政命令之规定内容，而选用合乎学生与家长需求的教材教法或教育改革理念。然而，这种具有改革热忱的教师并不多见，因为政府规划并明文公布的课程纲要、课程标准等官方的正式课程文件与行政命令规定是具有强大的行政权威的，足以约束任何教师的教育改革理念或企图。因此，中央政府“以本地政策为依据”所发展的课程纲要、课程标准等课程命令或行政规定总是控制着学校教育的课程，使得学校教育的课程经常具有保守的色彩与守旧的倾向。

由于中央政府规划并公布的课程纲要、课程标准等课程命令或行政规定具有相当的行政权威，特别是课程纲要、课程标准、教学指引与教科书，已经在学校教育系统、学校正式组织及班级社会体系当中，建立起制度化的课程约束角色，成为学校教育中一股强大的影响势力与权威。一位接受师资养成教育的准教师，必须对政府规划的官方正式课程有着基本的认识；一位实习教师也必须学会如何精熟地掌握政府规划的官方正式课程之规范，才能通过鉴定成为一位合格教师；一位合格的正式教师也必须熟悉课程纲要、课程标准及教科书之内容与教师手册或教学指引，以便达成传道授业解惑之教师的传统角色。因此，一般教师常将官方规定的课程视为教学圭臬，实际上却很少加以分析批判。

但是，值得推动课程改革的相关人士注意的是，这些国家政策本位的课程发展之相关课程命令与行政规定，对教师与学生的约束力究竟有多大呢？理论上这些课程命令与行政规定，特别是课程纲要、课程标准、教学指引、教科书与学生习作，可以如同着色画本一样规范教师与学生涂色的轮廓范围，却不应该限制教师与学生选择色彩的种类与自由。因此，课程的规范说明与行政命令规定可以规范课程学科知识的最小范围与最低标准，而无法硬性限制师生的最大选择范围与成就最高标准，更不应限制师生对于学习方法的选择。

一般而言，由于教育行政人员无法时时刻刻监督教师的课堂实际教学，教师也会对政府正式公布或书面规定的官方课程文件进行口头的摘述或诠释，而不是逐字逐句忠实地进行课程实施。事实上，教师可能心中知道课程标准等课程相关规定的存在，在课堂中实际握有部分程度的教学自主权。

一、课程实施的两种使用者

理论上，大多数教师会欢迎新课程，因为新课程会增加一种能够为教师提供众多选择的另类的选择机会。但事实上，并不是所有的教师都会主动自愿地接受新课程，也不是所有接受新课程的教师皆会实际运作新课程，并将新课程落实在学生身上，因为某些教师可能非常满意于他们目前所使用的课程。在某些课堂情境之下，当教师别无选择地使用新课程时，教师可能会以热忱接纳新课程，成为顺从新课程的“忠实的使用者”。也有一部分教师不愿意使用新课程或加以调整，而成为所谓不顺从或不欢迎新课程的“不忠实的使用者”(dissonant users)。在极端的情况之下，一位不忠实的使用者可能表面顺从，然而，在教学技术层面的课程实施实际中，却采用马基雅维利式(Machiavellian)的抗拒策略，背叛新课程理想或原先的计划，甚至颠覆“理念的课程”与“正式的课程”。因此，课程实施过程中，个别教师的态度是非常重要的(Marsh & Willis, 1995: 207)。

二、课程实施的两种绝对权力观

在课程学术著作中，有关教师的课程实施态度方面，常可见到教师绝对权力的教学专业观与行政绝对权力的科层体制观，但是这两种政治立场对立的课程实施的绝对权力观点，在教育实际中并不多见，因为这两者的权力关系常常是相对的，而不是绝对不变的。

(一) 课程实施的教师绝对权力观

第一种课程实施的观点认为，就教学专业而言，教师拥有绝对权力，可以专业地决定是否在某个班级的课堂当中运作或实施某一课程。赞成这种观点的教育改革者主张教师应该具有教育专业知能，并肯定教师有途径获得决定某一课程主题或单元的知识、技能或资源。他们相信教师能够花费较长时间准备教学材料，并有能力去准备或供应教材。因此，拥有这种观点的教育改革者主张教师应该有途径获得适当的经费来源，以进行课程教学材料的设计发展，而且教师有能力将此知识融入所欲发展的课程主题单元之中，教师也必须参与所有的学校课程设计发展活动。这种观点与教师教学本位的课程发展路径有关，而且与课程革新的政治观点密切关联。

例如，一些有关学校本位课程发展(school-based curriculum development)的课程文献，常从这种乐观的角度描述教师在课程规划、发展与实施的所有阶段中，皆未受到任何外力的限制。其基本假定认为教师拥有绝对权力，不会受到教育系统、家长或社区的限制，可以自由地在任何时间介绍任何新的课程内容、方法或单元主题。这种描述以为教师在参与所有阶段的课程发展时完全是积极正面的，而且是可欲的、具有教育专业价值的。这种课程实施的观点期待任何教师去从事所有的课程设计与发展活动，然而这是不符合学校教育的实际情境与课堂教学现场的实况。事实上，在学校本位课程发展活动中，每一位教师所能从事的课程设计活动，仍受到整个教育系统的科层体制之行政权力的限制，个别的教师不可能拥有如此之大的绝对权力。因此，第一种教师绝对权力的教学专业观是有瑕疵而不够完备的课程实施偏见。

(二) 课程实施的行政绝对权力观

另一种极端的课程实施观点认为，从科层体制的行政观点而言，有一种外来的行政权威可以对教师的课堂教学活动实行完全的监督与控制，引导教师去选择特定方法或使用特定课程主题或单元。这种由政府预先加以规划的教育行政系统是权威的、传统的。特别是由教育事务主管部门或地方学区行政人员视导督导教师的课堂教学，以确保教师根据政府规定的方式运作课程或执行官方预期的课程实施。科层体制透过教育行政命令要求所有教师在相同的课程标准或课程纲要之下，以相同方式在相同时间运作并教导相同的课程，执行政府所期望的课程实施，以达成政府事前规划的课程标准、课程纲要的课程目标预期理想。这种观点与国家政策本位的课程发展路径有关，而且与课程革新的技术观点关系密切。

令人怀疑的是，教育行政人员是否能真正完全彻底地对教师教学加以规范与控制。尽管有关课程标准、课程纲要的指导纲领或课程行政命令可以作出十分详尽的规范，但是教师却有许多数不尽的专业方法与策略，可以技巧性地周旋应付这种行政规范与规定的内容。举例而言，教师可以轻易地调整课堂教学，造成课程内容与教学顺序的差异；教师也可能强调特定的道德价值信念或社会矛盾的争议议题，也可以省略或贬损某种特定的价值议题。因此，除非督学能持续不断地在课堂中观察教师教学，否则教室门内的课程实施实况是很难被外界所了解的(Goodlad & Klein, 1970)。

课程旨在协助学生实现学到知识、技能与情意，获得解决问题能力，激发创造力，养成良好品格等教育目的。课程实施的过程中，课程设计本身固然重要，但是也要注重教师的影响因素，因为有了教师参与课程发展过程，课程设计才能有生命。课程实施应该顾及教师的专业自主与人格尊严；教师并不只是教书的工具而已，应该有机会主动参与课程的创造与发展工作。毕竟教师是在教育工作第一线的课堂现场，最了解学校教学与课堂情境实际情况的教育专业人员，教师的实际教学经验与教育专业知识不容抹煞。不过，教师也必须能继续充实自己的教育专业知识，多参与学校教育人员的在职进修活动，吸收新的知识，充实课程知能，不致成为课程设计的门外汉或课程发展的局外人，甚至是教育改革课程实施的陌生人。

第三节 课程实施的研究观点

课程实施是课程设计规划与课程发展当中的一个重要步骤。在课程实施的过程中也涉及许多议题，其中主要有两个不同的观点。一个是忠实(fidelity)的观点，强调课程实施的过程中，教师应该遵循原来课程设计人员的理念，重要的是教师要去学习执行实施此新课程理念。这种课程实施的优点，在于照章实施，容易执行运作，有利于达成既定政策目标，便于评价考核绩效，然其缺点是教师难以发挥创意，不易因应社会的快速变迁，未能考虑地方社区条件，不易适应学生个别差异。另一个是相互调适(mutual adaptation)的观点，强调教师可以在课程实施的过程当中，根据教学环境及对象的不同，和课程设计人员沟通，修改原来的课程理想或课程计划。另有学者提出，应该从课程实施的忠实观与相互调适观，转移到教师课堂教学情境中的行动落实观(Snyder, Bolin, & Zumwalt, 1992)，亦即所谓的课程实施的落实观(欧用生，1996b：210；1997：12)，重视课堂层面的课程设计发展的转化与课程实施行动的落实。这些观点与教师教学本位的课程发展、国家政策本位的课程发展、行动研究本位的课程发展等课程发展路径有关,而且与课程革新的技术观、政治观与文化观关系密切。

例如,学校中某些学科可能被视为课程的精髓核心,而在课程指导纲领中详细地规范说明其教学内容与教学方法,因此,就课程专业领域而言,所谓的忠实的课程实施就有其必要。另一方面,学校教育中的某些学科具有弹性的教学内容与教学方法,而且在这种课程领域当中,教师也通常被允许去发挥个人的创造能力以实施其个人观点的课程;因此,就课程专业领域而言,所谓的调适(adaptation)的课程实施也有其必要性(Marsh & Willis, 1995: 208)。而富兰(M. Fullan)以及庞弗雷特(A. Pomfret)所提出的课程实施的忠实观(fidelity perspective)与过程观(process perspective)有其独特的探究标准与方法(Fullan & Pomfret, 1977)。由于这两个观点的基本假设各有不同,因此发展出来的课程实施策略也不尽相同,各有优缺点与其适用的特定情境。

一、课程实施的忠实观

赞成忠实观的课程实施相关人员,深信课程设计的优先性与重要性,而且事前经过规划的课程具有示范作用与明确效用,将会被教师毫无疑问地接受。忠实观的拥护者所持的观点与豪斯所指出的对技术过程深信不疑者的观点类似(House, 1979: 9),而且这一观点与由上而下的国家政策本位的课程发展路径有密切关联。这种课程实施观点的坚信者主张,课堂中付诸实际教学行动的课程实施应该完全符合课程设计人员原先规划的意图与理想,而且他们认为如果课堂中的教师不能忠实地使用课程,则投资可观的资源、时间与能力以规划最佳的学校课程便前功尽弃。如果教师坚持以特别经过修订的方式来实施课程,则课程实施的效果将不可避免地受到稀释冲淡。

一般而言,忠实观的拥护者认为教师对课程的理解不足、认识不深,而且也缺乏适当的课程实施能力;换言之,就是教师的课程知能(curriculum literacy)不够、课程素养(curriculum competence)不足。因此,课程设计人员所规划的课程应该在事前加以高度结构化,而且必须给予教师明确的指导说明,以规范教学的进行。对教师而言,似乎课程与教学是由课程设计人员事前决定并规范的内容与方法。这种课程实施观点并未留下太多的弹性与自由发挥空间,并不鼓励或允许个别教师在个别学校课堂情境中因应变化而修改课程的教学内容。其基本假设认为,由政府进行课程规划与课程定义是一种必要的措施，可以避免地方学校或使用者实施某一政策或方案所产生的无效率情形。换言之，如果教师的课程实施选择权愈少，而且实施的方法愈明确，则课程实施愈忠实。而评价正是用来衡量鉴别课程实施与执行是否与原计划一致的监控工具。这种观点将教师视为课程设计的消极接受者，而且教师必须彻底地接受训练以忠实地进行课程实施，如此才能确保教师以高度纯熟的技法实施新课程。

忠实观的课程实施适用于某些特定的课程情境，特别适用于课程内容极为复杂困难而且不容易精熟掌握的新课程方案，或是学生的理解有赖于课程内容的特定排列，因此课程实施的顺序有必要事前加以规定。美国1960—1970年代的许多国家层次课程方案都采用了一种倾向于忠实观的课程实施。例如，“生物科学课程研究方案”(Biological Sciences Curriculum Study Project，BSCS)中的教师角色就受到了严格的规范。教师会在播放一系列主题影片之后便安排实施讨论；在讨论过程中，教师必须以课程设计人员事前规划的特定主题介入学生的讨论，而且教师也必须以课程设计人员预先提供的问题解答纲要作为处理问题讨论的标准，以免讨论中断而阻挠学生的探究。

许多这种类型的国家层次课程方案，都将忠实观发挥到极致。课程设计人员规划课程包，甚至设计出“防范教师”(teacher - proof)的课程包，不仅课程指引对教师教学规划得十分详尽，甚至扮演课程与学生之间媒介的教师角色，也被贬低压抑到最低程度，以免稀释冲淡课程设计人员原先规划的理想。尽管地方政府或学区内的学校公开宣称使用这些“防范教师”的课程，但是，教师并未真正彻底地实施这些课程，或实施不久即宣告放弃不用。事实上，不仅很少学校使用这些课程，教师也经常找到一些方法修改这些课程以适用于复杂多变的课堂教学实际情境，这是课程设计人员未能事前预见的，也是难以预先控制的。

二、课程实施的相互调适观

过程观(process perspective)是课程实施的另类变通途径(Fullan & Pomfret，1977)，这种观点又以“调适观”或“相互调适观”闻名于教育界。达林及麦克劳林率先使用“相互调适观”来解释课程革新的实施，认为有必要因应学校教育之实际情境，而对课程加以弹性调整(Dalin & McLaughlin, 1975)。这就如同存在于课程设计人员与课程使用者之间的一条双向沟通途径。这种观点的拥护者认为,不同教师面临不同的教育实况现场,必须因应课堂教学实际而对课程加以调适。这种观点与豪斯所指出的课程革新政治观点相近,而且与教师教学本位的课程发展路径有关。

例如,伯曼以及麦克劳林便主张,实际上所有事前经过规划的课程,在实施的过程中都必须经过修正调适,才能适用于特定而快速变迁的课堂教学情境,唯有如此,教师才能使学生的学习获得最大的效能(Berman & McLaughlin, 1975)。另外,富兰以及庞弗雷特也似乎特别赞成这种观点(Fullan & Pomfret, 1977)。以他们所做的"兰德研究"(Rand Study)为例,该研究囊括全美不同地方学区的293个课程方案,这是当时最完整的课程实施方案之研究。他们的结论指出,事前经过规划的课程不可太严苛地指定过多或规范过细,而应该允许课程使用者因应特定情境之需要加以调适,才能迈向成功的课程实施。事实上,相互调适观的课程实施应该包括课程设计人员与课程使用者双方同意进行修正调整,并采用最有效的方法,确保课程实施之成功。

三、忠实观与相互调适观两者之间的持续论辩

1970年代课程实施的忠实观与相互调适观彼此对立,争论时起,到了1970年代末期课程领域的专业文献则普遍推荐相互调适观,特别是"兰德研究"受到了极为广泛的支持与推崇。因此,以往分配到国家层次课程方案的大笔经费,大部分都转移到由地方学区与学校自行规划与实施的课程革新方案,而其他研究者则采用了一种修正忠实观的课程实施。例如,利斯伍德以及蒙哥马利就发展出一套课程实施层面剖析表,主张每一个课程方案都是独特的,教师的课程实施可以就其层面区分为从"未使用"到"完全使用"的连续程度,这种课程实施层面剖析表,也被研究者用来辨别课程忠实的使用,以及失去课程原意的剧烈的转化改变现象(Leithwood & Montgomery, 1982)。作者将在本章第五节"课程实施的配套措施"中举例说明。

另一方面,埃芙兰、罗格斯以及开勒普则从另一个角度提出"二度创作"(re-invention)的课程实施概念,探究教师实施一套课程时,经常增加、减少或修正课程内容的转化改变现象(Eveland, Rogers, & Klepper, 1977)。他们认为当教师采用"二度

创作”的策略，使得课程方案更适用于特定的课堂情境时，教师的课程实施还是保有中等程度的忠实观。不过，忠实观与相互调适观两者之间的“二度创作”的课程实施，其界限很难明确地加以界定。

总的来说，1970 年代倾向于保持忠实观的课程实施，或有限度地允许少量调适。到了 1980 年代早期，“兰德研究”发展出来的相互调适的课程实施不仅引人瞩目，也因此惹来不少批评。例如，达特便从方法论的角度指出，“兰德研究”的许多课程方案，根本就是由许多地方政府出资赞助的课程方案，而不是由联邦政府主导其课程发展，而且相互调适观也不是这些方案课程实施的成功条件(Datta, 1980)。另一方面，洛克斯则指出“兰德研究”的发现有不少彼此冲突之处，尽管相互调适的情形显著，但是中等程度忠实观的课程实施也是相当普遍的(Loucks, 1983)。在此同期，1978—1982 年间，美国也进行了另一类型的课程实施研究。例如，“支持学校革新的推广效用研究”(Study of Dissemination Efforts Supporting School Improvement, DESSI)调查了 146 所不同学校，并进行 12 个地方学区的个案研究(Huberman & Crandall, 1982: 80)。相关研究人员，例如休伯曼(M. Huberman)以及克兰德尔(D. P. Crandall)，利用豪尔以及洛克斯所设计的检核表，搜集高程度水平的课程实施资料(Hall & Loucks, 1978)，其研究结论指出：

1. 忠实观的课程实施程度高过一般常人的预期水平。

2. 地方调适或民主作风是一种讽刺，因为当地方开始进行新方案的课程实施时，课程革新方案的来源与焦点很快就被模糊了。

3. 由地方研究发展的课程方案在实施过程中，地方的热忱投入并不一定会导致不忠实、不热忱的课程实施。

1980 年代中期，忠实观与相互调适观的论战稍歇，论者认为不同的课程实施观点皆有其时代背景及政治文化因素的影响，因此，不同的课程实施途径，可能适用于某一时期、地区、对象，却不适用于其他时期、地区、对象。由于早期课程人员对于忠实观的课程实施过分乐观、期望过高而导致后来的失望与觉醒，因此，联邦政府对忠实观的课程实施的补助经费，也逐渐转移到由地方政府发动的相互调适观的课程改革方案。

与此同时，美国部分学区开始采取种种策略来抵制州政府官员的行政指挥，以逃避州政府的教育行政命令。同时，州政府的教育官员也逐渐了解到忠实观与相互调适观的双面论证，而倾向于依据不同情境，建议采取不同的课程实施观点，处理不同学科、不同地区及不同文化团体的课程实施问题。当时的教育研究人员也注意到教师的专业生涯与个人生活会影响课程实施；课程实施需要花费较长的时间。另一方面，课程方案可以为教师提供许多新的专业成长机会，有些教师会寻求这些机会，而有些教师由于处在不同的生涯阶段，则觉得这些机会对其造成威胁（Huberman，1988）。例如，古德森的研究便指出了教师生活历史的重要性，以及教师在课程实施上的关键性（Goodson，1988）。但是当时仍有许多研究十分支持修正忠实观的课程实施，因此，尽管忠实观与相互调适观的论战不如往昔激烈，但是两者间的冲突依然暗潮汹涌。

1990年代，忠实观与相互调适观仍各有其相当的影响力。例如，1989年美国总统布什（George Bush）邀请各州州长召开全国教育会议，并提出六大“国家教育目标”（National Goals for Schools）以引导美国全国学校教育（DOE，1991：3）。此六大目标如表8.1所示。

表8.1 美国六大“国家教育目标”

目标一： 入学准备	在公元2000年以前，所有的美国儿童都将做好就学准备。
目标二： 完成高中	在公元2000年以前，高中生毕业率将增加到至少90%。
目标三： 学生成就和公民资质	在公元2000年以前，四、八、十二年级的美国学生，都能证明有能力面对英语、数学、科学、历史及地理等方面问题的检验；而且在美国的每一所学校，都将使全体学生学习充分运用其心智，准备好做一个负责的公民，能继续学习，并在现代经济社会中，成为一个有生产力的从业人员。
目标四： 科学和数学	在公元2000年以前，美国学生的科学与数学成就，将领先全世界。
目标五： 成人读写和终身学习	在公元2000年以前，每一个美国成年人都能够具备读写能力，并且有能力在全球经济中参与竞争，获得成为负责任的公民所需的知识及技能。
目标六： 安全、有纪律及免于毒害之学校	在公元2000年以前，每一所美国学校都将免于毒品与暴力的侵害，并能提供有助于学习的纪律环境。

因为美国联邦政府在宪法中缺乏教育权限的法律地位，未能强制要求各州及地方政府实施全国一致的课程，因此，美国"国家教育目标"并不是一套国定课程，但是它却很明显地提倡统一的教育目标，鼓舞了教育人员与美国民众忠实观的课程实施。相对地，1990 年代中期克林顿（Bill Clinton）政府所提倡的学校应达成的"国家表现标准"（National Performance Standards）则主张学校可以不同方式达成"国家表现标准"，因此倡导相互调适观的课程实施，经由教师参与地方草根式的学校本位课程发展，不仅促成了学校课程发展与教师成长的专业化，更促进了相互调适观的课程实施的推展。

在这两种课程实施观点的摆荡当中，具有先见之明的学者呼吁课程学者与学校教育人员应该重视课程实施的行动落实观，强调教师在课堂情境当中实际的课程实践行动。课程行动落实观强调课程是师生共同创造的教育经验，主张教师要扮演课程发展者的角色。这种观点与豪斯所指出的课程革新文化观点相近，而且与行动研究本位的课程发展路径有关（欧用生，1996b：210；1997：12；Snyder，Bolin，& Zumwalt，1992）。

第四节 课程实施的探究主题

从历史发展的观点而言，课程实施的探究大致可分为采用（adoption）、实施（implementation）、标准化（standardization）以及再结构化（restructuring）等四个主要议题（Fullan，Bennett，& Rolheiser-Bennett，1990：13）。

一、采用

在 1960 年代，"采用"的观念极为盛行，教育决策人员往往认为某一个学区或学校的课程决定采用某一项教育改革或课程革新,便足以担保该课程在所有学校或课堂成功地进行课程实施。这是当时一种极为普遍却天真而浪漫的课程实施假设。例如,美国1965年的《初等与中等教育法案》,是美国联邦政府前所未有的积极主动地投入全国性的教育改革之肇始。其后美国联邦教育法案如《双语教育》等随之而来,提供地方学校适当经费以协助学生的特殊需要。当时许多教育改革之下的课程革新方案,都普遍遭遇课程实施的实际困难,甚至造成教育改革的失败。

到了1960年代末期,这些教育改革之下的课程革新方案的理念不再局限于协助个别的学生,而在于激发由地方学校采用新的课程革新方案,以作为其他学校进行教育改革或课程革新之楷模。这就是所谓课程实施的采用阶段,其基本假设是地方学校教育人员愿意采用相同的课程,而且可以有效地采用其他地区学校教育人员所设计或发展出来的课程方案,而且采用更可以确保课程实施的一致成功。

然而,这种课程实施的共同假设是相当天真浪漫的,因为通常情况下不同地方学校教育的不同条件,才是影响课程方案有效实施的重要条件。例如,麦克劳林就指出美国联邦方案背后的共同理念,便是认为更多金钱或更好观念的投入,可以有效帮助地方教育人员改进学校教育措施(McLaughlin, 1989: 3)。事实上,只注意到教育改革之下课程革新方案的采用模式是不足的,应当注意到投入之外的其他地方学校情境与教师专业文化等过程因素。

二、实施

在1970年代,研究者的注意焦点转移到第二个主题“实施”,并进行了许多有关课程革新方案实施的个案研究。尽管这些研究的规模相当之大,但是,其真正有助于教师实施新课程的应用价值相当有限,因为这些研究都只是以单一的课程革新方案为研究对象。然而,学校并不是在一段时间内只实施一项课程革新方案,实际上学校是在同一段时间内,也必须同时实施学校课程当中未在该项改革之列,但原先就存在的其他课程领域。

因此,到了1970年中期,美国联邦政府开始提倡“推广”的观念。例如,一方面,1970年代美国教育总署(Office of Education)赞助成立“全国推广网络”(National Diffusion Network);另一方面,美国国家教育研究所(National Institute of Education)

也提供经费赞助了许多教育推广方案，似乎教育经费的增加或课程推广专家的支持，将有助于某一特定课程的实施推动。特别是“全国推广网络”采用了许多推广策略，例如，教育行政机构利用教师担任课程发展者及示范者(developer-demonstrators)，并聘请教师担任州内教育推广机构的课程改革代理人与推动主力，以协助地方学校界定其课程改革需要，并安排训练以协助教师实施其选择的课程改革方案。

由此观之，不管课程实施的规模大小，若未得到应有的推广支持与协助，则课程实施不可能成功落实，更难以实践课程的教育理念。然而，就美国的课程实施经验而言，一方面，多年来“推广”与“实施”的探究主题已经愈来愈重视观念信息分享与经验分享；另一方面，却忽略课程实施过程当中整体课程方案的复杂互动过程，更忽略了教师团体在学校组织文化脉络当中的影响力。

三、标准化

由于美国政府对“采用”与“实施”的失望，特别是到了1980年代初期，美国联邦政府更加重视教育绩效，待实施的课程方案都要特别经过仔细的审查与正式的评价，以了解其是否真正改善学生的学业成就。因此，课程实施的第三个探究主题，即有关教学与学生学习成就测验的“标准化”，遂成为近来政府权责部门与教育界所共同关心的主要课程实施问题。当时有许多研究旨在回答下述两个问题：是否能有效地运作？是否合乎成本效益？在这一时期，美国联邦政府教育策略背后的基本假设，皆是透过一个预先规划的评价策略，评估某一课程方案是否能以最低成本改进学生学业成就。若合乎上述绩效要求，则该课程方案就可能会被广泛地使用。

此基本假设不仅忽略了第一个时期与第二个时期课程实施的失败经验，也高估了教育研究人员能明确地解答广泛的教育基本问题的能力。然而根据学者的研究，尽管有许多教育资源与人力的投资与期望，大笔的金钱与人力物力却浪费在徒劳无功的成本效益分析与稽核工作之上，未能真正致力于课程革新方案的实践与落实。因此，这种途径的课程实施也不免面临失败的命运，因为这种重视测验的途径只会让教育事业变得更为琐碎化。

就学生活动与成就的课程实施层面而言，设计新课程的目的之一乃在于提供学生更佳的学习机会，然而，精确地测量学生学习成就是不太可能的事，更何况利用测验分数以断定新课程实施的效果也很难得出明确的结论。因为学生的测验分数往往受到非课程本身因素的影响，而且课程也含有许多不可预期的结果与不可知的副作用，是无法透过测验而得知的。因此，若要设法发现新课程对学生所产生的影响，就不能只限于使用容易测量的工具来判断学生的学习成就，而必须采取宽广的角度、方法与谨慎的态度。然而，利用实验组与控制组以获得比较分析的课程效能，必须投入长久的时间与较高成本，其代价是相当昂贵的。

早在 1930 年代，美国的“八年研究”便利用精致而广泛的方法搜集学生的成就资料。但是，值得注意的是，理论上课程人员可以设计一套合乎特定需要的测验，以显示特定课程比其他课程更为优越，然而，这种特定测验的结果，应有其局限性。因此，沃克以及苏菲齐克(J. Schaffarzick)分析了 26 个美国主要的课程方案，比较使用新课程的高中生与使用传统课程的高中生的客观纸笔测验成绩，结果发现新课程并没有实质上的优越性。他们认为，这些结果显示，使用新课程的学生，在根据新课程内容的测验分数上表现较高于其他学生；而使用传统课程的学生，在根据传统课程内容的测验分数上表现优于其他学生(Walker & Schaffarzick, 1974: 421)。换言之，学生的学习效果，可能会因为教师采用不同的测验工具而得出不同的结果。

四、再结构化

第四种主题为“再结构化”，是 1990 年代以来新兴的课程实施研究途径，亦即由中央政府官员进行课程计划，以成功地协助地方学校推动课程实施，其效果往往有赖于“地方能力”(local capacity)、“动机与热忱”、“内部结构条件”以及“压力与支持的平衡”(McLaughlin, 1987)。

实施课程革新的“地方能力”可以经由长期显著的教育经费补助与教师在职进修而得到增强。然而，教师与教育行政人员的“动机与热忱”则很难加以改善，除非地方教育领导者为某特定的课程革新方案赋予高度价值。但是，在某些情况之下，地方教育领导者如能参与某一课程革新方案，将可提升课程实施的热忱承诺(Fullan, 1986)。学校“内部结构条件”稳定地支持教师的政策，将可促使教师提升课程实施的意愿与热忱。换言之，学校的“内部结构条件”对课程实施具有传导作用，例如有些课程实施策略的研究焦点着重于改变学校组织特色，以设计课程实施的合伙关系、教师的生涯阶梯、教师的教学训练以及实习辅导教师之教学辅导。

“压力与支持的平衡”对课程实施的影响也十分重要，因为压力可以促使学校教育人员将其焦点专注于某一特定革新方案的课程实施，也可以为进行某一新课程改革方案提供正当合理基础。因此，下述原则可以供课程实施的相关学校教育人员作为参考的建议：

1. 不要让教师工作负荷超载，不要让教师过度工作，如果以行政手段无所不用其极地要求教师追求绩效，以改进其教学工作成就，终将只是徒劳无功。

2. 从上级的中央政府而来的课程行政协助，应当为教师提供个人教学技术的援助，而不能只是一味要求位居科层体制底层的教师与教学人员限期完成上级交办的行政命令规定事项，否则只是徒增教师与相关教育人员的负担。

3. 所有的计划实施方案，皆应能注意到课程实施上的一些陷阱，以及避免落入可能陷阱的策略(McLaughlin, 1987)。

尽管不少学者对此新兴的课程实施途径抱着乐观的态度，也有一部分学者对之保持怀疑。例如，哈格里夫斯就认为再结构化的实施属于“极为勉强的同仁情谊”的课程实施策略，只是改变学校组织结构的一种肤浅作法(Hargreaves, 1989)。因此，如何透过相关的配套措施，激励教师积极地参与课程革新的实施，成功地迈向行动落实观的课程实施，便成为推动课程革新的相关人员关注的新主题。

第五节
课程实施的配套措施

政府采用的行动落实观的课程实施配套措施，普遍以课程实施的关键使用人员，如地方学校或教师作为主要的支持焦点对象。换言之，课程实施的配套措施，若不是经由实施课程的教师团体，就是透过教师个人，采取行动落实观的课程实施策略。这种策略倾向于支持行动研究本位的课程发展路径，重视"教师即行动研究者"的立场，强调课堂层面的课程发展与专业主义的课程设计意识形态，主张"课程即研究假设"，因此，与豪斯所谓课程革新的文化观点关系密切。

值得我们注意的是，这些落实课程实施的策略，仍是衍生于课程实施忠实观与相互调适观的改进与转化。例如，行动研究与组织发展的策略，通常被个别教师或地方学区的学校所采用，事实上其衍生自课程实施的相互调适观。"关注本位的采用模式"(concerns-based adoption model)以及"课程一致"(curriculum alignment)的策略，通常被地方学区与州政府所采用，其与课程实施的忠实观关系十分密切。

一、行动研究

行动研究起源于美国，此名词是由科利尔(J. Collier)在1945年所创用。他担任美国联邦政府印地安人事务局长时，鼓励同仁采取行动研究与局外人士共同合作，以改善美国印地安原住民与非原住民之间的关系。行动研究也可追溯到1948年勒温(K. Lewin)采用"行动训练研究"(Action Training Research)协助社区工作者，以科学方法研究自己的问题并改进自己的决定与行动。其后科雷则开始利用行动研究，以民主方式帮助教师团体改变学校教育(Corey, 1953)。行动研究尽管在1960年代并未全面受到学校教育工作人员的重视，到了1970年代，由于英国课程学者斯滕豪斯以及艾略特等人的倡导，许多具有改革理想的教师投入课程改革的行列，盛况空前。例如，"人文课程方案"(Stenhouse, 1973)以及"福特教学方案"(Elliott, 1975)便是两个著名的英国教育课程改革方案(蔡清田，1997c)。1980年代行动研究更风行到澳洲，如格兰迪与凯米斯，以及卡尔皆热心于推广行动研究(Grundy & Kemmis, 1982; Carr & Kemmis, 1986)。

行动研究是一种特定类型的问题解决方法(陈伯璋，1988；陈惠邦，1998；黄政杰，1985；欧用生，1996b；蔡清田，1997d)。学校层次的行动研究必须以教师为主体，因为教师是课程实施人员，同时也是课程行动研究人员。课程实施的行动研究包括课程内容的创新、教学方法的使用、师生互动，其目的是提升学生的学习成效。这种研究中，教师以系统方式分析其所关心的教育问题，进一步规划课程，将课程付诸实际行动，评价课程的过程内容与结果，并在必要时重复此教育行动循环。因此部分学者认为，行动研究在 20 世纪是进步主义教育学者所采用的课程规划与课程发展的主要途径之一(Marsh & Willis, 1995: 224)。

一般而言，采用行动研究的教师，需要校外的课程专家顾问协助其获得研究咨询。在行动研究的螺旋循环中，应首先指出其关注的问题，并考虑可能的解决途径，例如，是否要实施某一项新的课程方案；下一步则具体发展行动步骤，并将该方案透过行动付诸实施(Grundy, 1987)。就程序而言，包括指出确定要研究的问题领域与焦点，规划解决问题的行动方案，寻求合作、采取行动实施监控与搜集资料证据，并进行评价与反馈(蔡清田，1998d)。兹以图 8.1 说明如下：

在这些发展与行动过程中，教师持续地监控自己的思考过程与实际行动，亦即，教师自己不断地自我观察、反省、讨论、学习与再规划，最后以正式的方式评价自己付诸行动的实际，并根据自己亲身经验的发现结果，作为进一步重复行动研究循环时修改课程计划与课程行动的依据(蔡清田，1997d；1998)。

行动研究是一种开放系统，而不是一种封闭系统，而且行动研究的螺旋可以不定时地再重复，其重点在于教师的亲自参与亲身经验。教师必须亲自参与行动研究的每一个阶段，特别是必须自我反省并检讨自己所规划的教育行动计划及其课程改进措施(Carr & Kemmis, 1986)，这也是教师进行课堂层面教师教学本位的课程发展的基础。因此，行动研究的课程实施落实行动观点，是比较倾向于赞成课程实施的相互调适观，而比较不赞成课程实施的忠实观的，而且参与行动研究的教师通常持有一种解放的价值观(emancipatory values)，并不将课程视为一成不变的产品或死守着课程的内容不放。因此，采用行动研究的教师倾向于打破行政惯例的限制，并且采取积极的政治立场或比较激进的教师绝对权力之课程实施观点，以克服社会不公与不当歧视。因此，行动研究倾向于对科层体制的行政宰制进行怀疑与抗争，并企图加以矫治。就此而言，行动研究与课程实施的某种激进的政治观点取向有关(Marsh & Willis, 1995: 226)。

行动研究只是教师可以选择的课程实施的众多解决问题途径之一，因此，教师个

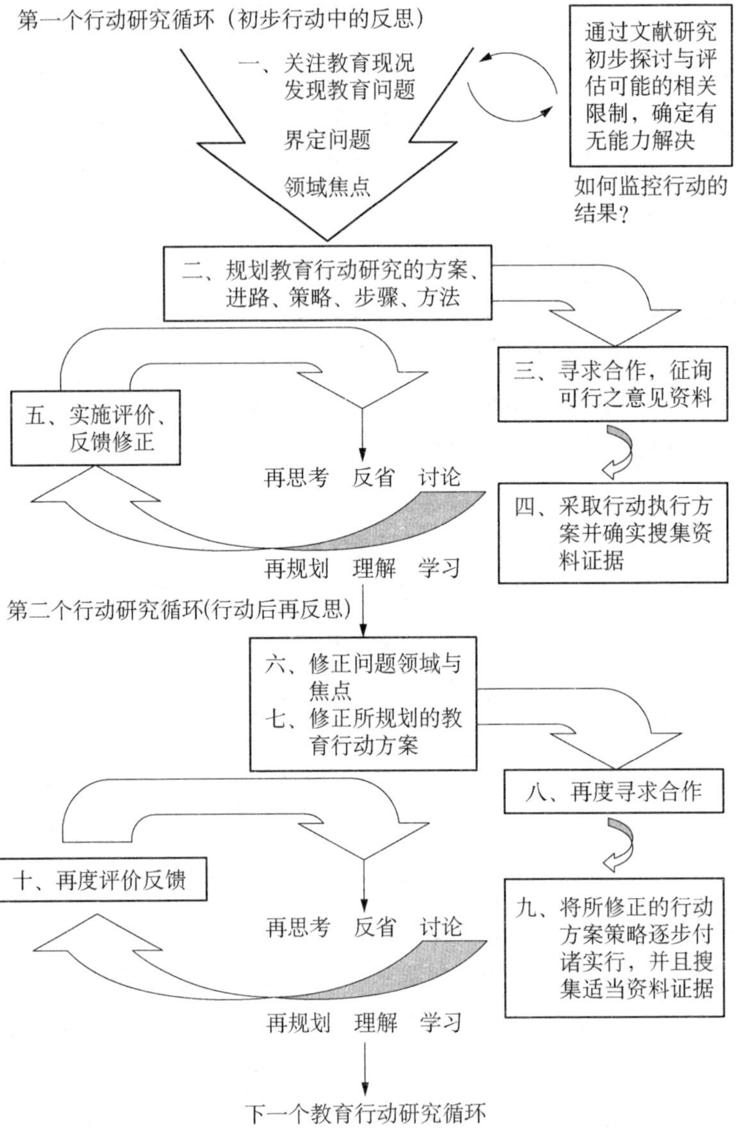

图 8.1　教育行动研究循环

人的主观意见可能会介入问题解决的过程。然而，教师应该了解在解决问题的过程中，结果不一定与预期理想一致，单靠讨论可能无法产生交集或无法获得结论。在有限而不足的时间之下，要作何种行动研究，并不是一项容易明智地做出的决定。然而，要让一位教师有信心与能力进行课程行动研究，可能要经过许多复杂问题解决的不断尝试，而且必须花费时间去学习必要的先备能力条件，这些先备条件，可能令教师中途撤退。但是，行动研究长期努力的结果，通常会让参与行动研究的教师觉得一切努力都是有价值的，是值得再接再厉继续努力的。

二、组织发展

组织发展是一种必须经过教师团体事前精心规划，持续进行团体自我分析与反省批判，以改进学校正式组织的教育改革努力。组织发展应用社会心理学理论，尝试创造学校组织中更多的沟通途径与沟通机会，其强调的重点在于将学校视为一种正式组织的社会体系，而不在于组织中的个人。组织发展所谓的社会体系则包括学校整体、学科部门系所、教师团体小组或班级体系。而团体反省批判与自我分析，则是教师团体进行评估、诊断并以实现自我转变的学校组织。换言之，组织发展是运用一种特定方式发展积极的学校正式组织气氛，这种组织发展方式已经成功地应用在学校、学院与大学等课堂情境当中（Marsh & Willis, 1995）。

组织发展所强调的重点，乃在于解决课程实施问题的团体过程，而不在特定的解决途径。教师可以透过改变其所属学校团体的功能、改进沟通方式或采用新角色，改善其工作团体的效能，而且学校组织发展通常也需要校外的课程顾问专家之协助。课程顾问专家的任务在于协助教师团体共同规划课程并执行学校组织集体决策。为达此目的，分析特定课程问题的数据，进行自我分析诊断，并拟议新的课程行动策略是相当重要的。一旦新的行动策略为学校组织同仁所一致接受，就该付诸实施行动，进而改变自己所属的学校团体组织。就此而论，组织发展的课程实施观点与沃克主张的“审议”（deliberation）的课程发展过程类似，也与施瓦布的课程发展理论十分近似。

有关研究指出，如果教师从学校组织发展过程中获得愈多的支持协助，或者教师对学校组织发展有基本的认识，并了解学校组织发展的潜能，则课程实施就愈容易成功（Marsh & Willis, 1995）。例如，富兰以及斯蒂尔乔巴尼指出学校组织是影响课程实施的互动因素之一，其因素间互动情形如图 8.2(Fullan & Stiegelbaner, 1995: 68)：

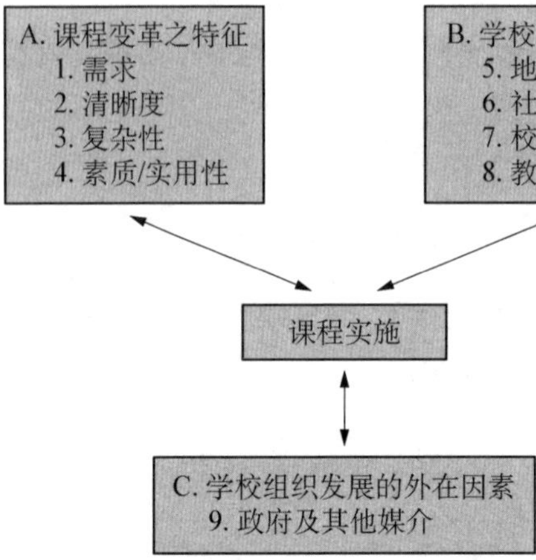

图 8.2 影响课程实施的互动因素

可见学校组织发展似乎是一种值得政府与地方学区提供以协助课程实施的方式，学校组织发展的阶段如表 8.2。

表 8.2 学校组织的发展阶段(Henderson, 1985)

阶 段	行 动 说 明
1. 进入组织	校外的课程顾问专家鼓励参与学校组织革新的教师建立合作指导原则，进而培养出信任、友好与可靠的学校组织气氛。
2. 搜集数据	搜集有效的学校正式组织数据有助于诊断与行动，因此所搜集的学校课程的数据，必须包括学校组织整体、次级系统与组织过程等方面的信息。指导纲领则建立在有效数据基础之上，说明如何应用数据。
3. 反馈诊断	将所搜集的学校数据反馈给学校组织成员，以便进一步分析诊断。在没有威胁的环境气氛下，鼓励参与者就所搜集的资料进行自我分析，讨论其对学校组织革新积极正面的蕴意。
4. 规划发展策略	根据参与者自我分析诊断的结果，指出困难与问题所在之处，并规划研拟解决问题之道。

续　表

阶　段	行 动 说 明
5. 执行策略	利用相互支持与彼此增强的策略，包括参与者的再社会化过程，参与者分担其整体进步的共同责任。
6. 评价	实施评价，提供反馈数据作为参与者的参考依据，鼓励参与者反省其结果，并建立新的组织发展努力方向。
7. 持续发展	学校组织必须发展教师主动革新的能力，透过适当的课程改革策略，进行自我革新与改变。当学校组织能进行制度化的永续发展时，则校外的课程顾问专家便可功成身退。

如果教师在组织发展过程中获得学校同仁的支持合作，并且获得教师在职进修与专业成长机会，则会比其他学校同类型的教师更容易进行成功的课程实施。但是，这并不是以强制的方式要求教师，透过勉强的合作进行组织发展以实施新课程，而只是提出建议：以合作的方式解决学校组织发展的问题，将有助于课程实施。

然而，实际上，光靠学校本身将难以运用足够的资源能力，定期聘请校外的顾问专家或长期进行组织发展的教师在职教育。另一方面，学校组织发展仍有其可能的陷阱，亟待教师了解。利用学校组织发展是建立在一种合作与和谐的基本假设，并认为冲突是破坏性的与不健康的。因此，学校组织发展可能忽略了学校组织内部的社会权力斗争(Marsh & Willis, 1995: 223)，而且这种观点也未能彰显学校正式组织的完整特色，因为冲突与对立也是学校组织发展当中一种不可避免的现象。

三、关注本位的采用模式

美国部分地方政府强调关注本位的采用模式的配套措施，推动行动落实观的课程实施，其基本假设乃是假定某一地方学区或学校必须采用某一特定课程方案，其所关注的课程实施问题是如何协助教师采用此课程，并将此课程方案转化为教师自己课堂层面的课程教学行动。因此，关注本位的采用模式是以教师的关注为焦点，而不是以学校或地方学区的关注为中心。教师的关注，是指某种课程实施引起教师关注的心理状态。这种关注本位的采用模式的课程实施配套措施，企图经由提供数据协助教师实施某一新课程方案。

一般而言，光凭校内的课程改革数据本身不足以协助学校获得成功的课程实施，因此有必要透过校外的课程变革推动者之协助，促成课程革新方案的达成。就关注本位的采用模式的先决条件而言，必须先存在一种教育资源系统，有能量且有能力供应实施新课程的需要，同时在社会大环境中也存在着具有教育需求的课程用户系统，而且此系统因应教育需要，正在寻找所要采用的新课程。

关注本位的采用模式的主要任务，乃在于透过资源系统的成员，协助用户系统的教师成员发展自己的课程实施诊断资料，并在课程实施的过程中变得更为独立自主。当教师已经完全理解新的课程，并有能力持续新课程发展的实施，则教师便达成独立自主的状况，此时，校外的课程变革推动者便可以退出教师的学校教育系统，另觅其他有待协助的课程使用者。

关注本位的采用模式与组织发展以及行动研究类似，因为三者皆强调教师的个别改变，以及学校组织成员间的相互关系所导致的教师集体的改变。但是，此模式与另两者的不同之处，在于强调教师个人的关注焦点必须配合学校组织的整体目标而改变，而不是依据自己个人的目的而改变。特别是关注本位的采用模式具有五项课程实施的基本假设：第一项，课程变革是一种过程，而不是一个独立事件；课程变革需要时间、能量与资源等行政协助及组织支持。第二项，课程变革是逐渐达成的，而且使用新课程方案时常含有一种发展成长的情感。第三项，课程变革是由个人先开始的，除非学校组织内部的成员个人先改变，否则无法造成组织的制度化改变。第四项，课程变革是一种高度的个人经验。第五项，课程变革可以透过课程变革推动者，为个别教师提供诊断，进行以消费者为中心的服务支持，以加速个别教师的变革(Marsh & Willis, 1995: 226)。

关注本位的采用模式之概念基础，是建立在富勒的研究基础之上(Fuller, 1969)。富勒的研究指出，由接受职前教育的教师逐渐发展成为具有经验的教师，其转变期间的发展过程有其先后的顺序性，亦即，所有接受职前教育的教师都会由“关注自我”转变到“关注教学”，最后转变到“关注学生”。

另一方面，豪尔、瓦伦斯以及唐赛特等人也提出了教师执行教育革新的程序，一部分是“关注的阶段”(stages of concern)，另一部分是“使用的层次”(levels of use)(Hall, Wallace, & Dossett, 1973)。“关注的阶段”可以用来追踪在实施新课程时，教师关注的焦点态度所在之处，而“使用的层次”可以用来追踪课程实施时，教师实际行为的执行程度。

（一）关注的阶段

就教师理解的课程而言，关注的阶段聚焦于课程实施时，教师的教育专业情感重心与态度焦点。教师的关注在类型上与强度上互不相同。在任何特定时间，教师可能同时关注许多事物，但是，某些关注的强度高于其他的关注。教师逐渐执行课程实施的过程中，其关注的焦点也不断地在七个阶段中转变移动（Hall, Wallace, & Dossett, 1973）。此七个阶段如表 8.3 说明。

表 8.3　关注本位采用模式的关注阶段（Hall, Wallace, & Dossett, 1973）

关注的阶段	主要的特征
阶段 0（低度关注）	教师很少关心教育改革或参与学校课程革新方案。
阶段 1（信息）	对课程革新信息表示普遍关注，并有兴趣了解课程革新的实质特点与涵义，如一般特征、影响、使用的要求等，但参与者尚未关注自己与课程革新的关系。
阶段 2（个人）	个人尚未肯定课程革新对自己的要求，他们不能肯定自己是否能应付这些课程改革要求，也不确定自己在课程革新过程中所要扮演的角色。但是，个人已经开始焦虑必须付出的个人成本，分析其在整个学校组织中的角色，并考虑实施新方案后需要做出的决定和与现存结构之间可能的冲突等。
阶段 3（管理）	实施课程革新方案的过程、任务与所需的新行为，成为主要的关注焦点，以了解使用信息和资源的最佳方法。效率、组织、管理、时间表及后勤需求成为主要的关注议题。
阶段 4（后果）	课程革新方案对学生的冲击影响成为关注焦点。该课程方案对学生的适切性、学生能力及表现等成果的评价，以及改进学生成果所需的改变等成为关注主题。
阶段 5（合作）	实施课程革新方案时，教师与他人的合作协调成为关注焦点，并开始考虑学生利益，改进实施策略。
阶段 6（再关注）	探讨课程革新方案带来的普遍优点，关注主要改变的可能性，并考虑由更有利的另类变通方案取代现有方案的可能性。个人对另类变通课程革新的方案有明确的想法与建议主张。

就关注的阶段而言，一开始，教师几乎是完全未投入新课程革新方案的，随着不同阶段的改变，教师逐渐关注自己的改变、课程实施的任务、对学生的冲击以及普遍的优点。每一位教师都以自己的速率在这些阶段当中不断进步。但是，不一定每一位教师都会到达所有的阶段。课程研究人员可以利用问卷、未预定答案之问题陈述以及评分表，将教师在不同关注阶段的关注强度绘成一幅侧面图。

如果是较无经验的教师，可能高度关注第三阶段（管理）新课程的组织与使用，对第四阶段（后果）的关注较高，但是对第五阶段（合作）的关注可能就偏低。如果换成是一位有经验的教师，则其最关注的可能是在第五阶段和其他教师同仁合作的实施革新，在第四阶段对学生的关注较高，但是在第二阶段对个人的关注可能较低。实施新课程的过程中，教师的关注阶段侧面图将有助于学校、学区、推动课程改革的代理人或外聘的改革推动者，设计适当的教师在职进修研习活动，以落实教师的主要关注对象。例如，如果教师对第三阶段如何使用新课程显示出高度关注，则可以设计教师研习活动，以强调有效组织教材与时间的方法技巧；如果教师对第五阶段显示出高度关注，则可以设计加强有关人际沟通的技能，促成教师团体彼此慎思研讨的教师研习活动，以迈向成功的课程实施。

当教师知觉到现有的课程无法适当地发挥功能时，便可能去寻求另类的变通课程方案（Leithwood，1981）。在政府的授权下，教师与校长可能有机会对各种不同但却彼此竞争的课程包加以比较选择，因此，教师与校长对课程的态度是十分重要的。

然而，比较普遍存在的课程问题是，在许多地方政府的教育行政体制下，教师与校长并没有被政府授权从不同课程中进行选择。特别是当政府决定在所有学校同时实施一套新修订或新发展的课程时，学校的任务乃在于确定如何尽最大能力以实施由上级政府交办的课程，并设法使其发挥最大功效。因此，教师常常关心下列问题（Marsh & Willis，1995）：

1. 我如何进行课程实施？
2. 我如何使其平稳地运作？
3. 我可以向谁求助？
4. 我目前所做的是否与原计划吻合？
5. 我如此做，对学生有何影响？

就教师作为一位教学技术专家而言，如何使用一套新课程是教师主要关心的问题，因为大多数的教师如果能将某种特定的方法与课程，成功地应用在学生身上，就容易获得教育的内在动机之满足。然而，有效地实施任何一种新课程都需要一段长久的时间，因此每一位教师都必须有能力、有信心，以了解如何使用此套新课程。只有当教师完全接纳一套新课程，而且只有当这种课程已经成为教师例行的课堂教学事务时，则此套新课程才真正迈入再关注的阶段。

（二）使用的层次

就教师的运作课程而言，使用的层次可以用来追踪实施新课程的过程中，教师的实际教学表现。研究指出，当教师逐渐熟悉某一项课程革新，则其课程使用层次也将不断提升（Marsh & Willis, 1995）。课程材料是教师与学生的活动媒介，相关研究显示，学生大约花费课堂中 80%的时间，进行特定课程材料的活动（Cornbleth, 1979）。因此，完整的课程实施研究，应该搜集有关课程材料如何使用的相关信息。

1970 年代的许多课程研究者提供了进行课程教材的分析架构，但这些架构并未能被证实真正有用，主要是因为这些分析架构使用起来十分耗费时间，而且并不是从教师的立场来分析课程教材的实际使用情形（Anderson & Tomkin, 1983）。

有的课程研究者则致力于发展课程教材使用情形的课程实施检核表，例如，课程使用的层次，是由洛克斯、纽洛夫以及豪尔等人利用"焦点访谈"（focused interview）发展而来的（Loucks, Newlove, & Hall, 1975）。他们并未使用事前特别指定先后顺序的问题，而是由访谈者利用分辨技术，以某些特定的判断点，作为访谈过程中询问某一套问题的起点线索。使用的层次的访谈，可以根据焦点的改变，来分析任何一种新课程的实施程度。通常每一次使用的层次的访谈都必须录音，因此，接受访谈的教师的反应可以在事后仔细地加以编码，并以不同的编码注记。焦点访谈使用的未预设问题，旨在协助建立一种非正式的对话气氛，并鼓励不同的回答内容，以便协助访谈者正确地指出受访者的课程实施层次。

后来豪尔以及洛克斯两人又发展出一套用于搜集课程教材特征的标准化的系统方法，以及一张课堂中课程教材实际使用情形的数据说明表，以供校长、教师、家长、教育行政人员或课程实施的相关人员进一步了解课程教材的实施情形。豪尔以及洛克斯两人将课程使用的层次列表整理如表 8.4。

表 8.4　课程实施的使用层次（Hall & Loucks, 1977: 226）

使用层次	使用的范围
1. 使用	使用的教师对于课程改革缺乏了解，或了解甚少，未参与课程改革工作，也未准备参与。 （判断点：采取行动，以获取课程改革的资料。）
2. 定向	使用的教师已经或正在获取课程改革资料，而且已经或正在探讨课程改革的价值取向及使用教师的需求。 （判断点：决定采用改革的课程，建立实施时间表。）
3. 准备	使用的教师正为第一次使用改革的课程做准备。 （判断点：依使用者的需求使用课程，必要时加以改变。）
4. 机械地使用	使用的教师致力于革新，却只重短期使用或日常使用，缺乏反省的时间。其改变旨在符合使用教师的需求，而非学生的需求。基本上，使用者试图熟练地工作，虽然合乎使用者的要求，但是结果是非常肤浅且不连贯的。 （判断点：建立例行式的使用形式。）
5. 例行化	已在使用过程中成为习惯，如有改变，也是少数。很少考虑到改变课程革新方案的修订和革新效果。 （判断点：依据正式或非正式评价，改进课程，以增进效果。）
6. 精致化	使用者依据短期或长期的实施结果，考虑学生利益，修订课程革新的方案，以增进课程革新的实时效果。 （判断点：与同事协调合作，开始合作进行改变。）
7. 统整	使用者结合自己和同事在课程革新上的努力，在共同影响的范围内，给予学生集体的影响。 （判断点：决定采用革新的课程，建立实施时间表。）
8. 更新	用户评价革新方案的质量，寻找目前课程革新的另类变通方案或修正方案，以增进其对学生的影响，检视领域内的新发展，探索自己及整个学校系统的新目标。

了解个别教师的课程使用层次，将有助于新课程方案的实施。举例而言，某位教师显示出处于的第三个课程使用层次（准备），可能一步一步地表现出机械而肤浅地执行课程表面的教材教法的状况，却未能针对学生的需要与学习态度加以反省。如果这位教师能获得更多的课程信息，获得更多的鼓励协助，则其未来可能进行更高层次的课程实施。如果另一位教师表现出处于的第六个课程使用层次（精致化），则其可能早

就透过实验方式，进行各种不同的教学法，以协助学生在课程方案中获得最大的进步。

同样地，课程使用的层次之访谈数据，也有助于教师在职进修研习活动的设计。例如，某一学校的大多数教师的课程使用层次显示出第四层次的例行化，则该校教师并未发展出实施新课程的不同教学方法，如果这种情况保持不变，则此课程实施的层次是相当肤浅的。因此，有必要透过教师在职进修活动，协助教师获得更加精致而富于变化的教学方法，以迈向成功的课程实施。另一方面，不同时期搜集的课程使用层次的访谈数据，也可以显示出教师在课程实施过程中，课程使用层次的改变。

（三）课程革新的整体造型

关注的阶段与使用的层次，皆是关注本位的采用模式的一部分，可以在实施新课程方案过程当中，为个别教师的教育专业情感重心与教学行动提供相关信息，重要的是可以指出新课程本身的重要成分与主要特色，以作为评估运作的课程是否与预期使用一致的对照参考。但是，当新课程的大部分特征并未清楚明白地呈现时，教师也难以判断其课程实施是否与其他教师的课程实施一致。

任何一种新课程方案皆有其独特的运作形式或课程造型，例如，教材如何加以使用、建议学生进行何种行动等。这些课程革新的造型，可能被参与课程实施的所有教师所接受，有些则可能部分不被接受，甚至完全不被接受。课程计划人员的理想课程造型与教师将课程付诸行动实施之后的实际课程造型之间总是有一段差距。因此，豪尔与洛克斯两人遂提出“课程革新的整体造型”（innovation's configuration），用来追踪不同学校、不同教师执行课程实施的不同形式（Hall & Loucks，1981）。

豪尔与洛克斯从课程计划人员与教师的两种观点出发，设计出一套课程革新的基本特质指标，被称为“课程革新的整体造型”。建构课程革新的整体造型，包括下述的步骤：

1. 询问课程计划人员原先预期的课程内容的全貌与重点。
2. 访谈并观察一小部分样本的课程用户有关其课程实施的实况。
3. 重新订定访谈问题，并对大样本的多数课程用户进行访谈及课堂观察。
4. 建构课程革新的整体造型的检核表，并在多数的课程使用者身上试用。
5. 分析检核表的资料，以指出普遍而主要的整体造型。

6. 利用上述数据提供适切的教师专业成长机会或教师在职进修研习活动。

利用课程革新的整体造型的主要目的在于透过访问课程计划人员与教师，以获得课程革新在课堂教学过程当中的实际面貌及其具体数据信息。能比较有效地获得信息访谈的问题，举例如下：

1. 可否请你描述所规划的课程革新之原先面貌？
2. 你的课程革新付诸行动之后的情形如何？
3. 教师是如何实施此一新课程？
4. 当新课程方案实施时，你会在实施此课程的课堂中看到什么？
5. 你认为此课程革新的基本内容成分是什么？
6. 上述的主要内容中，何者最重要？

虽然，课程革新的整体造型并不能保证与课程有关的每一个人皆同意重要课程之内涵，但却有助于每一个课程革新的当事人，澄清事前经过预先规划的课程与事后付诸行动的课程之间的差距。当双方就课程实施的差异产生争执时，此项课程革新的整体造型将提供一种可以对照参考的讨论基础，以作为调整忠实观与相互调适观的课程实施差异之依据。兹将课程革新的整体造型举例如表 8.5。

表 8.5 是美国某一中小学社会科课程革新的整体造型举隅。此项课程革新的整体造型从课程计划人员的观点指出了其预期之理想、可接受的程度及不能接受的范围。然而，从教师的角度而言，课程计划人员可能规定得太多了，因此其课程内容名称有必要加以改变。课程计划人员与教师对“理想的”与“不可接受的”类别的认定比较没有争议。但是，对于可接受的课程特征，特别是表中课程成分三知识、课程成分四教材、课程成分五统整、课程成分六价值意识、课程成分七评估的第(3)项，仍然有相当大的沟通协调空间。可见课程改革的整体造型，不只可以作为协调折衷的目的，也可以用来追踪新课程方案使用过程当中的课程实施实际状况。

由于关注的阶段与使用的层次都有固定的阶段或层次，这是关注本位的采用模式最主要的限制之一。因为受限于这些固定的阶段或层次，便无法完全彻底地区分不同学校、不同教师是如何不同地实施一项新课程。关注的阶段与使用的层次低估了课程革新的实际复杂性，因此仍然无法完全描绘课程实施的整体面貌。关注的阶段与使用的层次之利用，可能降低了各个课程革新方案之间的差异。例如，使用的层次无法区分教师在教学上的真正差异，且呈现出了教师管理课堂上的差异，忽略了课程组织的特性。课程革新的整体造型努力尝试弥补关注的阶段与使用的层次不足之处，但是仍未能注意到课程实施过程当中，教师实际的表现与教师应该的表现两者之间的差异。因此，课程革新的整体造型有必要进一步充实，以提供教师的过去及现在实际表现的资料。

表 8.5　课程改革整体造型：社会科课程大纲（Marsh & Willis, 1995: 235）

理想的	可接受的		不可接受的
成分一：教学目标 (1) 从教师手册中选取知识、技能与价值观作为目标，透过课程加以实施并评价。	(2) 从教师手册中选取目标，但未经常加以评价。	(3) 从教师手册中选取目标，但未透过课程加以实施。	(4) 未从教师手册中选取目标。
成分二：技能 (1) 从预期的年级成就水平清单中选出技能，安排课程顺序，并进行评价。	(2) 从预期的年级成就水平清单中选出技能，安排课程顺序，且未加以评价。	(3) 从预期的年级成就水平清单中选出技能，但未安排课程顺序，且未加以评价。	(4) 未从教师手册中选取技能。
成分三：知识 (1) 每一年级成就水平所要教导的主题，可以支持特定表列的理解与通则。	(2) 每一年级成就水平所要教导的主题，有时和特定表列的理解与通则彼此关联。	(3) 每一年级成就水平所要教导的主题，并未和特定表列的理想与通则产生关联。	
成分四：教材 (1) 范围广泛，包括印刷品、视听资源及教具，并实际加以使用。	(2) 教师偶尔使用口述之外的其他附加资源。	(3) 教师口述是主要的教学形式，很少或没有使用指定的教材。	
成分五：统整 (1) 每周有许多(四或五个)学科活动与社会科课程密切统整。	(2) 每周有些(二或三个)学科活动与社会科课程密切统整。	(3) 其他学科活动很少与社会科课程具有统整关系。	

续 表

理想的	可接受的		不可接受的
成分六：价值意识 （1）每周有许多（四或五个）学习活动被用来鼓励学生反省不同的价值观及特定价值意义。	（2）每周有一些（二或三个）学习活动被用来鼓励学生反省不同价值观及特定价值意义。	（3）很少利用学习活动鼓励学生反省不同价值观及特定价值意义。	
成分七：评估 （1）根据课程的教学目标，均衡地利用正式与非正式程序以评估学生。	（2）根据课程的教学目标，选用一些非正式及一个正式的主要程序来评估学生。	（3）根据课程的教学目标，只选用正式程序来评估学生。	（4）未使用正式或非正式程序来评估学生。

值得注意的是，关注本位的采用模式也存在着科学的解释与科学控制的潜在信念。例如，在关注本位的采用模式当中，关注的阶段、使用的层次与课程革新的整体造型，都是管理学校的一种工具，以免造成教学混乱。这是一种科学管理方式，企图利用事先规定说明达成控制秩序的目的，以合乎学校组织效率的要求。基本上，这是一种行为主义者的学校效能管理观点，它忽略了学校组织文化特征，因此难免有下述的限制：

1. 人类的行为是被预先决定的，亦即人的经验是可以事前加以规范描述的，在改变过程中有其一定的发展组型。

2. 学习是一种可观察的、可测量的表现。

3. 发展的侧面图是从相关性与趋势来加以界定的，可以用事前决定的阶段与层次加以归类置入。

关注本位的采用模式具有诊断与评价的功能，就如同关注的阶段所显示的，一般养成教育阶段与在职进修阶段的教师，的确关注教师自己本身、关注教学任务、关注教学对学生的影响，这种关注本位的采用模式可以帮助个别教师因应学校组织的改变。因此，此模式可以帮助教师理解新课程方案的课程实施运作过程。但是，教师也应了解此模式仍有其实际应用上的限制。例如，它强调学校组织内部教师个人的改变先于学校正式组织的改变，不仅忽视了学校的组织特性，也忽略了学校所在的社会政治文化脉络。

四、课程一致

“课程一致”(curriculum alignment)又称“课程连结”(黄政杰，1988：99)，或称“课程的紧密连结”，乃是20世纪早期美国学校课程效能运动的遗绪。此概念与忠实观的课程实施的严谨监督控制有密切的关联，允许极小空间甚至不允许相互调适观的课程实施。特别是1980年代与1990年代美国州政府与地方学区所采取了由上而下的课程实施管理监督策略，以规划执行学校效能的教育管理，贯彻行动落实观的课程实施。

就汽车修护而言，一致(alignment)往往是指进行汽车的前后轮调整与校正定位，确保轮胎位置与行车方向目标一致，以确保行车安全。将此名词应用在课程实施当中，意指课程的紧密连结，形成正式的书面课程、运作施教的课程与评价的课程三者之间紧密结合的实施过程(Glatthorn，1987)。课程一致强调透过具体的课程实施配套措施，落实课程的理想，贯彻课程的计划，企图使课程实施与原定的课程计划相互一致，落实课程改革的计划理想与目标。基本上，课程一致不只是课程内容的垂直贯彻与水平连结，学习阶段的衔接，学习领域统整及课程实施层次的紧密结合与前后一致而已；更企图经由多方面评估教学的结果，以规范课程内容，并确保事前经过细心规划的课程与事后付诸实施行动的课程之间，达到最大的符合度与一致性。这种规范课程内容的改革，以所有学生为对象，构成一种十分严格的课程方案，透过统一的测验考试加强教育管理规范之效果。

1980年代与1990年代有关学校效能(school effectiveness)争论的主要信念，乃起源于学生学业成就的持续衰退。为了因应这种成绩衰退现象，“效能”的概念被界定为增进学生的学业成就，特别是透过最方便却不一定准确的标准化测量的结果，鉴定学校教育的实际成果。一种更深广的信念则认为，学生学业成就衰退的主要原因，若不是课程质量的衰退，便是教师未尽全力进行课程实施。基于上述的信念，追求事后付诸实施行动的课程与事前经过规划的课程两者之间的课程一致的论调主张，便十分令人信服。如果课程计划是事前经过许多学问渊博的课程学者与受过专业训练的课程专家精心规划的智慧结晶，而且也在地方学区、州政府或国家层级普遍达成了明智的共识，则所有教师便应该严格地遵守这种事前经过精心规划的课程。但是，事实上，要达成这种紧密连结的课程一致，有赖于许多课程实施条件的配合，特别是必须强制要求教师遵守官方正式的书面课程架构或课程指导纲领，成立教科书审查委员会，并实施紧密连结的课程一致测验考试。

美国某些州对此非常热衷，而且非常彻底地采用课程一致的课程实施配套措施。例如，加州在1983年通过教育立法，开始广泛地利用课程一致的配套措施，以尝试追求忠实观的课程实施。加州教育局规划并出版了各学科的课程架构，作为教师遵守的依据。这些课程架构以及课程标准规范了一般课程内容，特定单元作业练习、教材与活动、技能、态度及成就测验，以作为加州教师教学的依据或目标。加州教育部门同时也发展出一套选择教科书的标准，强调思考、问题解决与处理矛盾争议的伦理议题。最后加州教育局也修订了适用于全州境内的测验考试方案，以合乎新课程架构与课程标准化之要求，这些课程一致的策略明显地使加州学校课程更为紧密连结与一致。然而，另一方面，加州政府仍然允许地方学区拥有部分弹性空间，进而发展课程指引及成就标准，适度规范各科的范围与顺序。

英国保守党政府也于1990年代采用了课程一致的课程实施策略。英国国家课程的架构，是规范教学内容的官方正式书面课程文件。然而，英国国家课程架构的内容只是一般课程目标与教材纲要的规定，仍授予教师部分的教学专业自主权，以进行学校本位课程发展。但是，台湾教育事务主管部门所颁布的课程标准则规定得十分详细，不仅规范了课程目标与教材纲要，甚至规定了学校的教学学科、教学时数与教学进度。再者台湾的编译馆透过教科书审查委员会与教科书审查办法，推行紧密连结的课程一致策略。甚至，学校教育单位通常承受着巨大压力，去接受主要教科书商出版的大同小异的教材内容。特别是学校利用联考、学生统一月考与段考作为评价教师的奖赏依据，则统一考试也进一步迫使教师接受课程一致的内容。虽然紧密连结的课程一致实施策略获得了不少教育人员支持，仍有许多人诋毁这种构想。有些批评人士认为太过于严苛的课程一致是一种降低教师教育专业自主与创造力的束缚工具。有些人则认为课程一致的构想赋予了测验考试太多权威，导致教师以考试领导教学。中庸之道乃在于将紧密连结的课程一致实施策略应用于学生必须精熟学习的必修学科或核心领域，不必实施在选修学科上。

五、行动落实观的课程实施策略评议

课程实施的行动落实观认为，课程知识是情境的知识，是由教师与学生参与课堂的实际课程发展与教学互动的过程与结果，强调教师在课堂情境当中的实际课程行动与实践。这种行动落实观强调课程是师生共同创造的教育经验（欧用生，1996：210；1997：12；Snyder，Bolin，& Zumwalt，1992）。这种观点，与“课程即研究假设”课程意义立场、专业主义的课程设计意识形态、情境模式的课程设计、行动研究本位的课程发展路径、课程革新的文化观点等关系密切。

课程实施的行动落实观，强化了忠实观与相互调适观。课程实施的行动落实观，一方面强调课程改革不只是政府权责部门采用国家政策本位的课程发展路径的课程革新技术观点，运用目标模式事前规划预期的课程目标，另一方面，兼采过程模式的课程设计精神与教师教学本位的课程发展路径的课程革新政治观点，透过“行动研究本位的课程发展”路径的课程革新之文化观点，进行情境模式的课程行动研究，结合学校师生在课程发展与教学过程中的成长与变革之努力，从专业文化的观点落实课程革新的理念。因此，政府必须透过课程革新与教师进修的结合，主导规划教育改革与课程革新的研究发展，鼓励并支持教师扮演课堂行动研究者的角色，激励教师与校外的课程学者专家共同合作进行课程行动研究，以落实课堂层面的课程发展，改进教学，提升学校教育质量。

从课程实施的行动落实观而论，如何使事后付诸实施行动的课程与事前经过规划的课程两者更为紧密连结与贯彻一致，是一个极为复杂的过程，而且各个学校之间的情况也极为不同。部分教师可能采取课程实施的忠实观，扮演“忠实的课程使用者”角色，倾向于不去改变原先规划的课程。但是，另一部分教师可能采取课程实施的相互调适观，扮演“不忠实的课程使用者”角色，而赞成大幅改变原先经过规划的课程。对所有的学校与所有的教师而言，并没有一种最正确的课程实施方法，因为课程实施的过程极为复杂，不仅涉及课程计划人员的事前精心策划，也涉及学校教育与课堂教学的独特情境，以及教师与学生之间交互作用的动态过程，是值得教育工作者与课程研究人员进一步努力探讨的课题。

课程研究可采用许多不同方法，例如访谈、课堂观察、检核表、问卷调查以及自我陈述报告，以了解教师如何进行课程实施。因此，课程实施相关人员，可以利用上述现成工具或自行设计适当工具。课程研究发展人员可以使用检核表或评分量表，将教师在课堂中的课程实施活动加以区分并类别化。然而，使用检核表或评分量表以了解课程实施情形，在方法论上仍有一些信度上的问题，也可能忽略了课堂中影响教师教学的复杂情境；而经常使用问卷调查，也难免有填答反应真实性的信度问题与效度争议。

从比喻的观点而言，事前经过规划的课程就如同音乐会的乐曲，事后付诸实际行动的课程就如同实际演奏。然而，值得课程研究人员与课程设计人员注意的是，事前经过规划的课程往往只是一种抽象的课程文件，而事后经过付诸实际教学行动的课程，则是一种课堂中栩栩如生的教育创意生活，此两者之间关系，就如同是一首乐曲的乐谱与实际演奏实况之间的情形一般。换言之，课程如乐曲，教师就如同指挥家，而学生便是演奏者。尽管一首乐曲可能只有一种版本的乐谱，但是不仅指挥者拥有诠释与发挥的空间，演奏者也可根据指挥者的诠释再进行二度诠释。因此，不同的指挥者与不同的演奏者，可能创造出许多不同版本的音乐演奏表演。同样，如同音乐会因不同的演奏者与不同的指挥者而有不同的演出效果，课程实施也有不同的诠释。因为教师付诸实际行动时不同的课程实施方式，将使得学生有着不同的课程经验，因此，最重要的是，如何提供支持措施，协助教师落实课程实施行动，以提升教师的教学质量。

很明显，忠实观的课程实施是必要的，如果不忠于作曲家的原曲，则乐曲的实际演奏可能与作曲家的原意不合，甚至荒腔走板。当然指挥者与演奏者可能即席演出一场新乐曲的表演会，但是这种音乐表演是完全不同的创意演出，他们并未能根据作曲家原作而直接获益。从另一角度而言，一场音乐会的实际演出也必须有赖于指挥者与演奏者对乐曲的理解与诠释，因为乐曲不可能详细地说明实际演出的每一个细节步骤，因此，相互调适观乃是不可避免。

课程实施与乐曲的演奏有着相同的教育目的，亦即，两者皆是作为个人实际生活与课程呈现外在实际世界之间的媒介与沟通桥梁。就此而言，重要的议题不在于忠实观与相互调适观两者之间的对立，而在于现实环境如何使忠实观与相互调适观两者同时发挥最佳教育效用(Marsh & Willis, 1995: 220)。课程实施的忠实观与相互调适观两者，完全忠实或完全由教师自行编制课程的情形各有其优缺点，也适用于不同的情境。中庸之道或弹性的应用有其可取之处，例如，课程实施的架构由中央政府来建构，或政府可以提出对课程实施的官方建议，其他如教学方法或教材内容，则可视各校的学校环境或各教师的教学形态来弹性应用，以落实课程改革理想。因此，如何成功地迈向行动落实观的课程实施，十分重要。

马什和威利斯也提出了一个恰当的譬喻，亦即，"事前经过规划的课程"如同一出剧本(Marsh & Willis, 1995)，但是事前经过规划的课程，就算是莎士比亚笔下十分具有权威的剧本，不同的导演对这出权威剧本的诠释也会有所不同，而且不同的演员在诠释导演的构想时也会有所差异，最后当戏剧搬上舞台后，登台演出的演员或台下欣赏表演的观众也会有不同的经验与感想反馈。所以，教师在课程实施的过程中扮演着非常关键的角色，教师就像是一出戏剧的导演与指挥者，甚至是实际参与演出的演员，虽然有如同剧本的"事前经过规划的课程"，教师仍有诠释新课程的自由与空间。课程政策制定者、课程改革的推动者、课程设计人员、教育行政人员、学生家长与教师，皆必须了解课程内容的动态性及其对学生生活的重要影响。

因此，如果只为达成预定的课程目标，而一味强调忠实观而忽略相互调适观，课程发展的原意必然遭到扭曲。这种忠实的课程实施观点过于狭隘，是以忠实观的课程实施不只是小心翼翼地确实地将教材内容告知学生，教师更应该关心学生学习某种课程之后的效应，必须顾及对学生的整体影响。另一方面，调适也不是避免忠实观的课程实施，而是基于对学生教育的关心，以慎重的、严谨的态度诠释课程内容，关注如何使课程发挥最佳效用，提供学生更宽广的实际生活世界(Noddings, 1986)。因此，重要的是政府权责部门、课程研究发展人员、教育行政人员与教师等课程革新的相关人员应该重视课程实施的配套措施，采取具体的课程实施落实行动，迈向行动落实观的课程实施，落实教育改革与课程革新的理念。

第六节
课程领导的行动策略

课程领导(curriculum leadership)的目的是使学校系统及其学校达到确保学生学习本质之目标(Glatthorn, 2000)。这个界定重视课程领导的功能,强调教育行政人员、学校校长、教师及相关人员应共同合作以推动课程发展(蔡清田,2005),尤其校长是决定课程领导的重要人物(黄政杰,1999;黄嘉雄,1999;林明地,2000;欧用生,2000)。

课程领导可以指学校内外具有特定身份地位的人员专属的课程发展责任,例如校长、教务主任、教学组长、课务组长、学年主任、领域召集人、班群召集人与其他如学科专家,以及学校课程发展委员会所选出的教师代表等具有特定身分地位的人员(蔡清田,2007),特别是校长要承担主要的课程领导责任。因为部分教师可能兼任课程发展委员会委员、领域召集人与教学者,这些多重角色容易混淆。特别是教师在参与研究学校课程发展方向之后,尚要规划课程架构蓝图,设计课程方案大纲并实施评价,部分教师易有避重就轻之情形。因此,校长的课程领导愈发显示出其重要性(Doll, 1996)。

特别是校长透过课程领导,在上级政府的教育政策下寻求改变,领导学校课程的研发(Hord & Hall, 1983),透过课程发展委员会展现专业领导,改变以往以行政导向的领导方式,充实本身课程专业知能,掌握课程发展趋势与教学方法革新,提高课程发展质量。

本节特别针对课程领导的行动策略,进一步加以阐述。学校课程发展端赖发挥有效的课程领导(单文经等译,2001;游家政,2002;Glatthorn, 2000),但是,在实际学校教育现场的运作中,却常因种种现实的困难而无法贯彻执行(蔡清田,2004)。相关研究发现(单文经等译,2001;李新乡,2003;彭富源,2003),负有课程领导之责的学校行政主管，特别是校长，往往不清楚课程领导的理念，也不了解课程领导的角色，甚至不熟悉课程领导的策略。以往台湾的课程控制权集中于当局权责部门，学校人员长期以来养成消极被动甚至逃避参与学校课程发展的习惯（蔡清田，2003），如此造成校长投注于学校课程上的心力并不多。而且学校课程发展与实施成效需要较长时间才看得出来，而非如硬件建设或环境设施等行政事务可在短期内得到具体成果，凡此种种都是造成校长忽视学校课程发展的可能原因（Gross，1998）。因此校长课程专业知能之加强已是刻不容缓的课题（黄政杰，1999；欧用生，2000；陈伯璋，2001；蔡清田，2002）。

就课程领导的行动策略而言，布拉德利（Bradley，1985）从人际行为心理层面进行剖析，认为采取下列的课程领导策略是适当的：

1. 课程领导者认识并了解教师个人的需求倾向。

2. 向教师们公开这些认识，让教师们知道课程领导者已经了解他们的感受。

3. 如果能够实施而不会对组织期望造成困扰或负面的效应，可以尝试满足个人的需求倾向。

4. 当成员产生负面消极的行为时，课程领导者必须界定问题的来源，视情况界定问题是属于组织的或是个人的。

5. 除非课程领导者已经有能力处理可能导致的冲突，切勿询问教师如何扮演组织的角色，因为那将会直接与个人的需求倾向产生冲突。

本文特别提出透过学校行政主管特别是校长的课程领导的行动策略，进行学校课程发展的具体建议（蔡清田，2005），包括情境分析的课程研究、愿景建构的课程规划、方案设计的课程设计、执行运作的课程实施、评价反馈的课程评价等等课程发展过程中的课程领导策略，说明如下：

一、透过课程领导，进行情境分析的课程研究

就课程研究的情境分析而言，需研究影响学校课程发展的优劣机会与威胁等内外在的动态情境因素，推进学校课程发展需求评估的行动策略，以了解学校课程发展的问题与需求是什么，以及如何去分析情境。

（一）SWOTA之行动策略

校长召开课程发展委员会，进行学校情境分析的课程研究，协助学校成员透过优势（Strength）、缺点（Weakness）、机会（Opportunity）、威胁（Threat）、未来行动方向（Action）等SWOTA的分析，针对学校发展沿革、学校位置、学校规模、学校环境、学区背景与学校组织文化等层面进行学校基本数据整理，协助该校同仁重新认识学校的优点、缺点、机会、威胁与未来可能的行动方向。然而，若只有评估内外在环境的SWOTA思维是不够的，身为校长，尚有其他的策略考虑（蔡清田，2002）。

（二）身先士卒之行动策略

如没有任何初步研究，就进行课程发展，将耗时且费力甚至讨论不出结果，故学校本位课程发展的初期，校长身为课程领导者需付出较多的心力。校长需在开会前做好完善的准备，如准备相关资料与腹案；在会议进行时则会引导教师表达意见，在教师表达意见之后也都会有所反馈；若讨论呈胶着状态，校长将视会议进行的状况而调整流程，如暂时休会让教师们享用咖啡茶点，并暂时离开，让教师们自由讨论。同时，透过鼓励、引导教师发言，提供适当的反馈与弹性讨论空间，营造全体参与的讨论气氛。

课程发展委员会成员的分享讨论是相当重要的，因此在进行分享讨论之前，校长可先想出几个值得教师讨论的议题，引导教师在会议中进行讨论。经过多次的讨论与分享后，教师会渐渐地培养起主动与他人讨论分享的习惯。随着分享讨论的机会增加，组织内部会逐渐形成一种信任、安全与开放的组织气氛，进而让更多教师参与分享与讨论。学校往往具有保守且寻求稳定的气氛，面对这样的情况，若没有领导与管理的适度运作，课程与教学的实践将无从改变（蔡清田，2001），故为了提高课程质量，校长就有必要突破过往的保守且寻求稳定的气氛，而积极营造主动创新与支持信任的学校气氛（Henderson & Kesson, 1999）。信任与支持的学校气氛可以建立成员的自信心，让他们对于课程的发展更乐观、更具有热忱，并提升其接受挑战的战斗力（Leithwood, Jantzi, & Steinbach, 1999）。

二、透过课程领导，进行愿景建构的课程规划

就课程规划的愿景建构而言，需透过课程研究的情境分析与需求评估，导出学校共同愿景与整体课程目标深思熟虑的构想与行动策略，以作为规划学校课程计划架构与进程之参考依据。

（一）提名小组之行动策略

校长担任课程发展委员会召集人，亲自向课程发展委员会成员说明打造学校课程愿景过程的意义与重要性，并且强调未来将会使用课程愿景来规划课程计划、设计方案，并作为评价课程之参考依据（蔡清田，2002）。

情境分析之后，校长可利用课程发展委员会以一人提供三个愿景的提名小组技术，并在考虑适切性与可行性后，进行学校愿景的票选。确定学校愿景后，商请该校具备美术专长的教师根据学校愿景创作学校标志，并将学校标志放置于学校穿堂、布告栏等醒目处，让全校师生能够很容易地看到学校愿景，提醒师生朝向学校愿景迈进。但是，学校愿景有其动态发展的可能性，因此，应该邀请学校师生持续参与学校愿景的讨论。在此愿景规划过程当中，应了解学校的共同愿景是全体师生及家长所共享的未来远景，是一种对学校教育发展的共同期望。

（二）共塑愿景之行动策略

愿景目标可激励教师去激发学生学习、引导课程改进，是带动教育革新的关键动力，故校长要提高课程质量就应该塑造学校愿景目标，以作为成员共同努力的焦点（Doll, 1996）。愿景目标订定后，课程领导者要不断地检视愿景目标，以确保愿景目标可以持续地反映学校成员的理念（Glatthorn, 2000）。

校长可以透过课程发展委员会，共同进行学校整体课程的长程规划，重视未来愿景目标，以引导课程革新的实施（Doll, 1996）。如果课程发展缺乏愿景，其最后结果将欠缺愿景方向的指引。若校长未能提出愿景建议，则学校人员并无法确知其教育价值的立场，不知往何处去，或不知如何评量其成果。因此，建构愿景是改进课程的基本任

务。建构愿景时需要回答的问题包括：所期望的学生成就水平是什么？学校所要达成的愿景与目标是什么？如何确保学校课程的整体性，而非零星的部门总和？哪些共同的信念系统是学校成员所必须共享的？

而且建立学校本位课程发展共同愿景的过程，不只是参与课程发展人员的作文比赛而已，尚需要透过课程发展的具体行动加以实践；学校共同愿景的建构，是一个公开并且合法化的过程；并且，学校的共同愿景必须透过具体可行的目标计划，转化为落实执行的具体课程方案行动，才能达成理想的共同愿景。值得注意的是，校长可以读书会的方式带领同仁详读课程纲要，以确定该校的课程发展方向合乎当前课程改革趋势，并提供初步构想与处室主任、相关教师协商讨论；而且，在决定某项课程目标时，宜先考虑课程目标的必要性，再考虑执行实施的可行性。

三、透过课程领导，进行方案设计的课程设计

就课程设计而言，根据课程纲要的规定，学校需在课程发展委员会之下设置成立各学习领域课程设计小组，进行课程方案设计。宜根据学校的条件，如社区情况、学校师资与设备、学校愿景、家长的期望、学生的需求与兴趣等，结合学校与社区资源来发展课程。如此设计的课程方案，才符合学生的需求与兴趣，并能获得社区家长的认同。

(一) 教师专长之行动策略

校长透过课程领导，带动学习领域课程小组，于学期上课前完成学校课程计划，设计教学主题与教学活动，并由教师依其专长进行教学。其课程领导的具体行动策略，乃鼓励教师扮演课程设计者的专业角色，成立课程设计小组，设计各课程方案目标、教学大纲与进度，编选教材，发展教学活动与评量工具，设计教学资源配套措施、试用其可行性并加以修正，确定学校课程的内容。学校的教务主任、课务组长、教学组长、学年主任或领域召集人是最接近教育现场的课程领导者，他们应该最能够贴近教师并且了解师生在教学情境当中的需求，因此，他们的课程观点是课程设计当中非常重要的参考指标。

在学校教科书的评选方面，如能在尊重教师专业的原则下，由各年级各学习领域

教师共同讨论之后评选教科书，比较容易获得学校教师的认同。其次是各学习领域与弹性学习节数，在不违反课程纲要规定的百分比例之下，透过讨论绘制课程架构图，有助于成员对九年一致课程整体架构的了解。

(二) 团队整合之行动策略

发展学校本位课程，对教师来说是一项新工作，在教师能力不足的情况下，以团队方式规划课程是可行的办法。因为同一学年教师上课时数相同，且对该年级学生的学习状况有相似的了解，较容易找出共同讨论的时间，也较了解该学年学生的程度，因此，可将同一学年或同一学习领域的教师组成一个教学群，成为一个课程发展的团队，共同进行课程规划。为了让各个学年教师设计出来的课程不会重复，兼顾纵的与横的连贯，校长可透过课程发展委员会进行教师课程设计方案的整合，连结不同学年的课程活动，整合各学年课程规划，避免重复与不连贯，让学校的课程方案更具有整体性。

(三) 学生中心之行动策略

课程是学生和教师经验的集合（Hawthorn & McConnell，1995），因此，师生是课程方案设计的主角。在整个课程发展过程中，师生都是学习者，故领导者在设计课程方案时必须要以学习为中心进行设计。设计课程方案的过程中，要搜集可靠的数据，并将其组织成为课程方案的知识基础。在此知识基础下，兼顾资源与限制后，可以选择调整现有的课程方案或重组课程方案的方式，进行课程方案设计。不管是调整或重组课程方案，都要以学习为中心。

四、透过课程领导，执行运作的课程实施

就课程实施而言，学校课程实施，需透过教育人员在职进修与学校组织发展等行动策略，进行专业反省与沟通，化解歧见并减少对改革的误解与抗拒，更需充实必要的知能，以使方案顺利实施。

就课程实施而言，有必要透过校长课程领导，协调学校全体教育人员落实课程实施，因为课程创新很多时候被视为失败，其实不然，其实是它们从来没有落实过

(Fullan, 1993)。就课程领导的具体行动而言,首先强调理念沟通,举办教师进修研习,增进其实施新课程的认知层次与使用能力层次(蔡清田,2002),使教师做好课程改革的充分准备。因此,校长所提供的支持和协助是导致真正变革的重要因素。

(一) 专业发展之行动策略

教师在课程发展的过程中,需要在理论知识与实务技巧上有所改变,故教师开始专业发展是迈向高质量课程的过程中所必要的(Doll, 1996)。多数教师并没有专业发展的观念,也很少愿意主动进行专业发展。为了让教师们重视专业发展,校长要主动搜集并分享资料,让教师对现阶段教育的新信息产生兴趣,进而成为主动了解新信息的学习者。校长要制造教师学习的机会,包括校内与校外两方面。校内主要是举办研习、组织教师读书会、开展实务经验的分享与讨论,鼓励教师继续进修并提供教师至校外演讲与教学演示的机会。

校长不以强硬手段进行教师专业发展,而以循序渐进、耳濡目染的方式渐渐改变教师。先搜集数据、安排研习活动,让教师在接受新知的过程中,逐渐了解自己知识的不足,进而开始思考如何增进自己的专业知识技能,慢慢地,教师就会愿意主动进行学习。校长可召集教师组成教师读书会,并举办由校内教师主讲的研习,为校内教师提供主动搜集课程相关信息与公开发表的机会,促成教师团队研究风气;也可广开沟通的途径,让教师发声,分享彼此的课程教学经验。

在教师研习进修的规划方面,校长可依据该校教师在不同阶段的需求与关注点而规划,教师研习课程主题从了解"十二年国民基本教育"的课程设计、教材选择与教学方法、创新教学、多元评价,到"十二年国民基本教育"的课程评价与教育行动研究等研习进修。教师也可以将所遭遇的问题提出来,与其他教师脑力激荡找出解决之道(Hawthorne & McConnell, 1995),由许多思考方法不同的成员组成的团体,将会产生更多创新的力量,比自己独自思考发挥更大的效用。

(二) 增强沟通之行动策略

校长最好能透过课程领导,与相关行政人员协调沟通,使其做好足够的行政支持准备;向学生与家长进行课程方案之宣传,使其充分理解课程改革的主要方向与具体措施；进行教学准备及情境布置，按课程方案之计划实施教学与各项行政支持措施。特别是在课程实施的过程中，应继续针对中小学九年一致课程问题召开家长座谈会，借以双向沟通九年一致课程的问题，解除疑虑。

另外，校长可以利用正式的学校通知单、学生家长座谈会与非正式的沟通机会，向家长沟通、传达学校课程发展的信息，让家长明确知道学校课程发展的情况。校长应尊重教师教学的自主性，在实施校内教学观摩演示时提供教学改进意见，以确保教师教学实施的质量。为了让更多家长投入学校活动、关注学生学习状况，可以赠送书籍的方式，提高家长参与率，并为家长提供学习课程改革相关理念的机会。

五、透过课程领导，进行评价反馈的课程评价

就课程评价而言，学校课程评价在于透过行动策略搜集适当而充分证据，以判断并改进课程过程与成效，结合教育行动研究，建构不断循环的评价系统，以发挥评价与反馈的功能。校长课程领导的具体行动，乃透过形成性与总结性评价，检讨学生学习成效、各课程方案教学成效与行政支持措施成效；总结评价课程之成本效益，考虑正式与非正式课程等课程方案的影响；分析各项成效评价资料结果，修订学校整体课程；总结课程发展成果与经验，作为审查新一年度全校各年级各领域学科活动课程计划之依据（Henderson & Hawthorne, 2000），使其能有效进行课程发展的永续经营（黄政杰，1999）。

（一）因势利导之行动策略

课程评价的目的在于帮助教育政策的决策者、学校教育行政人员、教师、家长或社会人士了解课程发展的重要特色与特定的时空背景情境，进而促成课程发展之合理决策，以提升学校课程之质量。但是，学校成员可能对课程评价相当陌生，甚至可能有人误将课程评价与教师考核混为一谈。提到评价，多数教师会开始抗拒并产生压力，因此，校长要耐心地沟通、倡导课程评价的观念，营造有利的环境与气氛，舒缓学校成员的焦虑情结与反抗意识，进而提升相关成员的课程评价知能，争取成员对课程评价的认同。

为了让教师知觉评价的重要性，在尚未正式进行课程评价前，校长便不断告诉教师有关评价的状况与方式，以及评价的重要性。在非正式情境下的警惕，让教师慢慢地调适对于评价的负面印象，也开始为课程评价做准备。例如，在召开会议之前数天，先提供相关会议数据与议程给参与者提早阅读与思考，可以增进会议的讨论效果。另一方面，评价的结果不宜作为教师考核之用，而且课程评价的实施应围绕事前规划所订的范围与内容进行，针对发现的问题加以改善，有助于学校本位课程发展的永续经营，提升教育改革的质量。

（二）行动研究之行动策略

评价不是结束，而是帮助教师改善课程教学质量的过程（Brady，1987）。课程评价是课程发展的一个重要阶段，也同时贯穿于课程发展过程中的每一个环节，与各阶段的课程发展活动具有密不可分的关系。课程评价可以结合行动研究策略，行动研究是教师实施课程与进行研究的有利方式（蔡清田，2000）。在行动研究过程中，教师可主动发现问题、进行研究，并将研究结果应用在实际情境中。每次学期课程活动结束后，校长召开课程发展委员会开展教师事后的反省与检讨，从反省检讨中了解自己的优缺点，作为下一学期规划与实施的基础。课程评价的进行，有助于发现课程发展每一个阶段存在的问题与修正课程问题方案，并与其他课程进行比较，了解课程达成目标的程度并发现其未预期的结果，最后还可以将从课程评价过程中所搜集到的数据，用于选择与决定如何发展课程（蔡清田，2004）。

总之，校长作为促进学校达成课程目标的领导者，宜采多元适切之课程领导策略（蔡清田，2005），带动课程发展委员会，将学校视同课程发展的基地，透过情境分析、愿景建构、方案设计、执行实施与评价反馈等具体行动策略，提升学校课程发展能力。本书特别建议采纳课程研究的 SWOTA 之行动策略、身先士卒之行动策略，课程规划的提名小组之行动策略、共塑愿景之行动策略，课程设计的教师专长之行动策略、团队整合之行动策略、学生中心之行动策略，课程实施的专业发展之行动策略、增强沟通之行动策略，课程评价的因势利导之行动策略、行动研究之行动策略，作为校长透过课程领导达成学校课程发展永续经营的具体建议，可为教务主任、教学组长等其他学校行政主管提供进行课程领导之参考（蔡清田，2007）。

第九章

课程评价

课程评价(curriculum evaluation)是评价在课程领域的应用(黄光雄,蔡清田,1999),是指教育人员搜集有关的课程资料,判断课程理念、课程计划、教学材料资源、课程实施运作、评估考试测验、学习过程与结果的方法活动等等的价值,以便进一步指出课程内容和活动的改革方向(黄政杰,1987)。

课程评价是一种价值引导的构想,透过建构及分配信息,引导某种特定教育系统的课程教学方案内容、学习活动或教育行动(Norris, 1990),借此帮助教育政策的决策者、学校教育行政人员、教师、学生家长或社会人士,了解课程发展的重要特色与特定的时空背景情境，进而促成课程改革的合理决策，以提升课程发展的质量(蔡清田，2002)。

由于过去一般人往往只注意到课程评价的某些面向，特别是往往只强调以学生学习成果为主的课程评价，而忽略了其他面向的课程评价。其实，课程发展的活动，需要较广泛的评价。课程评价所涉及的层面，包括广泛的结果，如学生的态度、其他教师的反应、课程改革对整体学校组织的影响；不仅包括获得学生成就的评估测验分数而已，更涵盖探究课程理念意义本质、计划、教材教法、实施与成果质量等层面，以便协助教育人员得以继续进行课程规划设计实施。换言之，就评价研究的课程之内容而言，可能包括呈现学生学习效果、教师教学成效、行政系统的支持与课程方案成效等面向，以符合检视课程不同层面的需要，并提供丰富的反馈信息，以提升下一个循环的课程改革质量(蔡清田，2002)。因此，本章旨在说明课程评价的基本概念、程序步骤、标准、类型及模式，阐明课程评价与课程意义的关系，课程评价与课程设计模式的关联，以及课程评价与课程发展路径和课程实施策略之间的相关性，并指出统整评价(integrated evaluation)与真实评价(authentic evaluation)等课程评价的变通途径，进而论述课程评价的不同价值取向，以作为进行课程研究发展与设计的参考。

第一节
课程评价的基本概念

本节拟就课程评价的意义、概念发展、范围、目的、功能等方面加以探讨，希望借此探究课程评价的相关概念。

由于教育经费在政府财政支出中所占比例的逐渐增加，以及工商业管理强调生产效能与效率的影响，社会大众容易对学校教育结果产生不满，因此，教育的绩效往往引发广泛的讨论与关注(Tyler & Lessinger, 1971: 75)。特别是学校教育也是由纳税人的金钱所支付的，所以教育政策的决策者与课程发展人员有必要向社会大众证明学校课程价值的合理性；而且学校经营管理人员有必要使有限的经费、时间获得最有效的运用，学校行政人员与教师有必要决定究竟何种学习经验，能帮助学生获得最大的教育价值。因此，课程评价有其必要性。

一、课程评价的意义

评价(evaluation)系指个人或团体对某一事件、人物或过程的价值判断过程(Posner, 1995)。换言之，评价是指系统地评估某一对象的价值或优缺点。评价活动是一种涉及好坏的价值判断，并指向优点和缺点的确认，借以提供改进的方向与积极反馈的复杂工作(黄光雄，1989: 4)。因此，就教育领域而言，一方面，评价是判断学习经验是否已经达到预期教育目标的过程，另一方面，评价也涉及对课程设计优劣的辨别(黄炳煌，1986: 119；Tyler, 1949: 105)。所以，教育评价除了代表教育目标达成的程度之外，也代表教育方案的计划或教育活动的观念与实际结果之间比较的一种方法(Tyler, 1977: 9)。是以教育评价可以扮演改进教育的重要角色，而且目标导向的评价也可引导教育人员反省其预期的目标意向，并厘清模糊的教育结果，这种观念提供了当代评价思想与实务的基础（Wolf, 1990: 14）。

概括来说，评价概念所强调的重点有诸多方面：第一，评价是价值或优缺点的判断；第二，评价可以包含对现象“质”的描述和“量”的描述；第三，评价是为了做决定；第四，评价不只可以针对个人的特质，也可以针对课程方案或行政措施（黄政杰，1987: 14）。

课程评价的意义，系指评价在课程领域的应用。换言之，课程评价就是评价人员搜集有关课程的资料，用以判断课程的优劣价值。例如，克隆巴赫（Lee Cronbach）便主张课程评价是指搜集和运用资料，以做出有关教育方案或课程计划的决定；实施课程评价时，资料的收集与运用必须能显示课程方案或课程计划的优劣，以作为课程改革或课程革新的参考（Cronbach, 1963）。另外，李子建与黄显华（1996: 354）也将课程评价的意义归纳为下列五类：

1. 将课程评价视为成就表现和特定目标间的符合程度。
2. 将课程评价视同为教育测量和测验。
3. 将课程评价视同为专业人员的判断，对课程的优缺点或价值加以评估。
4. 将课程评价视为搜集与提供资料，让决策人员从事有效的决策。
5. 将课程评价视为一种政治活动，不仅利用评价检视课程的效率及管理课程问题，也理解评价所涉及的道德及美学涵义，并探讨谁会从评价中获益。

二、课程评价意义的发展

有关评价概念的发展，部分学者认为评价虽自古即普遍存在于教育活动中，但系统和科学的评价却是20世纪的产物（黄政杰，1987: 3）。20世纪早期的评价概念乃是以考试及测验为代表，例如，课程评价学者泰勒就认为，考试与测验的目的在于改进教学，这种改善必须透过改进学生的学习来达成。因此，就有必要发展出评价不同情境的考试，以获得学生所学的内容或学习结果的证据（Tyler, 1934）。

后来，考试与测验的概念扩大为评价，评价对象由数据的记忆，移转为人类认知、情意与技能的行为。因此，评价的概念，也由学生行为与目标的一致性，扩展为预定课程计划与实际教育结果之间的比较结果。而且评价的对象，也由学生的学习成就，扩展为学校的学习活动与课堂外影响学习的因素（Tyler，1988：159）。例如，克隆巴赫继泰勒之后，不仅将课程评价的焦点由测验转移到评价，并且将课程评价的证据范围，由学生的学习结果，扩展到包括课程方案的各种特性资料的搜集与评述。因为课程教学的实施结果包括许多不同的层面，因此，单一的学习测验分数不足以描述教与学过程的复杂现象（Cronbach，1963：672）。

由于课程评价方案的不同需求，课程评价研究一方面产生激烈的争辩，一方面也因新工具的出现，使课程评价这个领域不断膨胀。而课程评价的意义，亦由“评价等于测验”、“评价是目标和表现一致程度的确认”、“评价是专业的判断”衍生出一些新概念。

三、课程评价的范围

就课程评价的范围而言，课程评价与课程的意义范围关系密切。因此，除非课程的意义明确，课程评价的目的明确清晰，而且评价工具与方法也根据课程目标而做出正确的分类，否则，对于课程评价工作是不会有太大的帮助的。

就评价规划而言，一位课程评价人员要确定课程评价的范围，首先需了解何谓课程。然而，由于课程的定义分歧，课程评价的范围也常因人因事而异。例如：

1. 如果课程指的是内容大纲、范围顺序或课程纲要等课程文件，则课程评价代表对这种文件的价值判定。例如，此文件是否完整？叙写是否妥当？深度与广度是否适当？组织是否严谨？内容是否新颖真切？内在一致性如何？

2. 如果课程是指学生的学习经验，则课程评价是指针对学生所得教育经验的价值判断。例如，这些学习经验是否具有教育功能？是否具有挑战性？有无鼓励作用？是否适当？是否完整？对学生年龄而言是否适当？不同背景的学生是否获得公平对待？这些教育经验如何加以改善？

3. 如果课程的定义是学习的具体目标，则课程评价是指教育过程的实际结果。例如，学生在某一教学单元中究竟学会了何种概念与技能？这种课程结果和其他不同课程的比较情形如何？和先前的课程比较情形如何？学生实际学习的情形如何？有无任何副作用？学生能就所学加以利用吗？从此课程中学生最能或最不能获益的有哪些？如何使学生的获益发挥到极致？

在课程设计的实务中，常被采用的课程概念是指课程标准或课程纲要所规范的一切学科内容。由于课程标准包含的内容是教育目标、教学学科、教学时数、教学目标、教材大纲等项目，所谓课程也就是这些项目的总和。如果采用此概念，课程评价的范围，就是针对上述项目去搜集数据，判断价值的高下，作为进一步行动的依据。但是，上述的分析，恐有将课程评价窄化之嫌(黄政杰，1991)。

事实上，除了视课程为学科之外，课程尚有学习目标、学习经验及学习计划的定义；因此，就课程的意义而言，课程评价的范围不应限于学科和时数，而应扩大纳入学习机会的规划，学习目标的选定及实际的学生学习经验。就课程评价的层次来看，除了应就理想的课程、正式的课程、领悟的课程、运作的课程与经验的课程等五个课程层次，指出其缺陷或困难所在，以便作出教育行动的决定，也应指出学生因素之外的课程发展计划和过程、课程本身、课程实施、课程效果等内容因素及范围项目的价值优劣。

既然课程存在于不同层次，课程评价若只针对某一层次而完全忽略其他，则不但见不到课程的全貌，更有扭曲课程意义的危险。亦即，当评价能周全地概括课程各层次意义的设计和运作时，才能对课程获得充分的了解。因此，课程评价的地位应被视为整个课程设计发展过程当中每一步骤的必要工作，亦即，课程基础研究、课程应用研究与课程行动研究等课程研究类型所包括的研究、发展、推广、采用等步骤都是课程评价的对象。而且，课程评价工作，应该因应课程发展的不同阶段，定出计划、实施、考核与追踪等四种评价的用法。

第一阶段是“计划阶段的评价”，在规划一个新课程方案的时候实施，指和以前做过的课程研究方案相核对，评价其目标、基本假设、学习过程等有助于评估课程方案的适切性。特别是在计划阶段，进行选择组织学习经验的评价，是指经由试用以评价此课程方案的效益与可行性，这种评价的结果，应是教育改革与课程革新的必要基础。

第二阶段是“实施阶段的评价”，必须针对采用课程方案的每一实施情境加以评价。因为许多教师在实施一项新课程方案时，总会遭遇许多预期不到的困难，而且大部分的课程方案，都需要花费数年的时间才能完全实施，因此，在课程方案的实施阶段进行评价，有助于课程改革的成功。

第三阶段是“考核阶段的评价”，是指有必要依据课程方案的实际运作结果进行评价，以发现学生的学习成果。甚至，应该将接受课程方案实施后一年或短期之内的学生学习成果，作为评价学习保留的对象。

最后，第四阶段的“追踪阶段的评价”是十分有必要的。在最初的数年内方案通常是高效能的，时间一久之后，就失去了效用。有些效能降低的课程个案归因于新进的教师缺乏执行方案的适当训练，有些课程个案归因于教师及学生失去兴趣，或无法调适环境变迁而失去弹性，追踪评价正可以提供课程方案再现活力的基础(Tyler，1984)。

四、课程评价的目的

由于社会情境的转变，以及农、工、商、国防、环保、健康卫生等知识与科技的改变，评价产生了极大的改变。其中一项基本的改变是评价使用功能的扩大，包括学生辅导、行政、安置、颁发奖学金、诊断学生的学习与发展、评估新方案课程教材教法与设备、学校方案的管理与辅导等等。因此，课程评价评估教育的进步，以便于民众了解，并提供政府制定教育政策的参考(Tyler，1969：2)。彭驾骍(1978：112)指出，课程评价可以：

1. 作为课程目标与课程价值的评估依据。
2. 作为评价课程编制、教材编选的依据。
3. 作为检讨课程结构与内涵的依据。
4. 作为分析教学目标、检讨教育设计的依据。
5. 作为改进教学、加强学业辅导的依据。
6. 作为检讨教师教学成果及学生学习成效的依据。
7. 作为修订课程、拟定新课程设计的依据。

课程是学校教育的主要内涵，亦是达成教育目标的手段，因而课程的良莠，关乎教育至深且巨。而欲针砭课程的好与坏，则依赖评价工作的进行。事实上，我们可以从“有助个人决定”与“有助课程决定”两个层面来探究课程评价的目的(Posner，1995：224)。

(一) 有助学生个人决定

1. 诊断决定(diagnosis decisions)

利用观察学生的表现，或利用态度、兴趣、行为量表，标准化成就测验，学术性向测验，以搜集学生的优缺点，并决定有需要特别教学处理之处。

2. 教学反馈决定(instructional feedback decisions)

如教师自己编制的测验本或小考，可以帮助学生监控自己某一学科方面的学习进步速度，以调整学习途径方法。

3. 安置决定(placement decisions)

了解学生对特定技能的精熟程度，以此将学生安置在相等的同质团体中，以便进行教学。

4. 升级决定(promotion decisions)

根据标准化测验，提出针对个别学生有关问题的讨论会、教师课堂观察的建议，以了解学生在某一方面的精熟程度，作为决定其升级或留级的依据。

5. 授证决定(credentialing decisions)

如通过国家考试或专业团体所订定的通过标准，可以获得某种学程毕业的证明或许可证。例如，目前台湾地区大学院校相关科系学生修毕教育学程学分，可向教育事务主管部门提出申请实习教师资格的初试，取得实习教师证书。

6. 选择决定(selection decisions)

如英美各大专院校的入学许可部门，利用学生的学习成绩单或学术性向测验等标准化测验，决定是否让某生入学。

(二) 有助课程决定

大部分的课程并未能提供信息，以显示学生是否达成预定表现水平。事实上，大部分的课程只注意到评价工具是否能够评价课程确实地提供学生必要的技能，以准备授证考试或全国性常模测验或标准化测验。因此，就评价的目的而言，如果是为协助课程决定所进行的评价，就可以称为课程评价。而且评价结果的利用可以指出课程方案的优劣、厘清教育目标、统整课程与教学、提供教学与学习的辅导数据、建立学校教育的公共关系(蔡清田，1992a：108)。

课程评价的目的，可以为教育人员、学生及家长提供一种心理保障。教育机构的责任是非常广泛的，而且涉及一些观察不到的层面。学校教育人员常怀疑是否已达成主要目标，因此，往往不自觉地透过一些不必要甚至有害于教育工作的过程，来增进其安全感。例如，初中或高中教师可能花许多时间精力，要求学生进行高中入学联招模拟测验与大学入学试题的摹拟练习，以获得教学成就的证据。然而，这种升学考试的准备方式，只适用于一部分升学的学生，若把时间精力全部都花在升学准备上面，不免忽略了学校课程方案的其他教育功能层面。因此，对这些类型的教师而言，一种仔细检查各学习成果层面的教育评价，将能为教师提供自信心与安全感，这是正在进行新课程方案的教师更需要的。由于改革结果的不确定性，使教师对课程革新产生不安全感，教师如利用旧式工具评价自己的革新工作，会因缺乏自信而感到失望。学生与家长同样也有这种不安全感，而且也希望获得课程方案有效的具体证据。如果没有提供完整的评价计划，则学生与家长可能诉诸观察、可测量的量化考试分数或名次等第，却无助于改进学生学习过程与方法的其他因素。所以，应用新课程评价方式，来证明课程革新的效能与教学过程，可以为学校教师与学生提供心理的保障。

评价的另一个目的，是强调提供一种公共关系的合理基础。当要了解社会大众与家长对学校教育机构效能的看法时，与社会大众与家长建立起合作关系是很重要的。一项审慎完整的评价，可以将证据公开化，并让社区民众认识学校方案的价值，甚至，如能获得关于学校成就的具体证据，则许多批评者的态度，将可以转化为建设性的合作关系与助力。为了达成这些目标，评价人员在心中不断地规划发展评价方案时，应该了解并决定评价对象与技术，而且进行结果摘要与解释时，也应要考虑到这些重要目的。

五、课程评价的功能

艾斯纳(Elliot W. Eisner)认为课程评价的功能，不外乎诊断、修正、比较、预测、确立等五项，期望由评价促进课程设计，实现教育目标(Eisner, 1994: 117)。事实上，评价在课程上具有下列七个功能：

(一) 需求评估

在课程方案设计前，应先调查社会及学生的需求，以作为课程规划的依据，并作为建立教育目标的参考。换言之，评价可以用来评估教育需求，以建立教育目标，指引教育革新方向。

(二) 缺点诊断

寻找课程问题困难所在,以便施予适当处理,亦即,评价可以用来诊断课程、教学和学生的学习。诊断旨在寻找课程问题和困难所在,以便施予适当处置。

(三) 课程修订

经由评价反复寻找缺失,可改进新的课程方案。换言之,评价可以用来修正课程,使其更加完美而具有教育效能。在此,所谓课程,是指由教师或其他人员编制给学生使用的材料,这些课程材料由计划、发展、完成到推广,必须不断修正改进,评价便是搜集课程数据,提供改进参考的工作。

(四) 课程比较

比较各种课程目标内容、过程及结果。换言之,评价可以用来比较各种课程方案、教学,以及学校教育其他层面。

(五) 课程方案的抉择

评价可判断课程方案的优劣价值,作为抉择的参考。

(六) 确定目标达成的程度

比较目标和实施结果, 以探讨目标的达成程度,这是评价在课程上最传统的功能。教育是有目的的,评价可了解学生是否达成了教育目标,以便决定学生是否需要再次学习,或可以导向下一个阶段的学习;评价结果也可用以修正课程,使课程更适合学生,甚至改变教育目标,以适应学生的学习程度。

(七) 绩效判断

借由评价可了解课程设计人员、行政人员与教师的绩效。总之,课程评价的用途不外乎改进、绩效责任及启发(enlightment)(黄光雄,1989: 8)。就改进而言,评价旨在提供数据，以保证或改进一种服务的质量。就绩效责任而言，评价可以对完成的计划、建立的方案或完成的结果等作回顾观察，并评估其成效。就启发而言，评价不只有助于导正教育方案的实施，而且有助于提出特殊的研究问题或理论问题。

由上可知，课程评价，不单是对学习成果的评估，亦会在课程发展过程中开展评价活动。由此可见，课程评价功能旨在判断教学材料、教学活动或教育经验的价值，指出课程内容和教育活动改革方向，而其所涉及的评价步骤与评价标准，就有其探究的重要性。

第二节
课程评价的步骤与标准

课程评价旨在搜集和提供课堂情境有关的信息，以为决策之用。而在搜寻数据过程之中，要如何判断其价值，则应建立一些步骤与标准。本节旨在就课程评价的步骤与标准加以说明，希望经由确定课程评价的步骤与标准，可以协助教育政策的决定者、学校教育人员与课程评价人员掌握判断课程设计的成败关键因素。

一、课程评价的步骤

由于课程评价所包括的范围极广，而且范围的性质又有所不同，因此，有必要确立若干步骤，以供进行课程评价时参考。例如，彭驾骍（1978：124）认为评价大体可分下列几个步骤：

1. 确定评价的目标。

2. 确定评价所需的项目及其评价方式。包括：

(1) 教学目标方面；

(2) 课程编制形态方面；

(3) 课程纲要方面；

(4) 教材编选方面；

(5) 教学设计方面；

(6) 学习效果评量方面。

3. 确定评价人员及其不同使命。

4. 确定分析、调查、统计、整理的方式。

5. 评价效果的应用。

黄政杰(1987：267)则将课程评价归纳为如下八个步骤：

1. 确立课程评价目的。

2. 依据评价问题，描述所需资料。

3. 进行相关文献的探讨。

4. 拟定评价设计。

5. 依照设计搜集所需资料。

6. 整理、分析及解释资料。

7. 完成评价报告、推广、反馈。

8. 实施对评价的评价。

陈如山与黄政杰等人(1992)又根据上述课程评价的步骤，拟订课程评价的原理，说明如下：

1. 课程评价应基于课程目标，评价应有其依循的根据，才不致如无罗盘的船，行之大海，缺乏方向依归。因此，课程目标既为课程设计的依据，也应为课程评价的基准。

2. 评价可以指出并判断学习经验的有效性，也可作为修正与建议学习经验的依据，评价还可以显示目标是否达成及其达成的程度。这些复杂的过程应该包括课程计划、课程实施、课程评价与课程改革的反馈过程。课程发展为统整一贯的过程，则课程评价应为延续、综合的过程，因此，课程评价更应注意其过程中纵、横的整个结构。

3. 课程评价的过程，应有更多人士参与，课程评价人员不应限于课程发展小组之外的学者专家、教育行政人员、教师、家长等，也应包含小组内部人员。换言之，发展课程评价方案是一项学校教育人员与课程评价人员合作的方案，评价工作是许多学校教育人员与课程评价人员共同努力的结果，没有一项工具的发展是由一个人单独完成的。

泰勒也明确地指出评价学习经验过程的八个程序步骤（Tyler，1949：101），分别是：

1. 界定目标

通常进行课程评价的第一个步骤是要求每一位学校教育人员拟订学校教育目标。这不只是一项评价活动，也是课程发展的一项重要步骤。有效的教育目标并非经由学校教育人员个人好恶的妥协结果，而是基于社会需要、学生特性、学科领域的可能贡献、学校的教育哲学或社会哲学与学习心理学等各种考虑因素形成的。因此，许多学校花费了许多时间在这一步骤，并且经常周期性地重新检视目标的妥当性。

课程目标包括一般与特定的不同层面，而且数量多，不易实际运用，因此有必要将这些目标列成一张总表，并归为若干类别，以引导课程发展与评价，详加设计来间接说明有效达成目标的学习经验类型。拟订目标是评价过程的起点，因此计划学习经验的双向分析表是提供评价过程的一项基础，包括指出行为与内容层面，而且应该以学生行为界定目标，明白地定义行为目标。

2. 指出情境

指出学生学习的机会，引导学生表现目标行为的情境，以便观察目标的达成程度。情境范围包括问答情境、游戏与工作情境、选择的情境与演说的情境。而评价的情境，也正是学生表现该目标行为的情境。如果情境难以控制，则评价专家应试图发现其他较简单的情境，直接引发所要评价的行为的情境。

3. 检查现成的评价工具

将拟用于评价的工具，拿来和行为达成的目标相核对，了解此工具是否可在引发目标行为的各种情境中利用。检查项目包括检视特定评价工具当中所涵盖的行为类型，并检视评价的工具的情境。不应贸然地采用广泛使用的测验，应有必要检视测验内容与目标及其评价情境。

4. 选择或编制评价工具

检视现成的工具可能产生三种结果：第一种是发现可靠、适用、适合某目标，且令人满意的工具，并且加以采用。第二种是修订，亦即发现可修订某些现有的工具，以适合某教育目标。第三种是重新编制，亦即缺乏适当工具，则需重编工具，以测量目标。

5. 试用评价情境

实际试用能让学生有机会表现行为的情境，了解此情境是否为获得证据的便利途径，以便将评价工具发展为令人满意的方式。

6. 记录情境行为

记录学生在情境中的行为，除了纸笔测验外尚有观察法，由观察者对学生的反应作详尽的描述。录音录像法利用录音机录像机对学生行为加以记录。检核法利用检核表核对经常出现的某种特殊类型行为。其他方法应考虑个别测验情境，不只在引发行为，而且要能获得评价结果的记录。

7. 决定评价用语与单位

第七个步骤是决定总结或评定行为记录的用语与单位，并指出涵盖不同范围的广度，与不同层次的深度。因为行为评价是分析性的，不是单一分数的概述，因此，每一目标的评价结果，应有许多分数或评语，适切地描述解释目标达成的程度。这种指出特殊优缺点的分析性摘要，对利用评价结果以改进课程而言，非常有用。而且必须在实际计分、评定等第之前，先行发展出评价方案，而评定的参照点是发展评价方案时所必须做的决定。

8. 决定三标准

第八个步骤是决定评定等第或总结摘要叙述方法的客观性、信度与效度。客观性是指同样有能力的两个人在行为记录上获得同样的分数或总结性摘要叙述。提升客观性的方法有几种，有时可透过记分时对特殊细节的澄清，有时可经由更完善精确的记录方式加以改进。

就信度而言，所需获得的行为样本的大小，是视行为的变异量而定的。如果样本不大又有很高的一致性，便可获得可靠的指标。如果变异量大，必须选取较大的样本，才能较正确地推论总体。因此，我们在试测一种评价工具时必须找出工具中各项目间的变异量。

就效度而言，学科测验不一定要涵盖学科的所有内容，但可以测量学生在某种特定目标上的成就。学校可利用完全不同的测验来评价某些特定的目标，不一定要采用统一的考试。甚至，各校可利用同一测验，强调不同的重点(Tyler, 1934)。因此，不必以学生的测验分数作为效标，而可以用学生在某种情境下的行为反应，代表目标情境中行为反应的效标。同时也应容许误差，测验若未能直接评价学生的目标行为，则必须利用标准偏差的计算，以容许其适当误差，并推估其效度的变异范围。而且只要评定学生在某种情境下的反应，便可能推断其典型的反应。通常没有必要去发现每一位学生发生改变的反应，只需透过适当地抽取样本，便可在极小的错误范围内，代表所有学生的评定结果。因此，不必浪费时间安排每一位学生接受冗长的访问。同样地，追踪研究也只需抽取具有代表性的样本，彻底研究样本的行为，便可获得有关毕业生学习的持久性结论。

这八大步骤是一个引导教育评价的程序与工具。亦即，指出教育方案的教育目标，以行为及内容的术语界定每一个目标，指出目标的应用情境，设计呈现情境的方法，设计获得记录的方法，试用该建议的程序与工具，检验工具的信度、效度、客观性及可行性，并加以修正。这是个重复循环不已的过程，特别是拟订目标、厘清定义、确定学生学习的目标行为，将有助于解释课程改革方案及个别学生的评价结果。可见评价的研究可以引导目标的再修正与改进，评价结果与目标的修订，可以促进教学及课程方案的改善，目标与课程方案的修订，也可以带动评价方案革新，如此循环不已。

总之，课程评价应有精确、客观的方法。评价的方法包括访谈、观察、调查研究、个案研究、检核表、测验、统计分析、内容分析、成本分析等等。如未能就上述评价方法加以区分，则不免造成搜集昂贵却不必要的信息，或遗漏低成本却重要的信息之缺失。例如，如果课程评价目的在确认课程的疑难之处，以便加以修正，则没有必要从每一位学生或部分特定学生身上获得相同信息，因为从学生的部分抽样样本进行数据搜集，可以得到不同学生不同的搜集数据。可见，课程评价人员应视课程设计的层次以及评价对象的内容范围，妥善选择适切的方法。

评价人员应该允许教师利用不同的学习经验，引导学生达成目标，并利用不同的评价工具，来检验目标达成与否，而不只是以单一的工具来评价所有的目标，而且评价的数据也不只包括一般程度水平学生的数据，也包括学习速度缓慢学生的学习进步情形。各种不同的评价方法，不受限于纸笔测验，如问卷、访谈、检核表、活动记录、课程材料的内容分析、使用不同课程的团体间成就测验分数的比较、课程修毕同学的追踪访谈、学校教室的个案研究等等，都是有关课程决定的评价方法。

课程评价结果的分析，应基于其所在社区与学生的类型，亦即，评价结果的报告，应与受评单位或对象所处背景环境及学习者的特性相配合。换言之，往往大多数的评价报告不易为外行人所了解，以致产生许多误解。甚至，教师与行政人员也不知道如何从评价报告中，获得改进课程的信息与方法（Tyler，1990：735）。因此，评价报告有三项原则。第一个是清楚地定义学生的学习目标。第二个是指标清晰与明确。第三个是评价报告内容，应因评价报告的听读者对象不同，而有所差异。而且课程评价，应以促使受评单位或个人的改进发展为标准。例如，斯塔弗尔比姆（Daniel L. Stufflebeam）也认为评价的主要功能在于改进（improve），而不在“证明”（prove）（Stufflebeam，1983：117）。因此，当课程评价人员开展其工作时，课程评价方案显然也是一种有效的教师在职进修方式，帮助教师不断地进行课程目标的修订与厘清，持续地研究学生的目标行为，使教师的兴趣与努力集中于教育过程中的最重要部分。因此，课程评价的结果，可以不断改进课程方案，更加了解学生，并且增进学校效能。

二、课程评价的标准

不同评价标准隐含不同的评价问题与方法。例如，评价某一事物对象时，应该注意三个主要的价值基础来源，亦即，具有利害关系的专业服务对象的不同期望，服务的优点或卓越程度，以及服务的需求程度与潜在价值（黄光雄，1989：5）。课程评价大约有三项经常受到国内学者专家重视的标准。第一项是实施的可能性，不能使用的课程就没有发展的必要。第二项是课程方案的成效，如课程是否包括课程设计发展人员认为重要的部分，是否包括比其他课程方案更有效的技巧等。第三项是发展的课程，是否对学生具有教育的价值（欧用生，1986：227）。

另外，美国教育评价标准联合委员会（Joint Committee on Standards for Educational Evaluation）也曾提出四组评价的标准，亦即，效用的标准（utility standards）、可行的标

准（feasibility standards）、正当的标准（propriety standards）与精确的标准（accuracy standards）。这四组标准总共包括三十个项目的评价标准建议（Joint Committee on Standards for Educational Evaluation，1994）。

（一）效用的标准

效用的标准是指有益于评价使用对象的实际需要，不只要提供优缺点的反馈，还要提供改进的方向。这一组效用的标准包括评价对象的确认、评价人员的信赖性、数据的范围和选择、价值的确认、报告的清晰、报告的时限与推广、评价的影响等七项。

1. 评价对象的确认是指应该确认指出那些与评价有关的人员或会受到评价影响的相关人员，以便这些相关人员的需求受到关注。

2. 评价人员的信赖性是指评价人员应当有能力完成评价工作，而且应当受到信赖，以便其评价的发现结果能够获得最大的信赖与接纳。

3. 数据的范围和选择是指所搜集资料的范围与选择方式应当能涵盖有关评价对象或相关人员的需求及其所关切的问题。

4. 价值的确认是指用来解释评价发现结果的观点、程序与基本原理应该仔细地加以叙述，以便清楚地说明价值判断的理论依据。

5. 报告的清晰是指评价报告应当清楚地叙述评价方案的背景脉络、目的、程序、评价发现的结果，以便清楚地提供重要信息，以促进听读者的理解。

6. 报告的时限与推广是指重要的研究发现或评价报告，应当适时快速地传播给受评的对象以及其他有权知道的对象，以便这些相关人员得以及时加以利用。

7. 评价的影响是指评价应以适当方法途径加以规划、执行与报告，以便评价的相关人员受到鼓励，进行下一阶段的工作，增加评价报告被使用的可能性。

（二）可行的标准

可行的标准是指评价要实际、审慎、富于策略、考虑政治因素和合乎成本效益的经济节省。此组标准包括实际的程序、政治的可行性、成本的效益等三项。

1. 实际的程序。评价程序应是实际的，以便获得必备的重要数据，并使中断的概率降到最低程度。

2. 政治的可行性。评价应该就各种利益团体不同的立场与期望，加以规划并执行，以便取得其合作；同时可以预防这些不同团体阻挠评价工作的顺利进行，或避免利益团体以偏见误导误用或恶用评价结果的企图。

3. 成本的效益是指评价应当有效地运用充分必要的数据，以证明其所花费的资源是正当合理的。

（三）正当的标准

正当的标准是指评价要合法地、合伦理地实施，而且要适当地尊重受评对象的福祉，以及受评价结果影响者的福祉。这组标准包括服务取向、正式的同意书、人类主体的权利、人际的互动、完整与公平的衡量鉴定、评价发现的揭露、利害的冲突与会计的责任等八项。

1. 服务取向是指评价应当加以设计规划，以便能够有效地组织，并满足所要服务对象的需求范围。

2. 正式的同意书是指正式团体对于要评价什么内容、如何执行、由谁执行、何时完成的种种评价义务，应作成书面的同意书，以使这些团体有义务遵守协议的所有条件或据此进行重新磋商。

3. 人类主体的权利是评价的规划和实施，均应尊重和保护人类主体的权利与福祉。

4. 人际的互动是指评价人员应当本着尊重人类的尊严与价值的原则，与评价的相关人员交往而产生相互作用。

5. 完整与公平的衡量鉴定是指评价在指出方案的优缺点时，应当完整而公正地对其加以检查记录，以使优点得以继续保存，并发觉问题所在，进而提出解决问题之道。

6. 评价发现的揭露是指实施评价的团体，应当保证受到评价影响的相关人员与依法有权可以知道实情的人士，能通过适当途径，了解评价的所有发现结果以及其他相关限制。

7. 利害的冲突是指应当以公开而坦诚的方式处理利益冲突的问题，如此才不致危及评价的过程与结果。

8. 会计的责任是指评价人员对于资源的分配与支出，应当反映健全的绩效责任程序，而且应当审慎其事，承担道德义务与责任。

（四）精确的标准

精确的标准是指评价要能显现和传达有关受评对象的特征等这类专门的数据，以确定其价值或优点。这组标准包括方案的文件记录、背景脉络的分析、目的与程序的描述、可靠的数据源、有效的数据、可信的数据、系统的数据、量化数据的分析、质性资料的分析、证明正当的结论、公正的报告与后设评价等十二项。

1. 方案的文件记录是指评价方案应当清楚而精确地加以描述记录，以便明确地加以确认。

2. 背景脉络的分析是指评价方案所在的背景环境脉络，应加以仔细探究，以便确认其对受评对象的可能影响。

3. 目的与程序的描述是指评价的目的与程序应该加以仔细的监控与描述，以便确认和衡量鉴定这些目的和程序。

4. 可靠的数据源是指评价的数据源应加以仔细描述，以便衡量鉴定该项数据的妥当性。

5. 有效的数据是指搜集数据的程序应妥善地加以选择或发展并执行实施，以确保其所得的数据诠释，能有效地协助特定的用途。

6. 可信的资料是指搜集数据的程序应妥善地加以选择或发展并执行实施，以确保其所得的数据诠释，能协助特定的用途，并且是值得信赖的。

7. 系统的数据是指评价资料的搜集、处理与报告应当系统地检讨以校正错误，以使评价的结果没有瑕疵。

8. 量化数据的分析是指评价的量化数据，应当适当地加以系统分析，以有效地回答评价的问题。

9. 质性资料的分析是指评价的质性数据，应当适当地加以系统分析，以有效地回答评价的问题。

10. 证明正当的结论是指评价所得的结论，应该清晰明确地证明，以便评价的相关人员据以衡量鉴定其结果。

11. 公正的报告是指评价的报告程序，应当提供预防措施，以保护评价的发现和评价报告，不致受到任何个人的情感或团体的偏见所扭曲，确保评价报告公正地反映评价的发现结果。

12. 后设评价是指评价本身应该根据上述这些以及其相关的标准进行形成性与总结性的评价，以适当地引导评价的过程行动，而且当评价完成时，评价的相关人员也可据此加以仔细地检查其优点与缺失。

归纳本节所述，课程评价应针对评价的问题，以使结果能够应用。是以建立明确的课程评价指标，不仅可以帮助教育决策人员获得必要的信息，也可以帮助课程发展人员进行精致的课程设计，更可协助教师提升课堂层面的课程教学质量，进而提升学生的学习质量。有趣的是，评价人员根据不同的原理原则与评价标准，建构不同的课程评价类型模式与途径，呈现出不同的价值取向与课程设计意识形态理论取向，本书将在以下三节中加以阐述说明。

第三节
课程评价的类型

一般而言，评价的类型除了包括目标本位的评价、不受目标约束的评价、形成性评价与总结性评价之外，尚有结果本位的评价与过程本位的评价、测验本位的评价、统整评价、批判本位的评价、真实评价、交流评价、科层体制式的评价、专业自律式的评价、民主多元式的评价。兹将比较常见的课程评价类型，说明如次：

一、目标本位的评价

美国评价学者泰勒(Ralph Tyler)将评价定义为，以测验评量扩大为目标达成的程度，并且强调目标在课程评价上的重要性，这种途径以达成课程的学习目标程度，作为判断学校效能的标准，并且具体地指出某一层面的学校课程方案，可以进一步改善以改变期待的学生行为组型(Tyler, 1949: 104)。这种评价观点，与社会主义理论取向与科技主义理论取向的课程设计意识形态相关。

目标本位的评价(goal-based evaluation)，与教育评价领域的目标获得模式(goal-attainment model)有雷同之处。就其基本观念而言，其评价的过程是一种“测定教育目标在课程与教学的方案中究竟被实现了多少”的过程。教育目标是指学生行为的改变，因此，评价乃是评定这些行为改变究竟实际发生到什么程度的一种过程。这种目标本位的评价概念，具有两个重要的涵义：首先必须评估学生的行为，因为教育的目标，便是指这些学生行为的改变。其次，必须包括两次以上的评估之间发生的种种变化，第一次行之于课程方案的前期，第二次则行之于课程实施较后时期，如此，方能评价学生行为改变的程度。而且，就学习的持久性作某种评估，课程评价人员有必要在教学完成后的某一段时间，再作另一次评价。例如，年度评估往往可以获得学生在教育目标上进步情形的继续性记录。

评价是探究课程发展的学习经验，到底实际上产生了多少预期效果的一种衡量鉴定过程，而评价的过程，包括认明各种计划的优缺点。因此，评价的目的应该包括(Tyler, 1949: 105)：

1. 评价个别学生，以确定其进行下一个学习进度的准备程度。例如，利用考试激励学生继续学习，便是一种强而有力的诱因。

2. 诊断学生的学习困难，并设法加以克服，如同医生找出病因、对症下药般帮助学生学习，也能有助于日后的教学计划。

3. 进行个别辅导，利用充分的学生个人资料及学生的未来计划，帮助其未来的发展。

4. 评估课程发展的革新，仔细检查整体课程的每一部分是否与目标一致，是否依据原先计划的程序方向执行，并确定学习发生的范围与程度，评价学习经验的效能。

5. 评估不同学习材料与教法的实际效能，教育的整体目的不仅限于学校内的行为改变，重要的是在于发展个人获得思考、感情与行动等有关人类经验，协助学生的家庭、游戏、社区及工作等方面的生活。

6. 评价的目的是发现问题，以便及时加以处理。这类的评价，不仅要去评价学习迁移的效能，还应进一步建立基本数据。

7. 评价也可以作为大学入学申请许可分发与学生安置的依据。

8. 评价的目的是帮助民众对一般问题与情境的认识与理解，作为建立民主教育政策的参考。

除此之外，课程评价尚可协助教师的学校日常工作，为教育行政与课程发展人员提供监督方案与材料，帮助学生厘清自己的学习计划。

评价的过程始自课程方案的目标，以学生行为与内容的“双向分析表”界定目标。其次，找出学生获取学习经验的机会，以表现教育目标所含的行为的一些问题情境或活动情境，此程序的重点在于给予学生表现机会，以允许行为表现，并鼓励其行为，或引起此类行为的种种情境。而搜集学生行为改变的证据，其评价方法包括笔试、习惯技能的观察、态度兴趣及欣赏的访谈、兴趣态度的问卷调查、搜集学生的实际作品等等。

就评价工具的选用，目标本位的评价可以一方面检查现成工具，拿来和所要达成的目标相核对，以了解这些测验对于种种有待评价的目标，这些评价对于那些可以直接引起所要评价的行为之种种情境，究竟利用到什么程度。

另一方面，也可以自行编制评价工具，实际去试验被认为是能够让学生有机会去表现所期盼行为的一些情境。把可能的评价工具，发展成能令人满意的形式，并进一步决定用来概述所获的行为记录的“名称”或“单位”。依目标而评价行为，亦即，评价行为的方法必须与目标一致，而且最好是每一目标皆有几个分数或摘要描述，才能适当地描述此一特定目标的达成程度。进而，若能指出特定目标的特殊优劣点的分析性摘要，则对于利用评价结果以改进课程非常有价值。在决定评定等第或概述的方法究竟应客观到什么程度的问题上，应该透过更精细的行为记录，以考虑到评价的客观性、信度、效度等等。

由于评价包括结果与目标的内在比较，因而，这种评价不必提供实验组与控制组之间高费用和造成不当的比较。这一研究途径集中在直接评价成就，这与间接的评价教学质量、图书馆藏量、数据范围、社区参与等途径不同。而且评价不需涉入个别学生分数差异的信度，同时，评价涵盖的结果变量比常模参照测验所涵盖的范围更广。评价人员可以利用评价的程序以发现课程方案的优缺点。评价乃是一种澄清教育目标的有利工具，也是向家长或社会大众提供有关学校办学成就的一种重要方法。

课程评价可以促进教育的良性循环，是课程与教学中不可或缺的一环。目标本位的课程评价，虽然明确，合乎教育绩效，但是，可能窄化学习内容，忽略课堂生活的丰富意义，压抑教学自主性，而且以目标为樊笼也是一种狭隘的评价观。因此，不受目标约束的课程评价，正可以克服这种有限性，明白地指出不是为了评价而评价。评价具有革新与进步的功能，可以促进良性的循环，充分发挥其动态的生机，因此，应该特别受到重视。

二、形成性评价与总结性评价

斯克里文(Michael Scriven)认为目标本位的评价会将整个学习结果窄化，忽视学生的潜在课程，因此主张评价人员不应受到课程目标的控制(黄政杰，1987：50)。斯克里文主张实施形成性评价(formative evaluation)和总结性评价(summative evaluation)(Scriven，1967)。形成性评价发生于课程形成的过程当中，它可包含需求评估、方案设计、课程实施和推广规划、师资进修等项目。其最主要的目的在于搜集课程草案或原型中各成分的缺点、不当或成功之处，提供课程设计人员改进的方向。形成性评价不单发生在课程草案或原型完成的阶段，也发生在草案或原型的孕育及设计过程中。但比较有系统的形成性评价，是将草案或原型安置在学校中试用，再依照试用结果进行修正。

至于总结性评价则发生于课程草案或原型定稿或定型，而且课程设计人员决定将课程方案付诸实施或全面推广以后，这种总结性评价发生在课程设计和发展过程的终点。而且总结性评价常以课程整体为对象，旨在确定课程的效果与价值，作为选择、采用及判定绩效的依据。

上述两种评价方法，若从评价人员、数据搜集方法以及数据搜集时间等方面加以区分，则只是表面的，真正的区别应在于功能或功用。如果是为了改进课程，使其趋于完美，这种评价即为形成性评价；如果是为了判断效果与价值，以便抉择、采用、推广，即为总结性评价。在某一时间所搜集到的形成性评价课程数据，可当作较短时间的总结性评价课程数据;而较短时间的总结性评价数据,可当作较长时间内的形成性评价课程数据。两者应是连续、循环不已的,不可截然予以划分。

归纳言之,形成性评价和总结性评价的分析,对课程设计和发展自有其作用。课程评价不单是等到成品完成后,判定其效果与价值,更重要的是在成品发展过程中,不断寻找缺点加以改进。就评价的角色而言,形成性评价是指评价在课程发展的持续进行过程中,扮演形成性角色,以改进课程。例如,学生是否准备妥当,教师是否准备妥当,以完成新课程的要求?时间是否足够进行课程的实际教学?教材是否太难?甚至在课程发展过程当中实地测试课程也是一种形成性评价。而总结性评价则是旨在帮助行政人员判定该课程是否优良,是否值得该机构的支持或继续使用该课程。例如,学校是否正式采用某一套课程?或某一基金会是否应该继续赞助某项课程?

可见形成性评价与总结性评价的区分,主要乃是由于内在评价者与外来评价者的不同目的,而不是所搜集的资料之差异。形成性评价,乃是由评价人员为课程计划人员提供的一项反馈服务,评价人员将课程方案的目标视为理所当然,并将课程发展相关人员的执行过程表现等信息,提供课程决策人员作为改进课程设计过程的参考依据。总结性评价,则是特别为课程方案的设计人员之外的听读者,所进行的一种课程评价途径。采用这种课程评价途径,往往是因为教育系统内负责教育决策的主管人员需要相关信息,以判断课程的价值,但因缺乏足够的知识信息,以致无法了解课程方案执行结果的成败。因此,在课程方案执行到某一个阶段之后,教育决策人员委托课程方案之外的评价专家进行课程评价,以评定课程方案的整体成效,并赋予价值判断。

换言之,形成性评价与总结性评价的重要差别,乃在于决策者与评价的所在地位。在形成性评价当中,决策者乃在课程发展中的一员,因此评价是一种内部过程。例如,课程方案主持人可能邀请历史学者检验教材草稿的真实性、作者的偏见与内容的完整性,但是,方案主持人利用此信息的目的在于将其作为课程方案人员修订教材的建议基础。在总结性评价当中,决策者乃置身于课程发展之外,因此,评价乃是一种外来增加的作业。例如,国家基金会聘请评价人员,利用上述历史学者的检验发现结果,作为该基金会是否未来继续赞助该课程的建议。

不管是形成性评价或是总结性评价,这两种评价皆利用课程评价的过程或结果,以控制课程设计发展的质量。就此观点而言,课程评价是一种教育的构思设计,建构及分配课程信息以引导某种特定课程方案或教育系统的教育行动(Norris, 1990, 102)。而且,课程评价的目的在于帮助课程政策的决策者、学校教育的行政人员、教师及家长或社会人士,了解某一课程方案在特定的时空背景之下如何被实施,以帮助相关人员了解此课程方案的重要特色,进而促成课程设计、课程发展、课程实施与课程改革的合理决策,以提升课程与教学之教育质量。

三、结果本位的评价

结果本位的评价(outcomes-based evaluation)是一种最低底线或清算结账式(pay-off)的评价(Posner, 1995: 228)。狭义的结果本位的评价,是指大部分的评价只着重在学科课程目的,或学科知识目标的结果。但是不同的学科课程有不同的课程目标与不同的学科知识内容,各个学科只问自己学科课程是否达成预定的学科知识目标与学科知识内容,因此,比较不同学科课程之间的狭义结果是有问题而不当的。广义的结果本位的评价是指评价的观点远超越正式课程目的或学科教育目标,以提供学科课程的主要作用与副作用的信息(Posner & Rudnitsky, 1994)。主要作用是指学科课程的主要预期结果,副作用则是包括过分强调某一学科知识内容取向、某一组织原则,或某一学科教学方法或某一评价途径的偏见或扭曲变形。有时课程实施人员会因为担心发生副作用的可能性太高,或副作用太严重、太危险,因此不去执行某一课程。然而,若能指出可能的副作用,则可以警告教师或行政人员努力避免掉入陷阱。

就短期的结果而言,包括在学科课程选习之后的短时间内,学生记忆的学科知识内容与表现能力。就长期的结果而言,包括在学科课程修毕后,学生虽早已忘记学科课程的知识内容细节,但却能清楚地记住其学科知识,或对学科材料有良好态度,也对学校的学科课程产生支持赞同的行为表现,甚至,产生拥护学科知识的情意态度,这才是学科课程的终极目标与价值。

四、过程本位的评价

过程本位的评价(process-based evaluation)又称为内在评价(intrinsic evaluation),这种评价是以课程评价为工具,来说明课程目标、内容、教师训练的要求,而与经验主义理论取向与专业主义理论取向的课程设计意识形态相关，是不同于目标本位的评价，更不同于重视课程最后结果的结果本位的评价。例如，美国评价学者斯泰克(Robert Stake)以先在因素(antecedents)与交流因素(transactions)来说明以教育过程为依据的"内在评价"(Stake，1967)。

(一) 先在因素

先在因素是指学生与教师及学科材料课程互动之前，先前存在的情境条件。例如，学生特性、教师特性、政府命令、社区期望以及可用的资源皆属于此。特别是先在因素的资料，有助于判断某项课程的宣称是否具有实证支持。例如，某项课程可能对外宣称其适用于不同能力的广泛学生对象，若要评价这种宣称，除了比较学生学习成就结果资料之外，也需利用学生能力或性向等学生学习经验的先在因素。从经验主义理论取向的课程设计意识形态而言，这是一种重视学生学习经验的课程评价观点。

(二) 交流因素

当学生和教师、辅导咨询人员、教练、图书馆员、其他学生或教材发生互动时，便会产生交流因素。从专业主义的课程设计意识形态立场而言，交流因素系指教育过程中的学校教学互动因素。交流因素之间不如先在因素与结果因素之间容易加以辨别。交流因素由于流动顺畅，彼此之间的界线不清，例如，教室讨论、个别会议、家庭作业问题等皆是。交流因素的数据，也提供评价者有关课程发挥功能的方法，因此，在课程评价中相当重要，可以用来解释为何某种特定结果发生或不发生的原因。

在过程本位的评价当中，各种不同的课堂活动时间的分配、所提问题与回答的种类与数量、学生参与活动的范围与程度、课程实施的各种不同方法、课程运作时的可能问题、教师进行教学时所可能面临的陷阱等等，如何加以因应调整，使课程更有功能价值？课程是否如预期的被实施？这些也都是形成性与总结性评价所需要的数据。这种过程本位的评价可以补充目标本位的评价与结果本位的评价不足之处，然而这种评价，未能适切地描述结果因素。

五、测验本位的评价

测验本位的评价(test-based evaluation)与科技主义理论取向的课程设计意识形态关系密切,十分关心学生学习的具体行为结果。测验是监控学生学习进步并诊断学生需求的基本科学工具,而测验结果则是学习结果的代表。换言之,测验是一种科学工具,可以提供学生学习结果的信息,作为继续调整学生学习活动的依据,并使学生更具学习效能。

测验是指一套具有预定正确答案的问题,此设计工具旨在于搜集个人特质的信息,例如成就,并且根据答对题数给予计分(Posner, 1995)。而量表(scale)是指一套未具有预测正确答案的问题,此设计工具旨在测量态度、兴趣、价值、信念与行为等特征,因此,量表常被建构成为一系列具有不同答案的问题组合,以涵盖某一主题的各种不同层面。例如,美国课程学者艾斯纳所设计的课程理论取向量表便是一例。而标准化(standardized)则是指测验或量表若在一致标准的情境中或依据一致的步骤程序加以实施并计分,不受到施测情境的影响,则称为标准化的测验或标准化量表,但一般人往往以未经过标准化的测验来测量学生表现,并据以比较不同学生之间的差异,评价人员必须谨慎地解释这种结果的差异,以免产生误解。

测验本位的评价特别强调下列测验编制的步骤:第一是拟订课程目标;第二是以学生行为界定目标;第三是搜集情境资料;指出学生表现或缺乏该种目标行为;第四是把情境呈现给学生;第五是以每一个目标来评价学生的反应;第六是决定评价的客观性;第七是必要时改进客观性;第八是决定信度;第九是必要时改进信度;第十是必要时发展出更实用的评价方法(Tyler, 1949)。可见,测验本位的评价的特征是科学的、心理专家建构的、有效度的、有信度的、客观的、可靠的、无偏见的,目标导向的,技术生产模式的。

测验本位的评价有两个一般原则:第一个是合作原则。学校教师应建立课程目标、搜集情境数据、评价学生反应;测验专家负责协助搜集情境资料、安排评价学生反应、决定并改进评价的客观性与测验的信度。第二个是编制技术。首先以目标分析替代内容分析,以便更宽广而普遍地测量目标。其次,不用现成的测验,而是直接利用学生表现目标行为的情境，作为判断是否达成课程目标的测验情境。其特色是不仅测量学生的事实记忆能力，而且以各种不同的目标来评价学生的成就。

特别是测验本位的评价与强调学习结果的科技主义理论取向的课程设计意识形态有着密切关联。例如，安置测验（placement tests）乃根据学生的学习结果指出学生进步的情形，以便进行教学的连续安排；诊断测验（diagnostic tests）基于学习经验结果的取样，利用不同的呈现方式、问题解决方法及作法，采用不同的方式，协助学生选择有效的学习方法。又如，常模参照或效标参照测验资料，也是根据学生的学习结果，以确认学生个人的优缺点、问题及关注点的典型评价方法。

常模参照（norm-referenced）是指将个人测验分数与外在的参照团体分数作比较。例如，个人的大学联考成绩总分与往年大学联考分数比较，以找出今年选填志愿的落点。但是，利用常模参照测验只能了解学生之间相互比较的相对地位，并无法真正了解学生实际学会什么。效标参照（criterion-referenced）是将个人测验分数与预定标准比较，如同汽车驾照考试一般，以学生表现是否精熟决定是否及格。效标参照测验可以用来了解学生的学习成就，但是这种措施实际上对教育的帮助不大，因为其注意的焦点是最低能力，而不是能学多少。学校应该努力协助学生持续不断地超越，而不在于设立最低的能力标准。

测验本位的评价和研究发展推广的课程改革有一致关联，其任务在于界定目标并确保目标的达成，其搜集资料的评价方法是经事先规定的。因此，就技术层面而言，提供测验题目以测量学生是否精熟某一课程单元是可行的，是以仰赖测验以决定某一学生是否精熟某一课程是合理的。但是，测验本位的评价，混淆了评价与心理测量之间的界线，通常以行为术语界定目标，而测验旨在确定目标的达成，而且教材与教师活动皆以获得可观察测量的测验表现为导向。测验通常都会依据或偏好某类课程而加以设计，但是没有任何一种测验可以检验评价课程的价值，其只是检验学生的部分学习结果。因此，测验本位的评价是一种十分技术性的工作，评价焦点十分狭隘。这种评价还因其太琐碎，而且测验未能真正检验学生在实际生活当中利用知识的能力而受到批评。

六、统整评价

统整评价（integrated evaluation）是一种经验取向的评价方法，与经验主义和专业主义理论取向的课程设计意识形态相关。特别是统整评价借用的方法来自人类学、心理治疗、认知心理学、社会语言学的理念与观点，而不受限于行为心理学或心理测量的技术(Posner，1995：232)。

1. 从人类学借用人种志法(ethnography)，评价者置身于参与观察的角色，搜集现场记录，从圈内人的观点来理解分析课堂环境的意义。

2. 从心理治疗借用会议法(conference methods)，以鼓励自我评价，其基本假定认为如果个人没有一种意图改变的信念，就不可能达成个人改变。

3. 从认知心理学借用访谈法，包括临床诊断访谈，以了解学生思考过程的深层理解。

4. 借用社会语言学与社会认知的研究方法，搜集行为的自然样本，其基本假定认为任何过程的情境脉络皆会影响到目标及其评价。

统整评价强调观察、会议及访谈，由于注意到情境脉络会影响到教育任务，因此，统整评价利用情境当中的任何机会，随时获得评价数据。这种课程评价理论与现象学、诠释学、日常语言分析、符号互动论的概念关系密切。其基本假定认为社会实体是多元的，研究主体与客体是交互影响的；知识是个人特质(idiographic)的结果、同时性的建构，且是价值牵连的。其实施步骤则包括问题界定、进入研究情境、数据的搜集与记录、数据分析、结果的呈现(陈伯璋，1990)。

评价人员为了观察教师，必须获得新技能，探究能力发展的过程，并了解不同情境的影响。例如写作会议(writing conference)可以提供不同的方法，使教师置身于学生支持者的立场，而非扮演学生敌人的角色。学生的关注焦点是值得教师注意的，这种师生关系就如同专业人员与其顾客之间的关系一般，强调机密性、信任与相互控制，如此，学生在情境中所给予的信息，不同于与教师在正式测验情境中所获得的信息。特别是临床诊断访谈(clinical interview)是一种评价方法，访谈者利用问题或情境或疑难等工具，以探究学生的概念、推理形式、信念与态度。访谈者并不以预先安排的问题要求学生回答，而且也没有预定的标准答案，而是利用问题，帮助学生将思考内容转化成为语言文字，鼓励学生自由谈话，多表达内心的想法，并根据学生的回答，进一步探究学生的思想。这种统整评价具有下述特征(欧用生，1996a：93；Posner，1995：240)：

1. 成长导向(growth oriented)

经验观点与统整评价的前提是认为所有的教育努力，应增进学生的成长与发展。因此，统整评价旨在促进学生的成长与发展，以协助学生自我实现。统整评价旨在了解课程设计的教学内容与方法是否能协助学生成为更开放、更独立的学习者。

2. 学生控制(student controlled)

统整评价应该是能让学生掌握与控制的，以增进学生的主体性，尊重学生的个人风格、自信、自控，协助学生同时以能被社会接受及对个人有意义的方式行动，并让学生承担相当的责任义务。例如，让学生承担责任去决定评价什么内容，以及如何评价，以鼓励学生利用评价作为自我改进之基础。

3. 合作实施(collaboration)

合作实施是指参与统整评价的师生从头到尾皆能分享信息。评价目的在于回答师生与评价者所要了解的问题，因此，在统整评价中，评价与学习的界线不清，评价者与学习者的区别不明显。是以统整评价需要鼓励师生进行反省、思考与自我评价，特别重视学生，认为学生是需要信息以了解自己表现的明智决策者。

4. 动态过程(dynamic)

统整评价旨在衡量鉴定学生的学习进步，寻求学生成长的信息与发展的持续过程，而不是一套孤立静态的学生片段成就，其评价焦点不是如同短时间内快速急促地拍下的单张照相，而是如同一部长时间的电影记录片。

5. 脉络情境(contextised)

统整评价与经验观点皆重视学生的情境脉络，学校环境的细节皆有助于学校整体与学生经验的累积。而且，课程的每一部分应该皆能应用到实际生活世界，以合乎学生及社会的利益。统整评价认知到情境的重要性，特别是正式测验情境不同于有效学习的情境，而且，评价的情境会影响到所获结果的本质与程序。因此，课程评价必须由课堂教师本身具备教育改革的意愿，并检讨自己教学的优劣，才能促成课堂现场的改革。校外的评价专家在短时间所进行的评价结果，往往忽略学校教育实际的文化脉络，无法让教师心服口服，也难以促成真正的改革。

6. 非正式的(informal)

统整评价比起测验本位的评价较不正式，因情境而异且较具弹性，其评价与学习的区分不明，评价与教学的划分也不清，其结果呈现出较为统整的多面向。而且，教师比较常用的评价是有途径可立即获得的，与教师目的一致、与教学内容相似的，并与个别学生相关的。因此，这种评价往往出现于非正式、个别独特的相关学习活动。统整评价强调教师观察的重要性，以了解学生学习问题。

7. 弹性与行动导向(flexible and action-oriented)

统整评价常同时考虑短期与长期的动态目标，而非固定不变的目标。这些目标，也经常因教师或学生合作，促成不断的成长与发展。因此，搜集的信息，可以作为判断教学行动是否适当的依据。统整评价与为了决定而做的评价相似，也是偏向于行动导向的评价，而不同于测验本位的评价。

"评价"一词，不管是界定为个人、方案或机构价值确认的过程，还是计划概念与其实际结果比较的过程，其观念都是一种定性或定质的描述(Tyler, 1981: 2)。测验本位的评价，透过量化处理，给人的第一印象是可以简化问题的难度，具有客观性与准确性。然而，实际上，评价的工作是复杂的、艰巨的。评价工作包括找出所要评价的适当标准并加以界定，选择适用每一个标准的相关证据，根据所搜集的相关标准的证据作综合判断。根据所用的单位与数值，将特殊的标准转化为量化的等第，经常会扭曲其判断结果。评价本质上是一种质的描述，利用数字并无法从根本上解决问题，现在应该着手重新检讨量化的评价，并设法加以改善。因此，统整评价便应运而生。兹将两者比较如表 9.1，以供参考。

表 9.1　测验本位的评价与统整评价之比较

测验本位的评价	统整评价
科技主义理论取向	经验主义与专业主义理论取向
具体目标导向	学生成长导向
团体或个人施测	教师与学生皆能参与
常模参照或效标参照	比较非正式
标准化	弹性与动态
学生个别行为导向	整体环境情境脉络的行动导向

七、批判本位的评价

测验本位的评价与统整评价两者对于评价的观点有若干冲突之处，这些冲突是否能调和？在实际运用上如何能兼顾两种评价，而不会失之偏颇？这些问题都深值探究。不管是测验本位的评价还是统整评价，在有些方面是相似的，此两者皆是基于一种保守的意识形态(Posner, 1995)。

所谓保守的(conservative)或激进的(radical)，是指对团体组织或制度所采取的社会立场。保守的理论往往将团体组织或制度视同理所当然，虽然同意透过小幅度修正改善，可以改进使其运作更为顺畅，但是，却不愿重新设计另类变通途径，更不易改变其既有传统。它们相信就算进行未来的变革，其改变结果也不见得会比现在情形更好，因此，倾向于接受或忍受目前的情况，而不是与之对立或抗争。

保守的评价只注意个人问题，而忽略学生分班分级等团体组织或制度结构的问题，因此，丝毫未加批判地接受社会结构及其所衍生的问题。例如，利用大量的测验来判断学生能力不足，以合乎评价者所预设的行为表现类别，不仅以标准化的表现类别如资赋优异者、低成就者、学习速率缓慢者、问题学生等，给学生做不同的标记，并贴上不同的标签，以便安排不同的学习程序，以处理或应付这些不同的标记与分类。

评价不应只是一项技术活动，它也是一项政治批判活动。批判本位的评价认为评价并非课程建构过程的独立部分，参与者应有绝对的控制和发言权。例如，凯米斯(Stephen Kemmis)认为批判取向的课程评价可依照三阶段进行：第一阶段是提出问题。第二阶段是以一架构整理不同而冲突的理论观点。第三阶段是行动阶段，经过讨论和达成共识后，团体成员会确定行动的方向和步骤(李子建，黄显华，1996；Kemmis, 1986)。

另外，阿普尔(Michael Apple)也认为评价隐藏着一套社会所接受的意识形态与政治道德规则假设，以判断教育与学校课程的优劣(Apple, 1979)。阿普尔认为，意识形态是指某一特定的社会团体所认为理所当然的观点，而且是不完整的观点，同时也是一种有限的观点(Apple, 1979)。例如，美国学校愈来愈多的阅读计划、防止中途辍学方案、防范学生自杀、避免青少年未婚怀孕、避免药物滥用等等学习程序，皆倾向于保守观点。又如“偏差”(deviance)这一临床诊断的概念,便明显地显示出评价的保守意识形态。其所呈现的主要意识形态是评价者接受并强调个人被标记为“偏差”的现象,评价者接受社会系统,判断个人为“偏差”,并确信这是一种有效的诊断与判断方法,未加以审慎质疑。评价者也倾向于将个人的“偏差”归于个人的属性问题,并且以医疗诊断为参照解释的架构,将个人的“偏差”视同有待医学治疗的病因,其目的在于以之作为决定处理适当程序与可能症状的预判,而且也促成了“诊断”的专业发展与诊断工具的创生,并加速“诊断”的企业化与专业化。

事实上,许多美国学校针对“文化不利儿童”或“经济不利学生”所进行的特殊教育程序,都是建立在“诊断”的基本假设之上。这些学校延聘测验专家与处置特定“偏差”的专家人员,尝试改变学生个人,以解决教育问题,而不是去改变社会制度的基本结构。在这样的案例中,政府的科层体制官员界定教育问题,并给不同学生贴上不同问题的标签,聘请校外的专家应用科学方法技术,引用科学研究以支持其实际措施,事实上这些措施,只是头痛治头、脚痛医脚的治标技巧,未能治本。

八、真实评价

真实评价(authentic evaluation)(Posner, 1995)是一种另类的变通评价,乔治·波斯纳(George Posner)认为这是一种用评价来影响教师安排学生学习特定学习任务的方法,其评价焦点着重在实际生活世界的真实任务工作等学习目标与任务,引导教师协助学生思考与解决实际生活问题,并协助学生在实际生活世界中统整所学到的知识技能,确保学生获得真正理解。

“真实评价”并不是一项新观念,事实上,这是建立在比较非学术化学科的学习成就标准的基础之上的。例如,演奏会 、戏剧表演、艺术表演、体育竞赛等等,都是学生渴望参加的真实评价,这些事件的准备过程往往成为整个学习的焦点,而不是为了考试而教学。整个评价事件,便是为学生提供的学习机会,更可帮助学生向他人展现其所完成的成就。评价的时刻,也同时是值得学生本身与家长庆贺之时,并且,也是学校与社区建立教育情感的时刻,这种评价与测验的气氛及方式大为不同。

真实评价主要包括三种主要的形式类别,如纸笔测验(paper-and-pencil task)、表演(performance)与作品集(folios)。纸笔测验与传统评价方法十分相似,包括书面问题与书面作业回答。但是,其成为真实评价的原因,乃是其提供真实机会让学生利用知识技能,重视实际生活世界的真实学习任务。这三种不同形式类别的界线并不十分明确,虽然不相似,但是可能彼此重叠。例如,表演可能包括各种不同媒体与书面文字的呈现或表演,因此,纸笔测验也可以算是一种特别的表演或是特殊的作品成果展现。表演除了书面写作之外,尚包括视觉与动作展现。事实上,这种方法特别强调学习内容与技能的统整,而且这种方法需要不断练习与不断改进,更需要长期不断地努力,甚至需要学生群体合作。

作品集则是学生的各种媒体作品的创作过程与工作成果集,包括学生的成就记录。但是作品集与一般作业的不同之处在于作品集富有反省检讨的成分。学生选择自己所要搜集的工作作品,并主动地评估与记录自己的进步情形,教师可能经由适当的标准,以引导学生的选择过程。作品集包括两种类型,亦即"作品过程集"(process folios)与"作品成果集"(porfolios),两者之间的差异在于两者呈现的内容不同。作品过程集记录了学习与创作的过程,包含了早期构思的草稿、过程的反省与检讨,以及其所遭遇的困难及失败原因的检讨。而作品成果集的焦点着重于所完成的作品,其目的在于记录并反省作品的质量及所完成的范围,以说明作品完成的过程。

九、交流评价

交流评价(transaction evaluation)系指教育评价人员将课程方案或实验试用过程当中的数据,提供给课程设计人员,作为反馈的改进依据之一种评价途径。

这一评价途径旨在强调教育评价人员与课程设计人员之间不断的交互作用与反馈互补的过程,而且,采用这一评价途径的教育评价人员重视课程设计人员需求的满足,所以会特别关注某些特定的课程设计情境以及特定情境中的问题。

交流评价的评价方法,主要是经由课程设计人员和教育评价人员不断互动的过程,教育评价人员依照课程设计人员的需求,采用课堂观察、个案研究、访谈等各种方法搜集资料。

交流评价的主要参与人员, 主要包括课堂中进行课程实施的教师、学校中的其他相关教师或行政人员，以及地方或中央的教育行政与教育视导人员，或政府委托的教育评价专家。值得注意的是，在交流评价之中，教师本身也可以是课程设计人员，而且教师也可以担任课程评价人员之角色。

这种评价途径最大的特色在于能够符合课程设计人员对于资料的需求，而且可以不断提供反馈，以作为修正及再试用的参考，同时也能就课程设计人员的数据需求立即作出反应。然而，这一评价途径仍有其不易克服的缺失，例如，过分强调特殊情况下课程设计人员的特定需求，因此，可能限定了课程方案普遍应用的可能性。

此外，英国的评价学者麦克唐纳(Barry MacDonald)从政治的观点出发，指出科层体制式的评价(bureaucratic evaluation)、专业自律式的评价(autocratic evaluation)与民主多元式的评价(democratic evaluation)等三种课程评价的途径分类，以厘清课程评价人员的角色，说明评价者与其赞助者之间的关系及影响(MacDonald, 1974)。在科层体制式的评价当中，课程评价者担任教育管理顾问，接受政策决定者的既定目标，为执政者提供所需的数据，课程评价者的主要任务在于提供服务以满足政策决定者的需求。专业自律式的评价，则是指课程评价人员根据伦理道德与科层体制分工的专业制度规章，作独立的客观判断，并强调评价专业人员的原理原则或执业标准与信条。在民主多元式的评价当中，课程评价人员扮演信息的中介者，特别强调双向沟通的重要性，并且课程评价人员在民主社会当中应当特别重视听读者对信息的需求，确认社会价值与利益的多元化，帮助听读者获得必要的信息以进行判断。

第四节
课程评价的模式

常见的课程评价模式有下列五种，亦即，泰勒评价模式、差距模式、外貌模式、“背景一投入一过程一产出”模式、对辩式模式，这些不同的课程评价模式，与课程设计的模式关系密切，流露出不同的价值取向与课程意识形态理论取向。

一、泰勒评价模式

所谓“泰勒评价模式”(Tyler Evaluation Model)，系指由美国评价学者泰勒根据其在1930年代及1940年代早期在俄亥俄州立大学(Ohio State University)所参与的“八年研究”(The Eight Year Study)的评价方案中，所设计发展出来第一套系统的课程评价方法，是目标本位的评价或目标获得模式的课程评价之典型代表。泰勒评价模式的评价程序包括如下的步骤：

1. 拟定一般目标(goals)或具体目标(objectives)。
2. 将目标加以分类。
3. 用行为术语界定目标。
4. 寻找并建立能显示具体目标达成程度的情境。
5. 在某种情境下，向参与课程方案的有关人员解释评价策略的目的。
6. 选择或发展适当的评价技术和方法。
7. 搜集学生的行为表现资料。
8. 将搜集到的数据与行为目标进行比较。

泰勒在《课程与教学的基本原理》(Tyler, 1949)一书中指出，其课程评价要点在于确定课程目标经过课程教学方案实施之后的达成程度。本书曾于第四章“课程设计模式”的“目标模式的课程设计”一节中介绍泰勒的有关课程目标、选择、组织等基本原理步骤，利用教育心理学、学校哲学与经验的组织标准，来过滤学习经验，这些步骤可算是一种对学习经验的初步评价(preliminary evaluation)，属于一种预备性评价阶段，可以借此了解学习经验与目标及心理学原理的相关性(Tyler, 1949: 104)。然而，这仍非课程与教学方案的正式评价计划，因为上述程序只能作为检查学习经验的通则，只是学习经验特性的一般原则。但是，每一组学习经验皆有许多标准，且对每一种标准只能大约估计，因此，只能以某种程度，推论学生对这些项目样本问题的反应。

课程目标的拟定，不只是作为课程选择及组织的标准，也是评价课程方案的依据。

为了确切地评估课程目标的达成程度，评价人员必须描述、追踪、评价预期目标，特别是必须能够清楚地陈述课程的具体目标，而且最好是以行为目标来撰写课程目标，如此方能协助课程评价人员的观察与评价。

泰勒系统地说明了评价的基本概念、建议实施评价的过程，并阐明评价结果的利用与价值，凸显课程评价的重要性。因此，泰勒通常被尊奉为教育评价之父，因为泰勒是第一个提出并应用一套教育评价系统的开山祖师，建立评价概念，并透过多种途径评价课程目标，其评价方法论不但普遍而且影响深远。

在泰勒之前，评价工作是杂乱无章的。泰勒指出评价的目的、评价的步骤、评价的利用与价值，并鼓励利用多元的评价工具与方法，建立评价系统与合理过程，这是一项重要的课程评价贡献。这些观点甚受美国教育界的肯定（黄光雄，1989：19）。例如，哈蒙德（R. L. Hammond），梅特费赛尔（N. S. Metfessel），麦克尔（W. B. Michael），普罗佛斯（M. M. Provus）等评价专家都保留了泰勒评价模式的基本精神，就连美国著名的评价学者克隆巴赫（Lee Cronbach）也深受泰勒之影响。甚至，布卢姆（Beniamin S. Bloom）不只认同泰勒的四个课程问题架构，还利用相同的过程拟订教育目标（黄光雄，1983：6）。例如，布卢姆在《学生学习的形成性与总结性评价手册》（*Handbook on Formative and Summative Evaluation of Student Learning*）第一部分前两章，几乎重述泰勒课程评价的基本原理，就连该书第二部分也是泰勒的评价要点（Bloom，Hasting，& Madaus，1971）。布卢姆甚至承认，形成性评价与精熟学习的观念，也源自泰勒的启发（Bloom，1986：46）。

泰勒评价模式的优点，在于将评价的焦点从对学生的评估转移到课程方案的目标达成程度，扩大了课程评价的对象与内容范围；然其缺失乃在于受到预订目标的束缚，忽略了未预期的目标，更忽略了隐含不明的学习过程与课堂情境中师生互动的教学过程；而且，此模式也不适用于"欣赏"、"沉思"等不易用具体目标界定的认知领域与情意领域的学习。特别是评价的过程，基本上是在确定教育目标透过课程和教学方案实施后的达成程度，这种评价方式着重事前规划的可预期的教学目标，这种观念和博比特（Frank Bobbitt）提倡的"产品控制"有着相同的意义（黄政杰，1991：35；Kliebard，1970：265）。泰勒评价模式只重明显的功能的评价，而忽视潜在功能的发现，亦即，只重评价明确的目标与结果，忽略了许多重要而隐含的结果，简化了教育过程的价值，忽略了未预期的层面，这种以目标为樊笼限制评价的观点，是一种窄化的评价观（蔡清田，1992a）。

二、差距模式

所谓“差距模式”（Discrepancy Model）系指由普罗佛斯所提倡的课程评价模式（黄政杰，1987）。此模式旨在比较“标准”和“表现”，以便分析两者的差距，作为课程改进方案的依据。差距模式的标准类型包括三部分：第一部分预期结果，系指课程方案的目标。第二部分先在因素，系指实现课程目标所需要的人员、媒体与设备。第三部分过程，系指为达成课程目标，师生需要从事的活动。差距模式的课程评价方式，包括下列程序：

1. 界定课程方案的标准，亦即，课程评价人员详细描述预期结果、先在因素与过程等课程方案的要素。

2. 确定课程方案各层面和有关标准之间是否有差距。

3. 使用此差距数据，改变表现或课程方案的标准。

差距模式的评价包括五个阶段：

1. 设计时间，系指界定该课程方案的“标准”。

2. 装设阶段，旨在了解所装设的方案和原先计划的符合程度，所以必须搜集已装设方案的数据，含目标、先在因素和过程，再进一步与“标准”进行比较。

3. 过程评价，评价人员需了解中间目标是否达成，判断是否需调整相关因素。

4. 产出评价，旨在探讨该课程方案的最终目标是否达成，找出设计、装设与过程等阶段实际造成的结果，和课程方案的最终目标进行比较。

5. 比较阶段，又称为成本效益分析阶段，旨在探讨哪一个课程方案最为经济有效的问题。这需要比较目前完成的课程方案和其他的课程方案。

差距模式的优点在于强调标准，矫正了以往评价人员只重视课程方案之间的比较，而忽略该课程方案内容，避免了比较不够明确的缺失；换言之，其主要特色在于明确地建立标准、精确地指出差距，以改变表现或修正方案的标准（黄政杰，1987）。再者，此模式的课程评价结果可以帮助课程评价人员做出决定，以进行下一阶段的工作，或重复原先阶段工作，或回到设计时间，或终止整个课程方案工作。然而差距模式的缺失在于方案的比较阶段，不易找到其他相当的课程方案并进行两者的成本效益之比较，此乃差距模式课程评价的限制之一。

三、外貌模式

所谓“外貌模式”(Countenance Model)系指由美国评价学者斯泰克(Robert Stake)所倡导的课程评价模式(Stake，1967)。斯泰克主张课程评价应该兼具描述和判断的成分，而且不论是描述或判断，都要搜集课程方案的先在因素(antecedents)、过程因素或交流因素(transactions)以及结果因素(outcomes)等三类变量因素，此模式乃是将过程本位的评价与结果本位的评价之特色，加以综合而成。

斯泰克所指的“外貌”(countenance)一词，是指评价的外貌，亦即评价的整体面貌或者说一种评价的外貌轮廓。外貌模式课程评价的数据搜集种类，主要包括下述三项：

1. 先在因素，系指一些相关的背景资料，包括存在于教学活动之前的任何可能影响结果的条件。

2. 交流因素，系指教学的过程因素，包括教师、家长、咨询人员和学生互动或谈话的情境，例如参观访问与讨论。

3. 结果因素，系指课程方案经过教学实施之后所达成的影响，例如学生习得的能力、成就、态度或抱负。

如图 9.1 所示。

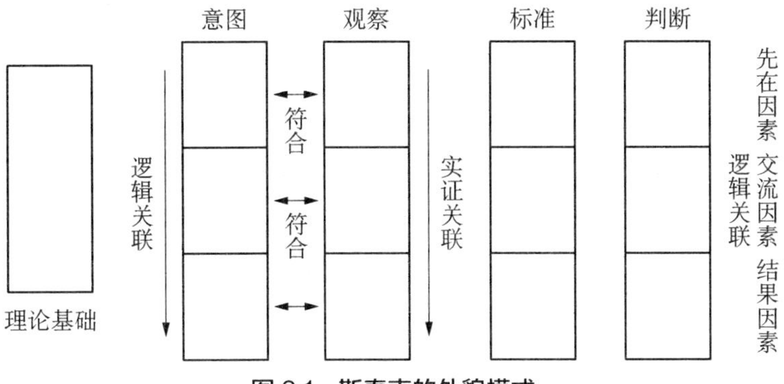

图 9.1 斯泰克的外貌模式

外貌模式课程评价的基本假定为：

1. 评价方案的描述与判断，应能帮助课程设计发展人员了解课程问题，以改进种种课程行动的参考。

2. 课程评价人员应该能够就评价的先在因素、交流因素及结果因素等种种不同的数据源，做出清晰的描述。

3. 关联性和一致性的分析，评价人员应该就某一课程方案的边际效应、意外收获与预期结果等项目加以详细探讨。

4. 课程评价人员应该搜集分析，并反映影响评价的种种判断因素，而且对互相冲突的标准作适当的界定。

5. 标准化的测验往往不能充分达到评价的目标，因此，评价需要运用各种不同的方法以收互补之效。

斯泰克主张课程评价人员，一方面要搜集描述计划者实施意图的资料，另一方面，要搜集实际发生现象的观察资料，比较确定二者之一致性与符合性。再者，评价者要分析意图中的先在因素、交流因素和结果因素三者之间的逻辑关联性与实证关联性。课程评价人员在建立判断标准之后，再进行判断；课程评价者可利用描述性数据和其他课程方案进行相对比较，也可利用优良标准进行绝对比较。

另外，英国的西蒙斯(Simons)提出的一种以学校为个案研究焦点的课程评价(Simons, 1971)，以及麦克唐纳所倡导的“人文课程方案”的统观评价(holistic evaluation)(MacDonald, 1971)，此两者皆与斯泰克的外貌模式相互呼应。这种途径的课程评价，主要是诊断课程的症状，不只是判断课程目标的达成程度，也尝试透过课程评价人员的专业知识发现并诊断课程发展问题，以侦测课程发展失败或其产生副作用的原因(Schwab, 1971: 324)。

外貌模式的优点，在于利用描述和判断的数据，可以了解课程方案的理论基础，并了解其背景及目的，以评价其教育理想意图与实际现象的一致性与关联性。然而，整体评价是难以达成的，因为要协调教育科技专家、测验专家、心理学者、教师及人类学者进行协同研究与评价，有其实际困难，此为其限制之一。

四、“背景—投入—过程—产出”模式

“背景—投入—过程—产出”模式（Context-Input-Process-Product Model）又称CIPP模式，系指由美国评价学者斯塔弗尔比姆（D. L. Stufflebeam）所提倡的教育评价模式。“背景—投入—过程—产出”模式的课程评价旨在描述、取得及提供数据，以判断各种课程方案（Stufflebeam，1983）。

斯塔弗尔比姆提出了一个与泰勒不同的评价定义，亦即，课程评价是一种过程，旨在描述、取得及提供有用数据，作为判断各种课程方案之用。斯塔弗尔比姆认为这一模式的最大目的在于为学校行政人员、课程方案领导人，以及学校教师们提供信息，以便修正教育方案。换言之，课程评价是为了做课程决定，进行选择，进而改变课程行动，促成课程革新。

“背景—投入—过程—产出”模式的要素，主要包括下述四种评价，以进行四种课程决定（黄政杰，1987：100）：

1. 背景评价，旨在提供确定课程目标的依据，属于最基本的评价，以促成计划的决定。

2. 投入评价，旨在确定如何运用资源以达成课程目标，包括了课程资源的选择、设计与发展，资源则涵盖了材料、设备、程序、方法、人员、环境等，可以用来协助设计教学程序的决定。

3. 过程评价，在课程资源设计完成，付诸实施时即可开始，目的在于给负责课程方案实施的工作人员提供定期反馈，以协助其使用、追踪、改进程序的决定。

4. 产出评价，旨在了解教育系统所获得的课程结果是什么，以协助课程决策人员决定课程方案是否应该告一段落停止、修正或继续运作。这种课程评价是用来判断教学效果并予以反应的决定。

此模式的运作程序是首先实施背景评价，以确定教育系统是否需要改变，或是维持不变，或平衡稳定，或持续增进或更新动员的改变。如平衡稳定，则调整背景评价的策略；如持续增进或更新动员的改变，则实施投入评价；或进而做教学策略有关决定，以进行过程评价和产出评价。

总之，“背景—投入—过程—产出”模式的重点，不在引导一项个别研究的进行，而在提供信息以为决策人员的参考，其目的不在证明而在改良课程方案。其优点乃在于能提供课程信息，以便于指导决策人员如何作课程决定，符合绩效的需求，并增进对课程方案的理解。但是，由于此模式过于重视过程的改良与改进，几乎完全忽略了总结性评价的角色功能，此为其限制之一。

五、对辩式模式

所谓“对辩式模式”(Adversary Model)系指由欧文斯(T. R. Owens)与伍尔夫(R. L. Wolf)所倡导的课程评价途径(黄光雄，1989)。黄政杰教授在《课程评价》一书中指出，此模式的性质系由司法审判的启示衍生，将司法审判的组织和程序，应用到课程评价上，因此，又称为“司法式评价”(judicial evaluation)。在课程评价中，可以成立彼此相互对立的原告与被告的正反方辩论团体，令其对同一课程问题，发表不同的课程主张。其基本假设乃是本着真理愈辩愈明的假定，对辩式的课程评价能提供决策者所需的信息。

对辩式模式的设计中，课程事件替代了诉讼事件；两个对立但势均力敌的课程辩论小组，分别对某一课程方案采取正反两面的立场，替代了原告和被告律师；有利和不利于该课程事件的人事物，替代了证人证物；课程协调人员替代了听证官，课程评价人员替代了法官，课程审查小组替代了陪审团；课程评价代替了审判，赞成与反对替代了有罪与无罪。

对辩式模式的课程评价实施程序，包括了计划和听证两大阶段。计划阶段旨在产生课程争论问题，并选择课程争论问题，以准备辩论。对辩双方分头去搜集课程方案的有利和不利资料，双方探讨所有搜集到的课程相关资料，以完成对辩的准备。听证阶段是在开课程听证会议之前，由每一课程评价小组彼此审阅主要的论点，并在课程听证官的协调下，建立课程听证规则和程序。课程听证官宣布听证会开始后，由正反两方轮流报告，举证、反驳、盘问、两方各作结论，并由课程审查委员报告，或与旁听者公开讨论听证过程，其过程可公开利用电视传播，以提供课程决策人员或课程设计人员依对辩双方提出的各种课程证据，做出相关课程决定。

对辩式模式的课程评价，可以适用在许多课程决策上，例如，探究新旧课程的价值、选择新教科书、评估课程革新方案与现行课程制度的相合性、揭示同一课程资料的不同解释，以告知学校教师、家长、督学与教育行政人员等。其优点包括了促成课程政策的公开讨论、采取独特的口头报告形式、提供各种可用数据、促进对课程设计与发展工作的评价。

对辩式的课程评价虽然可以分析复杂的课程问题，呈现正反两方的观点，促进对课程问题的广泛而深入的了解。然而，事实上要找到势均力敌的对辩双方实属不易；而且课程决策人员难免有偏见，而做出错误判决。对辩双方的求胜心态会阻碍彼此对此问题的理解；对辩双方言辞犀利与否常会影响裁决；对辩双方的花费由于人员组织和数据搜集工作加倍，其费用也相对提高，因此，有其执行上的实际困难。这些都是对辩式课程评价的限制。

第五节 课程评价的价值取向

课程评价是一种复杂的概念，涉及价值判断的过程与结果，并且受到不同价值取向的影响，而呈现出不同的评价类型、评价途径、评价模式。就本章所述的评价类型、途径与模式而言，至少有五种相关的课程评价价值取向，与课程意义、课程设计模式、课程发展路径与课程实施策略，皆有相当关联，兹归纳说明如下：

一、社会传统取向

社会传统取向的课程评价，强调传统社会文化价值与伦理道德的涵化。例如，将“公民与道德”或“生活与伦理”的考试成绩，作为评价学生德育成绩的参考依据；以量化的操行分数代表学生的德育成绩；或透过考试要求学生不求理解地背诵课文，教导古文，以传递传统伦理道德。测验本位的评价，从传统与成人的观点出发，测量学生是否获得成人规定的信息，精熟传统社会的基本知能，要求学生将接受的价值内化，而不顾学生的兴趣。其评价方法往往透过社会传统的总结性评价来比较测验分数或考试成绩，核对记忆背诵的答案，完成规定作业是否正确简洁，尊重教师指导的意愿与能力。评价目的旨在了解课程中成人所认定的社会事实、技能与文化价值是否被有效地传递。这种课程评价的社会传统价值取向，重视国家政策本位的课程发展路径，采取课程实施的忠实观点，与本书第三章所述“课程即计划”的社会主义理论取向的课程设计意识形态理念一致，而且与强调“课程即学科”的传统精粹主义理论取向的课程设计意识形态具有相似的立场倾向。

二、学生经验取向

经验主义的主要论点是透过教育经验以促进学生的发展，引发学生好奇心，加强学生主动学习的能力。学生经验取向的课程评价旨在衡量鉴定学生学习经验的长短期效应，其评价方法包括形成性评价、过程本位的评价、真实评价，以了解学生之认知、技能、情意与人格的改变，并判定该学习程序的效能，也包括统整评价，以了解学生经验的质量。这种课程评价的学生经验取向，重视教师教学本位的课程发展路径，倾向于支持过程模式的课程设计与相互调适的课程实施，显示出与“课程即经验”的经验主义理论取向的课程设计意识形态关系密切。

三、行为科技理论取向

行为科技理论取向的课程评价，主张以学生行为技能表现作为评价的依据，以了解学生是否达成预定的课程目标。特别是主要的评价问题，往往透过目标本位的评价，来了解学生是否获得课程目标所要求的行为。例如，纸笔测验、观察检核表、写作考试等任何客观且可量化的行为衡量鉴定，都是行为科技理论取向课程评价的适当方法。特别是当测验专家进行课程评价方法的设计时，往往会要求所有的评价方法都要有足够的信度与效度，而且必须严谨地加以评价。测验专家偏好学生表现的效标参照测验，这种测验本位的评价，往往诉诸总结性评价的方式，强调以绝对标准来测量学生的具体成就，而不是作学生之间的比较。这种行为科技主义理论取向的课程评价观点，采取课程实施的忠实观点与课程革新的技术观点，倾向于支持国家政策本位的课程发展路径，重视“课程即目标”的意义与目标模式的课程设计，流露出科技主义理论取向的课程设计意识形态本色。

四、学科知识取向

学科知识取向的课程评价，强调学科结构的学术重要性。例如，台湾地区的大学联考与高中联考，其课程评价旨在测量学生所获得的学科知识，重视学生所进行的学术知识探究本质，以及教材内容的知识概念结构，以学科标准衡量鉴定学生是否获得学科专家制订的知识，作为学校选择学生入学就读的标准。学科知识取向的课程评价，一方面透过结果本位的评价途径，以预设的学科知识为目标或标准为参照。其评价方法，包括设计待答问题让学生回答或解决，提出数据让学生加以记忆、背诵、理解，其课程评价的底线则是与学科知识相互一致。其他如观察检核表、论文评价标准、研究报告与学科课程学习方案的建议、课程材料当中的学生家庭作业、书面写作功课、课堂工作内容、讨论问题、学生访谈与会议的建议，也可用来改进教学与评价。

另一方面，传递学科知识内容的教科书之评价，依据的是差距模式的途径，特别重视物理属性，上下文属性，理论基础的目标、均衡、范围、顺序，使用属性的可读性、可理解性、分量、评量，发行属性如发行者、作者、意识形态、发行日期、服务、研究发展与价值等等评价教科书的标准。一来，可以从评价的观点分析课程，指出课程材料或研究文献当中的任何评价数据，如测验分数、建议问题或工具量表；二来，也可从明显数据如课程单元结束之后的测验，寻求评价的建议与工具。这种学科知识取向的课程评价观点，采取课程实施的忠实观点，重视“课程即学科”的意义与国家政策本位的课程发展路径，强调学科知识与教科用书的重要性，与精粹主义的学科取向关系密切。

五、教育过程取向

教育过程取向的课程评价，强调学校师生与课程发展人员对教育基本概念的理解，如采用过程本位的评价、统整评价、真实评价、交流评价、批判本位的评价等方法或外貌评价、对辩式评价等模式。其评价问题在于评价学校师生与课程发展人员是否有意义地获得教育基本概念，学会解决非日常性的问题。其课程评价方法，常透过临床诊断访谈，分析学校师生与课程发展人员解决问题的努力结果。其评价目的在于了解学校师生与课程发展人员进行何种思考，并如何获得理解，以改进课程发展设计与评价的质量。这种教育过程取向的课程评价观点，采取课程革新的文化观点，合乎课程实施的落实观，重视学校教师教学过程的重要性，强调“课程即研究假设”的意义与行动研究本位的课程发展路径，与专业主义理论取向的课程设计意识形态相互呼应。

第十章

课程研究的回顾与展望——迈向课程学的建立

本章“课程研究的回顾与展望——迈向课程学的建立”，包括第一节“课程研究的回顾与展望”与第二节“课程研究的再研究——迈向课程学的建立”。希望透过深思熟虑构想理念建议的课程、研议正式规划的课程、提出资源支持的课程、设计实施教导的课程、引导学习获得的课程、重视评估考试的课程、落实评价研究的课程（蔡清田，2008）；透过课程的连贯以填补其缺口与桥接其间的落差，以免坠入课程研究发展的各种迷宫关卡（蔡清田，2010），甚至透过课程研究的再研究，如同台湾教育事务主管部门继中小学九年一贯课程改革与高中职课程改革之后进行的十二年国民基本教育课程改革以国民所需核心素养为课程改革的核心（蔡清田等，2013），也如同经济合作与发展组织（OECD）进行的名为“素养的界定与选择：理论与概念的基础”（Definition and Selection of Competencies：Theoretical and Conceptual Foundations，DeSeCo）的大规模项目研究计划（蔡清田，2014）提出核心素养取向的课程改革理念，能够鼓励课程研究者超越自己先前的理解，进而淬炼出前瞻的课程理念愿景；更鼓励课程研究者持续开拓前人所未知、所未发现的，更为宽广、更为深邃的课程学术研究领域，进而建构课程学，促成课程改革的永续发展与进步。

第一节
课程研究的回顾与展望

本章主要回顾的是从19世纪后期到1970年代的美国课程研究，而展望的是台湾未来课程研究的可能走向。希望"他山之石"——美国课程研究的经验，有助于台湾课程研究的发展，并期许课程学者为建立课程学而努力。

一、美国课程研究的回顾

美国早期的课程承续欧陆传统，强调古典课程。在19世纪，官能心理学的发展提供了古典课程的立论基础。官能心理学的假定是古典课程有助于儿童的心智训练。例如，拉丁语的学习有助于心智官能的开发，特别是心智训练。心智训练的观点在这一时期占据了课程领域的主宰地位，尤其是1860—1890年(Pinar et al.，1995：73)。

(一) 斯宾塞和赫尔巴特

在19世纪的后期，欧陆有两种学说深刻地影响了美国的课程理论：一是斯宾塞(H. Spencer，1820—1903)的课程理论；二是赫尔巴特(J. F. Herbart，1776—1841)及其学派的课程理论。前者侧重的是人类生活活动分类的观点；后者则是坚持课程统整的观点。

1. 斯宾塞的课程研究

斯宾塞对课程研究最大的影响，是一篇在1859年发表的论文《什么知识最有价值?》(*What Knowledge is of Most Worth?*)。斯宾塞认为教育的目的是为未来完整的生活做准备，因此是成人中心的。他将人类生活的活动依其重要性分为五类

(Spencer，1911：124—125)：

(1) 直接有助于自我保全的活动；

(2) 生活必需品的获得，而间接有助于自我保全的活动；

(3) 养育子女的活动；

(4) 维持正常的社会和政治关系的活动；

(5) 在生活的闲暇时间用以满足爱好和感情的各种活动。

斯宾塞认为这些活动的学习必须仰赖科学，所以，科学是最具价值的知识。

汉密尔顿(D. Hamilton)认为斯宾塞有三重影响：一是在斯宾塞之后产生了一种观念，即课程代表着对现有知识的选择；二是课程依据的是现世的目的，而非由超乎世俗的目的所决定；三是透过课程的建构和传递，能够促进社会的进步(Hamilton，1990：38)。

事实上，斯宾塞的课程理论深刻影响了20世纪初叶博比特和查特斯的课程研究。

2. 赫尔巴特的课程观点

(1) 统觉(apperception)

赫尔巴特认为统觉是通过与旧观念建立关系而吸收新观念的过程，亦即，心灵在已有的知识基础上理解新知识。因此，他强调教师的教学须善用儿童的统觉团(apperceptive mass)，让儿童学习新材料。

(2) 统合(concentration)和关联(correlation)

统合的原则指将某一学科，如历史或文学，置于课程的中心地位。关联的原则指各个学科之间应该有所连结。赫尔巴特认为统合和关联的作用在于促进课程的联合(Pinar et al.，1995：79)。

(3) 四个教学步骤

赫尔巴特认为教学要遵守四个步骤(Herbart，1892：126)：

清楚(clearness)：这是静止状态的专心(concentration)活动。只要是纯正而明确的活动，就能够看清楚各个事物。

联合(association)：这是运动状态的专心活动。其呈现方式是从一个专心活动进展到另一个专心活动，而将两者联合起来。

系统(system)：这是静止状态的反思(reflection)活动。这种活动能看见许多事物的关系，以及每个特定事物在关系中的正确位置。丰富的反思活动产生的最佳事物秩序称为系统。

方法(method)：这是运动状态的反思活动。反思的进展是"方法"。方法贯穿于系统之中，产生系统的新成分，并在其应用中注意着结果。

赫尔巴特1841年去世，其学生席勒(Tuiskon Ziller，1812—1882)在耶拿(Jena)大学设立了一所实习学校，研究和应用赫尔巴特的学说，并做出了三项贡献，而成为赫尔巴特运动的三项特征(Dunkel，1970：212)：五段教学法(即分析、综合、联合、系统、方法)、中心统合法(concentration centers)和文化史阶段论(cultural epochs)。中心统合法指课程环绕着一个主题而组织。文化史阶段论指儿童的个体发展乃是人类发展基本阶段的复演，亦即，个体的发展重复了整个物种的进化史。

席勒将赫尔巴特四个教学步骤中的"清楚"分为"分析"和"综合"，而形成五段教学法。莱茵(Wilheim Rein，1847—1929)再将这五个步骤改称为：准备、呈现、联合、综合、应用(DeGarmo，1895：130)。

准备(preparation)：教师唤起学生注意先前习得的经验。

呈现(presentation)：概述新的材料。

联合(association)：将新的材料与已学的知识进行比较。

综合(generalization)：从新的材料中导出规则或原理。

应用(application)：将学得的规则或原理应用于具体的事例。

19世纪后期，许多美国教师前往德国研习赫尔巴特的学说，而耶拿大学里的实习学校乃是他们向往的主要场所。他们返回美国后，成了赫尔巴特—席勒—莱茵学说的忠实实践者，其中德加谟(C. DeGarmo，1849—1934)最具影响力。德加谟透过发表著作，尤其是《赫尔巴特与赫尔巴特主义者》(*Herbart and Herbartians*，1895)，将赫尔巴特等人的学说引进美国的教育专业领域，尤其是将教育专业人士的注意力集中在课程设计的技术或方法上(Sequel，1966：40)。

派纳等人(Pinar et al，1995：83)认为，赫尔巴特学派对于当代课程研究的意义在于他们在教育理论中提升了课程的概念。他们提出的中心统合法及关联原则，仍然维持在跨学科或课程统整的观念中，而文化史阶段论的观点提示了一种主题关联的理念。

(二) 迈向儿童中心教育——帕克

帕克(Francis Wayland Parker, 1837—1902)是美国儿童中心教育的先驱。他在小学任教获得实践经验之后,毅然前往德国,在柏林的威廉王(King William)大学研究教育理论。在德国的两年半时间里,除了在大学修习心理学、哲学、历史和教育学,他亦访问了多所进步学校。

帕克1875年返抵美国,被任命为波士顿(Boston)近郊昆西(Quincy)地区的学校督学。他要求学校放弃成套的课程;要求师生学习思考和观察;强调引发学生兴趣且具体的事物,以及具有价值的经验;鼓励儿童查考杂志、补充读物及报纸。在革新之后,昆西的学校减少了人为的生活,而增添了真实的生活。帕克将昆西的学校从知识的工厂改变为教育的社区。

帕克(Parker, 1894: 450)认为每个学校应当构成一个理想的社区,学生能在其中,以其最佳及最充分的能力,鼓励其发挥自由公民的功能。因此,他说:"一所学校应该是一个模范的家庭、完美的社区,以及雏形的民主政体。"

帕克(Parker, 1883: 20—21)通常以下列方式阐述他的哲学:

> ……昆西的制度并非细节固定的方法,而是将教学艺术表现成世界上最伟大的艺术;因为它是最伟大的艺术,所以要求两件事情:首先是真诚地研究,在学生心灵中及所教的学科中发现真理;其次是勇敢地应用所发现的真理。

帕克有两本重要的著作,即《教学谈话的笔记》(*Notes of Talks on Teaching*, 1883)及《有关教育学的谈话》(*Talks on Pedagogies*, 1894)。这两本著作即是帕克对昆西实验的理论总结。

1883年,帕克接任芝加哥考克郡(Cook County)师范学校校长的职务。这所师范学校有实习小学及幼儿园,以供教育实习之用。在此期间,帕克的教育理念更为成熟,其以演说及写作倡导一个理念,即儿童在具有丰富经验的非正式学习情境中,成长得最好。

在芝加哥，帕克与其同事形成了“统合”(concentration)和“教材统一”(unification of subject matters)的观点。帕克(Parker, 1894: iii)自认在其课程理论中强调“统合”，乃得益于赫尔巴特的“关联”和“统合”的原理。

帕克统合理论的图解如下：

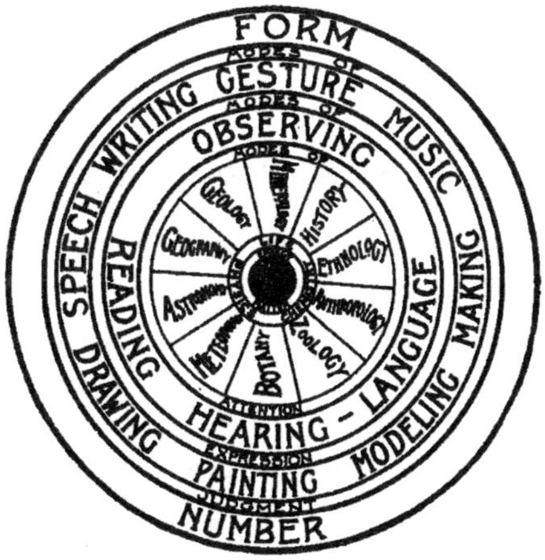

图 10.1　帕克统合理论图

图 10.1 的中心是儿童的生活，含“身、心、灵”三种本质。第二圈是儿童生活的环境，由十个中心学科——历史学、人种学、人类学、动物学、植物学、气象学、天文学、地理学、地质学及矿物学一一围绕而成。第三圈是儿童所具有且学校所要训练的专注模式，由观察、阅读及倾听语言组成。第四圈是八种表达模式，即姿态、音乐、制作、模型制作、绘画、制图、说话、书写等，这些是自然及习得的行为。最外圈是判断模式，形与数，这两项遍布儿童的生活(Stone, 2001: 6)。

斯通(Stone, 2001: 7)依据帕克的著作，将其新的学习理论归纳为五项：

1. 儿童透过经验或行动而学习；
2. 整个儿童“身、心、灵”的三种本质都须加以教育；
3. 在学习过程中，情意表达是重要因素；
4. 学习数字、语言和阅读需要一种整体的过程；
5. 儿童透过专注和观察而学习。

由于帕克的教育贡献，杜威(J. Dewey)在1930年的一篇文章《新学校有多少自由》(*How Much Freedom in New School*)中，尊称帕克为“进步教育运动之父”。

康奈尔(Connell, 1980：122)认为帕克的贡献有四：

1. 儿童应是学校工作的中心，学校工作围绕此中心而规划。

2. 儿童应在温馨的社区氛围中发展，儿童在其中培养民主素养，并经常且共同努力。

3. 学校课程应尽可能源自实际活动。

4. 透过艺术、文学及体育运动等，鼓励儿童的情意表达和工作。

(三) 芝加哥大学实验学校——杜威

杜威(John Dewey, 1859—1952)1894年应芝加哥大学校长哈波(William R. Harper)之邀，担任哲学、心理学及教育学系主任。1896年，杜威创设了芝加哥大学实验学校；1904年学校因为管理问题而停办后，杜威离开芝加哥大学，赴哥伦比亚大学任教。杜威1952年去世，《纽约时报》(*New York Times*)刊载消息，宣称“进步教育之父”逝世。

杜威在一份《大学初等学校组织的规划》(*Plan of Organization of the University primary School*, 1895)中，一开始就提出：“一切教育的最终问题是心理和社会因素的协调……这种协调要求儿童能表现自己，但须以现实社会目的的方式表现。”

1896年10月31日，杜威在教育学俱乐部(the Pedagogical Club)发表题为“大学里的小学”(The University School)的讲话，说明实验学校有两项目的：一是提出、试验、验证及批判理论的陈述和原理；二是在其特别的专业领域中，增加事实和原理的总量。这是杜威的哲学重点转向人类实际事务的体现。他曾宣称，哲学是教育的一般理论，而教育是各种哲学观点具体化并受到检验的实验室。

杜威认为课程规划的理想背景，需要注意两个重要原则：第一，在所有的教育关系中，出发点是儿童行动的冲动，他渴望响应周遭刺激，并以具体的形式寻求其表达。第二，教育的过程在于提供各种材料，以及各种积极和消极的条件，俾使儿童受到理智控制的表达方式采取一种正常的方向，亦即，在形式和感情方面都具有社会性质(王承绪等译，1991：17；Mayhew & Edwards, 1936：23)。

杜威认为儿童个体的倾向和活动，只有透过它们合作生活的实际过程，才能加以组织和发挥作用。因此，问题在于如何利用儿童的倾向、原始冲动，以其成长中的能力和技能表现他自己，俾协助他以其正在增进的效能，贡献其团体的生活（Mayhew & Edwards，1936：39—40）。为了方便起见，杜威将这些天生的冲动粗分为四种（Dewey，1900：41；Mayhew & Edward，1936：40—41）：

1. 社会的冲动（social impulse）——谈话或沟通的兴趣；

2. 建构的冲动（constructive impulse）——制造的兴趣；

3. 探究和实验的冲动（the impulse to investigate and experiment）——质疑或探究事物的兴趣；

4. 表达情意的冲动（expressive impulse）——艺术表达的兴趣。

在杜威的学校里面，“作业”（occupations）是一个核心概念，指儿童的一种活动形式，而有三种活动是最常被提及的：烹饪、缝纫及木工。

烹饪是探讨简单而基本的化学事实和原理，以及研究植物制品的自然课程。同样地，材料和过程的研究要与缝纫一同进行，并且包括研究发明史、地理（生产与制造的地方，以及分布的路线），以及植物的生长和栽培（诸如提供原料的棉花和亚麻）。木工经常需要计算，儿童在相关的方式中掌握了数字的过程或方法，因而培养了真正的数字意识（Mayhew & Edwards，1936：27—28）。

沃思（Wirth，1966：131—133）在其著作《杜威即教育家：其教育作业的设计》（*John Dewey as Educator*：*His Design for Work in Education*，1894—1904）中，阐述了杜威“作业”的教学角色：

1. 作业提供机会，将学校的学习活动与儿童的校外经验连结。

2. 儿童发展的第一阶段主要是“动作—表现活动”，作业是提供儿童运用四种冲动的课程。

3. 作业影响儿童对学校学习活动的态度。

4. 作业只有当其成为获得一种深刻的教育经验的手段时，才具有教育的正当理由。

杜威学校的课程中，作业提供了维持理论与具体事物间互动的手段；不过，全部的课程须由与各种作业相平行的三方面的理智活动而组成，即历史或间接社会学的研究、自然科学、沟通及表现(诸如语文、数学、艺术)。

杜威的教育观点,一方面是儿童中心的,另一方面是社会中心的。虽然杜威(1900: 32)曾说过,"我们在教育上引起的改变是重心的转移,在这里儿童是太阳……儿童是中心",不过,杜威的实验学校终究还是将"教育的社会层面"放在第一位(Mayhew & Edwards, 1936: 467)。

1904年初,芝加哥大学相关部门告知杜威,其夫人的杜威学校校长职位到年底终止。不久,杜威即辞职。依据杜威女儿的说法,真正的理由是芝加哥大学校长哈波对杜威学校的冷淡与鄙视。杜威的辞职在1905年1月1日生效,但是杜威与学校的联系在1904年春季结束时即告终止(DePencier,1967: 49; Dewey, 1939: 34)。

(四) 进步教育协会

在1890年代经济萧条结束到第一次世界大战终结期间,美国经历了"进步年代"(progressive era),一个社会变迁与政治动乱的时期。为了响应工业化、都市化、种族紧张及移民潮等种种压力,美国社会开始众多方面的改革运动,这些改革运动综合起来,为其后半世纪公共政策的论辩奠定了条件(Gould, 1974: 1)。

1. 进步教育协会的成立

虽然进步教育协会在1919年成立,但是派纳(1995: 103)认为,早在1870年代,帕克在马萨诸塞的昆西地区就已经开始了进步教育。而参与协会创立的科布(Stanwood Cobb, 1881—1919)也说,1919年进步教育协会设立时,新教育已经诞生20年了(Graham, 1967: 21)。

1919年约翰逊(Marietta Johnson, 1864—1938)和科布等人共同创立进步教育协会,当时担任俄亥俄州代顿(Dayton)的摩仁园学校(Morrain Park School)校长摩根(Arthur E. Morgan)担任第一任会长,并邀请艾略特(Charles W. Eliot, 1834—1926)担任荣誉会长(Kliebard, 2004: 159)。

1920年,马萨诸塞栗树山(Chestnut Hill)的毕弗尔学校(Beaver Country Day School)校长史密斯(Eugene Randolph Smith)负责领导为协会草拟一份宣言,作为该协会的中心信念。进步教育协会的宣言包括七项原则(Graham, 1967: 29—30):

(1) 自然地发展的自由。

(2) 兴趣，是一切工作的动机。

(3) 教师是向导，而不是监工。

(4) 重视促进学生身心发展的科学研究。

(5) 所有影响儿童身体发展的因素，须加强注意。

(6) 学校与家庭合作，以迎合儿童生活的需求。

(7) 进步学校应承担教育运动的领导者之责。

进步教育的界定众说纷纭，不过，在 1920 年代至 1930 年代，对于进步学校的定义，仍有某种程度的一致看法(Zilversmit, 1993: 18)：

(1) 一所进步学校遵从儿童中心课程，而非教材中心课程；是一所促进儿童天生欲望而学习的学校。

(2) 一所关注整个儿童需求的学校；一所促进儿童情绪及身体需求，并且促进其心智发展的学校。

(3) 一所进步学校乃是一所儿童在决定其教育内容方面扮演积极角色的学校。

2. 八年研究

进步教育协会在 1933 年设立学校与大学关系委员会(the Commission on the Relation of School and College)，由艾金(Wilford Aikin, 1882—1965)领导，进行有关中学课程改革的"八年研究"。

美国的中学课程由于深受大学入学规定的制约，而显示出相当的一致性。"八年研究"希望透过大学的同意，中学可以不按大学通常的入学要求，自行决定学科的开设和学习的分量，以探讨这类学生在大学学习的表现。

该委员会的指导委员会挑选 30 所(实际上，当中一所学校退出实验，计为 29 所)具有代表性的中学，从 1933 年秋季开始进行新的教学计划。每个中学制订自己的计划，决定自己的课程、组织及程序。指导委员会必须谨慎地防卫每所中学的独立和自主(Aikin, 1942: 15)。

此项研究进行了八年，大学追踪研究人员(the College Follow-up Staff)在比较实验组与对照组 1 475 对学生的过程中，发现这 30(29)所中学毕业生的表现，在 18 项研究结果中，不论在认知还是情意上，实验组(30 所中学毕业生)除在四个项目外，均较对照组有较佳的表现(Aikin, 1942: 111—112)。

整体而言，这 30(29)所中学毕业生，无论从大学标准、学生同年者、个别学生等哪个方面来评判，均较比较组表现稍佳。

大学追踪研究单位对于这些事实做了如下评论：

……如果大学想要招收这样的学生，即具有健全的学识和活跃的兴趣，发展有效且客观的思维习惯，对其同学维持健康有益的方式等，则大学要鼓励中学已经证明的明显趋向，摆脱倾向于禁止违反或背离传统课程模式的大限制(Aikin, 1942: 113)。

整个研究完成后，在 1942 年发表了五册《美国教育的冒险》(*Adventure in American Education*)。因逢大战期间，未能引起注目。

雷德夫(Frederick L. Redefer)在进行"八年研究"时，担任进步教育协会执行委员会的主管。1950 年他在《进步教育》(*Progressive Education*)杂志上发表了《八年研究——八年之后》(*The Eight Years Study — After Eight Years*)一文。文中提到，参加"八年研究"的成员在 1950 年的会议中同意，"八年研究"最重要的遗产是合作的工作方法(Brown & Finn, 1988: 297)；"八年研究"是具有价值的；今天仍然需要某种类似的全国性尝试。但是，与会人士没人建议，在第二次"八年研究"时该朝什么方向或依据什么原理；也没人试图回答怎样的教育实验适于这种混乱的复杂世界(Brown & Finn, 1988, 299)。

总的来说，"八年研究"是很值得探讨的，是研究的一个丰富宝库。雷德夫建议，在基金会、委员会或个人投入大量时间以改进教育之前，在机构宣扬其新实验之前，在原子时代的教师组织一个新的全国性委员会以鼓励规划教育之前，如果尝试的努力要有持久的效果，则探究这种尝试须考虑哪些因素，显然是需要的。最好面对反对的原因，理解有什么障碍，以及克服这些障碍的方式(Brown & Finn, 1988, 300)。

"八年研究"对于这类研究的开始，能够提供某些极好的材料。

3. 社会重建的教育观点——康茨

进步教育虽以杜威的教育哲学作为其理论指导，但大多数的进步学校在儿童中心的教育理论方面积极发展，而相对忽略了社会中心的层面。

康茨(George S. Counts, 1889—1974)是社会重建主义(social reconstructionism)

的倡导者。1932 年他在全国性的教育会议发表了三篇论文，分别是《进步教育敢于进步？》(*Dare Progressive Education Be Progressive?*)《透过灌输的教育》(*Education through Indoctrination*)、《自由、文化、社会规划与领导》(*Freedom, Culture, Social Planning, and Leadership*)。第一篇是在巴尔的摩(Baltimore)的进步教育协会上发表的。这三篇论文合成一本小册子，在 1932 年出版，定名为《学校敢于建构一个新的社会秩序吗？》(*Dare the School Build a New Social Order?*)。

康茨在进步教育协会发表的文章中，首先认为进步学校将焦点放在儿童身上。他们认为学习者的兴趣是最为重要的；他们将活动视为一切真正教育的根本；他们从生活情境及品格发展去理解学习；他们维护儿童的权利，视其为一种自由的人格(Counts, 1932：5—6)。康茨认为这些理念是相当卓越的。不过，根据他的判断，这样的理念还是不够的，窄化了教育意义的概念，如同只是将一半的景致绘入一幅画中。

他主张，若一种教育运动称自己为进步的，则这种运动必须要有目的，它必须具有方向。“进步的”(progressive)这个字本身含有“向前移动”的意思，而“向前移动”如果缺乏清楚界定的目的，则少具意义(Counts, 1932：6)。

康茨(Counts, 1932：7)指出：“进步教育最大的弱点在于没有详细阐述社会幸福理论这一事实。”其认为进步教育如果要成为真正进步的，必须从中上阶层的影响中解放出来，公正并勇敢地面对每一个社会议题，认真处理生活中一切真正的实在事物，与社区建立有机的关系，发展一种现实与广泛的福利理论，改变一种对于人类命运令人信服且有挑战性的看法，并且对于令人困惑的“强迫接受或强制实施”(imposition)及“灌输”(indoctrination)，较少感到惊恐(Counts, 1932：9—10)。

他在分析美国教育制度之后，提出了一种教育方案，以促进集体的民主主义。这一方案包括五项重点(Gutek, 1970：185)：

(1) 依据文化传统的教育方案；

(2) 依据正在浮现的民主集体主义，重建传统；

(3) 将民主的集体主义审慎地强制实施在学校之中；

(4) 强调社会知识的课程设计；

(5) 一种开阔和丰富的师资培育及组织的方案。

康茨认为要维护及发展民主价值，知识的选择和组织必须依照民主集体主义的标准。他建议的社会知识的教育方案，其主要领域有七项(Gutek，1970：186—187)：

(1) 人类本性和历史；

(2) 美国民主制度的历史；

(3) 工业社会的兴起；

(4) 当前美国社会的结构；

(5) 社会观念、哲学及方案；

(6) 传播的机构和方法；

(7) 美国民主制度的目的和潜能。

康茨相信，普通教育的方案基本上是在维护自由制度和民主过程。因此普通教育要提供学生在社会态度、素质及能力等方面的基本训练，以促进正在浮现的集权主义。

4. 进步教育协会的解散

格雷厄姆(Graham，1967：149—163)认为，进步教育协会的结束，是内、外因素共同作用所造成的。他在其著作的结论中指出造成协会衰退的七点原因：反对并攻击传统课程、对重要问题的冷淡、领导者的孤立、哲学观点的不一、应用的问题、社会阶级的偏见及其他教育机构的竞争。

1955 年 6 月 25 日，进步教育协会在伊利诺伊州厄巴纳(Urbana)会议上正式宣布解散。一个月后，签署会议的决议时，仅有六名会员投下反对票(Graham，1967：143)。

(五) 追求社会效率的课程设计

1. 温斯洛·泰罗的科学管理

泰罗(Frederick Winslow Taylor，1856—1915)在 1911 年发表《科学管理的原理》(*The Principles of Scientific Management*)，书中认为整个国家的人民，每天的作为都因缺乏效率而受害，而补救这种无效率的关键在于科学管理。他认为最佳的管理是真正的科学，是建立在明确界定的法则、规则及原则的基础之上的。只要这些原理正确地应用，即能产生效果。他尤其建议工厂采用他的科学管理方法，必能符合经济原则，创造雇主与工人之间的双赢。

泰罗(Taylor，1998：61)提出科学管理的五个步骤：

(1) 比如找出十或十五位不同背景的工人(不同机关、不同地区)，他们在所要分析的特殊工作上特别灵巧。

(2) 研究每位灵巧工人从事其工作的基本操作或动作的精确系列，以及每人所使用的工具。

(3) 使用秒表，研究完成这些基本动作所需的时间，然后选择完成每个工作要素的最快方法。

(4) 去除所有错误的、缓慢的，以及无用的动作。

(5) 除去所有不需要的动作之后，将最快及最好的动作，以及最好的工具聚集起来，成为一个系列。

泰罗讲求精确、效率及经济的科学管理方式，相当程度地影响博比特(Franklin Bobbitt，1876—1959)及查特斯(W. W. Chartes，1875—1952)的课程研究。

2. 博比特的科学的课程编制

博比特在20世纪初期出版了两本重要著作：一本是1918年的《课程》(*The Curriculum*)，另一本是1924年的《课程的编制方法》(*How to Make a Curriculum*)。前者是教育史上第一本以"课程"(curriculum)为名的专门著作。

博比特(Franklin，1918：41)认为科学时代的特点是要求精确与详细。目前，为了每个重要的课堂层面，研究者已经发展了科学的方法与技术。实验室及实验学校旨在发现正确的方法，以测量及评估不同类型的教育过程。

课程的中心理论实属简单。人类生活不管如何不同，都包括特定活动的完成。未来生活的教育乃是明确地、适当地为这些特定活动而预备的教育。对于任何社会阶级而言，不管这些特定活动的数量多少及差异大小，它们仍是可被发现的。这只需要进入人类事务的世界，并发现这些事务所含的细节即可。这些细节细目将指出人们所需要的能力、态度、习惯、审美及知识形式。这些细节细目亦将成为课程的具体目标，它们将是众多的、明确的、详细的。因此，课程将是儿童和青年借由达成这些具体目标而学得的系列经验(Bobbitt，1918：42)。

博比特坚持效能、效率及经济乃是课程设计的重要概念。他的中心原则乃是直接并明确地使学生为学习成人世界的各种任务做准备。课程编制者的工作即是研究成人世界，以确定其所包含的重要任务或活动(Pinar et al.，1995：97)。

在《课程的编制方法》中，博比特(Bobbitt，1924)运用“活动分析”(activity-analysis)，将人类广泛的经验分成若干主要的领域。这些主要的领域即是他所分析的目标：

(1) 语言活动：社会的相互沟通；

(2) 健康活动：维持身体的效率；

(3) 公民活动：有效率的公民；

(4) 一般社会活动(集会、交际)：一般的社会接触与关系；

(5) 余暇活动、娱乐、消遣：休闲消遣；

(6) 保持本身心理健康的活动：一般心理效率；

(7) 宗教活动：宗教态度与活动；

(8) 亲职活动、养育子女，维持正常的家庭生活：亲职责任；

(9) 非专门的或非职业的活动：非专门的实际活动；

(10) 职业工作：职业活动。

以上十项，左边为活动的主要领域(Bobbitt，1924：8—9)，右边为具体目标，这十项目标又细分成八百二十一项细目(第十项目标未分析)(Bobbitt，1924：11—29)。

博比特(Bobbitt，1924)认为课程设计包括五个步骤：

(1) 分析人类经验：将广泛的人类经验分成若干主要领域。

(2) 工作分析：将这些领域分解成更具体的活动。

(3) 导出目标：从陈述完成这些活动所需要的能力中，导出具体的教育目标。

(4) 选择目标：从目标细目中选择在规划学生活动时可作为基础的目标。

(5) 详细计划：安排包含达成目标的各种活动、经验及时机。安排每一年龄或年级的儿童逐日活动的细目。这些细目的活动即构成课程。

3. 泰勒的课程目标模式

目标模式的课程设计虽由泰勒(Ralph W. Tyler，1902—1994)创立，但在他以前，博比特已有依据目标发展课程的观念。博比特(Bobbitt，1918)认为人类的生活包含各种特定活动的实行，教育的功能即在为个人未来的生活做准备，亦即，适当地准备个人的各种特定活动。他采用活动分析的方法，将人类生活的主要领域划分为十类。事实上，这些活动内容的详叙即是教育目标的内涵。查特斯响应博比特的理念，在1924年企图以工作分析(job analysis)的方法，建构课程。他首先决定教育的理想，其次确认达成理想的活动，最后分析活动成为工作的单元(Charters, 1923: 102)。这些工作单元即是教育的目标。博比特和查特斯的课程建构一开始即带有科学的、行为的，及工作分析的性质。

1949年泰勒发表《课程与教学的基本原理》(*Basic Principles of Curriculum and Instruction*)一书，主张学校是一所有目的的机构，教育是一种含有意图的活动。他在书中提出四个问题，以作为设计课程和教学的理论基础。这四个问题是：

(1) 学校应当寻求达成哪些教育目的或目标?

(2) 我们要提供哪些教育经验，才能达成所订的目的或目标?

(3) 这些教育经验如何才能有效地加以组织?

(4) 我们如何能够确定这些目的或目标业已达成?

显然，这是一种目标导向的模式。首先确定目标，泰勒认为目标要依据学习者(其发展、需要、兴趣等)、当前的社会生活、学科的性质、学习心理学，及哲学或一套价值体系等来源而拟订；其次，根据所订目标，选择能够达成目标的学习经验；再次，这些所选的学习经验相当零碎和片段化，需要加以组织，使其产生意义，使教师方便教学，学生容易学习；最后，设计评量工具对其加以评价，以了解所选的学习经验是否达到预先所订的目标。在泰勒的理念中，课程乃是朝向教育目的的一种手段，这一模式因此也称为"手段—目的模式"(means-end model)(见图10.2)。

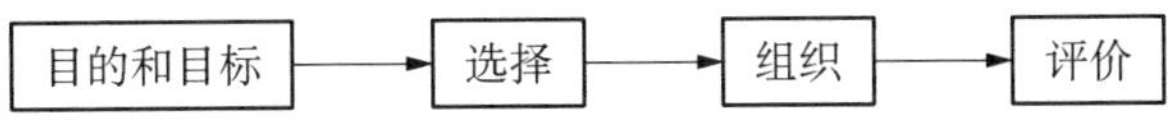

图 10.2 泰勒(Tyler)模式

泰勒视"目的"(purposes)与"目标"(goals, objectives)同义。他认为目标的内涵应当包括学生所要发展的行为和这一行为所要操作的内容，亦即，包括"行为"和各层面的"内容"。泰勒的目标已深含"行为目标"(behavioral objectives)的意味。课程和教学的设计以学生将来所要表现的具体行为为第一步骤，这是目标模式的本质。

（六）学科或知识结构的课程理论取向——布鲁纳

1957年，苏联发射人造卫星（Sputnik）成功，在太空竞赛中抢先一步，引发美国的恐慌。

1959年9月，美国包括心理学家、科学家及数学家等三十五位学者，在马萨诸塞鳕鱼角（Cape Cod）的伍兹霍尔（Woods Hole）召开为期十天的会议，布鲁纳（Jerome Bruner）担任会议主席。这次会议的结论由布鲁纳执笔，以《教育过程》（*The Process of Education*）为名，于1960年出版。布鲁纳希望借由此书，透过一种十分不同的透镜观察课程——将复杂的知识综合成可以迁移的大量东西。这本著作成为1960年代一项课程的宣言，因而标示着一个转折点。

布鲁纳强调认知的背景及知识的应用。他将课程的焦点放在一门学科主要概念的要素上，并以激发学生讨论的方式，提供知识的统整，促进其思考能力（Marshall, Sears, & Schubert, 2000: 46）。

在《教育过程》一书中，布鲁纳（Bruner, 1960,17）提到学习行为的主要目的在于它将来能为我们服务。学习服务未来的方式有两种：第一种是训练的特定迁移，大致用在技能方面；第二种是非特定的迁移，或称原理和态度的迁移。学生一开始学习一个一般观念，然后这个一般观念可以作为认识后续问题的基础。学生学到的观念愈是基本，则其对新问题的应用性就愈宽广。这种类型的迁移乃是教育过程的核心。

课程编制的问题是双重的：一是重新编写基础学科及改进其教学材料，并将其中普遍及重要的观念和态度，放在中心的位置；二是让不同层次的材料与学校里不同年级、能力的学生相配合（Bruner, 1960: 18）。

布鲁纳（Bruner, 1960: 23—26）认为至少有四项一般性的主张，可用来作为教授一门学科的基本结构：

（1）了解学科基本原理，以便于理解一门学科。

（2）将复杂的教材放进一个有结构的模式里，则容易记忆。详细的材料借由简单的表达方式，容易保存在记忆中。这可称为“再生的”（regenerative）性状。

（3）理解基本原理和观念，显然是通向适当的“训练的迁移”的主要路径。将某种东西作为更一般性情况的特定事例去理解，不仅能学到该特定事例，也能学到理解其他类似事物的模式。

(4) 主张教学时强调结构和原理，亦即，借由经常复查中小学教材的基本特性，能缩小高级知识与初级知识之间的差距。

布鲁纳的课程理论深刻地影响了其后的美国课程，尤其是科学相关课程的发展。

二、当代课程话语

(一) 课程的概念重建

1971年，麦克唐纳(J. B. MacDonald)发表《课程理论》(Curriculum Theory)一文。他在文中确认了三个主要阵营，阐述课程理论化的见解：

第一阵营视理论为应用的课程发展与研究的指导架构，为评价课程发展的工具。因此，理论成为指示及指导与课程相关的实践活动的一个开端。

第二阵营是较为年轻的理论化学者，他们致力于较为传统的社会理论概念。他们企图确认及描述课程中的变量及变量间的关系。此理论的目的在性质上主要是概念的，研究是要用来作为课程变量及变量间关系的实证测定，而不是作为课程处方的效率及效能检验。

第三阵营将理论的工作视为一种创造的心智工作。他们认为这种工作不应当用来作为处方的基础，也不应该用来作为原理和变量间关系的实证检验。这类学者的目的是发展及批判概念模式，希望以新的方式讨论课程，认为这种倾向会在不久的将来到来，并且更具成果。

1975年派纳在其所编的《课程理论化：概念重建主义者》(*Curriculum Theorizing: The Reconceptualists*)一书的前言中，延续了麦克唐纳的观点，将课程理论学者分为三类：

第一类是传统主义课程学者(traditionalists)，其特色是“实用的”，专注于课程发展、设计、实施及评价的具体工作。他们大部分著作的根本要点是想要作为学校工作者的指导。这类著作大部分缺乏理论，以指导那些想要知道方法的学校人员为目的；它们是实用的。以泰勒为主要代表人物。

第二类是概念及经验主义课程学者(conceptual-empiricist),这类学者渗透于当前社会科学的理论和实践。他们如同当代社会及行为科学的大部分工作者一样,以实证的方式探讨“现象”,着眼于预测和行为控制的目标。以施瓦布(J. Schwab)为代表。

第三类是概念重建主义课程学者(reconceptualists),他们探讨课程的主要方式是人文学科的,而人文学科领域则涉及历史、哲学及文学。他们的研究倾向于关注共同世界中内部与存在的经验,而不在于“行为的改变”或“课堂中的决定”。他们研究的是有关暂时性、超越性、意识及政治等的问题。简言之,这类学者企图要理解教育经验的本质。以派纳(W. Pinar)为代表。

派纳在1981年发表《课程研究的概念重建》(*The Reconceptualization of Curriculum Studies*)一文,认为课程传统领域的特色在于行为目标、规划及评价。概念重建学者挑战这一传统,认为课程研究的功能不在于发展及管理,而在于踏实地理解教育经验,尤其是其政治的、文化的、性别的及历史的层面。1960年代以来,课程已从单一的实务取向的领域,重新建构其概念为更多理论的、历史的研究取向的领域(Pinar, 1999: 484)。派纳在此时澄清,认为根本没有所谓“概念重建主义”的观点,更没有“概念重建主义”的多样观点(Pinar, 1999: 489—490)。至此,“概念重建主义学者”(Reconceptualists)或“概念重建主义”(Reconceptualism)便很少出现在派纳的文献中。

泰勒在课程领域研究的统治优势已经过去。然而,如同一颗在其他星系正在消失的星星,每个人依其位置不同,需要花费若干年对其展开观察。这一事实说明,课程的概念重建明显已经来临(Pinar, 1999: 490)。

米勒(Janet L. Miller)在1998年写了《重建课程概念:一种个人及部分的经历》(*Curriculum Reconceptualized: A Personal and Partial History*)一文,文中指出课程概念重建学者努力了二十多年,目的在于将课程的研究,从传统的管理、专家技术及实证的取向,转向多重意义、多种观点的课程理论化(Pinar, 1999: 498—499)。概念重建乃是发展不同观点的工作。学者们需要不断地挑战管理式的课程观点,以及专家技术的、非政治的及非历史的课程建构(Pinar, 1999: 505)。传统课程概念采用的是教育的技术方法,将内容、教学及学习分成分立的、可测量的、可观察的行为及产出单位。

这是一种静态的课程定义，将课程视为一种预先决定的、直线式的、失去个性的、分立的知识体，完全无法预测或控制复杂生活的重要性，乃是课程概念重建学者所要揭露及挑战的(Pinar，1999：506)。

1981 年，派纳在吉鲁(H. A. Giroux)等人所编的《课程与教学》(*Curriculum and Instruction*)一书中，发表了一篇名为《课程研究的概念重建》(The Reconceptualization of Curriculum Studies)的文章，他在结论中说到，我们并非面对一项唯一而排他的选择：是选择课程领域的传统智慧、概念—经验主义，或是概念重建观点；它们每一个依赖另一个。为使课程成为美国教育富有生命力及重要的领域，必须每时每刻都为其提供营养；它必须致力于综合；为课程提供一系列的观点——同时是经验的、解释的、批判的及解放的(Giroux，Penna，& Pinar，1981：98)。派纳的这一观点预示了课程研究未来的走向。

(二) 当代的课程话语

派纳在 1970 年代开始倡导的课程概念重建理念，借由贝加莫(Bergamo)年会的召开及期刊杂志《课程理论化》(*Journal of Curriculum Theorizing*，现改名为 *JCT: Journal of Curriculum Theorizing*)的发行，造成了相当广泛及深刻的影响。这种理念的传播逐渐形成当前的课程话语。

1988 年，派纳主编了《当代课程话语》(*Contemporary Curriculum Discourses*)一书，书中主要分成五部分，探讨当前课程的话语：历史研究、政治分析、美学评论、现象学研究及女性主义研究。

随着学术进步、百家争鸣，当代课程论述的范围愈来愈广，愈来愈深入，派纳等人在 1995 年出版了《理解课程》(*Understanding Curriculum*)一书，书中除了“把课程理解为历史文本”之外，还介绍了“把课程理解为政治文本”、“把课程理解为后结构、解构的、后现代的文本”、“把课程理解为自传/传记文本”、“把课程理解为美学文本”、“把课程理解为神学文本”、“把课程理解为制度化文本”及“把课程理解为国际文本”。这些话语并不是各自分立，互不相关的，而是互相渗透的，不但单一话语之间跨出边界，相互渗透，而且常是一个话语跨出若干话语的边界，从而形成多重渗透。

这本《理解课程》的贡献大概可归为两点：一是将课程的话语分为十一种(含历史

的话语)，并相当详细地介绍每一话语，只是稍欠以一个中心思维贯穿整个话语；另外，这么多的文献归纳之后，成为十一种话语，其分类的理据似未充分说明，且是否足够周延，有待深入探究。二是搜集了 3 500 份左右 1995 年之前的文献，这样丰富的资料，对于有志课程理解研究者帮助甚大。

三、展望

(一) 台湾课程研究与发展的简略回顾

从过去到现在，台湾的课程研究与发展几乎是在泰勒(R. Tyler)目标模式的统治之下。课程标准的制订、教科书的编写等，都采用目标导向的课程发展，甚至早期的学位论文也是如此。事实上，美国课程的研究与发展，泰勒的影子始终没有离开过，尤其是课程设计和教科书的编写。泰勒模式是一种合理的课程模式，但却不是唯一可以自立而排他的模式。

约在 1980 年代，台湾有一个由当局支持的小学社会科的课程研究及发展，主持人是黄炳煌教授。这一小组的学者及课程实务工作者，认真地借用布鲁纳的知识结构课程发展，邀请社会科学各领域的学者(布鲁纳在伍兹霍尔召开的课程改革会议独缺课程学者的参与)，从事各学科基本概念的分析及通则的建立。这个小组经过长时间研究与合作，完成了以知识结构为导向的小学社会科教学设计。但是，这一套课程设计似未转化成教科书。

最近几年，一些年轻学者试图以施瓦布及雷德(W. Reid)的“审议”(deliberation)的理念，切入课程的研究，得到不错的成果，这是属于派纳所说的“概念—经验主义”的课程观点。另外一些年轻学者从事课程意识的研究，建立了较综合式的课程理论，希望与课程实践相结合。

多年来有一些中年及资深学者，以某一个学术领域，如后现代、现象学、批判理论、知识社会学等作为依据，发展他们的课程理论。

(二) 台湾课程研究的去向

回顾课程史，课程总是不断地在探讨三项课题：学习者、社会及教材。

就学习者而言，多年来台湾课程的设计及教科书的编写，大致是社会主义理论取向、精粹主义理论取向、科技主义理论取向的，重视成人决定、政策决定，几乎很少关心到学习者的心理发展、能力、兴趣等等。现在的课程研究应是兼顾学习者的时候。学习者心理的发展常常受到成长环境，诸如社会、历史、文化等的影响，而不是在真空的、一片空白的环境中发展。因此，本土的学习者心理研究，是研究及规划课程的重要基础。

就社会而言，到底学校教育是要适应社会的需求，还是引导社会发展，进而改造社会？虽然教育学者的雄心是引领社会未来发展，但是衡诸事实，学校教育、学校课程适应社会的需求，恐已不及，根本无法致力于社会的改造。适应社会与改造社会，并非"非此即彼"，今后应在较能适应社会需求的基础上，兼顾社会发展的引领。而社会应往哪些方向发展，则有待相关学术领域及当局相关部门的规划。

就教材而言，这部分涉及经验与课程。布鲁纳寄望于学科专家投身课程的发展，用意在他们较能认识其专门领域的学术进展，将其反映在课程中，并在学校教材所含的各科知识中及时反映出来。如果学科专家能具备课程领域的专业知能，而课程学者能具备某一专门学科的素养，则台湾课程研究将更上一层楼。再者，台湾的小学课程常是与儿童生活经验脱节的，这部分的连结，有待更多的研究。

学习者、社会与教材间不是相互孤立、各自为政的，课程研究需要不断地研究它们彼此的关系。比如，儿童中心与社会中心的关系，儿童认知结构与教材组织的关系等等。这样发展的课程应是较为理想的。

台湾的课程研究，尤其是课程设计，常被批评为缺乏理论依据。课程理论的建立是十分艰巨的工程。美国发展出了多种课程话语，百花争艳、百家争鸣。若它们最后建立各自的理论，彼此无关，且相互攻讦，则课程实务工作者将何去何从？或许会迷失在课程理论的丛林中，无法突破困境，安然返回。

目前台湾课程的话语，仅在介绍美国若干不同派别的观点。我们要衡量台湾的文化、历史及社会等环境，参照外国的不同派别观点，建立自己的课程理论，也让台湾课程的研究蓬勃发展。但建立多种课程理论派别后，它们之间如何建立关系，是彼此自立、渗透或相互攻讦？如何与课程实务建立关系，形成理论与实践的辩证循环，丰富彼此的内涵？我们从美国的经验中得到的教训，当可作为台湾课程理论研究的方向。

第二节
课程研究的再研究——迈向课程学的建立

从“课程研究”(curriculum research)的观点而言，课程研究是课程学的研究过程，课程研究也是课程改革的推动器、课程发展与设计的入门，更是课程发展与设计的催化剂。透过课程研究的再研究，可将课程理念与课程现象作为基础，理解前辈的课程理念与课程经验智慧，进而设法站在巨人的肩膀上，登高远眺并深入研究课程的各种可能来源与发展轨迹，而且透过课程理念与课程现象相互激荡转化，研究课程理念与课程现象之间的落差与缺口，理解课程改革成败的前因、过程与后果(Pinar, 2004)，以建构课程学术研究的专门领域与学术造型，从而迈向课程学的建立。

在课程发展与设计活动过程当中，存在许多不同意义类型的课程层次(Glatthorn, 1987)。从课程学的研究观点而言，不同层次的课程意义与来源，可能代表不同人员对课程的不同观点视野与诠释意义，也可能代表不同课程之间的区别，更可能代表不同课程之间存在着某种不能被忽视的落差(Brophy, 1982)。从课程学术的研究观点而言，不同类型的课程意义与来源，是课程发展与设计相关活动所产生的实质成果，更是课程研究与再研究的对象。但是，特别值得留意的是，在不同课程意义层次当中，存在着许多不同的影响形态与落差。换言之，在不同层次课程意义的理解、诠释、转化过程当中存在着落差，可能造成不同课程意义层次在理解、诠释、转化过程当中理念的减损与内容的不断递减，甚至形成难以弥补的课程缺口、落差、断层，进而造成课程改革通道的中断与不畅通。就一般而言，建议的课程往往是尊重学者专家的理念学说的建议，但是建议的课程经过正式转化成为正式的课程的程度，可能会因特定学习领域学科性质的不同而有异(Kendall & Marzano, 1997)。例如，美国全国英语教师国际阅读协会理事会所倡导的标准(National Council of Teachers of English and International

Reading Association，1996)，就是因为课程革新方向与理念过于模糊不清，而且只是关心发展过程，以致遭受美国英语教师广泛的批评，而其所建议倡导的理想的课程，似乎对课程发展与设计者实际帮助不大(Glatthorn，2000)。

上述学者所提出的建议的课程、书面的课程、支持的课程、被教的课程、施测的课程以及习得的课程等等不同课程意义与来源之间的落差(Goodlad，1979；Brophy，1982；Glatthorn，1987)，已经引起学者专家提出有关课程一致(curriculum alignment)或课程一贯连结的建议与呼吁(蔡清田，2008；English，1992；Glatthorn，2000)。课程连贯的重要倡导者，例如英格利希(English，1992)强调课程与评估测验考试之间必须紧密加以连结配合。这种一贯连结可以经由“前置”(frontloading)与“后置”(backloading)来达成：“前置”是指先发展课程，再寻求可以配合课程的评价；“后置”则是指先发展评价，再发展可以配合的课程，这种课程连贯的过程，最好是能够获得政府教育主管部门相关人员与学校教师的关注，并设法对课程、教学、学习、评价的连贯加以落实(Glatthorn，2000)，不仅可以让学校教师获得课程发展所有权的隶属感，而且更能够让学校教师对新课程的理念内容有更深层而细腻的认识，并具备课程实施的能力与意愿。

值得注意的是，美国的“人的研究”课程方案也具有课程连贯的现象(蔡清田，2006)。美国联邦政府为了加速科学教育，透过学界推动“学科运动”(discipline movement)。美国联邦政府透过聘请世界一流大学优秀学者专家进行研究规划设计(Bruner，1967)，将其理想的课程转化成为教材教具等支持的课程，进而经由指定的教材教法与教师在职进修培训，以推广其理想的课程与支持的课程，并连贯学校课程内容。其规划途径，包括从布鲁纳的理论观念(theoretic ideas)到教育理念(educational ideals)，以及从课程宗旨(course goals)到教学目的(pedagogical aims)等等理想的课程，转化为领悟的课程、支持的课程以及运作的课程，提供学校教师作为进行教学依据的学习学科(course of study)与学习经验的经验的课程。其课程变革本质具有课程的连贯性，包含了教材的变革、知识的变革、学习的变革和教学的变革的一致性；其课程发展过程也具有课程的连贯性，包括从课程结构到学科结构到螺旋课程到学习学科、在学校中试用、“防范教师”的课程等面向；课程发展过程中的“教师即媒介者”角色、学校教师研习进修训练与课程推广的性质与学校教师专业发展策略，均强调课程的连贯性(蔡清田,2006),可供课程研究人员进一步探究课程连贯性的参考。

同样地,英国1988年国家课程与国家课程评估考试,透过课程一贯连结,合理连贯各层次的课程,使其一贯连结,有助于缩短各课程层次之间的落差(蔡清田,2003)。英国教育与科学部的一项政府官方文件《从政策到实务》(*From Policy to Practice*),极力强调官方正式规划国家课程的重要性(DES, 1989a)。教育与科学部的课程政策指定,国家课程包括基础学科、成就目标、学习方案、评估安排等四个要素;国家课程的政策推动,基本上是奠基于一种“由中央到边陲系统”,透过科层体制式“训练受训种子”方法的“分段垂降模式”(Cascade Model)的行政推广实施策略,而且国家课程评估考试以及英国教育标准局(the Office for Standards in Education, OFSTED)的学校视导评价,均强调课程的连贯性(蔡清田,2003),可供课程研究发展人员进一步探究中小学课程连贯之参考。

又如,英国“人文课程方案”课程规划小组成员,接受英国中央政府教育与科学部与课程和考试的学校审议委员会(Schools Council for Curriculum and Examination)的项目委托,研议规划如何因应国民教育年限往上延长至16岁的国家教育改革政策之配套措施,进行中等学校教育课程改革实验的规划(Stenhouse, 1975),从延长国民教育到规划方案、从教育政策到教育目的、从教育目的到教育原理,其间历经从教育政策转化为教育目的,并从教育目的转化为教育过程的逻辑前提(premises)或程序原理(procedural principle)与过程原则(principles of procedure)的过程模式的课程规划,从“教师即研究者”到“课堂即课程实验室”、从教育的实验规则到课程的研究假设、从课程的研究假设到教学的待答问题等层面,从生物自然扩散到人为教育推广、从训练预备教师到分段垂降模式、由在职进修训练到在职进修教育、由教师在职进修到教育专业发展、由教师研习中心到专业社区网络、由学校行政管理到学校课程领导等方面来进行课程推广,均强调课程连贯的重要性(蔡清田,2001),可作为台湾推动中小学十二年一贯课程改革的借鉴。

然而,上述课程层面的探究,是英美等国学者根据其特定课堂情境的课程层次分类开展的,而较适用于英美等国的学校教育,不一定完全适用于台湾课堂情境脉络。但是,话虽如此,有趣的是,台湾的学校课程改革也有着类似的现象。过去台湾地区中小学课程标准与课程纲要的教育目的、课程目标、教学目标、单元目标、具体目标、课程内容、教学过程、学习结果、评价内容之间往往出现彼此不连贯的缺口与落差(蔡清田,2002),甚至产生彼此矛盾冲突之处,更形成课程、教学、学习、评价之间断裂脱节的缺口与落差,有逐渐加宽加广的恶化现象,令人忧心(蔡清田,2003);殊不知如果课程不连贯,就会导致教学与学习之道不连贯,更会造成教学不连贯与学习不连贯,影响学习质量(蔡清田,2005),不利于学习的进步,值得重视与进一步深入研究探讨。应该透过课程学术研究来再研究这一复杂的课程现象(Halpin, 2006),以建构课程学术研究的专门领域与学术造型,并将其作为课程学的研究重点(蔡清田,2008)。

特别是台湾围绕国民核心素养推行的"十二年国民基本教育课程改革"是后现代社会的动态课程改革,整合了核心素养的理论依据的台湾本土研究与国际全球研究的双重视野,是经过社会贤达所精心挑选出来(蔡清田等,2012),可争取地方认同与国际理解,具有自主行动、沟通互动、社会参与等三维面向,并展现出国民核心素养具有终身学习者的三面九项的多样学习面向,可建构以民众为终身学习者的主体,并建立严谨结构而巧妙精美的课程连贯体系,特别是自主行动、沟通互动、社会参与三维面向之下的身心素质与自我精进、系统思考与解决问题、规划执行与创新应变、符号运用与沟通表达、科技信息与媒体素养、艺术涵养与美感素养、道德实践与公民意识、人际关系与团队合作、多元文化与国际理解等多样形态范畴的丰富内涵(蔡清田等,2013);从而展现出国民核心素养具有终身学习者在幼儿园、小学、初中、高中职等四个教育阶段之垂直连贯性,进一步彰显了国民核心素养的多样性与多层次性的严谨结构与精致巧妙的课程连贯体系,不仅可以展现国民核心素养垂直连贯之姿,更可以融入生活情境并跨越各种社会领域及学习领域/学科之中,不仅有助于个人获得成功的人生,更可以有助于建立功能健全的社会。此次改革颇能记取"国民中小学九年一贯课程改革"的理论与实务经验,以课程纲要取代课程标准,并下放课程决定权,鼓励学校进行校本课程发展,促进教师教学专业自主,减少授课学科,通过了解自我与发展潜能,欣赏表现与创新,生涯规划与终身学习,表达沟通与分享,尊重、关怀与团队合作,文化学习与国际了解,规划、组织与实践,运用科技与信息,主动探索与研究,独立思考与解决问题等十项基本能力,落实人本情怀、统整能力、民主素养、本土与国际意识、终身学习等五项课程改革的基本理念,但是,整个课程改革的起草研议、规划设计、推动实施,却没有完全遵行课程研究发展的正常程序,以致在激进之下,仓促公布课程纲要,并没有经过严谨的课程研究发展实验教材与试教的测试过程、普遍的课程推广及适当的教师研习新教材教法的尝试，便在各地快速地全面进行课程实施。由于前置作业不够周延，这个变革幅度大、牵连广泛的课程改革，从课程理念转变成为课程纲要的正式的课程，再转化到教科书等支持的课程与师资培训推广的配套措施的各个环节都环环不相扣，产生了课程的缺口与落差。

关心这种教育改革现象的课程学者指出，“国民中小学九年一贯课程改革”的主要问题包括：时间延宕，准备仓促；配套措施，未能突破；由上而下，缺乏参与；概念模糊，影响质量；实施策略，偏于技术；提供命令，缺乏菜单；措施零散，缺乏整体；政策摇摆，加深疑虑（欧用生，2002）。“国民中小学九年一贯课程改革”的理论与实务之间存有种种落差，诸如宿命式的落差、能量的落差、结构的落差、表象与实质的落差（吴丽君，2002）。政策转化的宿命式落差，主要是政策不清楚，以及政策与手段未能配合；能量的落差是指能力不足，尤其可能是相关人员的体能、时间和专业知能不足，专业能力如课程领导能力、学校本位课程发展能力、课程慎思能力、统整课程设计能力等有待开发；结构的落差与组织结构因素有关，例如课程发展委员会与教科书的编审及选用等因素；表象与实质的落差，与课程层次由政府机构到学校组织、学年班级、任课教师、教室班级直至个别学生的层层传递转化有关，因不同层次之间的沟通和协商不足而导致理想的课程、领悟的课程、运作的课程与经验的课程之间的落差。上述宿命式落差及结构的落差，可以说是课程政策目的本身的上游决策问题，不易克服，除非广邀相关人员参与课程决策；能量的落差及表象与实质的落差，应是在于地方教育主管单位及学校与教师执行课程政策及配套措施的问题，或可努力补强（方德隆，2003）。

目前台湾已经由“国民中小学九年一贯课程改革”，进入到“十二年国民基本教育课程改革”行动，努力建构连贯的课程与无缝隙的课程，而不是过去脱钩不连贯的课程。因此，积极因应时代变迁的未来课程革新，不能再以过去的教材教导现在的学生去适应未来的生活。是以台湾教育事务主管部门积极推动并透过评价研究九年一贯课程改革，将小学一年级到中学三年级这九年的课程加以连贯，甚至衔接后期中等教育课程改革，建置中小学十二年一贯课程体系行动纲领，希望建立一个更为紧密连贯与垂直衔接，而且没有漏接漏洞的课程系统。在此过程中，教育人员与学校教师应该在课程研究、规划、设计、实施、评价等课程改革过程中，强调连贯的课程，如同接力赛跑的选手一样要有交棒与接棒的连贯过程与结果，面对目前中小学课程的缺口、断层与落差，进行课程衔接与紧密连结，重视课程的连续性、顺序性、统整性与衔接性，弥补各教育阶段的课程落差，努力建构连贯的课程。

但是，台湾地区由于过去多年来受到升学考试、统一命题、统一分发与编译馆统一编辑教科书的制度影响，大多数学校教师往往认为，课程是教育事务主管部门等官方政府颁布课程标准的规定或编译馆编辑发行的教科书，或是民间出版社根据当局颁布的课程标准而编辑设计且经当局审查通过的教科用书。这种观点认为课程是当局规定的书面内容或教科书商编辑的物质产品，甚至认为教科书就是课程的全部，容易忽略学校的课程计划(黄政杰，1991)，而且往往认为教师的角色只在于将别人所设计的课程产品内容加以照本宣科，进行忠实的课程实施(欧用生，1996)，更漠视教师教学实施运作的课程可能涉及教育实务反省批判的过程与学生学习经验获得等层面的课程意义。

课程从哪里来？这个课程研究的问题是课程学研究的重要问题，与课程的意义与来源有着十分密切的关联。为了回答此课程学研究的重要问题，而且也因应台湾当前学校教育现况，本书作者将上述英、美、澳、新西兰等国学者有关课程落差与课程转化的种种观点加以融合，采取课程连贯的视野，考虑台湾目前学校教育现况与未来课程发展趋势，慎思课程意义的七种可能来源，并尝试从课程学的研究观点，区分为如下可加以连贯的课程意义与课程来源，研究课程学的可能图像，包括：理念建议的课程(ideal or recommended curriculum)、正式规划的课程(formally planned curriculum)、资源支持的课程(resources supported curriculum)、实施教导的课程(taught or implemented curriculum)、学习获得的课程(learned or achieved curriculum)、评估考试的课程(assessed or tested curriculum)与评价研究的课程(evaluated or researched curriculum)，摘要如图 10.3。

整体而言，由上图可知，课程是动态发展与不断生成开展的(becoming)，每一个课程来源，各自代表课程研究发展的不同阶段的不同意义，似乎如同苏东坡《题西林壁》所云“横看成岭侧成峰，远近高低各不同”，又如同张三丰的太极剑法，千变万化、令人目不暇给；然而，如果我们用课程学研究的视野观点加以研究分析，就会发现每一个课

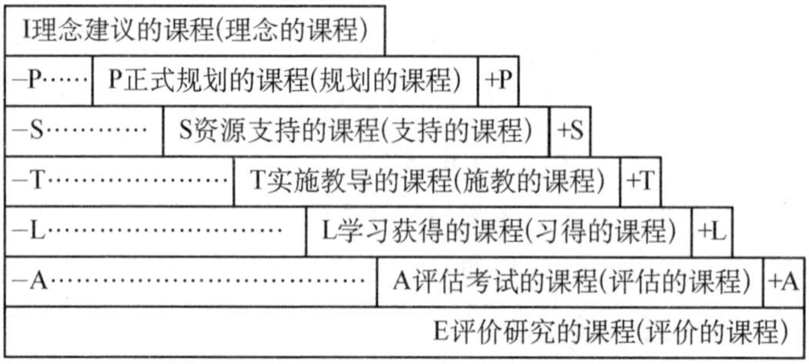

图 10.3　课程学的各课程层次间之落差与连贯(蔡清田,2008: 14)

程意义与来源都不是分开独立的,而应该是代表课程研究发展阶段的连续发展与彼此连贯成为一体的不同面向,如同从不同角度立场观看庐山的不同面向。

然而,个别而言,上述课程意义与来源的层次区别与课程研究发展阶段的生成与开展,有可能代表不同层级观点的课程研究发展相关人员在对课程意义与来源的不同理解(understanding)、诠释、修改、补充、调整转化过程当中,所产生的距离间隔的缺口与落差,例如理念建议的课程(I)转化成为正式规划的课程(P),可能减损(－P)或增加(＋P);再转化成为资源支持的课程(S),可能减损(－S)或增加(＋S);再转化成为实施教导的课程(T),可能减损(－T)或增加(＋T);再转化成为学习获得的课程(L),可能减损(－L)或增加(＋L);再转化成为评估考试的课程(A),可能减损(－A)或增加(＋A)。从课程学研究的观点而言,各课程层次之间可能产生落差,如果各课程层次之间的沟通、解释、协商不够充分,其间落差必然加剧,应该可以通过课程学研究的努力,搜集课程研究发展资料情报以探究评价研究的课程(E),并经过评价研究之后进行课程改革并加以连贯,以缩短各个课程层次之间的落差。

本书作者深切期望课程学者、政府官员、出版社、学校教育人员、学生家长与社会大众等教育相关人员,从不同角度立场理解"课程"的意义,可收"横看成岭侧成峰,远近高低各不同"的整体视野交融之效;但应避免"盲人摸象"、各持己见或以偏概全,宜从课程学术研究的整体观点,理解课程现象的动态性与意义的多样性,探索发现课程研究发展的缺口与落差之处,并且发挥团队分工与密切合作的同舟共济精神,透过大队接力的分工合作与紧密连结等具体行动,进行课程连贯之努力。

一、理念建议的课程

理念建议的课程(ideal or recommended curriculum),简称理念的课程(ideal curriculum)或理念学说建议的课程,又称理念研究建议的课程,或称为意识形态的课程(ideological curriculum),是指由学者、专业组织、基金会和特定利益团体成立委员会或个别的学者专家探讨的课程问题与倡导的理念。例如,在全球化的浪潮之下,台湾"教改会"《教育改革总咨议报告书》(1996)所提出的强调培育优质人才的能力取向课程理念建议与课程改革方向,便是属于理念建议的课程。

又如黄光雄、黄炳煌、黄政杰、欧用生、陈伯璋等知名课程学者的传记或其所提出的课程理念学说与课程革新方向,都是属于理念建议的课程,诸如全人教育、整体课程、统整课程、学校课程发展、潜在课程、悬缺课程等等理念学说。另外如经济合作与发展组织(OECD)于 1998—2005 年进行之大规模项目研究计划"素养的界定与选择:理论与概念的基础"(DeSeCo)便研拟"素养的三维论"理念,提出核心素养取向的课程改革理念,作为经济合作与发展组织各成员国进行课程改革的理念建议(蔡清田,2008)。经济合作与发展组织"素养的界定与选择:理论与概念的基础"项目的研究者,借由核心素养的大规模研究计划,试图凝聚经济合作与发展组织多数成员国之共同理念,形成面对 21 世纪各项挑战的行动准则,并体认到个人素养培养与团体社会福祉之间的密切关联。"素养的界定与选择:理论与概念的基础"所探讨的核心素养属于较新兴的教育研究概念,具有课程研究及教学实验价值,但其精神为科际整合的团队合作,从各个专业面向深入追究核心素养的本质,因此"素养的界定与选择:理论与概念的基础"共整合了经济合作与发展组织当中的十二个成员国之研究团队,一反过去传统国际评价研究较着重实用价值的现实取向,转而采取相当谨慎的基础研究(basic research)途径,企图建立较为坚实而稳固的课程改革理论基础及愿景共识,此"素养的三维论"理念,也有待进一步发展与设计,才可发挥其功能(蔡清田,2011)。

类似地,在课程改革与教学创新的建议上,台湾"教改会"便有其重视生活中心的特定理念与强调基本能力取向的意识形态立场,"教改会"《教育改革总咨议报告书》(1996)的课程改革理念建议,指出中小学课程应该以生活为中心进行整体规划,并以强健体魄，促进个体充分发展与增进群己关系为目标，培养生活基本能力，建立生活的基本态度与习惯，奠定其终身学习的基础；甚至明确建议当局应速建立基本学力指标，从事有关课程发展的基本问题研究，并建立课程纲要的最低规范，以取代课程标准，使地方、学校及教师能有弹性的空间，因材施教或发展特色（“教改会”，1996：38），这也可说是一种强调生活中心基本能力取向的意识形态之“理念建议的课程”。

有趣的是，由于学者专家或专业组织、基金会和特定利益团体所提出的理念建议的课程，是一种理念研究建议的课程或理念学说建议的课程，也是一种乌托邦的公共愿景与希望（Doll & Gough, 2002；Halpin, 2006），或许都有其倡导的理想色彩或特定利益与习焉而不察之立场（Scott, 2006），因此又被称为意识形态的课程（Goodlad, 1979）。值得注意的是，这种理念建议的课程，应该是一种经过课程研究（curriculum research）之后所提出的课程理念或理论构念，以作为课程改革理念之建议，并避免受限于特定课程理论流派立场（Scott, 2006），或陷于习焉而不察之意识形态泥淖而不自觉。特别是课程研究不只是在搜寻课程现象，更是以新的视野重新搜寻课程现象，以便进行课程改革情境分析的需求评估，或需要研究影响课程改革的优劣机会与威胁等内外在的动态情境因素，进行课程改革的需求评估，以了解课程改革的问题与需要是什么，进而建构教育愿景与课程目标，规划设计适当课程方案，并进行实施与评价反馈。课程研究是指一种对课程现象追求更宽广更深层的理解的努力行动，根据过去经验，分析研究实际情境与相关理论，对于可能遭遇的困难如冲突抗拒等，加以预测与防范，因此，可以作为课程改革的建议与参考（蔡清田，2002）。

换言之，教育相关人员应该可以通过课程研究的需求评估（Taba, 1962；Tanner & Tanner, 1995）、情境分析（Price & Stradley, 1981；Skilbeck, 1984）与课程探究（Short, 1991a；1991b；1991c），了解目标的来源（Tyler, 1949），探索描述分析课程、检视课程纲要与学校教育计划（Henderson & Hawthorne, 2000），配合整体社会发展的需要（Oliva, 1992），进行课程学术研究，指出影响课程改革的因素，以便了解并说明课程发展现象，而且根据课程研究发现，继续进行规划设计与实施评价（蔡清田，2000）。课程研究是课程发展与设计的入门，课程发展与设计是在特定的课堂情境条件之下，发展出一套课程系统，以达成教育目标的一种课程行动。课程研究可以解释课程发展的相关现象，其贡献不仅限于解答特殊的课程问题，更在于提供课程理念、模式与通则等等建议，以协助课程研究发展人员理解课程发展的动态过程，进而充实课程规划设计、实施与评价的实践能力(蔡清田，2002)。

二、正式规划的课程

正式规划的课程(formally planned curriculum)，或简称为规划的课程，又称正式的课程或政府官方规划的课程，是指政府正式规划或官方文件规定公布的课程纲要、课程标准、学校课程发展委员会正式规划且经政府官方明文核备的学校课程计划，甚至包括学校课程发展委员会正式审查通过的教师规划设计的课程方案教学进度教材范围顺序(scope and sequence)与单元设计等书面文件(document)等等课程计划(蔡清田，2003)。

就其特点而言，正式规划的课程，是政府通过扮演国家课程代理人的角色，进行文化选择与传递(Lawton, 1983; Ross, 2000)，将教育知识国家化(Young, 2006)，特别是指由政府官方所正式认可公布的课程纲要、课程标准，或核准的学校课程计划与课程方案等政府官方正式核定的书面文件课程，例如当局所公布的"国民中小学九年一贯课程纲要"、学校课程计划以及教师所设计的课程单元主题计划，所以又称官方形式的课程(official curriculum)(蔡清田，2003；Apple, 1993)。这些正式规划的课程往往以书面文件的形式出现，因此，在欧美等国往往又称这种课程为官方正式公布的书面的课程或书面计划课程(written curriculum)(Glatthorn, 1987)。

这种课程观点，合乎"课程即计划"的课程意义(黄光雄、蔡清田，2009)，重视事前预先规划与未雨绸缪，有便于规划与管理等优点，强调课程是一种事先规划设计安排的学校教育内容与教学实施程序的学习计划，可以经过周密的课程计划，规划优良的学习内容与方法，达成预期的学习结果。课程计划，就是指从事课程规划的相关教育人员，根据社会文化价值、学科知识与学生兴趣等等，针对课程目标、内容、方法、活动与评价等因素，所进行的一系列选择、组织、安排的规划设计(蔡清田，2001；Lawton, 1983; Skilbeck, 1984; Pratt, 1994)。课程可以是政府官方规划的课程纲要、学校审查通过的学校课程发展计划，或教师正式规划设计的教学计划(Marsh, Day, Hannay, & McCutcheon, 1990)等等正式的书面文件。

正式规划的课程可能和理念建议的课程完全一样，完全接受理念建议的课程，但是，正式规划的课程也可能是对各种理念学说课程之综合或修正。由于正式规划的课程的质量良窳，攸关课程发展成效。因此，从正式规划的课程的研究规划制定、实施执行到评价反馈，都要相当谨慎，以利于课程政策的顺利推动，促进课程发展。值得注意的是，这种正式规划的课程的课程规划，宜先通过课程研究的情境分析与需求评估，导出课程改革计划与架构的深思熟虑构想，引导课程目标的前进方向。

三、资源支持的课程

资源支持的课程(resources supported curriculum)，或简称为支持的课程，包含所有可以协助教学的学习材料与可以支持课程的资源或网络资源(蔡清田，2002)，例如一般常见的教科书(textbook)、教学软件、信息网站与其他媒体等材料与相关资源，可以提供教师种种教学机会，以具体和系统的方式呈现所要教导的知识技能，也可引导学生学习探究的媒介，或引发进一步的批判评价等等(蔡清田，2002)。

正式规划的课程制定以后，可能因政府经费有限或不愿与民争利，不一定由官方出版资源支持的课程，而是由民间出版商根据官方的正式规划的课程，进一步衍生出资源支持的课程，如便于学校教师、家长与学生运用的教材或学习资源。特别是教科书往往是学校教育人员与社会大众容易知觉，而且也比较熟悉的重要教学材料与媒介，教科书往往主宰了教师的教学内容与学生的学习内容，也是一般学校师生、学生家长与社会大众比较熟悉的领悟的课程(Goodlad, 1979)。不过在当今复杂多变的后现代社会，美国哈佛大学与麻省理工学院将教材上网，台湾研究院等相关机构也有“拓展台湾数字典藏计划”，可让世人分享最尖端的课程与知识，更可支持教师与学生进行教学与学习。教学材料与知识等课程来源变得多元与多源，因此，学校教育人员不应该只是使用传统制式的教科书来进行教学，而应该扩展学习内容来源，留意教科书之外的其他资源支持的课程，以协助学生获得来源更丰富与更多元的学习。

学校师生虽然根据教科书等资源支持的课程的内容知觉而进行教学实施运作，但是却不一定能完全落实政府公布的正式规划的课程或学者倡导的理念建议的课程。值得注意的是，这种资源支持的课程的课程设计，最好也同时考虑到包含成立学习领域与活动课程的方案设计小组，进行教材的编选设计，教学活动的设计，教学内容的范围、顺序与组织，以及空间、资源与设备的配置等等（蔡清田，2002），这种课程也有待进一步研究。

四、实施教导的课程

实施教导的课程（taught or implemented curriculum），又称教师实施教导的课程，简称为施教的课程、教导的课程、实施的课程，是指教师在学校与课堂中所实际教导运作的课程内容，也是指教师在教学时实际执行运作而发生的课程，因此又称为运作的课程。

台湾“国民中小学九年一贯课程改革”实施之后，将课程标准松绑，改为课程纲要，同时赋予学校课程发展的空间，并强调教师专业发展的重要性（陈伯璋，2001a）。然而，由于台湾课程改革的教育行政配套措施不够完备，加上过去的师资培训过程并未特别强调课程发展与设计的专业能力，特别是由于过去台湾地区的教育首长与行政人员往往诉诸由上而下的个人教育理念、教育政策与行政计划，强调官方一致的课程行政命令规定，经常要求学校教师和学生必须依上级预定计划的正式规划的课程进行课程实施工作，因此容易形成由上而下的课程改革之教育行政监督管理与控制手段（Tanner & Tanner, 1995）。甚至，教育行政人员经常误认为教师的教学过程必须忠实地进行课程实施，忽略课程实施中师生与课程互动的复杂过程与教学结果，漠视教师在课堂中随机应变出现的变通计划或另类思考（Portelli, 1987），未能适切理解并深入探究学校课堂内实施运作的课程的实际复杂情境。

然而，这种由教师日复一日实际传递的课程，不一定和教师所理解的资源支持的课程一致，当然也不一定和资源支持的课程、政府公布的正式规划的课程或学者倡导的理念建议的课程的内容相同，因为教师在课堂中有某种程度的专业自主性，教师往往透过自己的教育信念来诠释课程并与学生进行互动，可能与领悟的课程或政府原先正式规划的课程之间存有差距（Brophy, 1982）。但是由于教师很少自行观察检视自己实施教导的课程，因此，可以通过受过训练的观察者去观察和记录课程实施的过程，以进一步了解实施教导的课程。值得注意的是，这种实施教导的课程的课程实施，为减少对课程改革的误解与抗拒，在此阶段需通过教育人员在职进修与学校组织发展，进行教育专业反省与沟通，化解歧见，充实课程实施必要的知能，以顺利进行实施教导的课程（蔡清田，2002）。

课程改革需要时间进行事前规划，课程实施更需要时间去推动（Parsons, 1987），以便进行进一步发展与调整创新，因此，有必要培养教师因应课程改革的态度，并体认学校文化的重要性，了解学校情境的复杂性与教学互动过程的重要性；通过课程领导与课程协调的教育工作者引导有效的课程实施的进展；创造有利于课程实施的积极条件，鼓励教师积极投入课程实施，体认教师角色在课程改革中的重要性（Clandinin & Connelly, 1992），重视个别教师对课程实施的认同感与个人的课程教学魅力，并将课程视为有待检验的研究假设（黄光雄，蔡清田，1999），以探究实施教导的课程的实际现况，并协助教师彼此合作，以建立教师专业文化。以上就是迈向成功课程实施的主要特质（Fullan, 1989）。

五、学习获得的课程

学习获得的课程（learned or achieved curriculum），又称学生学习获得的课程，或简称为习得的课程（Glatthorn, 1987），是指学生实际学习或经验的课程，重视学生从教师实施教导的课程之后所实际获得的学习经验，因此又称为经验的课程（Goodlad, 1979: 63）。

这也是 Glatthorn 所指底线的课程（bottom-line curriculum），是指学生根据自己的特质、兴趣、需要、问题、机会等所选择的实际学习或经验的课程，亦即，学生真正学会的课程。特别是教学者、学习者、学习内容与教学环境之间的交互作用（Schwab, 1983），以及交互作用之后所产生的经验过程与实际结果（黄光雄、蔡清田，1999）。

一般人往往特别重视市场上出版商提供的教科书等资源支持的课程、学校教师运作的实施教导的课程、学者呼吁主张的理念建议的课程，或政府公布的正式规划的课程，却可能忽略了学生实际真实经验的学习获得的课程。依台湾“教改会”在《教育改革总咨议报告书》中所言，教育改革的目标在于提供民众更好的教育机会，其核心的教育改革理念思想之一，是希望能从过去由上而下的威权教育方式，转变为“以学生为中心”的民主教育之学习方式(“教改会”,1996)。

事实上,学生会经由种种活动主动或被动地建构或获得自己的学习经验,因此,学生学习获得的课程不一定等于教师实施教导的课程或资源支持的课程,不一定能完全落实政府公布的正式规划的课程或学者倡导理念建议的课程,而且教育人员也可以通过评价、问卷调查、访谈或观察以了解学生学习获得的课程。

六、评估考试的课程

评估考试的课程(assessed or tested curriculum),简称为评估的课程、考试的课程、测验的课程或施测的课程,是测得的课程(tested curriculum)(Glatthorn, 1987),或称为考试施测的课程,是指出现于考试测验和表现测验当中的课程。例如,美国标准化的测验、各州的测验、地方学区的测验与教师自编的测验试题等等,也是泛指出现于各种评估测验考试当中的课程内容,这也往往通称为评估考试测量得到的课程,或通称为评估考试的课程,是指透过考试测验等评估考试所测量得到的课程内容。又如台湾大学入学考试的测验、初中基本学力测验与教师自编的测量试题,这也称评估考试测得的课程,是指通过测验考试等评价的课程内容,具有许多形式,包括许多目的。

一般人往往只重视理念建议的课程、正式规划的课程、学校教师实施教导的课程或学生学习获得的课程,而忽略评估考试的课程。然而,这种评估考试的课程,有助于进一步了解所谓学习获得的课程。特别是教师所发展出来并用来评价学生学习成就,且给予学生学习成绩的评估测验或考试,是最需要谨慎细心的课程评价。值得注意的是,这种评估考试的课程的课程评价,在于搜集适当而充分的证据,以判断并改进课程过程与成效,可结合教育行动研究建构不断循环的评价系统,以发挥评价与反馈的功能(蔡清田,2002)。

七、评价研究的课程

就评价研究的课程(evaluated or researched curriculum)而言,上述理念建议的课程、正式规划的课程、资源支持的课程、实施教导的课程、学习获得的课程、评估考试的课程等等,都是有待研究检验的课程,也是有待评价研究的课程,简称评价的课程或研究的课程。

课程评价(curriculum evaluation)是评价在课程领域的应用(黄光雄,蔡清田,1999),是指教育人员搜集有关课程的资料,其主要目的旨在判断课程理念、课程计划、教学材料资源、课程实施运作、评估考试测验、学习过程与结果的方法活动等等的价值,以便进一步指出教育内容和活动的改革方向(黄政杰,1987)。就此而言,课程评价是一种价值引导的构想,通过建构及分配信息,以引导某种特定教育系统的课程教学方案内容、学习活动或教育行动(Norris, 1990),借此帮助教育政策的决策者、学校教育行政人员、教师、学生家长或社会人士,了解课程发展的重要特色与特定的时空背景情境,进而促成课程改革的合理决策,以提升课程发展的质量(蔡清田,2005)。

由于过去一般人往往只注意到课程评价的某些面向,特别是往往只强调以学生学习成果为主的课程评价,而忽略了其他面向的课程评价。其实,课程发展的活动,需要较广泛的评价。课程评价所涉及的层面十分广泛,如学生的态度、其他教师的反应、课程改革对整体学校组织的影响,不仅包括获得学生成就的评估测验分数,更涵盖探究课程理念意义本质、计划、教材教法、实施与成果质量等层面,以便协助教育人员得以继续进行课程规划设计实施。换言之,就评价研究的课程之内容而言,可能包括呈现学生学习效果、教师教学成效、行政系统的支持与课程方案成效等面向,以符合检视课程不同层面的需要,并提供丰富的反馈信息,以提升下一个循环的课程改革质量(蔡清田,2006)。因此,教育人员应该采取一种更为周延充分且更为完整的课程评价,以探究评价研究的课程,透过课程评价研究,可以有助于教育人员探究评价研究的课程,这种经过评价研究的课程,可以有助于教育人员与社会大众发现并理解本书所指出的理念建议的课程、正式规划的课程、资源支持的课程、实施教导的课程、学习获得的课程、评估考试的课程等等的“缺口”、“落差”与不连贯之处,有助于评价研究并前瞻未来,以因应课程改革的永续经营(蔡清田,2007)。

综上所述,本书作者尝试通过针对理念建议的课程、正式规划的课程、资源支持的课程、实施教导的课程、学习获得的课程、评估考试的课程、评价研究的课程等等层面的课程意义来源及其可能的连贯之道,进行课程研究的再研究,希望能激励自己与课程界的同行,共同致力于迈向课程学的建立(蔡清田,2008)。特别是进一步透过深思熟虑构想理念建议的课程、研议正式规划的课程、提出资源支持的课程、设计实施教导的课程、引导学习获得的课程、重视评价考试的课程、落实评价研究的课程，研究课程之间的落差与缺口，并通过课程的连贯以填补其缺口与桥接其间的落差，促成课程改革的永续发展与进步；甚至通过课程研究的再研究，鼓励课程研究者超越自己的先前理解，进而淬炼出前瞻而务实的课程理念愿景(Scott, 2006)，更鼓励课程研究者持续开拓前人所未知、所未发现、更为宽广、更为深邃的课程学术研究领域(Moore, 2006)，进而建构课程学。

参考书目

一、中文文献

Bloom, Engelhart, Furst, & Hill (1983). 教育目标的分类方法. 黄光雄,等,译. 高雄：复文图书出版社.

Brubacher(1980). 西洋教育史. 林玉体,译. 台北：教育文物出版社.

Bruner(1982). 教育过程. 邵瑞珍,译. 北京：文化教育出版社.

Cremin(1994). 学校的变革. 单中惠,马晓斌,译. 上海：上海教育出版社.

Dewey (1994). 学校与社会·明日之学校. 赵祥麟,等,译. 北京：人民教育出版社.

Glatthorn(2001). 校长的课程领导. 单文经,高新建,高博诠,蔡清田,等,译. 台北：学富文化事业有限公司.

Mayhew & Edwards(1991). 杜威学校. 王承绪,等,译. 上海：华东师范大学出版社.

McKernan (2004). 课程行动研究. 蔡清田,等,译. 高雄：丽文文化事业公司.

Peddiwell(1992). 虎牙课程. 吕正雄,译. 花莲：花莲师范学院人文教育研究中心.

Posner & Rudnitsky (2002). 学习领域的课程设计. 蔡清田,主译. 台北：五南图书出版公司.

Tyler(1986). 课程与教学的基本原理. 黄炳煌,译. 台北：桂冠出版公司.

蔡慧琦(2004). 小学三年级人权教育课程设计行动研究. 嘉义：中正大学教育学研究所硕士论文.

蔡丽华(2004). 课程规划的行动研究：以生命学园为例. 嘉义：中正大学教育学研究所硕士论文.

蔡清田(1992a). 泰勒的课程理论发展之研究. 台北：台湾师范大学教育研究所硕士论文.

蔡清田(1992b). 从课程革新的观点论教师的专业角色. 见台湾师范教育学会(主编),教育专业(pp. 129—154). 台北：师大书苑有限公司.

蔡清田(1995). 教育历程中之教师专业自律:"教师即研究者"对课程发展与教师专业成长之蕴义. 发表于台湾师范大学主办"教育改革：理论与实际"国际学术研讨会,1995 年 3 月 14—16 日.

蔡清田(1997a). 由"以教师教学为依据的课程发展"论"教师即研究者"对课程发展与教师专业成长的教育启示. 公教信息,1(1),32—41.

蔡清田(1997b). 由"课程即研究假设"论教师专业成长. 教学辅导,3,17—26. 中山大学、中正大学、成功大学、屏东技术学院、高雄师范大学、南区地方教育辅导委员会编印.

蔡清田(1997c). 课程改革之另类思考：从"教师即研究者"论历程模式之课程设计. 见欧用生(主编),新世纪的教育发展(pp. 89—108). 台北：师大书苑有限公司.

蔡清田(1997d). 以行动研究为依据的教师在职进修与专业成长. 见台湾师范教育学会(主编),教育专业与师资培育(pp. 129—154). 台北：师大书苑有限公司.

蔡清田(1997e). 教育改革的革新观点与策略. 见高雄市政府公教人力发展中心(主编),教育学术丛书 2：教育改革(pp. 139—165). 高雄：高雄市政府公教人力发展中心.
蔡清田(1998). 教师如何透过行动研究成为研究者："教师即研究者"的理想与实践. 发表于中正大学教育学程中心主办"教育科技与研究：教学专业研讨会暨工作坊"，1998 年 12 月 29 日至 30 日.
蔡清田(1999). 推动学校本位课程发展，进行学校课程总体营造. 发表于高雄师范大学教育系主办"迎向千禧年——新世纪中小学课程改革与创新教学"学术研讨会，1999 年 12 月 17 日.
蔡清田(2000a). 教育行动研究. 台北：五南图书出版公司.
蔡清田(2000b). 学校整体课程之设计. 见台湾课程与教学学会(主编)，课程统整与教学(pp. 289—313). 台北：扬智出版社.
蔡清田(2001). 课程改革实验. 台北：五南图书出版公司.
蔡清田(2002). 学校整体课程经营. 台北：五南图书出版公司.
蔡清田(2003). 课程政策决定. 台北：五南图书出版公司.
蔡清田(2004a). 课程发展行动研究. 台北：五南图书出版公司.
蔡清田(2004b). 课程统整与行动研究. 台北：五南图书出版公司.
蔡清田(2005). 课程领导与学校本位课程发展. 台北：五南图书出版公司.
蔡清田(2006). 课程创新. 台北：五南图书出版公司.
蔡清田(2007). 学校本位课程发展的新猷与务课程领导. 台北：五南图书出版公司.
蔡清田(2008). 课程学. 台北：五南图书出版公司.
蔡清田(2009). "八年研究"课程实验及其重要启示. 教育研究月刊，179(3)，94—105.
蔡清田(2010). 论文写作的通关密码：想毕业，看这本. 台北：高等教育出版社.
蔡清田(2011). 素养：课程改革的 DNA. 台北：高等教育出版社.
蔡清田(2012). 课程发展与设计的关键 DNA：核心素养. 台北：五南图书出版公司.
蔡清田(2014). 国民核心素养：十二年国教课程改革的 DNA. 台北：高等教育出版社.
蔡清田，陈伯璋，陈延兴，林永丰，卢美贵，李文富，方德隆，陈圣谟，杨俊鸿，高新建，李懿芳，范信贤(2013). 十二年国民基本教育课程发展指引草案拟议研究. 嘉义：中正大学课程研究所.
蔡清田，陈美伶(2003). 教务主任课程领导理论与实际. 见 中小学九年一贯课程理论基础(pp. 340—357). 台北.
蔡清田，陈延兴，李奉儒，洪志成，曾玉村，郑胜耀，林永丰(2009). 中小学课程相关之课程、教学、认知发展等学理基础与理论趋向. 嘉义：中正大学课程研究所.
蔡清田，陈延兴，吴明烈，卢美贵，陈圣谟，方德隆，林永丰(2011). K－12 中小学一贯课程纲要核心素养与各领域连贯体系研究. 嘉义：中正大学课程研究所.
蔡清田，洪若烈，陈延兴，卢美贵，陈圣谟，方德隆，林永丰，李懿芳(2012). K－12 各教育阶段核心素养与各领域课程统整研究. 嘉义：中正大学课程研究所.
蔡清田，童正德(2002). 初中学校本位课程发展的问题之研究. 教育研究月刊，2002(11)，119—131.
蔡清田，王霄燕(2001). 小学校长课程领导实际行动之探究. 课程与教学季刊，5(2)，21—36.
蔡擎淦(2003). 社会领域课程统整之行动研究. 嘉义：中正大学教育学研究所硕士论文.
陈伯璋(1982). 中等教育. 高雄：复文图书出版社.
陈伯璋(1985). 潜在课程之研究. 台北：五南图书出版公司.
陈伯璋(1987). 课程研究与教育革新. 台北：师大书苑有限公司.
陈伯璋(1988). 教育研究方法的新取向：质的研究方法. 台北：南宏图书有限公司.

陈伯璋(1990). 课程评鉴的新典范. 现代教育,5(3),75—98.
陈伯璋(1999). 九年一贯新课程纲要修订的背景及内涵. 教育研究信息,7(1),1—13.
陈伯璋(2001a). 新世纪课程改革的挑战与省思. 台北：师大书苑有限公司.
陈伯璋(2001b). 学校本位课程发展与行动研究. 见台湾课程与教学学会(主编),行动研究与课程教学革新(pp. 33—48). 台北：扬智出版社.
陈伯璋,张新仁,蔡清田,潘慧玲(2007). 全方位的国民核心素养之教育研究.(NSC 95-2511-S-003-001). 台南：致远管理学院教育研究所.
陈惠邦(1998). 教育行动研究. 台北：师大书苑有限公司.
陈美玉(1996). 教师专业实践理论及其应用之研究. 教育研究信息,4(3),120—142.
陈如山(1992). 空中大学课程评鉴制度之研究. 台北：空中大学研究处.
陈树丛(2003). 初中校长课程领导之行动研究. 嘉义：中正大学教育学研究所硕士论文.
单文经(1992). 课程与教学研究. 台北：远流出版公司.
单文经(2004). 论革新课程实验之难成. 教育研究集刊,50(1),1—32.
方德隆(2001). 学校本位课程发展的理论基础. 课程与教学季刊,4(2),1—24.
方德隆(2003). 基本能力、统整课程：课程改革政策的理想与实际. 见中小学九年一贯课程理论基础. 台北.
高新建(1997). 美国学科标准的订定与推广及其对台湾课程修订与推广的启示. 见台湾课程与教学学会(主编),迈向未来的课程与教学. 台北：师大书苑有限公司.
高涌泉,王道还,陈竹亭,翁秉仁,黄荣棋(2008). 国民自然科学素养研究.(NSC 95-2511-S-005-001). 台北：台湾大学.
顾忠华,吴密察,黄东益(2008). 国民历史、文化及社会核心素养之研究.(NSC 95-2511-S-004-001). 台北：政治大学.
郭生玉(1992). 中小学教师工作心厌之研究. 教育心理学报,25,67—79.
洪英(2002). 乡土教学学校本位课程发展之行动研究. 嘉义：中正大学教育学研究所硕士论文.
洪裕宏(2008). 界定与选择国民核心素养：概念参考架构与理论基础研究.(NSC 95-2511-S-010-001). 台北：阳明大学.
胡志伟,郭建志,程景琳,陈修元(2008). 能教学之适文化国民核心素养研究.(NSC 95-2511-S-002-003). 台北：台湾大学.
黄炳煌(1984). 课程理论的基础. 台北：文景出版社.
黄炳煌(1987). 教育问题透视. 台北：文景出版社.
黄炳煌(1988). 技职教育课程发展模式之研究. 台北：政治大学教育系.
黄炳煌(1996). 教育改革—理念、策略与措施. 台北：心理出版社.
黄炳煌(1999). 谈“课程统整”：以国民教育九年一贯课程为例. 发表于中正大学教育学院主办“新世纪的教育展望”国际学术研讨会,1999年11月1—3日.
黄光雄(1981). 课程的界说与模式. 国教世纪,16(7—8),3—11.
黄光雄(1984). 课程设计的模式. 见台湾中国教育学会编辑小组(编),中国教育的展望(pp. 287—314). 台北：五南图书出版公司.
黄光雄(1987). 教育的历史研究方法. 见台湾中国教育学会(主编),教育研究方法论(pp. 195—213). 台北：师大书苑有限公司.
黄光雄(1990). 英国国定课程评析. 见黄光雄,各国中小学课程比较研究. 台北：师大书苑有限公司.
黄光雄(1996). 课程与教学. 台北：师大书苑有限公司.

黄光雄(1997).教师教育学程的课程与教学.发表于东海大学主办“师资培育多元化之理论与实务”研讨会,1997 年 4 月 26 日.
黄光雄(2005).课程研究的回顾到展望.教育资料研究双月刊,67(12),151—168.
黄光雄(2007).潜在课程的概念.发表于致远管理学院世纪讲座,2007 年 5 月 23 日.
黄光雄(编)(1980).课程的理论与实际.高雄:复文图书出版社.
黄光雄(编译)(1989).教育评鉴的模式.台北:师大书苑有限公司.
黄光雄,蔡清田(1999).课程设计:理论与实际.台北:五南图书出版公司.
黄光雄,蔡清田(2002).课程研究与课程发展理念的实践.中正教育研究,1(1),1—20.
黄光雄,杨龙立(1999).课程设计.台北:师大书苑有限公司.
黄光雄(主编)(1988).教学原理.台北:师大书苑有限公司.
黄嘉雄(1999).落实学校本位课程发展的行政领导策略.国民教育,44(1),29—34.
黄娟娟(2003).幼儿多元智能课程发展之行动研究.嘉义:中正大学教育学研究所硕士论文.
黄旭钧(2002).小学校长课程领导模式建构之研究.台北:台湾师范大学教育学系博士论文.
黄政杰(1985).课程改革.台北:汉文书店.
黄政杰(1987).课程评鉴.台北:师大书苑有限公司.
黄政杰(1988).教育理想的追求.台北:心理出版社.
黄政杰(1991).课程设计.台北:东华出版社.
黄政杰(1993).课程教学之变革.台北:师大书苑有限公司.
黄政杰(1995).多元社会课程取向.台北:师大书苑有限公司.
黄政杰(1996).教育改革的理论与实际.台北:师大书苑有限公司.
黄政杰(1997).课程改革的理念与实践.台北:汉文书店.
黄政杰(1999).永续的课程改革经营.发表于高雄师范大学教育系主办“迎向千禧年——新世纪中小学课程改革与创新教学”学术研讨会,1999 年 12 月 18 日.
黄政杰(2001).课程行动研究的问题与展望.见台湾课程与教学学会(主编),行动研究与课程教学革新(pp.223—239).台北:扬智出版社.
贾馥茗(1985).教育哲学.台北:三民书局.
瞿海源(1993).评论台湾教育问题.收录于台湾民间教育改革会议论文集.
李新乡(2003).小学校长转型中的课程领导.教育研究月刊,2003(9),30—44.
李旭民(2006).教务组长课程领导之行动研究.嘉义:中正大学教育学研究所硕士论文.
李子建,黄显华(1996).课程:范式、取向和设计.台北:五南图书出版公司.
廖春文(1990).英国 1988 年教育改革法案对台湾中小学课程发展的启示.见黄光雄,各国中小学课程比较研究.台北:师大书苑有限公司.
林本(1970).教育思想与问题.台北:台湾书店.中华丛书.
林本,李祖寿(1970).课程类型.见王云五(主编),云五社会科学大辞典(pp.134—139).台北:商务印书馆.
林明地(2000).校长课程领导与学校本位课程发展.见台南师范学院(主编):九年一贯课程:从理论、政策到执行.高雄:复文出版公司.
林清江,蔡清田(1997).中小学课程发展共同原则之研究.嘉义:中正大学教育学程中心.
林吟徽(2009).小学四年级环境教育课程设计之行动研究.嘉义:中正大学教育学研究所硕士论文.
林玉体(1983).西洋教育史.台北:文景出版社.
刘安祝(2008).小学五年级教师生命教育课程发展之行动研究.嘉义:中正大学教育学研究所硕

士论文.
刘明琇(2007).小学级任班级读书会课程发展之行动研究.嘉义：中正大学教育学研究所硕士论文.
吕松林(2003).初中乡土艺术课程发展行动研究.嘉义：中正大学教育学研究所硕士论文.
欧阳教(1988).教学的观念分析.见黄光雄(主编),教学原理(pp.1—28).台北：师大书苑有限公司.
欧阳教(1990).教师的情理观.教育研究双月刊,13,20.
欧用生(1984).课程研究方法论.高雄：复文出版社.
欧用生(1986).课程发展的基本原理.高雄：复文出版社.
欧用生(1989).课程与教学：概念理论与实际.台北：文景出版社.
欧用生(1992).开放社会的教育改革.台北：心理出版社.
欧用生(1996a).课程与教学革新.台北：师大书苑有限公司.
欧用生(1996b).教师专业成长.台北：师大书苑有限公司.
欧用生(1999).落实学校本位的课程发展.发表于高雄师范大学教育系主办"迎向千禧年——新世纪中小学课程改革与创新教学"学术研讨会,1999年12月18日.
欧用生(2000).课程改革.台北：师大书苑有限公司.
欧用生(2002).披着羊皮的狼?九年一贯课程改革的深度思考.见台湾课程与教学学会(主编),创世纪教育工程：九年一贯课程再造.台北：扬智出版社.
欧用生(2003).课程统整再概念.见欧用生,陈伯璋(主编),课程与教学的飨宴(pp.3—20).高雄：复文图书出版社.
欧用生(2007).课程理论与实际的"辩证"——一条漫长的课程改革之路.见台湾教材研究发展学会(主编),课程理论与课程改革.台北：台湾教材研究发展学会.又见周淑卿、陈丽华(主编),课程改革的挑战与省思(pp.1—26).黄光雄教授七十大寿祝寿论文集.高雄：丽文文化事业公司.
彭富源(2003).台湾"课程领导"学位论文之分析.教育研究月刊,2003(9),45—60.
彭驾骍(1978).课程的设计与评鉴.台北：台湾书店.
彭小妍,王瑷,戴景贤(2008).人文素养研究.(NSC 95－2511－S－001－001).台北：台湾研究院.
饶见维(1996).教师专业发展：理论与实际.台北：五南图书出版公司.
台湾中国教育学会(1994).教育改革.台北：师大书苑有限公司.
王文科(1989).课程论.台北：五南图书出版公司.
王文科(1998).课程与教学.台北：五南图书出版公司.
吴丽君(2002).九年一贯课程的首演：改革理念与实务面向的落差.见台湾课程与教学学会(主编),创世纪教育工程：九年一贯课程再造.台北：扬智出版社.
吴清山(2011).发展学生核心素养,提升学生未来适应力.研习信息,28(4),1—3.
薛晓华(1995).台湾民间教育改革运动.台北：台湾师范大学教育研究所硕士论文.
阎自安(1999).台湾地区小学学校本位决策与校长领导方式、教师工作满意度之关系研究.台北：政治大学教育研究所博士论文.
杨国赐(1974).当代美国进步主义与精粹主义教育思想之比较研究.台北：嘉新水泥公司文化基金会.
杨龙立(1984).行为目标的研究.台北：台湾师大教育研究所硕士论文.
游家政(2002).初中的课程领导.课程与教学季刊,5(2),1—20.
云大维(2006).教导主任乡土自编教材课程发展行动研究.嘉义：中正大学教育学研究所硕士

论文.
张美慧(2004). 小学四年级语文课程统整之行动研究. 嘉义：中正大学教育学研究所硕士论文.
钟启泉(1991). 现代课程论. 台北：五南图书出版公司.
朱敬一,戴华(1996). 国家在教育中的角色. 台北:"教改会".
作者(1996). 教育改革总咨议报告书. 台北:"教改会".
作者(1998). 国民教育阶段九年一贯课程总纲纲要. 台北.
作者(1999). 中小学暂行课程纲要与现行中小学课程标准之比较. 台北：http://teach.eje.edu.tw/data/中小学暂行课程纲要与现行国民中小学课程标准之比较 890103.ht.
作者(2000). 中小学九年一贯课程暂行纲要. 台北.
作者(2003). 中小学九年一贯课程纲要. 台北.
作者(2008a). 普通高级中学课程纲要.(2008 年 1 月 24 日台中(一)字第 0970011604B 号). 台北.
作者(2008b). 职业学校群科课程纲要.(2008 年 3 月 31 日台技(三)字第 970027618C 号). 台北.
作者(2008c). 中小学九年一贯课程纲要. 台北：http://teach.eje.edu.tw/9CC2/9cc_97.php., 2010 - 11 - 15.
作者(2009). 综合高级中学课程纲要.(2009 年 3 月 31 日台技(一)字第 980048261B 号). 台北.
作者(2010). 十二年国民基本教育实施计划——配套措施 2 中小学课程连贯与统整一方案 2 - 1 建置十二年一贯课程体系方案. 台北.
作者(2011a). 台湾地区教育报告书：黄金十年 百年树人. 台北.
作者(2011b). 十二年国民基本教育实施计划. 台北.
作者(2012a). 十二年国民基本教育：开启孩子的无限可能. 台北.
作者(2012b). 幼儿园教保活动课程暂行大纲. 台北.
作者(2013). 十二年国民基本教育实施计划——提升国民素养实施方案 2013 年期中成果报告. 台北：提升国民素养项目办公室.
作者(2014). 十二年国民基本教育课程发展指引. 台北：台湾教育研究院.
作者(2014). 十二年国民基本教育课程总纲纲要. 台北.

二、英文文献

Aikin, W. M. (1942). *The story of the eight-year study, with conclusions and recommendations*. New York & London: Harper & Brothers.
Aldrich, R. (2002). Reflections on the recent innovation of the National Curriculum in England. 中正教育研究,1 (创刊号),65 - 90.
Aldrich, R. & Green, A. (1995). Education and cultural identity in the United Kingdom. In B. Hildebrand & S. Sting (Eds), *Erziehung und kulturelle Identität*. Münster: Waxmann.
Anderson, R. M. & Tomkins, C. S. (1983). *Understanding materials: Their role in curriculum development*. Vancouver: University of British Columbia.
Apple, M. (1979). *Ideology and curriculum*. London: Routledge.
Apple, M. (1988). *Teachers and Text*. New York: Routledge.
Apple, M. (1993). *Official knowledge: Democratic education in a conservative age*. London: Routledge.
Barnes, D. R. (1982). *Practical curriculum study*. London: Routledge & Kegan Paul.
Beane, J. A. (1997). *Curriculum integration: designing the core of democratic education*. New

York: Teachers College Press.

Beane, J. A., Toepfer, C. F. Jr., & Alessi, S. J. Jr. (1986). *Curriculum planning and development*. Boston: Allyn and Bacon.

Beauchamp, G. (1975). *Curriculum theory* (3rd ed.). Wilmette, IL: The Kagg Press.

Benjamin, H. (1939). The Saber-tooth curriculum. In M. Golby, J. Greenwald, & R. West (Eds.), *Curriculum design* (pp. 7 - 14). London: Croom Helm in association with The Open University.

Berman, R., & McLaughlin, M. W. (1975). *Federal programs supporting educational change: Vol. IV. The findings in review*. Santa Monica, CA: Rand Corporation.

Beyer, L. E. & Apple, M. W. (1998) (Eds.). *The curriculum: Problems, politics, and possibilities* (2nd ed.). Albany: SUNY.

Bloom, B. (1986). Ralph Tyler's impact on evaluation theory and practice. *Journal of Thought*. *21*(1), pp. 36 - 46.

Bloom, B. S., Hastings, J. T., & Madaus, G. F. (1971). *Handbook on formative and summative evaluation of student learning*. New York: McCraw-Hill Book Co.

Blumberg, A. & Blumberg, P. (1994). *The unwritten curriculum: Things learned but not taught in school*. Thousand Oaks, CA: Corwin Press, Inc.

Bobbitt, F. (1918). *The curriculum*. Boston: Houghton Mifflin Company.

Bobbitt, F. (1924). *How to make a curriculum*. Boston: Houghton Mifflin Company.

Bode, B. H. (1937). *Modern educational theories*. New York: The Macmillan.

Bode, B. H. (1938). *Progressive education at the crossroads*. New York: Newson.

Boomer, G. et. al. (Eds.) (1992). *Negotiating the curriculum: educating for the 21st century*. London: Falmer.

Bradley, H, Conner, C, & Southworth. G. (1994). *Developing teachers developing schools: Making INSET effective for the school*. London: David Fulton.

Bradley, L. H. (1985). *Curriculum leadership and development handbook*. Englewood Cliffs, NJ: Prentice-Hall, Inc.

Brady, L. (1987). The supportiveness of the principal in school-based curriculum development. *Journal of Curriculum Studies*, *17*(1), 95 - 97.

Brandt, R. S. & Tyler, R. W. (1983). Goals and objectives. In F. W. English (Ed.), *Fundamental curriculum decisions* (pp. 40 - 52). Alexandria, VA: ASCD. (ERIC Document Reproduction Service No. ED 225 948.)

Bridges, D. (1979a). *Education, democracy and discussion*. Oxford: NFER Publisher.

Bridges, D. (1979b). Some reasons why curriculum planning should not be left to the Experts. *Journal of Philosophy of Education*, 13, 159 - 164.

Brophy, J. E. (1982). How teachers influence what is taught and learned in classroom. *The Elementary School Journal*, *83*(1), 1 - 13.

Brown, S. I. & Finn, M. E. (Eds.) (1988). *Readings from progressive education: A movement and its professional journal, Vol. I.* Lanham: University Press of America.

Bruner, J. (1966). *Toward a theory of instruction*. Cambridge: Harvard University Press.

Bruner, J. (1967). A description of an elementary social studies curriculum. In J. Bruner & P. Dow, *Man: A course of study* (pp. 3 - 37). Cambridge: Education.

Carr, W. & Kemmis, S. (1986). *Becoming critical: Education, knowledge and action research*. London: Falmer.

Carter, G. L. (Ed.) (1974). Facilitating learning with adults: What Ralph W. Tyler says. (ERIC Document Reproduction Service No. ED 133 289.)

Charters, W. W. (1923). *Curriculum construction*. New York: Macmillian.

Cherryhomes, C. H. (2002). Curriculum ghost and visions-and what to do? In W. E. Doll & N. Gough (Eds.), *Curriculum visions*. New York: Peter Lang.

Clandinin, D. J. & Connelly, F. M. (1992). Teachers as curriculum makers. In P. Jackson (Ed.), *Handbook of research on curriculum* (pp. 363 - 401). New York: Macmillan.

Connell, W. F. (1980). *A history of education in the twentieth century world*. New York: Teachers College Press.

Connelly, F. M. & Clandinin, D. J. (1988). *Teachers as curriculum planners: Narratives of experience*. New York: Teachers College Press.

Corey, S. (1953). *Action research to improve school practices*. New York: Teachers College Press.

Cornbleth, C. (1979). *Curriculum materials and pupil involvement in learning activity*. Paper presented at the Annual Meeting of the American research Association, San Francisco, USA.

Costello, Carrie Yang (2001). Schooled by the classroom: The (re)production of social stratification in professional school settings. In E. Margolis, *The hidden curriculum in higher education*. New York: Routledge.

Counts, G. S. (1932). *Dare the school build a new social order?* New York: The John Day.

Cremin, L. A. (1964). *The transformation of the school: Progressivism in American education, 1876 - 1957*. New York: Vintage Book.

Cronbach, L. (1963). Course improvement through evaluation. *Teachers College Record, 64* (8), 672 - 683.

Dagget, W. (1995). *Keynote address*. Address presented at OSSTF Grass Roots Conference, Toronto, Canada.

Daignault, J. (1995). Understanding curriculum as poststructuralist, deconstructed, postmodern text. In W. F. Pinar, W. M. Reynold, P. Slattery, & P. M. Taubman, *Understanding curriculum: An introduction to the study of historical and contemporary curriculum discourses*. New York: Peter Lang.

Dalin, P. & McLaughlin, M. W. (1975). *Strategies for innovation in higher education*. Educational Research Symposium on Strategies for Research and Development in Higher Education. Stockholm, Sweden.

Davis, Jr. O. L. (Ed.) (1976). *Perspectives on curriculum development, 1776 - 1976*. Washington D. C.: ASCD.

Dearing, R. (1993a). *The National Curriculum and its Assessment: Interim report*. London: SCAA. July.

Dearing, R. (1993b). *The National Curriculum and its Assessment: Final report*. London: SCAA. July.

DeGarmo, C. (1895). *Herbart and Herbartians*. New York: Charles *Scribner's* Sons.

Department for Education and Skills (2002). *14 - 19: Extending opportunities, raising standards (consultation document)*. London: DfES.

Department of Education (1991). *America 2000: An education strategy*. Washington, D. C.: Department of Education.

Department of Education and Science (1989a). *National curriculum: From policy to practice*. London: DES.

Department of Education and Science (1989b). *Aspects of primary education: The teaching and learning of History and Geography*. London: HMSO.

Department of Education and Science (1989c). *The Education Reform Act 1988: The school curriculum and assessment*. (Circular No 5/89. 22 February 1989.) London: DES.

Depencier, I. B. (1967). *The history of the laboratory schools: The university of Chicago, 1896 - 1965*. Chicago: Quadrangle.

Dewey, J. (1895). Plan of organization of the university primary school. In J. A. Boydston (Ed.) (1972), *John Dewey: The early works 1882 - 1898, Vol.5: 1895 - 1898*. Carbondale & Edwardsvill, IL: The Southern Illionis University Press.

Dewey, J. (1896a). The need for a laboratory school. In J. A. Boydston (Ed.) (1972), *John Dewey: The early works 1882 - 1898, Vol.5: 1895 - 1898*. Carbondale & Edwardsvill. IL: The Southern Illionis University Press.

Dewey, J. (1896b). A pedagogical experiment. In J. A. Boydston (Ed.) (1972), *John Dewey: The early works 1882 - 1898, Vol.5: 1895 - 1898*. Carbondale & Edwardsvill. IL: The Southern Illionis University Press.

Dewey, J. (1896c). The university school. In J. A. Boydston (Ed.) (1972), *John Dewey: The early works 1882 - 1898, Vol. 5: 1895 - 1898*. Carbondale & Edwardsvill. IL: The Southern Illionis University Press.

Dewey, J. (1900/1990). *The school and society*. Chicago & London: The University of Chicago Press.

Dewey, J. (1902/1990). *The child and the curriculum*. Chicago & London: The University of Chicago Press.

Dewey, J (1928). Progressive education and science of education. In J. A. Boydston (Ed.) (1984), *John Dewey: The later works, 1925 - 1953, Vol. 3: 1927 - 1928*. Carbondale & Edwardsvill, IL: The Southern Illinois University Press.

Dewey, J. (1930). How much freedom in new schools. In J. A. Boydston (Ed.) (1984), *John Dewey: The later works, 1925 - 1953, Vol. 5: 1929 - 1930*. Carbondale & Edwardsvill. IL: The Southern Illinois University Press.

Dewey, J. (1975). *Moral principles in education*. London: Feffer and Simons.

Dewey, Jane M. (1939). Biography of John Dewey. In Paul A. Schilpp (Ed.), *The philosophy of John Dewey*. New York: Tudor Publishing Co.

Doll, R. C. (1992) (Eds.). *Curriculum improving: decision making and process* (8th ed.). Boston: Allyn and Bacon.

Doll, R. C. (1996). Curriculum leadership: Its nature and strategies. In R. C. Doll, *Curriculum improvement: Decision making and process* (pp. 489 - 544). Boston: Allyn and Bacon.

Doll, W. E. & Gough, N. (2002). *Curriculum visions*. New York: Peter Lang.

Dow, P. (1991). *Schoolhouse politics: Lessons from the Sputnik Era*. Cambridge, MA: Harvard University Press.

Drake, S. M. (1993). *Planning integrated curriculum: The call to adventure*. Virginia: Association for Supervision and Curriculum Development. (ERIC Document Reproduction Service No. ED 355660.)

Drake, S. M. (1998). *Creating integrated curriculum: Proven ways to increase student learning*. Thousand Oaks, CA: Corwin Press.

Dunkel, H. B. (1970). *Herbart and Herbartianism: An educational ghost story*. Chicago: The University of Chicago Press.

Eisner, E. W. (1994). *The educational imagination: On the design and education of school program* (3rd ed.). New York: Macmillan.

Elliott, J. (1975). Initiation into classroom discussion. In J. Elliott & B. MacDonald (Eds.), People in classrooms: Teacher evaluations of the humanities curriculum project. Norwich, UK: University of East Anglia, School of Education, Centre for Applied Research in Education. No. 2.

Elliott, J. (1983). A curriculum for the study of human affairs: The contribution of Lawrence Stenhouse. *Journal of Curriculum Studies*, *15*(2), 105 - 123.

Elliott, J. (1991). Disconnecting knowledge and understanding from human values: A critique of National Curriculum development. *Curriculum Journal*, *2*(1) 9 - 31.

Elliott, J. (1992). *Action research for educational change*. Milton Keynes: Open University Books.

Elliott, J. (1994). The teacher's role in curriculum development: An unresolved issue in English attempts at curriculum reform. *Curriculum Studies*, *2*(1), 43 - 69.

Elliott, J. (1998). The curriculum experiment: Meeting the challenge of social change. Buckingham: Open University Press.

English, F. W. (1992). *Deciding what to teach and test: Developing, aligning, and auditing the curriculum*. Newbury Park, CA: Corwin.

Erickson, H. L. (1998). *Concept-based curriculum and instruction*. London: Corwin.

European Commission (2005). *On key competences for lifelong learning: Proposal for a recommendation of the European parliament and of the council*. Brussels: Author.

Eveland, J. D., Rogers, E., & Klepper, C. (1977). *The innovation process in public organizations: Some elements of a preliminary model*. Springfield, VA: American Society for Public Education.

Flinders, D. J., Noddings, N., & Thornton, S. J. (1986). The null curriculum: Its theoretical basis and practical implication. *Curriculum Inquiry*, *16*(1): 33 - 42.

Fliss, M. (1988). *The pilgrim's progress: The progressivism of Francis Wayland Parker (1837 - 1902)*. Unpublished doctoral dissertation. The University of Pennsylvania.

Fogarty. R. (1991). Ten ways to integrate curriculum. *Educational Leadership*, *49* (2), 61 - 66.

Fullan, M., Bennett, B., & Rolheiser-Bennett, C. (1990). Linking classroom and school improvement. *Educational Leadership*, *47*(8)13 - 19.

Fullan, M. (1986). School improvement efforts in Canada. Toronto: Council of Ministers of Education

Fullan, M. (1989). *Implementing educational change: What we know*. Ottawa: Education and Employment Division, Population and Human Resources Department, World Bank.

Fullan, M. (1990). Beyond implementation. *Curriculum Inquiry*, *20*(2), 137 - 139.

Fullan, M. (1993). *Change forces: Probing the depths of educational reform*. London: Falmer.

Fullan, M. & Pomfret, A. (1977). Research on curriculum and instruction implementation. *Review of Educational Research*, *47*(1)355 - 397.

Fullan, M. (with Stiegelbauer, S.) (1995). *The new meaning of educational change*. London: Cassell.

Fuller, F. F. (1969). Concerns of teachers: A developmental conceptualization. *American Educational Research Journal*, *6*(2), 207 - 226.

Gatto, J. T. (2005). *Dumbing us down: The hidden curriculum of compulsory schooling* (2nd ed.). Gabriola Island, Canada: New Society Publishers.

Getzels, J. W. (1974). Image of classroom and visions of the learner. *School Review*, *82*(4).

Giroux, H. A., Penna, A. N., & Pinar, W. (Eds.) (1981). *Curriculum and instruction*. Berkeley: McCutchan.

Glatthorn, A. A. (1987). *Curriculum leadership*. Glenview, IL: Scott, Foresman & Co.

Glatthorn, A. A. (2000). *The principal as curriculum leader: Shaping what is taught and tested*. Thousand Oaks, CA: Corwin.

Goodlad, J. I. (1979). The scope of curriculum field. In J. I. Goodlad, et al., *Curriculum inquiry: The study of curriculum practice*. New York: McGraw-Hill.

Goodlad, J. I. & Klein, M. F. (1970). *Behind the classroom door*. Worthington, OH: Jones.

Goodson, I. (1988). *The making of curriculum*. London: Falmer Press.

Goodson, I. (1994). *Studying curriculum*. Milton Keynes: Open University Books.

Gordon, D. (1982). The concept of the hidden curriculum. *Journal of Philosophy of Education*, *16*(2).

Gordon, D. (1983). Rules and the effectiveness of the hidden curriculum. *Journal of Philosophy of Education*, *17*(2).

Gould, L. L. (Ed.) (1974). *The progressive era*. *Syracuse*. New York: Syracuse University Press.

Graham, P. A. (1967). *Progressive education from arcade to academe: A history of the progressive education association, 1919 - 1955*. New York: Teachers College Press.

Gress, J. R. & Purpel, D. E. (1988) (Eds.). Curriculum: an introduction to the field. Berkeley, CA: McCutchan.

Gross, S. J. (1998). *Staying centered: curriculum leadership in a turbulent era*. Washington. D. C.: ASCD.

Grundy, S. (1987). *Curriculum: product or praxis?* London: Falmer.

Grundy, S. & Kemmis, S. (1982). *Three modes of action research*. Geelong, Australia: Deakin University.

Gutek, G. L. (1970). *The educational theory of George S. Counts*. Columbus, OH: Ohio State University Press.

Hall, G. E., & Loucks, S. F. (1977). A developmental model for determining whether the treatment is actually implemented. *American Educational Research Journal*, *14* (3), 263 - 276.

Hall, G. E., & Loucks, S. F. (1978). *Innovation configurations: Analyzing the adaptations of innovations.* In Procedures for adopting educational innovations program, Austin: University of Texas, Research and Development Center.

Hall, G. E. & Loucks, S. F. (1981). Program definition and adaptation: Implementation for inservice. *Journal of Research and development in Education*, *14*(2), 46 - 58.

Hall, G. E., Wallace, R. C. & Dossett, W. F. (1973). *A developmental conceptualization of the adoption process within educational institutions.* Unpublished paper. Austin: University of Texas, Research and Development Center for Teacher Education.

Halpin, D. (2006). Understanding curriculum as utopian text. In A. Moore (Ed.) (2006). *Schooling, society and curriculum* (pp. 147 - 157). London: Routledge.

Hamilton, D. (1990). *Curriculum history.* Geelong: Deakin University Press.

Hargreaves, A. (1989). *Curriculum and assessment reform.* Milton Keynes, UK: Open University Press.

Hass, G. & Parkay, F. W. (1993). *Curriculum planning: A new approach.* Boston: Allyn and Bacon.

Hawthorne, R. D. & McConnell, J. R. (1995). The principal and curriculum leadership. *People & Educational*, *3*(1), 111 - 121.

Henderson, J. G. & Hawthorne, R. D. (2000). *Transformative curriculum leadership.* NJ: Prentice Hall.

Henderson, J. G. & Kesson, K. R. (1999). *Understanding democratic curriculum leadership.* New York: Teachers College Press.

Herbart, J. F. (1892). *The science of education: The general principles deduced from its aim and the aesthetic revelation of the world.* Trans. by M. Henry & E. Felkin. London: Swan Sonnenschein.

Herderson, J. C. (1985). *Organisation development and the implementation of planned change.* Unpublished doctoral dissertation. Murdoch University, Perth, Western Australia.

Hirst, P. H. (1974). *Knowledge and the curriculum.* London: Routledge.

Hord, S. M., & Hall, G. E. (1983). *Three images: What principals do in curriculum implementation.* Austin: University of Texas, Research and Development Center for Teacher Education.

House, E. (1979). Technology versus Craft: a Ten Year Perspective on Innovation. *Journal of Curriculum Studies*, *11*(1), 1 - 15.

House, E. (1981). The perspectives on innovation. In R. Lehming & M. Kane (Eds.), *Improving schools: Using what we know* (pp. 17 - 41). London: SAGE.

Hoyle, E. & John, P. D. (1995). *Professional knowledge and professional practice.* London: Cassell.

Huberman, A. M., & Crandall, D. P. (1982). *A study of dissemination efforts supporting school improvement (DESSI): Vol. IX. People, politics, and practices: Examining the chain of school improvement.* Andover, MA: The Network.

Huberman, M. (1988). Teacher careers and school improvement. *Journal of Curriculum*

Studies, *20*(2) 119 - 132.

Jackson, P. (1990, reissued). *Life in the classroom*. New York: Teachers College Press

Jackson, P. (1992). *Untaught curriculum*. New York: Teachers College Press.

Jackson, P. (Ed.) (1992). *Handbook of research on curriculum: A project of the American Educational Research Association*. New York: Macmillan.

Jacobs, H. (1991). Planning for Curriculum Integration. *Educational Leadership*, *49*(2), 50 - 60.

Joint Committee on Standards for Educational Evaluation with Sanders, J. R. (1994). *The program evaluation standards: How to assess evaluations of educational programs*. Thousand Oaks, CA: Sage.

Kemmis, S. (1986). *Curriculum theorizing: Beyond reproduction theory*. Geelong: Deakin University Press.

Kendall, J. S. & Marzano, R. J. (1997). *Content knowledge* (2nd ed.). Aurora, CO: Mid-continent Regional Education Laboratory.

Kerr, J. F. (1968). *Changing the curriculum*. London: University of London Press.

Kliebard, H. M. (1970). The Tyler Rationale. *School Review*. *78*(2), 259 - 272.

Kliebard, H. M. (1986). *The struggle of American curriculum*. Boston: Routledge & Kegan.

Kliebard, H. M. (2004). *The struggle for the American curriculum, 1893 - 1958* (3rd ed.). New York: Routledge/Falmer.

Lawton, D. (1983). *Curriculum studies and educational planning*. London: Hodder and Stoughton.

Lawton, D. (1989). *Education, culture and the National Curriculum*. London: Hodder and Stoughton.

Lawton, D., Gordon, P., Ing, M., Gibby, B., Pring, R., & Moore, T. (1978). *Theory and practice of curriculum studies*. London: RKP.

Leithwood, K. A. (1981). Managing the implementation of curriculum innovations. *Knowledge: Creation, Diffusion, Utilization*, *2*(3), 341 - 360.

Leithwood, K. A. & Montgomery, D. J. (1982). A framework for planned educational change: Application to the assessment of program implementation. *Educational Evaluation and Policy Analysis*, *4*(2), 157 - 167.

Leithwood, K., Jantzi, D. & Steinbach, R. (1999). *Changing Leadership for Changing Times*. Philadelphia: Open University Press.

Lewy, A. (1991) (ed.). *The international encyclopedia of curriculum*. Oxford: Pergamon.

Loucks, S. F. (1983). *Defining fidelity: A cross-study analysis*. Paper presented at the Annual Meeting of the American Educational Research Association, Montreal.

Loucks, S. F., Newlove, D. W., & Hall, G. E. (1975). *Measuring levels of use of the innovation: A manual for trainers, interviewers, and raters*. Austin: University of Texas, research and Development Center for Teacher Education.

Lynch, Kathleen (1989). *The hidden curriculum in higher education*. London: The Falmer Press.

MacDonald, B. (1971). The evaluation of the Humanities Curriculum Project: A holistic approach. *Theory into Practice*. *June*, 163 - 167.

MacDonald, B. (1974). Evaluation and the control of education. In B. MacDonald & R. Walker (Eds.), *SAFARI: Innovation, evaluation, research and the problem of control* (pp. 9 - 22). Norwich: Centre for Applied Research in Education, University of East Anglia.

MacDonald, B. & Walker, R. (1976). *Changing the Curriculum*. London: Open Books.

Madaus, G. F. & Stufflebeam, D. L. (1989). *Education evaluation: Classic works of Ralph W. Tyler*. Boston: Kluwer Academic Publishers.

Mallery, A. L. (2000). *Creating a catalyst for thinking: The integrated curriculum*. Boston: Allyn and Bacon.

Margolis, E. (Ed.) (2001). *The hidden curriculum in higher education*. New York: Routledge.

Marshall, D., Sears, J. T. & Schubert, W. H. (2000). *Turning points in curriculum: A contemporary American memoir*. Upper Saddle River, NJ: Prentice-Hall.

Marsh, C. (1992). *Key concepts for understanding curriculum*. London: Falmer.

Marsh, C. (1997a). *Perspectives: Key concepts for understanding curriculum 1*. London: Falmer.

Marsh, C. (1997b). *Perspectives: Key concepts for understanding curriculum 2*. London: Falmer.

Marsh, C. J., Day, C., Hannay, L. & McCutcheon, G. (1990). *Reconceptualizing School-based curriculum development*. London: Falmer.

Marsh, C. & Willis, G. (1995). *Curriculum: Alternative approaches, ongoing issues*. Englewood Cliffs, NJ: Merrill.

Mathews, J. (1989). *Curriculum exposed*. London: David Fulton.

Mayhew, K. C., & Edwards, A. C. (1936). *The Dewey school: The laboratory school of the university of Chicago, 1896 - 1903*. New York: Alherton Press.

McKernan, J. (1996). *Curriculum action research: A handbook of methods and resources for the reflective practitioner*. London: Kogan Paul.

McLaughlin, M. W. (1987). Learning from experience: Lessons from policy implementation. *Educational Evaluation and Policy Analysis*, *9*(2), 171 - 178.

McLaughlin, M. W. (1989). *The Rand change agent study ten years later: Macro perspectives and micro realities*. Unpublished paper. Stanford University: Center for Research on the Context of Secondary Teaching.

McNeil, J. D. (1984). *Curriculum: A compressive introduction*. Boston: Little, Brown and company.

McNeil, J. D. (1990). *Curriculum: A compressive introduction* (4th ed.). New York: Harper Collins.

McNeil, J. D. (1995). *Curriculum: the teacher's initiative*. New York: Merrill.

Moore, A. (Ed.) (2006). *Schooling, society and curriculum*. London: Routledge.

National Council of Teachers Mathematics. (1989). *Curriculum and evaluation standards for school mathematics*. Reston, VA: Author.

National Council of Teachers of Teachers of English and International Reading Association. (1996). *Standards for the English language arts*. Urbana, IL: National of Teachers of English.

Noddings, N. (1986). Fidelity in teaching, teacher education, and research for teaching. *Harvard Educational Review*, *56*(4), 496 - 510.

Norris, N. (1990). *Understanding educational evaluation*. London: Kogan Page.

Nunan, T. (1983). *Countering educational design*. New York: Nichols Pub. Co.

Obsorn, M. (1994). *Teachers and their ideologies as mediators of change*. (ERIC Document Reproduction Service No. 375 084.)

Oliva, P. F. (1992). *Developing the curriculum* (3rd ed.). New York: Harper Collins.

Oliver, A. I. (1977). *Curriculum improvement: A guide to problems, principles, and process* (2nd ed.). New York: Harper & Row.

Organisation for Economic Co-operation and Development & Statistics Canada (2005). *Learning a living: First results of the adult literacy and life skills survey*. Paris: OECD Publications Service.

Ornstein, A. C. & Behar, L. S. (Eds.) (1995). *Contemporary issues in curriculum*. Boston: Allyn and Bacon.

Ornstein, A. C. & Hunkins, F. P. (1993). *Curriculum: foundations, principles, and issues (2nd ed)*. Boston: Allyn and Bacon.

Osborn, M. and Others (1994). *Teachers and their ideologies as mediators of change. Primary Assessment, Curriculum and Experience: A Study of educational change under the National Curriculum*. Bristol University. April 1994. (ERIC Document Reproduction Service No. ED 375084.)

Overly, Norman V. (Ed.) (1970). *The unstudied curriculum: Its Impact on children*. Washington, D. C.: ASCD, NEA.

Parker, F. W. (1883). *Notes of talks on teaching*. New York: E. L. Kellogg.

Parker, F. W. (1894/1969). *Talks on pedagogies: An outline of the theory of concentration*. New York: Arno Press & The New York Times.

Parker, F. W. (1937). *Talks on pedagogies*. Ed. Elsie A. Wygant and Flora J. Cook. New York: The John Day Company.

Parsons, C. (1987). *The curriculum change game*. London: Falmer.

Peters, R. S. (1959). Must an educator have an aim? In R. S. Peters, *Authority, responsibility and education* (pp. 83 - 95). London: George Allen and Unwin.

Peters, R. S. (1966). *Ethics and education*. London: George Allen and Unwin.

Pinar, W. F. (2004). *What is curriculum theory*? NJ: Lawrence Erlbaum Associates Publishers.

Pinar, W. F. (Ed.) (1975). *Curriculum theorizing: The reconceptualists*. Berkeley, CA: McCutchan.

Pinar, W. F. (Ed.) (1988). *Contemporary curriculum discourse*. Scottsdale: Gorsuch Scarisbrick.

Pinar, W. F. (Ed.) (1999). *Contemporary curriculum discourses: Twenty years of JCT*. New York: Peter Lang.

Pinar, W. F., Reynold, W. M., Slattery, P., & Taubman, P. M. (1995). *Understanding curriculum: An introduction to the study of historical and contemporary curriculum discourses*. New York: Peter Lang.

Pollard, A. (1994). *Changing the classroom curriculum: The acid test of policy intervention*.

(ERIC Document Reproduction Service No. 377 179.)
Portelli, J. P. (1987). Making sense of diversity: The current state of curriculum research. *Journal of Curriculum and Supervision*, *4*(4), 340 – 361.
Posner, G. J. (1995). *Analyzing the curriculum*. London: McGraw-Hill.
Posner, G. J. (1998). Models of curriculum planning. In L. E. Beyer & M. W. Apple (Eds.), *The curriculum: problems, politics, and possibilities*. Albany: Sunny.
Posner, G. J. & Rudnitsky, A. N. (1997). *Course design: A guide to curriculum development for teachers* (5th ed). New York: Longman.
Pratt, D. (1994). *Curriculum planning: A handbook for professionals*. Orlando, FL: Harcourt Brace College Publishers.
Price, D. & Stradley, A. (1981). The grassroots level of caring: An evaluation of school-based curriculum development. *Curriculum Perspectives*, *2*(1), 33 – 37.
QCA (2000). The school curriculum and national curriculum. http://www.nc.uk.net/about-ks1-ks2.html.
Raths, J. H. (1971). Teaching without specific objectives. *Educational Leadership*, *28*(7), 715.
Reid, W. A. (1994). *The pursuit of curriculum: Schooling and the public interest*. Norwood, NJ: Ablex.
Rice, T., Rice, C., & Taylor, R. (1986). The Eight-Year Study at the East High School, Denver, Colorado. *Journal of Thought*, *21*(1), 24 – 32.
Rogers, E. M. (1982). *Diffusion of innovation* (3rd ed.). New York: Free Press.
Rosenthal, R. & Jacobson, L. (1968). *Pygmalion in the classroom: Teacher expectation and pupils' intellectual development*. New York: Holt, Rinehart and Winston.
Ross, A. (2000). *Curriculum: construction and critique*. London: Falmer Press.
Rudduck, J. & Hopkins, D. (Eds.) (1985). *Research as a basis for teaching: Readings from the work of Lawrence Stenhouse*. London: Heinemann Educational Books.
Rudduck, J. & Kelly, P. (1976). *The dissemination of curriculum development: Current trends*. Windsor: National Foundation for Educational Research.
Rugg, H. O. et al. (1969a). *Curriculum making: Past and present*. The twenty-sixth Yearbook of the National Society for the Study of Education. Part 1. New York: Arno Press Inc.
Rugg, H. O. et al. (1969b). *The foundation of curriculum making*. The twenty-sixth Yearbook of the National Society for the Study of Education. Part 2. New York: Arno Press Inc.
Rugg, H. & Schumaker, A. (1928). *The child-centered school: An appraisal of the new education*. Yonkers-on-Hudson, N Y: World Book.
Russell, B. (1917). *Principles of social reconstruction*. London: George Allen and Unwin.
Ryan, K., Johnston, J., & Newman, K. (1977). Ralph Tyler: Education's Mr. Fix-It. *Phi-Delta-Kappan*, *58*(7), 540 – 543.
Ryan, K., Johnston, J., Newman, K., & Tyler, R. (1977). *An interview with Ralph Tyler*. Phi-Delta-Kappan, 58(7), 544 – 547.
Rychen, D. S. & Salganik, L. H. (Eds.) (2003). *Key competencies for a successful life and a well-functioning society*. Göttingen, Germany: Hogrefe & Huber.

Schon, D. A. (1971). Beyond the stable state: Public and private learning in a changing society. *Humboldt Journal of Social Relations*, (1): 174 - 175.

Schon, D. A. (1995). *The reflective practitioner: How professionals think in action*. Hampshire, UK: Arena Avebury Ashgate Publishing Limited.

Schools Council (1965). *Raising the school leaving age* (Working Paper No. 2). London: Her Majesty's Stationary Office.

Schools Council (1967). *Society and the school leaver* (Working Paper No. 11). London: Her Majesty's Stationery Office.

Schools Council (1970). *The Humanities Curriculum Project: An introduction*. London: Heinemann Educational Books.

Schubert, W. H. (1986). *Curriculum: Perspective, paradigm, and possibility*. New York: Macmillan.

Schubert, W. H. & Schubert, A. L. (1986). A dialogue with Ralph W. Tyler. *Journal of Thought*. *21*(1), (spring), 91 - 118.

Schwab, J. (1983). The Practice 4: Something for curriculum professors to do. *Curriculum Inquiry*, *13*(3), 239 - 265.

Schwab, J. J. (1971). The practical: A language for curriculum. In M. Levit (Ed.) (1971), *Curriculum* (pp. 307 - 330). Chicago: University of Illinois Press.

Scott, D. (2006). Six curriculum discourses: contestation and edification. In A. Moore (Ed.) (2006), *Schooling, society and curriculum* (pp. 31 - 42). London: Routledge.

Scriven, M. (1967). The methodology of evaluation. In R. W. Tyler, R. M. Gagne, & M. Scriben (Eds.), *Perspectives of curriculum evaluation* (pp. 39 - 83). Chicago: Rand & Mcnally.

Sequel, M. L. (1966). *The curriculum field: Its formative years*. New York: Teacher College Press.

Short, E. (1991a). Introduction: Understanding curriculum inquiry. In E. C. Short (Ed.), *Forms of curriculum inquiry* (pp. 1 - 25). Albany: SUNY.

Short, E. (1991b). A perspective on understanding the nature of curriculum inquiry. *Curriculum and Teaching*, *6*(2), 1 - 14.

Short, E. (1991c). Inquiry methods in curriculum studies: An overview. *Curriculum Perspectives* *11*(2), 15 - 26.

Simons, H. (1971). Innovation and the case-study of schools. *Cambridge Journal of Education*, 3, 118 - 123.

Skilbeck, M. (1982). School-based curriculum development. In V. Lee & D. Zedin (eds.), *Planning in the curriculum* (pp. 18 - 34). London: Hodder and Stoughton.

Skilbeck, M. (1984). *School-based curriculum development*. London: Harper & Row.

Snyder, B. R. (1970). *The hidden curriculum*. New York: Knopt.

Snyder, J., Bolin, F., & Zumwalt, K. (1992). Curriculum implementation. In P. W. Jackson (Ed.), *Handbook of research on curriculum* (pp. 402 - 435). N. Y.: Macmillan.

Spencer, H. (1911). *Essays on education and kindred subject*. London: J. M. Dent & Sons. Ltds.

Squire, J. R. (Ed.) (1972). *A new look at progressive education*. Washington, D. C.: ASCD.

Stake, R. (1967). The countenance of educational evaluation. *Teachers College Record*, *68*(7), 523 - 540.

Stenhouse, L. (1971). Humanities Curriculum Project: The Rationale. *Theory into Practice 10* (3), 154 - 162.

Stenhouse, L. (1973). The Humanities Curriculum Project. In H. J. Butcher & H. B. Pont (Eds.), *Educational research in Britain*, *3*. London: University of London Press.

Stenhouse, L. (1975). *An introduction to curriculum research and development*. London: Heinemann.

Stenhouse, L. (1983). *Authority, education and emancipation*. London: Heinemann Educational Books.

Stenhouse, L. (1985). Action research and the teacher's responsibility. In J. Rudduck & D. Hopkins (Eds.) (1985), *Research as a basis for teaching: Readings from the work of Lawrence Stenhouse* (pp. 56 - 59). London: Heinemann Educational Books.

Stone, M. (2001). *The progressive legacy: Chicago's Francis W. Parker school* (1901 - 2001). New York: Peter Lang.

Stufflebeam, D. L. (1983). The CIPP Model for program evaluation. In G. Madaus, M. Scriven, & D. L. Stufflebeam (Eds.), *Evaluation models: Viewpoints on educational and human services evaluation* (pp. 94 - 106). Boston: Kluwer-Nijhoff.

Taba, H. (1962). Curriculum development: theory and practice. New York. : Harcourt Brace Jovanovich.

Tanner, D. (1982). Curriculum history. In H. E. Mitzel (Ed.), Encyclopedia for educational research (5th ed.). New York: The Free Press.

Tanner, D. & Tanner, L. (1990). *History of the school curriculum*. New York: Macmillan.

Tanner, D. & Tanner, L. (1995). *Curriculum development: theory into practice* (3rd ed.). New York: Merrill.

Tanner, L. (1997). *Dewey's laboratory school: Lessons for today*. New York: Teacher College Press.

Tanner, L. N. (Ed.) (1988). *Critical issues in curriculum*. Chicago, IL: NSSE. Distributed by University of Chicago Press.

Taylor, F. W. (1998). *The principles of scientific management*. Mineola, NY: Dover.

Taylor, P. H. & Richards, C. M. (1979). *An introduction to curriculum studies*. Windsor: NFER.

Thorton, S. (1994). The social studies near century's end: Reconsidering patterns of curriculum and instruction. In L. Darling-Harmmond (Ed.), *Review of research in education*, *Vol. 20* (pp. 223 - 254). Washington, D. C. : American Educational Research Association.

Tsai, C. T. (1996). *Approaches to curriculum development: Case studies of innovation in the social studies curriculum in the UK and Taiwan*. Unpublished Ph. D. thesis. Centre for Applied Research in Education, University of East Anglia, Norwich, UK.

Tyler, R. W. (1934). *Constructing achievement tests*. Columbus: Ohio State University.

Tyler, R. W. (1939). Cooperation in the study of institutional problems. In J. D. Russell (Ed.), *The outlook for higher education*. Chicago: University of Chicago Press.

Tyler, R. W. (1941). Workshops at the university of Chicago. *The Bulletin of the National*

Association of Secondary School Principles, *25*(January).

Tyler, R. W. (1942). *Adventures in American education Vol. 3: Appraising and recording student progress*. New York: Harper & Brothers.

Tyler, R. W. (1949). *Basic principles of curriculum and instruction*. Chicago: University of Chicago Press.

Tyler, R. W. (1955). Human behavior. *NEA Journal XLIV* (October), 426 - 29.

Tyler, R. W. (1956a). Clarifying the role of the elementary school. *The Elementary School Journal*, *57*(November), 74 - 82.

Tyler, R. W. (1958). Six kinds of tasks for high schools. *The School Review*, *66*(March).

Tyler, R. W. (1959). Conditions for effective learning. *NEA Journal*, *48*(September), 47 -49.

Tyler, R. W. (1960). The behavioral scientist look at the purpose of science-teaching. In B. H. Nelson (Ed.), Rethinking science education (pp. 31 - 33). NSSE. Chicago: University of Chicago Press. (ERIC Document Reproduction Service No. ED 012 233.)

Tyler, R. W. (1963). Programming of science and technology within the educational structure. In *Science, technology, and development. Volume 11: Human resources: Training of scientific and technical personnel*. United states papers prepared for the United Nations conference on the application of science and technology for the benefit of the less developed areas. (Geneva, February 4 - 20, 1963) Washington, D. C.: Government Printing Office. (ERIC Document Reproduction Service No. ED 011 863.)

Tyler, R. W. (1964). The interrelationship of knowledge. *The National Elementary Principal*, *43*(February), 13 - 21.

Tyler, R. W. (1965). The knowledge explosion: Implications for secondary education. *Educational Forum*, *29*(January), 145 - 153.

Tyler, R. W. (1966). Resources, model, and theory in the improvement of research in science education. In J. S. Richardson & R. W. Howe, *The role of centers for science education in the production, demonstration, and research* (pp. 31 - 40). Columbus, OH: Ohio State University. (ERIC Document Reproduction Service No. ED 013 220.)

Tyler, R. W. (1967). *Purpose, scope and organization of education*. Paper prepared for the area conference (2D, Salt Lake city, October 22 - 24, 1966). (ERIC Document Reproduction Service No. ED 013 479.)

Tyler, R. W. (1968). Critique of the issue on the educational and psychological testing. *Review of Educational Research*, *38*(1), 102 - 107.

Tyler, R. W. (1969). The purpose of the assessment. In W. H. Peatty (Ed.), *Improving educational assessment & an inventory of measures of affective behavior* (pp. 2 - 13). Washington, D. C.: ASCD. (ERIC Document Reproduction Service No. ED 034 730.)

Tyler, R. W. (1971). Curriculum development in the Twenties and Thirties. In R. M. McClure (Ed.), *The curriculum: Retrospect and prospect* (pp. 26 - 44). Seventieth Yearbook of the National Society for the Study of Education, Part 1. Chicago: University of Chicago Press.

Tyler, R. W. (1972). The right student, the right time, and the right place. In K. J. McCaffrey & E. King (Eds.), *College/career choice: Right student, right time; right place* (pp. 1 - 14). Monograph 9. (ERIC Document Reproduction Service No. ED 089 598.)

Tyler, R. W. (1976b). Perspectives on American education: Reflections on the past, challenges for the future. In D. Neubauer (Ed.). Chicago: Science Research Associates.

Tyler, R. W. (1976c). Two new emphases in curriculum development. *Educational Leadership*, *34* (October), 61 - 71.

Tyler, R. W. (1976d). Assessing needs and determining goals. In K. O. McCullough (Eds.), *Proceedings: Conference on the community/junior college* (pp. 19 - 26). (ERIC Document Reproduction Service No. ED 203 889.)

Tyler, R. W. (1976e). *The American schools can meet the new demands they are facing*. A paper presented at the annual convention of the American Association of School Administrators (108th, Atlantic city, NJ, February 20 - 23). (ERIC Document Reproduction Service No. ED 119 305.)

Tyler, R. W. (1977a). *Educational evaluation: A retrospective view*. (ERIC Document Reproduction Service No. ED 193 275.)

Tyler, R. W. (1977b). What have we learned about learning? Overview and update. In K. H. Nassen (Ed.), *Learning: An overview & update*. A report of the chief State School Officers 1976 Summer Institute. (ERIC Document Reproduction Service No. ED 137 211.)

Tyler, R. W. (1978). Specific approaches to curriculum development. In J. R. Gress (Ed.), *Curriculum: An introduction to the field*. Berkeley, CA: McCutchan Publishing Co. .

Tyler, R. W. (1979a). Educational improvements best served by curriculum development. In J. Schaffarzick & G. Sykes (Eds.), *Value conflicts and curriculum issues* (pp. 162 - 237). Berkeley, CA: McCutchan Publishing Co. .

Tyler, R. W. (1979b). Teacher education and the improvement of instruction. In H. B. Leavitt & F. H. Klassen (Eds.), *Teacher education and national development*. (ERIC Document Reproduction Service No. ED 185 033.)

Tyler, R. W. (1980a). *Parent involvement in Curriculum decision-making: Critique and comment*. (ERIC Document Reproduction Service No. ED 191 596.)

Tyler, R. W. (1980b). Curriculum planning in vocational education. In A. A. Cross (Ed.), *Vocational instruction*. (ERIC Document Reproduction Service No. ED 1881 333.)

Tyler, R. W. (1981). How we got where we are? In J. C. Stone (Ed.), *Qualitative evaluation* (pp. 1 - 14). (ERIC Document Reproduction Service No. ED 207 991.)

Tyler, R. W. (1982). Education for participation: Implications for school curriculum and instruction. *Child and Youth Services*, 4,3 - 4,21 - 29.

Tyler, R. W. (1983). A rationale for program evaluation. In G. F. Madaus, M. Scriven, & D. Stufflebeam (Eds.), *Evaluation models: Viewpoints on educational and human service education*. Boston: Kluwer-Nijhoff Publishing.

Tyler, R. W. (1984). Curriculum development and research. In P. L. Hosford (Ed.), *Using what we know about teaching* (pp. 218). Alexandria, VA: ASCD. (ERIC Document Reproduction Service No. ED 240088.)

Tyler, R. W. (1986). Reflections of fifty years of work in curriculum. *Journal of Thought*, *21* (1), 74 - 74.

Tyler, R. W. (1987a). The five most significant curriculum events in the twentieth century. *Educational Leadership*, *1987*, *44* (4), 36 - 38.

Tyler, R. W. (1987b). Education: Curriculum development evaluation. In M. Chall, *Oral history conducted*. Berkeley: University of California, Bancroft Library.

Tyler, R. W. (1987c). Book review: Curriculum and Aims; Curriculum: Perspective, paradigm, and possibility. *Teachers College Record*, *88*(4), Summer, 604 - 609.

Tyler, R. W. (1988a). Evaluation for utilization. In J. P. Keeves (Ed.), *Educational research, methodology, and measurement: An international handbook* (pp. 155 - 164). New York: Pergamon Press.

Tyler, R. W. (1988b). Progress in dealing with curriculum problem. In L. N. Tanner (Ed.), *Critical issues in curriculum* (pp. 267 - 276). Chicago, IL: NSSE.

Tyler, R. W. (1990). Reporting evaluations of learning outcomes. In H. J. Walborg & G. D. Haertel (Eds.) (1990), *The international encyclopedia of educational valuation* (pp. 733 - 738). New York: Pergamon Press.

Tyler, R. W. & Brandt, R. S. (1983). Goal and objectives. In F. W. English (Ed.), *Fundamental curriculum decisions* (pp. 40 - 52). (ERIC Document Reproduction Service No. ED 225 948.)

Tyler, R. W. (Ed.) (1976a). *Prospects for research and development in education*. Berkeley, CA: McCutchan Publishing Corp.

Tyler, R. W. & Lessinger, L. M. (Eds.) (1971). *Accountability in education*. Worthington, OH: Charles A. Jones.

Tyler, R. W. & Mills, A. L. (1961). Report on cooperative education: Summary of the National Study. New York: Thomas Alva Edison Foundation.

Tyler, R. W. & Waples, D. (1932). *Service studies in higher education*. Columbus, OH: the Bureau of Educational Research, Ohio State University.

United Nations Educational, Scientific and Cultural Organization (UNESCO) Institute for Education (2003). *Nurturing the Treasure: Vision and Strategy 2002 - 2007*. Hamburg, Germany: Author.

Walker, D. F. (1979). A naturalistic model for curriculum development. In J. R. Gress & D. E. Purpel (Eds.), *Curriculum: An introduction to the field* (pp. 268 - 282). CA: McCutchan.

Walker, D. F. (1990). *Fundamentals of curriculum*. New York: Harcourt Brace Jovanovich.

Walker, D. F. & Schaffarzick. J. (1974). Comparing curricula. *Review of Educational Research*, *44*(1), 83 - 111.

Wheeler, D. K. (1967). Curriculum process. London: University of London Press.

Whipple, G. M. (Ed.) (1926). *The foundations and technique of curriculum construction part I. Curriculum-making: Past and present. The twenty-sixth yearbook of the national society for the study of education*. Bloomington, IL: Public School.

Willis, G., Schubert, H. W., Bullough, R. V., Kridel, C., & Holton, J. (Eds.) (1994). *The American curriculum: A documentary history*. Westport: Praeger.

Wirth, A. G. (1966). *John Dewey as educator: His design for work in education (1894 - 1904)*. New York: John Willy & Sons.

Wolf, R. M. (1990). *Evaluation in education* (3rd ed.). New York: Praeger.

Wolf, R. M. (1991). Tyler Evaluation Model. In A. Lewy (Ed.), The international encyclopedia of curriculum (pp. 411 - 413). New York: Pergamon Press.

Young, M. (2006). Education, knowledge and the role of the state. In A. Moore (Ed.) (2006), *Schooling, society and curriculum* (pp. 19 – 30). London: Routledge.

Zilversmit, A. (1993). Changing schools: Progressive education theory and practice 1930 – 1960. Chicago, IL: The University of Chicago Press.